徽学与明清史探微

—— 周晓光学术文集

周晓光 ◎ 著

北京师范大学出版集团
安徽大学出版社

图书在版编目(CIP)数据

徽学与明清史探微:周晓光学术文集/周晓光著.—合肥:安徽大学出版社,2018.10
(安徽大学历史学文库)
ISBN 978-7-5664-1558-5

Ⅰ.①徽… Ⅱ.①周… Ⅲ.①文化史-徽州地区-明清时代-文集
Ⅳ.①K295.42-53

中国版本图书馆 CIP 数据核字(2018)第 062890 号

徽学与明清史探微——周晓光学术文集
Huixue yu Mingqingshi Tanwei Zhouxiaoguang Xueshu Wenji

周晓光 著

出版发行:	北京师范大学出版集团
	安徽大学出版社
	(安徽省合肥市肥西路3号 邮编230039)
	www.bnupg.com.cn
	www.ahupress.com.cn
印　　刷:	合肥远东印务有限责任公司
经　　销:	全国新华书店
开　　本:	170mm×240mm
印　　张:	29.5
字　　数:	420 千字
版　　次:	2018 年 10 月第 1 版
印　　次:	2018 年 10 月第 1 次印刷
定　　价:	68.00 元

ISBN 978-7-5664-1558-5

策划编辑:鲍家全　李　晴　　　　装帧设计:李　军
责任编辑:李　晴　　　　　　　　美术编辑:李　军
责任印制:陈　如

版权所有　侵权必究
反盗版、侵权举报电话:0551-65106311
外埠邮购电话:0551-65107716
本书如有印装质量问题,请与印制管理部联系调换。
印制管理部电话:0551-65106311

目 录

1　自序

1　新安理学源流考
20　试论新安理学长盛之因——从地域人文环境角度考察
27　南宋新安理学略论
40　试论朱熹在徽州的理学教育活动及其影响
50　朱熹与严州理学的发展
62　明辨义理,格物致知——理学集大成者朱熹
72　论新安理学家程大昌
83　宋元之交与元代的新安理学
96　论元末明初新安理学家朱升与郑玉
114　论元末明初新安理学家赵汸
128　明代中后期心学在徽州的传播和影响
138　程敏政《道一编》评议
150　试论新安理学向皖派经学的转变
163　新安理学与徽州宗族社会
175　徽州盐商个案研究:《二房赀产清簿》剖析
188　清代徽商与茶叶贸易
209　论道光中叶以后上海在徽茶贸易中的地位

222	19世纪50年代至60年代中国社会的战乱与徽州商帮的衰落
243	徽商与明清两浙"商籍"
256	明清徽商建筑文化的特色
264	略论明清徽商的"儒道"经营理念
274	徽州：12—18世纪中国传统学术文化典范之区 ——徽州传统学术文化地理研究刍议
288	试论徽州学术文化区形成的地理基础
302	清代徽州传统学术文化中心地类型分析
316	明清徽州家谱与徽州社会风俗

327	论明代崇祯年间的宦官
338	明代归有光《三吴水利录》述评
348	从控制论看明代的通货膨胀
356	明初"工部造钞屡不就"考
358	"诗、书、画三绝"的文征明
364	"玩世自放"的才子祝允明
374	论明季"黔案"
385	论多尔衮—多铎联盟与顺治初年政局
394	多铎简论
406	训诂名物，实事求是——皖派朴学宗师戴震
415	始拥慈禧、继办洋务的奕䜣

427	张海鹏与安徽地方文化史研究
441	《安徽文化史》导言
449	《徽州方志研究》序
452	评《徽州文书》的整理与出版
456	中国古代文化史的多媒体计算机辅助教学

| 460 | 后记 |

自 序

本文集收录41篇文章,最早的发表于1986年,最晚的是2012年,时间跨度有20多年。所收文章内容,大而言之,一是徽学,二是明清史,故取书名为《徽学与明清史探微》。而"探微"者,一则反映收录文章所探讨的问题关乎徽学与明清史,但涉及面不广,只是有关专题的讨论;二来表示因受见识局限,相关观点仅表一孔之见而已。

文集收录的有关徽学研究论文,主要包括三部分:

一是关于新安理学研究的论文。新安理学是朱子学的重要分支之一,主要流传于徽州(古称新安,今安徽省黄山市)一带。该学派崛起于南宋、发展于元代、全盛于明初、衰落于明季、终结于清中叶,对12世纪以后中国哲学史和学术思想史的发展演变,产生了巨大的影响。1985年,我从广州中山大学历史系毕业,考入安徽师范大学历史系攻读硕士研究生,师从张海鹏先生研习明清史。因受张先生关于徽州地区"商成帮,学成派"观点的影响,遂将新安理学作为攻读硕士期间的主要研究课题。其时,新安理学并不为学界所了解,从学派角度研究新安理学更是个空白。只是在上世纪80年代初,张海鹏先生在其发表的《朱升和〈朱枫林集〉评议》一文中,提到过新安理学在"宋元明时期是个学派"。我以清人赵吉士的《寄园寄所寄》中"新安理学"条为线索,爬梳《宋元学案》《明儒学案》《国朝汉学师承记》《清儒学案》等有关学术史的著述,特别是在当时发现和查阅了包括程敏政《新安文献志》、程曈《新安学系录》、施璜《紫阳书院志》等在内的大量徽州方志、徽人文集、徽州家谱等文献,厘清了新安理学从南宋朱熹开始,一直发展到清中叶600余年的学派谱系,并发现该学派始终有一以贯之的学术宗旨、一脉相传的理学家群体和鲜明的学派特色。在此基础上,完成了硕士论文《试论新安理学的演变》(1988年)。从1988年开始,先后发表《试论新安理学向皖派经学的转变》(1988年)、《南宋新安理学略论》(1989年)、《宋元之交与元代的新安理学》(1991年)、《宋元明清时期的新安理学》(1993年)、《论元末明初新安理学家朱升与郑玉》(1994年)、《论程大昌的理学思想》(1994年)、《新安理学源流考》(1997年)、《论新安理学家赵汸的春秋学说》(1998年)、《论元末明初新安理学家赵汸》(2000年)、《新安理学与徽州宗族社会》(2001年)、《明代中后期心学在徽州的传播和影响》(2003年)、《程敏政〈道一编〉评议》(2003年)、《南宋徽州人文环境的变迁与新安理学的形成》(2003年)、《试论朱熹在徽州的理学教育活动及其影响》(2004年)、《朱熹与严州理学的发展》(2012年)、《〈家礼〉与明清徽州男子伦理生活定位》(2014年)、《试论北宋及两宋之交的徽州理学思潮》(2015年)等10余篇论文,时近30年。上述论文勾勒了新安理学学派的发展脉络和基本风貌,为学界进一步开展新安理学与徽学研究奠定了相关的基础。本文集收录的其中部分成果,大致反映了我在这方面所做的工作。

二是关于徽商研究的论文。上世纪80年代中叶我在安徽师范大学读研期间,正值张海鹏、王廷元、唐力行、王世华几位先生将徽学尤其是徽商作为学术研究的主要方向。他们在广泛的田野调查基础上,从搜集整理资料入手,组成徽商研究团队,于1985年出版了国内第一部徽商资料集——《明清徽商资料选编》。此后徽商研究团队承担了包括国家社科基金项目、教育部人文社科项目在内的多个省部级项目,先后合作出版了多种徽商研究成果。受团队的影响,我在做新安理学研究的同时,也关注并参与了徽商的研究。1993年,我参与编写的《中国十大商帮》之《徽州商帮》由黄山书社出版;

1995年,我与他人合著的《徽商研究》由安徽人民出版社出版;1997年,我作为第一作者的《徽商与经营文化》由世界图书出版公司出版。在团队集体项目的分工中,我主要承担徽商衰落及其在近代转型的研究,因此先后发表了《19世纪50年代至60年代中国社会的战乱与徽州商帮的衰落》(1996年)、《论道光中叶以后上海在徽茶贸易中的地位》(1997年)、《近代外国资本主义势力的入侵与徽州茶商的衰落》(1998年)、《清代徽商与茶叶贸易》(2000年)等系列论文,就晚清徽商的相关问题作了探讨。与徽商相关的论文还包括《明清徽商建筑文化的特色》(2000年)、《徽州盐商个案研究:〈二房贳产清簿〉剖析》(2001年)、《略论明清徽商的"儒道"经营理念》(2004年)、《徽商与明清两浙"商籍"》(2011年)等。上述论文中的一部分也被收录在本文集中。

三是关于徽州传统学术文化地理研究的论文。在对徽学相关问题有一定学术积累之后,如何超越自身局限、拓展学术视野、提高学术研究水平,一直是我思考的问题。2002年,机缘巧合,我有幸拜在著名历史地理学家邹逸麟先生门下攻读历史人文地理专业博士学位。在复旦大学中国历史地理研究中心三年的读博期间,经邹先生耳提面命及中心各位先生言传身教,我因而能够较为系统地接受了历史地理理论与方法的学习和训练。结合自身原先的研究领域,我开始尝试从地理和空间的角度探讨徽州传统学术文化诸问题,希望采用历史学、地理学、文化学等学科的理论与方法,别开徽学和中国传统学术文化研究的途径。因此,我关注了徽州传统学术文化区、徽州传统学术文化的中心地及空间传播方式与特点、徽州传统学术文化的景观等问题,发表了系列论文,初步架构了从地理和空间角度研究徽州传统学术文化的框架体系。其中部分论文被收录到本文集中,主要想反映我在拓展和推进徽学研究中所作的一些探索。

除上述三方面内容外,有关徽州宗族、徽州家谱、徽州文献等部分研究成果在文集中也有所反映。

1988年至2012年,我在安徽师范大学任教期间,主要从事中国古代史和中国文化史的教学与研究工作。在教学过程中,结合教学内容的需要,开展了明清史相关问题的研究,发表了一些论文。文集收录的此类研究文章共 11 篇,涉及明代崇祯年间的宦官、明代太湖流域的水利、明代"大明宝钞"的通货膨胀、晚明地方兵民关系、清初顺治年间的政局、明清历史人物等内容。虽然题目较杂,但每篇都力求表达自己的观点,希望对学术界在相关问题的研究方面,有所补充。

此外,文集还收录了 5 篇不同体裁但有一定学术价值的文章。其中,《张海鹏与安徽地方文化史研究》围绕地方文化史研究主题,从学术视角介绍和总结张先生的学术生涯和治学之道——一方面,是为了纪念一位学术前辈,肯定其学术贡献和地位;另一方面,也是为了有裨后学在前人的基础上,进一步加深和拓展相关领域的研究。由我执笔的《〈安徽文化史〉导言》从较为宏观的层面,总结了安徽文化延续性、交融性、多样性、早生晚熟以及突出的"通变"精神等基本特征,考察了安徽文化这一颇有个性特征的文化系统在中国文化发展史上的地位。《评〈徽州文书〉的整理与出版》则从学术角度分析了《徽州文书》出版的价值和意义。

文集收录的上述文章,大致反映了我的主要研究方向和将近 30 年走过的学术之路。虽然一路走来,有名师指点和引导,有师友启迪和帮助,但囿于天资,成绩甚微。拙稿出版,一是希望个人作一个学术回顾,以有助于自己在未来史学研究道路上明辨方向,继续前行;二是希望我此前所做的些许学术研究工作,对学界在相关领域和问题的研究方面有所裨益。

任何研究及其成果,都是阶段性的,此中难免会有许多遗憾和错误。结集出版,实感诚惶诚恐。恳请专家和各位师友批评指正!

周晓光
2017 年 8 月

新安理学源流考

新安理学是朱子学的重要分支之一,主要流传于徽州(古称新安,今安徽黄山市)一带。该学派崛起于南宋、发展于元代、全盛于明初、衰落于明季、终结于清中叶,对12世纪以后中国哲学史和学术思想史的发展演变,产生了巨大的影响。在其近700年的盛衰过程中,始终有一以贯之的学术宗旨、一脉相传的理学家群体和鲜明的学派特色。

关于新安理学成派之说,在历史上有一个认识过程。明初新安学者赵汸在《商山书院学田记》中最早注意到新安理学的学派特征。① 此后,正德、嘉靖年间新安人程曈编纂的《新安学系录》十六卷,成为新安学派"学案"性质的著作。清初著名学者赵吉士在其笔记《寄园寄所寄》中,专列"新安理

---

① 赵汸:《东山存稿》卷4《商山书院学田记》称:新安之学"一以郡先师子朱子为归,凡六经传注、诸子百氏之书,非经朱子论定者,父兄不以为教,子弟不以为学也。是以朱子之学虽行天下,而讲之熟、说之详、守之固,则惟新安之士为然"。赵氏于此处点明了新安学术有宗师,有特色,有传授脉络。

学"一条,最终肯定了新安理学作为一支地方理学流派在历史上的存在。①近代以来,从学派角度研究新安理学一直是个空白,直到本世纪(指 20 世纪)80 年代初,安徽师范大学历史系张海鹏先生发表《朱升和〈朱枫林集〉评议》一文,②才重开新安理学研究之先河。

本文关于新安理学源流的考察分四部分内容:(一)南宋,新安理学之崛起及其特色。(二)宋元之交与元代,新安理学的发展及其特点。(三)元明之际与明代,新安理学之盛而复衰。(四)清中叶,新安理学的终结。我们希望就新安理学源流问题的考察,有助于学术界对新安学派展开全面的研究,并通过此项研究反映宋以后中国学术思想史的演变轨迹。

一、南宋:新安理学之崛起及其特色

南宋(1127—1279 年)是理学集大成时期,也是新安理学崛起的时代。据明代程敏政《新安文献志》、程瞳《新安学系录》和清初赵吉士《寄园寄所寄》及新安方志记载,在南宋 150 余年间,新安涌现了一大批杰出的理学家。其代表人物有:朱熹(字仲晦,婺源人)、吴昶(字叔夏,歙县人)、程永奇(字次卿,休宁人)、程大昌(字泰之,休宁人)、吴儆(字益恭,休宁人)、汪莘(字叔耕,休宁人)、程洵(字允夫,婺源人)、程先(字传之,休宁人)③等人。他们以朱熹为泰山北斗,鼓吹理学,传授朱子学说,奠定了具有地域特色的新安理

---

① 赵吉士:《寄园寄所寄》卷 11《新安理学·案》:"新安自紫阳峰峻,先儒名贤比肩接踵,迄今风尚醇朴。虽僻村陋室,肩圣贤而躬实践者,指盖不胜屈也。呜呼!千秋俱在,岂徒尚口;前徽不远,有志当型。略撮世所共尊者数人,可以兴矣。"赵吉士认为:(1)新安理学的"先儒名贤"都是朱熹的后继。他称赞胡一桂(双湖先生)和胡炳文(云峰先生)"俱能力肩正学",并认为这是"朱子余芬"所致。又推重陈栎(定宇先生)为"朱子功臣"。实际上赵氏肯定了朱熹及其学说在新安理学中开山祖的地位。(2)指出了灿若繁星的新安理学家群。赵氏列举了始于南宋朱熹,迄于明初朱升、赵汸等十余位"世所共尊者"新安籍理学家。可见,他已明确认识到,新安理学是一脉相承的一个理学流派。
② 《中国古代史论丛》第二辑,福建人民出版社 1982 年版。
③ 程先生卒年待考。先为程永奇父。程敏政《新安文献志》卷 69《方虚谷·东隐程先生(先)墓表》谓朱熹省墓时,先"年已七十余"。据此,程氏生年当在宋神宗元丰三年(1080 年)以前。虽生活年代主要在北宋,然其崇拜理学则在朱熹绍兴二十年(1150 年)回婺源省墓之后。故亦系于新安理学这一时期内。

学之基础。

南宋新安理学之崛起,与北宋理学思潮渊源极深。首先,新安理学家的学风,由北宋理学大师处承继而来。他们与汉唐古文经学重训诂义疏的传统背道而驰,抛开传注,直接从经文中寻求义理。如吴昶著《易论》《书说》,程永奇著《六经疑义》,程大昌著《毛诗辨证》《尚书谱》等,均借助经文,参以个人体会和一己私见,从中探求性命义理之说。其次,南宋新安理学家还直接继承了理学先辈的论题与思想成果,如程大昌在《易原》中论"太极""五行""动静""阴阳"等,在周敦颐著作中已屡屡提及,又为北宋理学大家所反复讨论和发挥。程永奇注释《明道定性说》《伊川好学论》《太极图说》《西铭》,梳理北宋二程、周敦颐和张载等理学名家的思想与思维方式,从中吸取营养。再次,作为新安理学开山的朱熹,其师承可直溯至周敦颐。《宋史·道学传》记载:周敦颐学术传程颢、程颐,二程传杨时,杨时传罗从彦,罗从彦传李侗,李侗传朱熹。① 作为新安理学"真传"的朱子学,亦是集北宋理学大成的学说。因此,从学术渊源来看,南宋新安理学的出现,是"其来有自"的。

南宋新安理学之崛起,又以汉文化重心南移为历史背景。自古以来,汉文化之中心在黄河流域。唐末及五代十国北方战乱频仍,中原大族纷纷南避,促进了南方汉文化的发展。新安地处皖南山区,"世乱则洞壑、溪山之险,亦足以自保,水、旱、兵戈所不能害,固宜其有强宗巨姓雄峙于其间"。② 因此,自唐末及五代十国以后,迁入其地之中原大族尤多。中原大族入迁后,致该地区文化得到长足发展。诚如罗愿《新安志》说:"黄巢之乱,中原衣冠避地保于此,后或去或留,俗益向文雅。宋兴则名臣辈出。"③ 靖康二年(1127年),汴京沦陷,宋室南渡,汉文化重心由黄河流域移至长江流域。④ 地处江南的新安,在前期文化发展基础上,更出现"人物之多,文学之盛,称

---

① 脱脱等:《宋史》卷427、卷428,中华书局1985年版。
② 《重修古歙东门许氏宗谱》卷9《城东许氏重修族谱序》。
③ 罗愿:(淳熙)《新安志》卷1《风俗》。
④ 张家驹:《两宋经济重心的南移》第3节,湖北人民出版社1957年版;余瑛:《宋代儒者地理分布的统计》,载《禹贡》半月刊第1卷第6期。

于天下"的壮观景象。① 正是缘于汉文化重心逐渐南移的历史背景,南宋新安涌现了大规模的理学家群。从地理位置上看,朱熹所开创的新安理学,属于南方学术。它的兴起,改变了以往理学以北方"关、洛"称盛的局面。理学由关、洛而发展到新安,与唐宋经济、政治、文化重心之南移趋势一致。

此外,新安重儒的文化环境,以及历届地方政府对文教的推崇,也是新安理学崛起的重要原因之一。两宋时期,新安"业儒"与讲学之风极盛,文人学士代不乏人,其中"多长于谈经者",从而出现了一批较早的"新安理学名儒"。

南宋新安理学崛起后,形成了三大特色。

第一,学派以朱熹为中心,学术以朱子之学为宗旨。

综观南宋时期新安理学的主要代表人物,大致可分为二类:一是朱熹学生,且多为及门弟子。如程洵、吴昶、汪莘、程先、程永奇等,曾先后执经馆下,受学于朱熹,称得上是朱门嫡出。二是朱熹学术酬唱之友,因此,整个学派实际上以朱熹为核心人物。

南宋新安理学中师承朱熹的学生,完全以研习和传播朱熹学说为己任,具有终身不移尊奉朱子之学的信念。譬如程洵,初以诗文求教于朱熹,朱熹劝程洵着意于"古人之学",并亲自易程氏"道问学"斋名为"尊德性"。程洵入朱熹门下,于理学精研不已,著有《克庵尊德性斋集》10卷。据称,程洵任衡阳簿时,"士友云集,登其门者如出文公(朱熹)之门"。② 可知,程氏学术深得乃师真传。再如吴昶,在朱熹回婺源省墓时,"幡然悟俗学之陋,率先执经馆下",后又"徒步走寒泉精舍,就正所学,得文公心印",并且"终身守其师说,造诣愈深"。③ 无疑,吴昶也是朱氏的忠实信徒。还有程永奇,初从朱熹求学一年,临返,朱熹以"持敬明义"之说勉励。后程永奇临终时,对门人书

---

① (嘉庆)《休宁县志》卷1《风俗》。
② 程敏政:《新安文献志》卷69《汪路教:程知录(洵)传》,弘治三年(1490年)刊本。
③ 程敏政:《新安文献志》卷69《友堂吴先生(昶)小传》,弘治三年(1490年)刊本。

一"敬"字而逝。① 可见他们学术之循规蹈矩,不偏朱子学之心法。与朱熹为学术知己的程大昌、吴儆等人,虽未列朱氏门墙,然其理学思想与朱子之学具有共通之处。② 因此,南宋新安理学出现以朱子学为宗旨的鲜明特征。

第二,既强调品格的修养,又推重躬行实践之处世,深得儒家积极入世的人生要旨。

宋儒讲心性,主张"养心""复性"。南宋新安理学家亦不例外,强调个人心性之修养。如程洵以"尊德性"为座右铭,程永奇奉"敬"为学问根柢,程大昌著有《中庸论》四篇,提出心性修养之终极目标及其方法。然而,与后世迂儒空谈性命义理不同,在提倡心性修养的同时,南宋新安理学家也主张积极入世,参政议政,将其学说付诸实践。《大学》所说之"诚意、正心、修身、齐家、治国、平天下",在新安理学家看来,其中并无偏废。修身之目的,在于治国经世。钱穆先生说:"当知宋学所重,外面看来,好像偏倾在私人的修养,其实他们目光所注,则在全人类、全社会。"③这个评语,对南宋新安理学家来说,最是贴切。

如新安理学"始祖"朱熹一生始终不曾放弃自己的社会责任,对朝廷吏治、经济、和战等事,都提出过积极建议。又如吴儆,历任明州鄞县尉、宣教郎等职。吴氏虽"穷居厄处,抱膝长吟,常以社稷安危为己任"。④ 汪莘,嘉定间屏居黄山,应诏"三扣天阍,论天变、人事、民穷、吏污之弊,行师布阵之法"。⑤ 可见,他们的目光所注,心意所及,并非只是心性义理,对社稷安危也是事事关心。在南宋新安理学家中,以程大昌官职最显。他不仅是学有造诣的新安理学先哲,也是一位深有影响的三朝经世名臣。南宋新安理学家已将儒家传统的积极入世的人生要旨,融会到自己的立身行事中。这是南宋新安理学的又一大特色。

---

① (嘉庆)《休宁县志》卷12《人物》。
② 周晓光:《论新安理学家程大昌》,载《安徽师范大学学报》1994年第3期。
③ 钱穆:《宋明理学概述》,台湾学生书局1977年版。
④ 程敏政:《新安文献志》卷69《吴儆行状》,弘治三年(1490年)刊本。
⑤ 程敏政:《新安文献志》卷87《汪居士(莘)传》,弘治三年(1490年)刊本。

第三,南宋新安理学家深受佛教影响,又将排佛作为己任。这种现象,在宋代理学家中普遍存在,而以新安理学尤为突出。

南宋新安理学家深受佛教影响,这一点当无疑义。譬如朱熹与园悟、藻光等人往来密切,①汪莘"韬铃之书、释老之典,靡不究习"②等等。不过,新安理学家在其立身行事中极力攘斥佛教,这也是事实。《宋史·朱熹传》载:朱氏"主泉州同安簿,选邑秀民充弟子员,日与讲说圣贤修己治人之道,禁女妇之为僧"。他在上孝宗书中,称老子、释氏之书"虚无寂灭,非所以贯本末而立大中",③认为佛老"不足事"。④排佛可谓不遗余力。程大昌自称一生不与"缁黄方技之士"打交道。⑤淳熙二年(1175年),程氏再次入朝为官,首章即反对六和塔寺僧以镇潮为功,免除科徭。其于佛门之态度,可见一斑。

因新安理学家之排佛,佛道在新安一直不得势。后人编纂《岩镇志草》曰:"吾里于二氏无大经营。"⑥说明新安儒风醇厚,佛道之教,在此难以弘扬。

二、宋元之交与元代:新安理学的发展及其特点

宋元之交及有元之世,朱子学及其面临的环境,已迥然异乎前代。因此,以固守朱子学为宗旨的新安理学,也与其早期有着明显的不同。根据它的时代特点,我们将宋元之交及有元一代,视为新安理学发展的第二时期。此期代表人物有:程若庸(字达原,号勿斋,休宁人)、吴锡畴(字元范,号兰皋,休宁人)、许月卿(字太空,婺源人)、胡允(字方平,号潜斋,婺源人)、胡一桂(字廷芳,号双湖,婺源人)、黄智孙(字常甫,休宁人)、程逢午(字信叔,休宁人)、陈栎(字寿翁,学者称定宇先生,休宁人)、胡炳文(字仲虎,学者称云峰先生,婺源人)、程复心(字子见,号林隐,婺源人)、倪士毅(字仲弘,休宁人)等。

---

① (雍正)《崇安县志》卷8《释》。
② 程敏政:《新安文献志》卷87《汪居士(莘)传》,弘治三年(1490年)刊本。
③ 脱脱等:《宋史》卷429《朱熹传》,中华书局1985年版。
④ 程敏政:《新安文献志》卷69《滕公璘墓志铭》,弘治三年(1490年)刊本。
⑤ 程大昌:《考古编·序》,丛书集成初编本。
⑥ 佘瑞华:《岩镇志草·发凡》,雍正十二年(1734年)刊本。

综合考察元代新安理学情况,可以发现几方面的新气象:首先,新安理学家(尤其是中、小理学家)关于理学的探讨,已经从一般论题的泛泛而论,深入具体范畴的阐释和考辨。这一研究方向和方法论的转变,标志着新安理学的深化与发展。其次,有一定建树和影响的新安理学家大规模涌现。清初赵吉士在《寄园寄所寄》中列举的15位最著名的新安理学家中,这一时期就占了6位。复次,大量理学普及读物出现。它意味着新安理学家已努力将理学从学术界推向社会领域。上述情况充分表明了新安理学在元代的长足发展。

元代新安理学有其时代特色。

在学术方面:维护朱子学的纯洁性,将排斥"异论"、发明朱子学本旨作为学术研究的重心。

元代新安理学出现这一学术特色的原因,同入元之后朱子学在全国范围内的发展趋向有关。元代理学发展有两大趋向:一是因为朱子学被定为科举程式,所以士人大多将它视为获取功名的敲门砖。他们死抱着一字一义的说教,以注疏集注为学问之大端,而其中真正学有心得者,则寥寥无几。二是朱学的传人,基于各自的学识、经历等,各持一端,以致"异论"纷出,乱朱子学本旨。其时朱门状况诚如程敏政(篁墩)所称:"再传能不失真者,则已寡矣!"①针对这种情况,号为朱门嫡传的新安理学便形成了以维护朱子学纯洁性为研究工作重心的学术特色。

新安理学家如何维护朱子学的纯洁性呢?他们着重做了两方面的工作:首先,凡诸儒之说,有悖于朱子学者,或订正其偏误,或者干脆刊而去之。陈定宇的《四书发明》《书传纂疏》《三传集注》,便是此类著作。胡云峰的《四书通》则专门为纠正馀干饶鲁之学而作。这些著作风格泼辣,直抵时人谬误,取舍之间,惟以朱子学为归。此外,又有吴师道(字正传,婺源人)"务在

---

① 程瞳:《新安学系录》卷15《陈定宇遗事》,康熙三十五年(1696年)绿荫园重修本。

发挥义理,而以辟异端为先务";①程复心《纂释》等书"辨证同异,增损详略"②等等。元代新安理学家极力抵排诸儒"异说",以此作为维护朱子学纯洁性之一翼。其次,凡朱子学中的微词隐义,引而申之。其所未备者,补而益之。新安理学家力求朱子学正确阐发,令诸家"异说"不攻自破,从而在另一翼维护朱子学的纯洁性。就师承来看,此期新安理学家大多是朱熹的再传、三传或四传弟子。因而其学术与朱子学渊源极深。他们终生潜心探索,务在得朱学之正。如程定宇于"朱子《四书》,则贯穿出入,尤所用意",③所著书"补先儒未补之阙",④号为"朱子世适"。⑤胡云峰于朱子学本旨有极多发挥,元代理学大师吴澄称其"有功朱子,炳文居多"。⑥就胡氏《四书通》《易本义通释》等书来看,吴澄所誉,当不为过。陈、胡二氏是向"异说"挑战的急先锋,同时又是发明朱子学本旨的功臣。其他如程逢午、程复心、汪古逸、程荣秀等,于朱子学亦有发明。

在政治方面:顽强抵抗元政府的征召与聘请,于科举功名,不屑一顾。这种政治不合作倾向与南宋新安理学家积极入世的态度,形成了强烈的对照。

黄宗羲在《宋元学案》中称:"新安之学,自山屋(许月卿)一变而为风节。"⑦换言之,从南宋朱熹等人积极入世,转变为元代新安学者尚"风节"而不求仕进,其中以许月卿为关键人物。许氏是南宋淳祐甲辰(1244年)进士,曾任南宋濠州司户参军、临安府学教授等职。后元军下新安,月卿"深居一

---

① 宋濂等:《元史》卷190《吴师道传》,中华书局1976年版。
② 程曈:《新安学系录》卷12《赵与虎:荐状》,康熙三十五年(1696年)绿荫园重修本。
③ 程曈:《新安学系录》卷12《汪古逸:陈定宇行状略》,康熙三十五年(1696年)绿荫园重修本。
④ 程曈:《新安学系录》卷12《金石:赞》,康熙三十五年(1696年)绿荫园重修本。
⑤ 程曈:《新安学系录》卷12《陈定宇遗事》,康熙三十五年(1696年)绿荫园重修本。
⑥ 程曈:《新安学系录》卷12《胡云峰遗事》,康熙三十五年(1696年)绿荫园重修本。
⑦ 黄宗羲原著、全祖望补修:《宋元学案》卷89《介轩学案》,中华书局1986年版。

室……不言五年而卒"。① 时人称他"以文章气节闻天下"。②

许氏之后,新安理学家尚"风节"而不仕元朝者,不乏其人。如许山屋门生江恺(字伯几,号雪矼,婺源人)"誓不仕元"。③ 胡双湖(一桂)自称:"我之为我,亦无复有志于斯世矣。"④ 早年的一腔锐气,自宋亡后,已是消散殆尽。其时新安理学之中坚陈定宇"居万山间,与木石为伍,不出门户,动数十年"。延祐、宝兴年间,有司强迫他就试,而定宇"称疾固辞",⑤ 终不肯失节于元朝。当时,几乎所有新安理学的重要人物,如程复心、程苟轩等,都对元政府取冷漠态度,隐居不仕,以"风节"自重。这种崇尚"气节"的政治态度贯穿于新安理学家的学术思想中,形成了此期新安理学学派的又一个重要特点。

在教育方面:新安理学家虽在政治上自甘寂寞,而在学术上则始终不放弃讲学授徒,传播朱子学,在新安出现了朱子学的鼎盛时代。

其时,程若庸、许月卿、黄智孙等均"累主师席""日与门生弟子讲明正学",培养了一批新安理学后起之秀。在讲学过程中,元代新安理学家对朱熹著作注疏集释,以帮助从学之士入朱子学门槛,探索朱熹学说之本旨。如程若庸的《性理字训讲义》,对朱子学中的性命、义理等范畴共百八十三条,四字一句,作了简洁明了的归纳。胡方平的《易本义启蒙通释》,专为学者读朱熹《易本义》而作。胡一桂又继承乃父之志,作《易本义附录纂疏》。⑥ 程复心根据朱熹《四书章句》成《四书章图》,使"有志求道之士,按图索义,若网在纲,有条不紊,如衣挈领,要褶自齐"。⑦ 几乎所有的朱熹重要著作,新安理学家都作过注释。这类朱子学辅助读物的出现,有助于朱熹学说的传播,于新安理学人才之郁兴,起着重要作用。

---

① 程瞳:《新安学系录》卷9《许山屋行状》,康熙三十五年(1696年)绿荫园重修本。
② 程瞳:《新安学系录》卷9《许山屋遗事》,康熙三十五年(1696年)绿荫园重修本。
③ 程瞳:《新安学系录》卷10《江雪矼》,康熙三十五年(1696年)绿荫园重修本。
④ 程瞳:《新安学系录》卷11《胡双湖遗事》,康熙三十五年(1696年)绿荫园重修本。
⑤ 程敏政:《新安文献志》卷71《定宇陈先生栎墓志铭》,弘治三年(1490年)刊本。
⑥ 程瞳:《新安学系录》卷11《胡双湖传》,康熙三十五年(1696年)绿荫园重修本。
⑦ 程瞳:《新安学系录》卷12《程林隐遗事》,康熙三十五年(1696年)绿荫园重修本。

三、元明之际与明代：新安理学之盛而复衰

关于这一时期新安理学的状况，我们分两个阶段考察。前期（元明之际与明初），以朱升、郑玉、赵汸等为代表的新安理学家，不满足于一味墨守门户，认为元代理学家死抱师门成说，层次太低，不利于发扬光大朱子学，遂提出求"真知"、求"本领"、求"实理"的治经主张，即要求真正明白朱子学真谛，而不是人云亦云，附声唱和。由此新安理学中出现朱升"旁注诸经"发明朱子学，郑玉、赵汸"和会朱陆"弘扬本门宗旨的不同学术风格。该阶段是新安理学学派走向衰落前的"回光返照"时期。后期（明代中后期），"王（阳明）学"铺天盖地而来，新安理学出现分化：一部分人（如程文德、潘士藻等）背离了本门宗旨，滑向王学阵营。另一部分人（如程曈等）则返归元代新安理学家力辟"邪说"之旧路，拼力抗拒王学，终因层次太低而无所建树。由此而致明中后期的新安理学萎靡不振。明代新安理学两个发展阶段之分期大致在正德（1506—1521年）年间。

前期（元明之际及明初）——求"真知"指导思想之提出及其实践。

针对元代学者研习朱子学积弊，元明之交的新安理学名儒朱升率先提出求"真知"之说。朱氏曰："濂洛既兴，考亭（朱熹）继作，而道学大明于世。然后学者往往循途守辙，不复致思其已明者。既不求其真知，而未明者遂谓卒不可知。"[①]这就是说，周敦颐、二程倡明理学之后，朱熹集其大成，"圣人之道"因而得以大明于世。但后代学者却循着朱子学的成说，不再探究如何会有此"成说"。如此知其然而不知其所以然，并不是"真知"，亦即并没有真正领悟朱子学的真谛。由此，对朱子学中"未明"的道理，也无从知晓。其结果是"圣学名明而实晦"。[②] 这里，朱升提出的求"真知"主张，显然与元代学者"未有发明，先立成说"的观点不同。他希望能明源察始，表达了摆脱盲从的

[①] 程曈：《新安学系录》卷14《朱同：朱学士传》，康熙三十五年（1696年）绿荫园重修本。又见程敏政：《新安文献志》卷76《朱学士升传》，弘治三年（1490年）刊本。

[②] 程曈：《新安学系录》卷14《朱同：朱学士传》，康熙三十五年（1696年）绿荫园重修本。又见程敏政：《新安文献志》卷76《朱学士升传》，弘治三年（1490年）刊本。

愿望,具有比较清醒的意识。郑玉对当时"未知本领所在,先立异同"的学术界状况,也是大为不满。他说:"宗朱则毁陆,党陆则非朱,此等皆是学术风俗之坏。"在尚未真正领悟理学"本领"之先,却宗朱宗陆,立门户之见,"殊非好气象也"。①郑氏反对"先立异同",实质就是反对盲从,希望通过独立思考,探求理学真谛。这与朱升的"真知"主张,辞异而意同。赵汸也提出了读书必须"一切以实理求之,反而验之于己,非有以信其必然不已"。②并且认为,仅仅"辨析文义,纂辑群言,即为朱子之学",不过是学术末流而已。③赵氏之见,即要求摆脱盲目迷信之学术指导思想,跳出"推究文义"的末流功夫,代之以探求"实理",从而达到知其所以然的目的。

朱升"真知"之说,郑玉"本领"主张以及赵汸"实理"之见的提出,表明新安理学的为学指导思想已发生变化。它同元代新安理学家一味在低层次上解析文义相比,无疑要高出一筹,对学派以后的发展,起着极其重要的作用。在新的治经思想指导下,元末明初三大家的学术实践活动分别循着两条途径进行。

第一条途径是朱升"旁注诸经"之路。

朱升字允升,号枫林,休宁人。朱升曾受学于新安理学大师陈栎,前后20余年,"谊莫厚焉",④深得陈氏器重。至正三年(1343年)朱升与赵汸联袂西行,在资中黄楚望门下游学一年。第二年春回乡后,即讲学于郡城紫阳祠,并逐渐丰富自己的学术思想,形成三大学术特色。其一,在经注方法上改革先儒积弊,开创了以"旁注诸经"为主、"栏上表注"为辅的经注新法。朱升在《易经旁注前图序》中说:"愚自中年以经书授徒教子,每于本文之旁,着字以明其意义,其有不相连属者,则益之于两旁之间。苟有不明不尽者,又益之于本行之外。学者读本文而览旁注,不见其意义之不足也。"⑤这种旁注

---

① 黄宗羲原著、全祖望补修:《宋元学案》卷94《师山学案》,中华书局1986年版。
② 程曈:《新安学系录》卷15《赵东山行状》,康熙三十五年(1696年)绿荫园重修本。
③ 程曈:《新安学系录》卷15《赵东山行状》,康熙三十五年(1696年)绿荫园重修本。
④ 朱升:《朱枫林集》卷6《勤有堂记》,黄山书社1992年版。
⑤ 朱升:《朱枫林集》卷3《易经旁注前图序》,黄山书社1992年版。

诸经的方法,既保存传注,又未断裂经文,避免了经文"血脉不通、首尾不应"①和后世学者混诵经、传的弊端。其二,在求"真知"的旗帜下,朱升的经注内容融会了诸家之说。譬如他的《大学》《中庸》旁注,大多"取诸先儒经解",②《论语》《孟子》旁注也是"融合"了先儒的看法。③因此,明初名儒陶安(主敬)对朱升学术有"网罗百家,驰骋千古"的评语。④不过,朱氏于先儒之说,非一味承袭,而有自己独到的看法。他的《大学》《中庸》旁注,"辞语"并不纯用先儒原文,"意义"亦屡有不能苟同者。⑤旁注《论语》《孟子》时,凡遇到"不类、不妥者,则必再三玩索体认,以求真是之归"。⑥朱升的经注内容有不少"一得之愚闻见",是朱氏自家体贴出来的。如关于智、仁、勇之用,至诚不二不息之分,尊德性、道问学之说等,其内容与诸家之说已相去甚远,形成了一家之见。⑦从总的倾向来看,朱升的学术观点仍然属于朱子学一路。用朱同的话来说,是"议论折衷,一归于正"。⑧其三,注重教学。朱升提出了"归趣乎孔孟之教,究极乎濂洛之说"的教学宗旨,⑨认为教学内容有主次、本末之分。所谓"主"与"本",即是六经之学,"次"与"末"则是笔札与诗文之类。教学首先应顾及本,然后"休日则事笔札而考苍雅;余力则记名数而诵诗文"。⑩朱氏还主张教学过程应循序渐进,尤其要重视史学知识的传授。朱升将他的教学思想贯彻到他的教学与学术活动之中,取得了明显的效果。在他的门下,新一代新安理学家脱颖而出,因此有新安理学"历元明而其传弥广"的传薪不绝的气象。

---

① 朱升:《朱枫林集》卷3《大学中庸旁注序》,黄山书社1992年版。
② 朱升:《朱枫林集》卷3《大学中庸旁注序》,黄山书社1992年版。
③ 朱升:《朱枫林集》卷3《论语孟子旁注序》,黄山书社1992年版。
④ 朱升:《朱枫林集》卷1《翰林院侍讲学士朱升诰》,黄山书社1992年版。
⑤ 朱升:《朱枫林集》卷3《大学中庸旁注序》,黄山书社1992年版。
⑥ 朱升:《朱枫林集》卷3《论语孟子旁注序》,黄山书社1992年版。
⑦ 朱升:《朱枫林集》卷3《跋中庸旁注后》,黄山书社1992年版。
⑧ 朱同:《覆瓿集》卷7《生日祭先考文》,四库全书本。
⑨ 朱升:《朱枫林集》卷4《小四书序》,黄山书社1992年版。
⑩ 朱升:《朱枫林集》卷4《小四书序》,黄山书社1992年版。

第二条途径是郑玉、赵汸"和会朱陆"之路。

郑玉字子美,号师山,歙县人。早年沉潜《六经》,尤精《春秋》,学者从之如云。曾筑师山书院,集诸朋游,讨论《春秋》笔削之旨,并为之注释,著有《春秋经传阙疑》一书。至正十四年(1354年)元政府授郑玉翰林待制、奉议大夫,郑玉称疾坚辞不起,居家日以著述为事。至正十八年(1358年)朱元璋大军下徽州,郑玉因不事二姓,自缢而死。

郑玉之学,为慈湖四传,象山五传,融堂三传,吴曔、夏溥之弟子。其学术成就,在当时已为世人所称道,被誉为"卓然能自为一家之言"。① 郑玉的学术思想主要体现在四个方面:(1)系统地阐述了"和会朱陆"的观点。郑玉认为,朱陆两人因气质不同而导致其学问功夫有明显的差异。不过,俩人学说"同是尧舜,同非桀纣,同尊周孔,同排佛老,同以天理为公,同以人欲为私,大本达道,无有不同者乎"!郑玉还指出朱、陆两家学说"各不能无弊"。陆学之弊在谈空说妙而无致知功夫,朱学之弊在支离泛滥而不能收"力行之效"。所以郑氏主张两家唯有摒弃门户之见,才可以避免各自的不足。他受陆学"心本论"的影响,欣赏"理以心觉"的观点,即用心去体验、获取"天理"。② 在他思想的许多方面,深得陆学遗风。同时,郑玉也接受了朱学笃实致知的功夫,主张读书尊经,将《六经》视作载道之具,而不同意陆象山的"《六经》注我"之说。就郑氏的学说来看,他是一位典型的"和会朱陆"的学者。(2)明确地提出了"右朱"的学术宗旨。从郑玉的师承来看,当属陆学。③ 但郑氏治经,以求"本领"为指导思想,"潜心圣贤之书……进退俯仰,一随其节",④没有墨守师教。相反,在"和会朱陆"中明确地提出了"学者自当学朱子之学"的"右朱"学术宗旨。⑤ 他在《洪本一先生墓志铭》中,标榜自己读的

---

① 郑玉:《师山集》卷首《婺源程文以原序》,四库全书本。
② 郑玉:《师山集》卷7《洪本一先生墓志铭》,四库全书本。
③ 黄宗羲原著、全祖望补修:《宋元学案》卷94《师山学案》,中华书局1986年版。
④ 郑玉:《师山遗文》卷3《与汪真卿书》,四库全书本。
⑤ 郑玉:《师山遗文》卷3《与汪真卿书》,四库全书本。

是朱子之书,求的是朱子之道。郑玉治《易》,所本的是《程朱传义》;①治《礼》,所宗的是《朱子师友仪礼通解》。②他特别推崇朱熹"尽取群贤之书,析其异同,归之至当,言无不契,道无不合,号集大成,功与孟子同科矣"。③因此,清代著名学者全祖望说:"继草庐(吴澄)而和会朱、陆之学者,郑师山也。草庐多右陆,而师山则右朱。"④指明了郑玉学说倾向朱熹的特征。(3)以"伦理纲常"学说为学术思想的核心。郑玉伦理纲常学说的出发点是"明正道,扶世教",也就是要确立封建的道德标准,以之规范社会上不同阶层的人们。郑氏所谓的道德标准就是"三纲五常"。他认为,"纲常"是"国家之本",⑤只有确立了"三纲五常"的道德标准,才能"维持世教,扶植人心",达到王朝长治久安的目的。(4)以发明《春秋》为学术研究的突破点。郑玉认为《春秋》是体道治世的大典,所以他对《春秋》用力最深。他的《春秋经传阙疑》一书在明清理学界,被公认是郑氏学术的代表作。郑玉发明《春秋》有两大特征:一是经、传并重,二是博采诸儒之说,形成一家之言。总之,郑玉的"和会朱陆"思想是元末明初理学界"和会朱陆"思潮的组成部分。他"右朱"的学术倾向,既发扬光大了新安理学宗旨,且于学派振兴,贡献极大。

元末明初新安理学中,郑玉"和会朱陆"并不是孑孑独行者。与他同道的,还有另一位大家赵汸。赵汸,字子常,学者称东山先生。休宁龙源人。赵氏于朱陆两家学说用力很深,这在他的《私试策问》和《对问江右六君子策》中可以窥知。虞集认为:"子常生朱子之乡而得陆氏之说,于二家所以成己教人,反复究竟明白。盖素用力于斯事者,非缀缉傅会之比也。"⑥这就是说,赵汸在"和会朱陆"中,对两家学说并非是简单的折衷、拼合,而是将其精髓糅合在一起了。

---

① 郑玉:《师山集》卷3《周易大传附注序》,四库全书本。
② 郑玉:《师山遗文》附录《汪克宽:师山先生郑公行状》,四库全书本。
③ 郑玉:《师山遗文》卷3《与汪真卿书》,四库全书本。
④ 黄宗羲原著、全祖望补修:《宋元学案》卷94《师山学案》,中华书局1986年版。
⑤ 郑玉:《师山遗文》卷3《为丞相乞立文天祥庙表》,四库全书本。
⑥ 程曈:《新安学系录》卷15《赵东山行状》,康熙三十五年(1696年)绿荫园重修本。

赵汸主张"澄心默坐,涵养本源,以为致思之地",而后"凡所得于师之指及文字奥义有未通者,必用向上工夫以求之",①深受陆学遗风的影响。但在"和会朱陆"中,赵汸与郑玉一样,也是属于"右朱"一派。朱熹曾说过:"穷理之要,必在于读书。"赵汸接受了朱学笃实致知的功夫,也主张尊经读书。他认为:"古之圣人亦必由学而至。而学者之功,必可至于圣人。"②而"澄心默坐",只不过是贯通"文字奥义"的辅助功夫,全不受陆学鄙视读书风气的影响。凡有疑问,"质诸师而不得者,卒求之程朱遗言而有见焉"。③ 由此可知,赵汸仍然是以程朱之教为归,只不过避免了朱子之学中支离的短处,而吸收陆学精于"默思"的长处。当时,黄文正公高足袁诚夫在乃师卒后,辑师说为《四书日录》,"旨意与朱子多殊"。④ 赵汸为之商订,"别是非数万言",袁氏心服。这也足以说明赵汸"右朱"的学术倾向。

总之,元明之际及明初新安理学三大家都是通过不同途径发扬光大了新安理学的宗旨——朱子学。该阶段是新安理学发展过程中学术思想最为丰富多彩的时期之一。

后期(明代中后叶)——新安理学的分化和萎缩。

明初理学,尊崇程朱学派。中叶以后,"王学"兴起,"门徒遍天下,流传逾百年",⑤在理学界产生了深远的影响。受此潮流冲荡,这一阶段的新安理学出现了分化:

一部分人受"王学"影响,背离了新安理学固守朱子学的宗旨,滑向王学阵营。这部分人以嘉靖时人程文德和万历时人潘士藻为代表。程文德,字舜敷,号松溪,婺源人。其代表作有《论学书》,提倡"以真心为学之要"。⑥潘士藻,字去华,号雪松,婺源人。著有《闇然堂日录》,讲究"默识二字,终身味

---

① 程曈:《新安学系录》卷15《赵东山行状》,康熙三十五年(1696年)绿荫园重修本。
② 程曈:《新安学系录》卷15《赵东山行状》,康熙三十五年(1696年)绿荫园重修本。
③ 程敏政:《新安文献志》卷72《东山赵先生行状》,弘治三年(1490年)刊本。
④ 程曈:《新安学系录》卷15《赵东山行状》,康熙三十五年(1696年)绿荫园重修本。
⑤ 张廷玉等:《明史》卷282《儒林传》,中华书局1974年版。
⑥ 黄宗羲:《明儒学案》卷14《浙中王门学案》,中华书局1985年版。

之不尽"。① 程氏和潘氏分别师从王阳明高足王畿和王艮。就程、潘俩人的学术倾向看,已深得乃师学术要旨。新安理学的宗旨朱子学与陆王学说虽未成水火,实则还是两途。因此,程文德、潘士藻入王学愈深,离朱子学愈远。这部分分化出去的学者,已无力光大新安理学学派。

留在新安理学阵营中的理学家以程曈为代表。程曈,字启曈,号莪山,休宁人。生活在明正(德)、嘉(靖)年间。在当时王学盛行的情况下,程氏撇开明初新安理学诸儒的治学指导思想,直接上承元代新安理学家力排异见的作风。他抱定朱门注重读书的传统,认为"道"存在于《易》《诗》《书》《礼》《乐》《春秋》和孔孟之书中,因此若要探究其中"精微曲折",必须从典籍入手。这些议论,实际上是针对"饱食安坐,无所猷为,忽然知之,兀然得之"的陆学功夫而发。方志称,"正嘉之际,禅陆盛行",程氏能够"独立狂澜,觝排攘斥,崇正道,辟邪说",②抱守新安理学的宗旨朱子学。《江南通志》称程氏《新安学系录》一书"与朱子合者存,背者去"。③ 他的《闲辟录》专集朱熹文集中辩证"异学"的语录,用以排斥陆王学说。《四库》馆臣称:此书"门户之见太深,词气之间,激烈已甚"。④ 程曈这种大刀阔斧式的治学方法,虽然达到固守朱子学的目的,于义理之学则无大建树。较之明初诸儒,则逊色不少。

综观明中后期的新安理学家,或限于识见而无所建树,或旁依他派而背离了本门宗旨。其他如谢复(字一阳,号西山,祁门人)、⑤洪垣(字峻之,号觉山,婺源人)、⑥金声(字正希,休宁人)⑦等人,虽以理学名世,但未形成有鲜明个性的学术,于学派振兴,也无功可言。至此新安理学已是阵容萎缩,呈现凋谢零落的衰竭景象。

---

① 黄宗羲:《明儒学案》卷35《泰州学案》,中华书局1985年版。
② (嘉庆)《休宁县志》卷12《人物》。
③ 赵弘恩、黄之隽等:(乾隆)《江南通志》卷164《儒林传》,四库全书本。
④ 永瑢等:《四库全书总目》卷96《子部·儒家类·存目二》,中华书局1965年版。
⑤ 黄宗羲:《明儒学案》卷2《崇仁学案》,中华书局1985年版。
⑥ 黄宗羲:《明儒学案》卷39《甘泉学案三》,中华书局1985年版。
⑦ 黄宗羲:《明儒学案》卷57《诸儒学案下》,中华书局1985年版。

四、清中叶:新安理学的终结

新安理学的终结,以休宁人戴震开创的"皖派经学"确立为标志。从新安理学到皖派经学的转变,大致有两方面的原因。

首先,明中后期新安理学内部人才凋零,阵容萎缩,已显示了该派终结的先兆。面对朱子学作为正宗哲学地位的动摇,新安学派中缺乏起衰振微的理学大家光大朱子学。新安理学对朱子学的阐发,已到了山穷水尽的地步。除了着意于笔墨官司,一味排斥"异说"之外,已不能平心静气探求义理之旨。这是以固守朱子学为宗旨的新安理学终结的内因。

其次,清初整个学术界学术风气的转移,是皖派经学取代新安理学的外因。经过明末清初"天崩地析"的动乱后,人们深感宋明儒学空谈义理风气的误害。学者治经,大多不务空谈而注重考核,学术界出现了"汉学"替代"宋学"的潮流。新安地方学术思想由新安理学转变为皖派经学,正处在这一潮流中。我们从戴震学说及其所开创学派的特色来看,新安地方学派学术主题的变更,与清初整个学术界学风的转移,关系密切。

上述两点,是新安理学向皖派经学转变的主要原因。新安这两种学术的嬗递,以江永、程瑶田为过渡人物。

江永,字慎修,婺源江湾人。早年精心于《十三经注疏》,尤工《三礼》。他的早期作品《礼经纲目》为继朱熹《仪礼经传通释》而作,凡88卷。史官称之"引据诸书,厘正发明,实足终朱子未竟之绪"。[①] 可知江永一如新安理学的先辈,为完善、光大朱子学而效力。他在半生已过的62岁时,专门费心为理学要籍《近思录》集注,成《近思录集注》十四卷。从中可见,江永的学术上承新安理学的余绪。同时,江永的学术风格,较之新安理学诸儒,又有注重考据、不务空谈的特点。戴震推重江永在训诂学上的贡献,自汉经师康成后"罕其俦匹"。[②] 江藩以为此论"非溢美之辞"。[③] 江永的研究范围,涉及推步、

---

① 赵尔巽:《清史稿》卷481《江永传》,中华书局1977年版。
② 戴震:《戴震文集》卷12《江慎修先生事略状》,中华书局1980年版。
③ 江藩:《国朝汉学师承记》卷5《江永》,中华书局1983年版。

钟律、音声、文字之学。这是后来皖派经学家的主要研究课题,而新安理学先儒则很少注目于此。因此,后人视江永为皖派经学的"开宗"。其实,从江永一生来看,他正处于新安理学向皖派经学的转变过程中。在他身上,既有新安理学的烙印,又有皖派经学的萌芽。

程瑶田,字易田,又字易畴、亦田,歙县人。曾与休宁戴震俱学于江永。在江氏门中,瑶田的学术与影响,并非拔萃。但若论对江氏学术风格的承继,则无出瑶田之右者。瑶田与乃师一样,游移于新安理学与皖派经学之间。他既精研训诂、制度、名物、声律,戴震自称尚"逊其密"。① 同时,于义理、象数等也是"无所不赅",②并且不出朱子学家法,兼有新安理学和皖派经学两种不同的学术风格。

江、程之后,戴震在研究经学中独开生面,创立了"皖派经学"。它标志着新安理学的最后终结。

为什么要将戴氏"开宗"的皖派经学视为新安理学终结的标志呢? 这是因为:(1)戴震的学说彻底否定了新安理学的宗旨朱子之学。戴氏在17岁时就"有志闻道",一生著有多部专谈性、命、义、理的书,如《孟子字义疏证》《原善》《读孟子论性》等。他在本体论、道德论、人性论等方面,都提出了与朱子学锋芒相对的观点。戴震关于朱熹学说指名道姓的抨击,不像江永等人游移于新安理学与皖派经学之间,而是明显地表现出两种不同学术之间质的区别。(2)戴震将新安学术风气,从空谈义理导向侧重于考据。戴氏认为:"经之至者,道也;所以明道者,其词也;所以成词者,字也。"这就是说,阐述义理须从字义入手,"由字以通其词,由词以通其道"。③ 他以"小学"为读书之始,推重"韵书"与"字书"的作用。这种以"小学"为基础,从音韵训诂、字义名物、典章制度等方面阐述经典大义的治学方法,与新安理学空谈义理的学风,大相径庭。由此,在戴震身上可以看出新安理学与皖派经学的明显

---

① 戴震:《戴震文集》卷3《再与卢侍讲书》,中华书局1980年版。
② 支伟成:《清代朴学大师列传》第6《程瑶田》,岳麓书社1986年版。
③ 戴震:《戴震文集》卷9《与是仲明论学书》,中华书局1980年版。

界限。(3)戴震培养了一批以"求是"为宗旨、以考据为学术特色的新安经学家。近人支伟成称:"自戴震崛起安徽,皖派经师,头角崭露。"①新安众多经学名家,如金榜、洪榜、汪龙等,都是戴震的及门弟子或私淑。戴氏之后,新安学者大多致力于考据,而义理之学则少有问津者。

总之,皖派经学问世后,经历宋元明三朝的朱子学已被彻底否定;传统的空谈义理之风,为侧重于考据实证的方法所替代;新安学者大多致力于音韵训诂、天文地理、典章制度的研究,形成了皖派经学。从新安理学到皖派经学的转变中,戴震则是一个划时代的人物。

考察新安理学历经宋元明清四朝的源流,我们可以知道,新安学术思想近700年的演变过程,正是12世纪以后中国哲学史和学术思想史的缩写。

原载《中国文化研究》1997年夏之卷

---

① 支伟成:《清代朴学大师列传》卷6《叙目》,岳麓书社1986年版。

试论新安理学长盛之因
——从地域人文环境角度考察

"新安理学"是朱子学的重要分支之一,主要流传于徽州(旧称新安,今安徽黄山市。历史上辖歙、休宁、黟、祁门、婺源、绩溪六县)一带。该学派崛起于南宋,元时得到进一步发展,至明初臻于鼎盛。清中叶,因皖派经学的兴起,新安理学才结束了近700年的发展历史。期间,它始终有一以贯之的学术宗旨、一脉相传的理学家群和鲜明的学派特征,对12世纪以后中国哲学史和中国学术思想史的发展演变,以及徽州和周边地区社会生活的各个领域产生了巨大的影响。徽州在南宋以后因之而有"理学之邦""东南邹鲁"之称。[①]

近年来,以徽州历史文化为研究对象的"徽学"备受学界关注,而新安理学作为徽学的主要研究领域,也受到了学者们的高度重视。不过,其中有个重要问题一直被忽略了,这就是新安理学何以会延续近700年,涌现百余位著名学者,呈现"历元、明而其传弥广"的不败气象。笔者认为,这种盛况的出现,与南宋之后徽州地区在政治、经济、文化、教育等方面的独特的地域因素有密切的关系。

首先,南宋之后,徽州逐步形成了一个以紫阳书院为核心的理学教育网

---

① 周晓光:《新安理学源流考》,载《中国文化研究》1997年夏之卷。

络。该网络覆盖徽州六县的大小村落,由书院、社学、私塾以及府、县学构成,数目以百计。它成为历代新安理学家成长的摇篮。

南宋之后的徽州,是一个教育发达的地区。该地区除有历代不衰的官学——府、县学之外,还出现了大量的民间办学机构,如书院、社学、私塾等。其中延续时间最长、影响最大的民间办学机构是紫阳书院,历史上有徽州"书院之盛,胜于他郡,尤以紫阳为大"的记载。紫阳书院始建于南宋淳祐六年(1246年),由当时郡守韩补请建,宋理宗御书"紫阳书院"匾额。其后数百年间,紫阳书院虽多次修葺、搬迁或重建,但从未间断过。清代康熙和乾隆皇帝先后有"学达性天""道脉薪传"的题书。紫阳书院的《院规》,基本上是朱熹亲定的《白鹿洞书院院规》的翻版。书院教学依据朱熹论定的"四书""五经",按照"学、问、思、辨、行"的程序进行。历代的山长和讲席一般由理学醇儒担任。在紫阳书院的示范下,徽州六县书院始终保持了较大的数量。明末清初,徽州书院达到了54所。此外,当时还有社学568所。至于义学、私塾,则更为普遍,历来号称"虽十家村落,亦有讽诵之声"。① 按照徽州人的理解,"新安为朱子桑梓之邦,则宜读朱子之书,取朱子之教,秉朱子之礼,以邹鲁之风自待,而以邹鲁之风传之子若孙也"。② 因此,南宋之后出现了朱子之学虽行天下,而"讲之熟、说之详、守之固,则惟新安之士为然"③的现象。这一现象表明,徽州的教育侧重的是理学的传授。在传授理学的过程中,紫阳书院发挥了重要的作用。它通过多种形式,将徽州的书院、义学、私塾等连成了一个理学教育网络。比如,每年的八九月,紫阳书院就有公开的讲学活动,其时"衣冠毕集,自当事以暨民,群然听讲,师儒弦诵,常数百人"。明代又制定了《紫阳会约》,每年一次的"会讲"聚集了郡内大部分名儒,有时也有郡外学者与会,他们在一起共同交流研习理学的体会和心得④。清初,紫

---

① (光绪)《婺源乡土志》第6章《婺源风俗》。
② 李应乾:《茗洲吴氏家典·序》,雍正刊本。
③ 赵汸:《东山存稿》卷4《商山书院学田记》,四库全书本。
④ 施璜:《紫阳书院志》卷16《会纪》,雍正三年(1725年)刊本。

阳书院又创立了每年举行二三次的"塾讲",塾讲由六县塾师轮流参加,旨在普及理学教育,提高塾师的学术素养和教学水平。因此,在徽州,从南宋以后形成了一个以紫阳书院为核心的理学教育网络,徽州的学子在这一教育网络中从小就接受了学术的熏陶和理学的启蒙教育,其中有不少人学有成就,逐步成长为理学家。南宋之后的新安理学长期兴盛,代有才人,得益于徽州的理学教育网络。

其次,徽州商人长期受理学的熏陶,在其发家致富后鼎力扶持新安理学,这是新安理学得以长盛的又一重要原因。

南宋之后,因徽州为朱熹阙里[①],且文风独茂,为士者多明义理,故被称为"东南邹鲁"[②]。在此环境中,绝大多数徽州商人自幼就受到了儒风的熏陶。他们"处者以学,行者以商",往往"商而兼士"或"士而兼商",被后人视为一支有文化的商帮[③]。这些"亦贾亦儒"的商人,对朱熹及其学说极为崇拜,尊其为"徽国文公"。根据史籍记载,凡由徽商捐建的会馆、祠堂中,大都"崇祀朱子"[④],同时徽商还自觉以朱子之学为立身行事的准则和指南。从历史上来看,尽管新安理学在南宋兴起时,徽商尚未成帮,但在当时徽州商人就与新安理学结下了不解之缘。宋元时期的不少著名理学家,就出生在商人家庭中。如朱熹之外祖父祝确就是一个大商人,他所经营的商店、客栈占徽州府城的一半,号称"祝半州"[⑤]。明清时期,随着徽州商帮的形成及其经济实力的增强,徽商为新安理学的发展作出了积极的贡献。其一,徽商出巨资兴修书院,购置书籍,为新安理学家研讨理学提供场所和方便。比如清代歙县盐商鲍志道曾捐资3000两,用于修复歙县城内的紫阳书院。鲍氏死后,为表彰其倡兴理学的功绩,被附祀紫阳书院卫道斋[⑥]。黟县筹建书院,本

---

① 朱熹祖籍婺源,婺源历史上曾长期隶属徽州,是徽州文化区的重要构成部分。
② (弘治)《徽州府志》卷1《风俗》。
③ 张海鹏、王廷元主编:《徽商研究》,安徽人民出版社1995年版。
④ (民国)《歙县志》卷9《人物志》。
⑤ 许承尧:《西干志》卷4《祝外大父祝公遗事》。
⑥ 歙县《棠樾鲍氏宣忠堂支谱》卷21《中宪大夫肯园鲍公行状》。

县商人舒大信"存二千四百金助之"①。还有婺源商人孙有燨"置租兴社课文及襄建本都书院、京师文明会,均领袖捐资"等等②。鲍、舒、孙等人的这类事迹,在徽州商人中并不鲜见。其二,徽商利用自身财力的优势,通过各种途径大力宣扬新安理学。比如,为表彰和宣传新安理学先贤,徽商积极策划和参与在徽州建造各类纪念性的建筑。据《程朱阙里志》记载,明代万历年间,歙县篁墩建程朱阙里祠,歙县吴氏昆仲吴养都、吴养春、吴琨共出银450余两建程朱阙里石坊一座;鲍氏昆仲鲍文宪、鲍文孝、鲍文楫共出银380余两建阙里享堂三间③。由于徽商的鼎力相助,徽州一地类似的理学纪念性建筑处处林立,成为理学之乡一道独具特色的风景。其三,不少徽州商人慷慨解囊,组织新安理学家编纂礼学书籍,传播理学知识,对新安理学"历元、明而其传弥广"发挥了重要的作用。现存新安理学家的著述,不少是借徽商之力,才得以刊刻流传的。其四,徽商十分重视对族内子弟的培养,他们提供学子的衣食之资,对其中读书优异者予以格外奖励。正是由于徽商在经济上的支持,新安学者得以安心向学,接受并研究儒家学说,其中一部分人成为有所建树的新安理学家。总之,新安理学的发展和延续,离不开徽商的支持和帮助。

第三,徽州历代官绅的积极扶持,对新安理学的形成和发展,同样起到了重要的作用。

南宋以来,出任徽州知府和县令者,无不以张扬理学为事。淳熙三年(1176年),婺源县令曾请朱熹为县学作藏书阁记,八年又请朱熹作《婺源县学三先生(周敦颐、程颢和程颐)祠记》,休宁县令也曾请朱熹作过《新安道院记》。它表明徽州地方官对理学与理学家的崇敬之心。元明清三代,凡为徽州知府和县令者,都将对理学的扶持作为为政之要。他们或大力支持兴修书院,为理学家讲学和研究活动提供良好的场所;或竭力表彰徽州理学先

---

① (嘉庆)《黟县志》卷7《人物》。
② (光绪)《婺源县志》卷35《人物》。
③ 赵滂:《程朱阙里志》卷8《识余》,雍正三年(1725年)重刊本。

贤，倡导研讨理学的风尚；或身体力行，亲临书院开课讲学，培养理学的后继者。当然，这些知府和县令们的做法，有其自身的考虑。朱熹在《休宁县新安道院记》中的一段话，颇具代表性："盖其封域，实鄣山之左麓而浙江出焉，山峭厉而水清澈，故禀其气、食其土以有生者，其情性习尚，不能不过刚而喜斗。然君子则务以其刚为高行奇节，而尤以不义为羞。故其俗难以力服，而易以理胜。"也就是说，知府和县令们阐扬理学，加强对百姓思想上的控制，乃是出于治理的需要。然而，在此同时，这些做法客观上对新安理学的发展和延续起到了促进的作用，成为新安理学长盛不衰的一个重要原因。

受到地方政府和官员的影响，徽州的乡绅大族对理学同样采取了积极扶持的态度。首先，徽州的乡绅大族对族内弟子研习理学采取了一系列的鼓励和支持措施。其中，族产和族田的设置，是最有力的举措之一。徽州宗族族产和族田的收入，相当一部分用于设立义学和辅助族内贫穷子弟的膏火之资和应考路费。而义学中子弟所学的内容，无外乎理学的学说，特别是朱子之学。一如《茗洲吴氏家典·序》中所说："新安为朱子桑梓之邦，则宜读朱子之书，取朱子之教，秉朱子之礼。"因乡绅大族的扶持，新安研习理学者众多，许多理学名家在此基础上方脱颖而出，为新安理学的发展作出了重大的贡献。其次，徽州的乡绅大族还是新安理学学说的忠实实践者。大量的史料表明，新安理学所倡导的"三纲五常""三从四德""主仆之分"等学说，乃是徽州宗族文化的主要内容。在徽州宗族的族谱和族规中，尊卑、大小、长幼、上下的等级规定非常严格，倘若有人稍有逾越，将受到严厉的惩罚。被新安理学家奉为圭臬的朱熹《家礼》，在徽州的乡绅大族看来，乃是一部至上经典。徽州乡绅大族开展宗族活动，完全遵循《家礼》的有关规定。由此可见，徽州的乡绅大族，是当之无愧的新安理学学说的忠实实践者[①]。正是在他们身体力行的倡导下，新安理学有着非常优越的发展环境，延续数百年而不衰。

---

① 周晓光:《新安理学与徽州宗族社会》，载《安徽师范大学学报》2001年第1期。

第四,新安理学历近700年而长盛不衰,与中国封建社会后期朱子学被扶持为官方"显学"有密切关系。

理学在宋代形成以后,其地位几经升降。其中的重要原因之一,是宋代理学家大多既讲学授徒,又积极参与政治,结成各种政治集团,因此理学与理学家的地位往往随着政治斗争的结果不同而不断变化。但是,在南宋理宗赵昀(1225—1264年在位)继位以后,理学与理学家的地位就基本呈上升趋势。特别是朱子学,因其"有补于治道"①而受到朝廷青睐。先是理宗"用邹兖例"②,封朱熹为徽国公,按照祭祀孟子的礼仪祭祀朱熹,将朱熹的地位抬到了与孟子并列的高度;后有度宗赵禥(1265—1274年在位)"赐文公阙里于婺源"③,朱熹的地位因此直追孔子。入元之后,朱子学成为官方"显学",虞集《道园学古录》中称,当时朱子学被"定为国是,学者尊信,无敢疑贰"。④ 特别值得注意的是,从元代开始,朱子学与科举考试紧密结合在一起。元仁宗爱育黎拔力八达皇庆二年(1313年),朝廷定科举取士法,第一、第二场考题都限用朱子《四书集注》⑤,并且规定考生答题时须以程朱学说为指导思想。所谓"设科取士,非朱子之说者不用"⑥,即指当时科举的情形。明朝建立后,朝廷一方面大力开展"崇朱"活动,下令天下学宫"奉先生(朱熹)以为通祀"⑦,并颁行祭朱制度,规定每年春秋祭祀两次,拨款扩建朱祠、家庙和书院等;另一方面依然将科举考试与朱子学密切联系起来。洪武二年(1369年),明太祖朱元璋命礼部传谕:"国家明经取士,说经者以宋儒传注为宗,行文者以典实纯正为主。今后务须颁降'四书五经'《性理》《通鉴纲目》《大学

---

① (民国)《重修婺源县志》卷64《理宗宝庆三年正月赠太师追封信国公制》。
② 冯琦原编,陈邦瞻增辑:《宋史纪事本末》卷80《道学崇黜》,中华书局1977年版。
③ (光绪)《婺源县志》卷18《朱子世家》。
④ 虞集:《道园学古录》卷39《跋济宁李璋所刻九经四书》,四库全书本。
⑤ 宋濂等:《元史》卷81《选举一》,中华书局1976年版;陈邦瞻《元史纪事本末》卷8《科举学校之制》,中华书局1979年版。
⑥ (乾隆)《上饶县志》卷15《儒林一》。
⑦ (民国)《重修婺源县志》卷66《重修文公家庙记》。

衍义》《历代名臣奏议》《文章正宗》及历代诰律典制等书,课令生徒讲解,其有剽窃异端邪说,炫奇立异者,文虽工弗录。"①规定了科举取士要以朱熹等宋儒的"传注为宗",特别是以朱熹编撰的《四书章句集注》《通鉴纲目》等书为读书的基本教材,也将其作为考试的依据及标准答案。此条规定与其他十一条有关立学条款,被勒石立于天下学宫中,俾学子牢记于心。清朝前期的科举制度,在崇举朱子学方面,与明朝有一脉相传之处。

  由于南宋之后历代王朝对朱子学的提倡、推崇和扶持,故天下读书人对它钻研不已,推动了朱子学的发展。徽州学者身处这种氛围中,热心于研习朱子之学者遍及乡野,由此使得新安理学代不乏人。且元代以降,科举考试与朱子学紧密挂钩,研习朱子学乃是猎取功名利禄的阶梯。史载徽州因田少人多,乡人的出路一般只有两条:或经商维持生计,或科考以求显达。因此,元明清时期徽州读书应考人数之众(包括考取秀才、进士和状元人数之多),在当时全国各郡县中名列前茅。这些应考的学子,因考试内容的规定,平时大多是"读朱子之书"。这就为新安理学历久不衰奠定了深厚的基础。近700年中,徽州土地上涌现了一个又一个理学名家,他们连成了理学在徽州生生不息的脉络。归根寻源,这一现象与徽州始终存在着庞大的朱子学研究队伍有密切的关系。而这支研究队伍的出现,则与南宋之后科举考试有关规定有内在的直接联系。

  综上所述,南宋之后新安理学长盛不衰,有着多方面的原因。尤其是徽州地区经济、教育、政治等独特风貌,与新安理学的发展有着密切的相辅相成关系。

原载台湾《孔孟月刊》第42卷第11期

---

① 《松下杂抄》卷下,涵芬楼秘笈本。

南宋新安理学略论

宋代理学导源于二程,而集大成于朱熹。朱熹毕生讲学授徒,门生弟子数千人,分众多流派,其中,朱熹祖籍徽州的弟子,以维护光大"朱子之学"为宗旨,在诠释、发展"朱子之学"方面独成一派,是谓"新安理学。"

新安理学以宋、元、明、清时期徽州(又称新安)籍理学家为主,奉朱熹为开山宗师。在它近700年的发展演变过程中,大致经历了南宋形成时期、元代固守时期、明代发展时期及清初的终结时期四个阶段。清乾隆、嘉庆年间,新安休宁人戴震开创"皖派经学",最终宣告了新安理学作为一个学派的寥落①。此后,新安理学便少有问津者。本文拟对南宋时期新安理学的兴起等问题作一探讨,希望有助于学术界对新安理学展开全面深入的研究。

一

南宋(1127—1279年)是理学集大成时期,也是新安理学家群崛起的时代。在此150年间,新安涌现了一大批杰出的理学家。据明代程敏政《新安文献志》、程曈《新安学系录》和清初赵吉士《寄园寄所寄》及新安方志记载,

---

① 周晓光:《试论新安理学向皖派经学的转变》,载《安徽师范大学学报》1988年第4期。

其代表人物有：朱熹，字仲晦，1130－1200年，婺源人；吴昶，字叔夏，？－1219年，歙县人；程永奇，字次卿，1150－1221年，休宁人；程大昌，字泰之，1124－1195年，休宁人；吴儆，初名祢，字益恭，1125－1183年，休宁人；汪莘，字叔耕，1155－1227年，休宁人；程洵，字允夫，1134－1196年，婺源人。他们以朱熹为泰山北斗，鼓吹理学，传授朱熹学说，奠定了具有地方特色的新安理学的基础。

这个学派之所以在南宋崛起，是有其学术渊源和历史背景的。

理学作为一个时代的哲学思潮，滥觞于唐代中期。韩愈提倡"文以载道"，推崇《大学》，著"五原"（《原道》《原性》《原人》《原鬼》《原毁》）以排斥佛老，力图恢复先秦儒学。其弟子李翱据《中庸》而著《复性书》，发展了孟子的"性善说"。韩李在佛教盛行的氛围中，开创了一代学风。至北宋周敦颐，继承韩氏的"道统论"，并融会佛道思想，著《太极图》及《通书》四十篇，"明天理之根源，究万物之始终"，[①]成为宋朝理学的开山祖。稍后，河南二程兄弟（颢、颐）受业周氏，"扩大其所闻，表彰《大学》《中庸》二篇，与《语》《孟》并行，于是上自帝王传心之奥，下至初学入德之门，融会贯通，无复余蕴"。[②] 关中有张载作《西铭》，极言"理一分殊"之旨；又有河南邵雍著《皇极经世书》，建立了象数学思想体系。"五子并时而生，又皆知交相好"[③]，他们著书立说，使理学成为时代思潮。新安理学崛起在南宋，与北宋理学思潮有极深渊源。首先，新安理学家继承了北宋理学大师们的学风。他们与汉唐古文经学重训诂义疏的传统背道而驰，抛开传注，直接从经文中寻求义理。如吴昶的《易论》《书说》，程永奇的《六经疑义》《四书疑义》，程大昌的《毛诗辩证》《尚书谱》《易原》等，均借助于经文，参以个人体会和一己私见，从中探求性命义理之说。其次，这些处在新安理学始创时期的理学家，直接继承了理学先辈的论题和思想成果。如程大昌在《易原》中论"太极""阴阳""动静""五行"

[①] 脱脱等：《宋史》卷427《周敦颐传》，中华书局1985年版。
[②] 脱脱等：《宋史》卷427《道学一》，中华书局1985年版。
[③] 黄宗羲原著、全祖望补修：《宋元学案》卷9《百源学案》，中华书局1986年版。

等,在周敦颐著作中已屡屡提及,又为北宋理学大家所反复讨论和发挥。程永奇注释《明道定性说》《伊川好学论》《太极图说》《西铭》等,梳理了北宋二程、周敦颐和张载等理学名家的思想及其思维方式,从中汲取营养。再次,作为新安理学开山的朱熹,其师承可直溯周敦颐。据《宋史·道学传》记载:周敦颐学术传程颢、程颐,二程传杨时,杨时传罗从彦,罗从彦传李侗,李侗传朱熹①。作为新安理学"真传"的"朱子之学",乃是集北宋理学大成的学说。所以,从学术渊源来看,新安理学家群的出现,是"其来有自"的。

南宋新安理学的兴起,又以汉文化重心南移为历史背景。

自古以来,黄河流域是汉文化的中心。南方荆楚、吴越的开化较之中原要晚得多。唐末及五代十国北方战乱频仍,一时中原衣冠大族纷纷南避,促进了南方汉文化的发展。新安地介万山丛中,"世乱则洞壑、溪山之险,亦足以自保。水、旱、兵戈所不能害,固宜其有强宗巨姓雄峙于其间"②。因此,自唐末及五代十国以后,迁入新安的中原大族尤多。据《新安名族志》记载,此期迁入新安的大族有周、罗、齐、许、施等不下廿五姓。罗愿在《新安志》中称"黄巢之乱,中原衣冠避地保于此,后或去或留,俗益向文雅。宋兴则名臣辈出"。③ 可见,新安特殊的地利,吸引了中原大族,大族的南迁又促进了新安文化的发展。

靖康二年(1127年),金兵南下,北宋都城汴京(今开封)沦陷。宋徽、钦二宗蒙尘,最后客死金朝。建炎元年(1127年)五月,赵构在江宁(后改称建康,今南京)即位,在金兵的追逼下,几经迁移,于绍兴八年(1138年)正式定都临安(杭州)。宋室南渡,从此汉文化的重心也正式开始由黄河流域移到了长江流域。

金兵占领北方,中原地区遭到了"自书契以来未之有也"④的灾祸。北方

---

① 脱脱等:《宋史》卷427、卷428,中华书局1985年版。
② 《重修古歙东门许氏宗谱》卷9《城东许氏重修族谱序》。
③ 罗愿:(淳熙)《新安志》卷1《风俗》。
④ 庄绰:《鸡肋编》卷中,中华书局1997年版。

"衣冠奔踏于道者相继",①他们"皆抱孙长息于东南"。② 因而,在中国历史上造成了第二次的人口大规模南迁浪潮。在这些南迁人流中,包括了各阶层人物。其中一部分是著名的思想家、文学家和艺术家。如南宋初年理学家赵鼎、许翰、许忻(拱州人)、韩元吉(许昌人)、向沈、罗靖(开封人)、焦瑗(山东人)、宋驹(赵州人)、赵蕃(郑州人)、韩冠卿(相州人)、赵希倌(汴州人)等,文学家如李清照、辛弃疾(济南人)、史达祖(汴州人)等,画家如苏汉臣(开封人)等,均是北方南渡人物。张家驹先生称他们"诱导了南宋学术文化的先河"。③ 余瑛根据《宋元学案》,统计两宋不同时期儒者的地域分布,得出以南渡为界,北方学者人数剧减,而南方各省学者郁兴的结论。④ 这与张家驹先生对《宋史》"道学""儒林"等传的人物分布统计结果一致。所以,从史料的记载和前人的研究统计中,可以看出,南宋的立国,使汉文化的重心由北方移到了南方。地处江南的新安,"自南迁后,人物之多,文学之盛,称于天下",⑤其理学的兴起,改变了北宋理学以北方"关、洛"为盛的局面。因此,新安理学的出现既以汉文化重心南迁为背景,又反映了南方文化超越北方文化的态势。理学由关、洛而发展到新安,与宋代经济、政治、文化重心南移趋势一致。

南宋新安理学家群的出现,与新安重儒的风尚及地方政府提倡文教息息相关。

新安处在崇山峻岭中,风俗淳朴。自中原大族迁入后,罗愿称"其俗益向文雅",出现了重儒的风尚。《歙事闲谭》说:"武劲之风,盛于梁、陈、隋间,如程忠壮、汪越国,皆以捍卫乡里显。若文艺则振兴于唐宋,如吴少微、舒雅诸前哲,悉著望一时。"⑥这就是说,唐宋时代,其风俗已由崇武而转为重儒。

---

① 脱脱等:《宋史》卷453《赵俊传》,中华书局1985年版。
② 陈亮:《龙川文集》卷1《上孝宗皇帝第一书》,丛书集成初编本。
③ 张家驹:《两宋经济重心的南移》第3节,湖北人民出版社1957年版。
④ 余瑛:《宋代儒者地理分布的统计》,载《禹贡半月刊》第1卷第6期。
⑤ (嘉庆)《休宁县志》卷1《风俗》。
⑥ 许承尧:《歙事闲谭》第18册《歙风俗礼教考》。

宋人洪适在《休宁县建学记》中说："休宁之人,益以乡校为先务,早夜弦诵,洋洋秩秩,有洙泗之风。"①因此,在这种风气熏陶下,新安人对"业儒"表现出极大兴趣。《休宁县志》记载,陈之茂任官休宁,"邑人争从讲学,户内人满,每坐户外"。② 可见当时新安风尚所向。朱熹回婺源省墓并讲学,也是"受业者甚众"。③ 吴天骥《休宁进士题名记》说:"自南渡来,师友渊源,得所从受,故士多长于谈经。"④在此雄厚的士人谈经基础上,许多学者走上了研习理学的道路,涌现出一批卓有成就的理学家。

新安地方政府提倡文教,建学校,鼓励讲学,直接培养了一代学者。南渡后的新安,号称"自井邑田野以至于深山远谷、居民之处,莫不有学、有师、有书史之藏",⑤彬彬然而为"东南邹鲁"。绍兴六年(1136年),南兰陵人陈之茂(字阜卿)任休宁县尉,更不遗余力推崇文教。乡人"相率出钱建校于县之南,以其赢买书千卷,之茂日至为诸生讲说一经"。⑥ 由于地方政府的倡导,休宁"故应乡书士不半百,自是常过八百人。拔第于庭者踵相蹑"。⑦ 新安理学开创时期的重要人物程大昌,便是陈氏致力文教后出现的拔萃学者。可见,南宋新安理学名儒辈出,也是与风尚影响和新安地方政府对文教的倡导分不开的。

二

南宋新安理学,具有如下特点:

第一,学派以朱熹为中心,学术以"朱子之学"为宗旨。

南宋新安理学家群以朱熹为核心人物,其代表人物,或是朱熹学生,或

---

① (嘉庆)《休宁县志》卷21《艺文纪述》。
② (嘉庆)《休宁县志》卷7《职官》。
③ 施璜:《紫阳书院志》卷8《列传》,雍正三年(1725年)刊本。
④ (嘉庆)《休宁县志》卷1《风俗》。
⑤ 赵汸:《东山存稿》卷4《商山书院学田记》,四库全书本。
⑥ (嘉庆)《休宁县志》卷7《职官》。
⑦ (嘉庆)《休宁县志》卷21《艺文纪述》。

与朱熹为学术酬唱之友。如程洵，初以诗文求教朱熹，朱熹劝程洵着意于"古人之学"，并亲自易程氏"道问学"斋名为"尊德性"。俩人书信往来，"问答累数十书"。程洵入朱熹门下，于理学精研不已，著有《克庵尊德性斋集》10卷。据称，程洵任衡阳簿时，"士友云集，登其门者如出文公（朱熹）之门"。① 可知，程氏学术，深得乃师真传。吴昶，在朱熹回婺源省墓时，"幡然悟俗学之陋，率先执经馆下，获闻伊洛至论。久之，'伪学'党作，弟子多更名他师。先生志益坚，徒步走寒泉精舍，就正所学，得文公心印。文公深嘉之，书翰往来不辍"。② 无疑，吴昶也是朱氏的忠实信徒。至于汪莘、程永奇、程先等，曾先后受学于朱熹。因此，南宋新安理学的重要人物，大多是朱熹及门弟子。

程大昌、吴儆虽未列朱熹门墙，但与朱熹往来密切。朱熹曾盛赞程大昌著作《禹贡图论》和《易老通言》，与之书信往来，探讨学术。程氏《雍录》《演繁露》诸书写成，其中朱熹弟子吴昶出力最多。吴儆长朱熹五岁，俩人交情很深。程正惠公（卓）撰《吴儆行状》称朱熹、张南轩、吕东莱等数十当世学术大师"皆与公友善"。吴儆曾作《尊己堂记》，朱熹读而喜叹："往者张荆州（南轩）、吕著作（东莱）皆称吴邕州（儆）之才，今读其记文，又有见其所存。"③程、吴二人与朱熹可称是学术知己。

自"朱子之学"风行东南，新安理学家大多以研习和传播朱熹学说为己任。如吴昶"终身守其师说，造诣愈深"。④ 程永奇初从朱熹求学一年，临返，朱熹以"持敬明义"之说勉励。后程永奇临终时，对门人书一"敬"字而逝⑤，可见其终身不移的信念。

第二，南宋新安理学强调个人品格修养，同时，在民族矛盾和社会矛盾尖锐的状况下，又积极参与政治，深得儒家积极入世的人生要旨。

---

① 程敏政：《新安文献志》卷69《汪路教：程知录（洵）传》，弘治三年（1490年）刊本。
② 程敏政：《新安文献志》卷69《友堂吴先生（昶）小传》，弘治三年（1490年）刊本。
③ 程敏政：《新安文献志》卷69《吴儆行状》，弘治三年（1490年）刊本。
④ 程敏政：《新安文献志》卷69《友堂吴先生（昶）小传》，弘治三年（1490年）刊本。
⑤ （嘉庆）《休宁县志》卷12《人物》。

宋儒讲心性,主张"养心""复性"。新安理学家也强调个人修养。如程洵以"尊德性"为座右铭,程永奇奉"敬"为学问根底。程大昌著有《中庸论》四篇,提出心性修养终极目标及其方法、步骤。朱熹在修养论上,更有完整的体系。但南宋新安理学家与后世迂儒空谈性命义理不同。他们在提倡心性修养的同时,也主张积极入世,参与政治。《大学》所说的诚意、正心、修身、齐家、治国、平天下,在新安理学家看来,其中并无偏废。修身的目的,在治国经世。钱穆先生说:"当知宋学所重,外面看来,好像偏颇在私人修养,其实他们目光所注,则在全人类、全社会。"① 这个评语,对南宋新安理学来说,最是贴切。

如新安理学创始人朱熹,虽"仕于外者仅九考,立于朝者四十日",官运不佳。但他一生始终没有放弃自己的社会责任。早在他18岁参加"乡贡"考试时,"三篇策皆欲为朝廷措置大事"。② 可见,他年轻时便以措置国家大事为己任。在同安县主簿任上,又是"莅职勤敏,纤悉必亲"。③ 以后,朱熹虽在官场几经沉浮,但对朝廷吏治、经济、和战等事,都提出积极建议。朱熹直面世事的人生观,自非后世空谈性命、不问时事之辈可比。

又如吴儆,曾历任明州鄞县尉,宣教郎,邕州知州兼广西四路安抚都监,提举钦、廉等州盗贼公事等职。吴氏虽"穷居厄处,抱膝长吟,常以社稷安危为己任",他的生平志向,便是"得当一面,提精兵数万,必擒颉利以报天子"。④ 汪莘,嘉定间屏居黄山,应诏"三扣天阍,论天变、人事、民穷、吏污之弊,行师布阵之法"。⑤ 可见,他们的目光所注、心意所及,并非只是心性义理,对社稷安危,也是事事关心。

在南宋新安理学家中,以程大昌官职最显。曾历官国子监、礼部、刑部、吏部等部院。他在朝屡次答孝宗顾问,内容涉及治道、守战、世风、刑狱等。

---

① 钱穆:《宋明理学概述》第8页,台湾学生书局1977年版。
② 王懋竑:《朱子年谱》卷1上,粤雅堂丛书本。
③ 王懋竑:《朱子年谱》卷1上,粤雅堂丛书本。
④ 程敏政:《新安文献志》卷69《吴儆行状》,弘治三年(1490年)刊本。
⑤ 程敏政:《新安文献志》卷87《汪居士(莘)传》,弘治三年(1490年)刊本。

他曾历官外省,出任浙东提点刑狱、江东转运副使、江西转运副使等职。大昌自称其志在"兴利除害",①地方官的生涯,使得他得以直接施展抱负。据周益公(必大)撰《程文简公神道碑》《宋史·程大昌传》《休宁县志·人物·程大昌》记载,他在地方任上的政绩,一是力拒增加浙东路酒税,发誓"大昌宁罪去,(税)不可增也"。以百姓利益高于自己仕途的荣誉,这在当时"西湖歌舞几时休"的世风中,显示了卓然独立的人格。乾道八年(1172年)江西岁歉,出钱10万余缗,代输赣、吉、临江、南安四郡夏税折帛,减轻百姓负担,缓和地方灾情。二是兴修水利。清江县旧有破坑、桐塘二堰,环江护田及民居,地近2000顷。后堰坏,40年中岁被水患,百姓不得安居。程大昌在江西任上,力复其旧,造福于民。三是为民请命,奏请免税。时江西州县税赋累年积欠,负担沉重。大昌上奏,乞行蠲削。淳熙元年(1174年)冬,孝宗下诏,同意大昌所请。并诏告各路,凡乾道七年、八年(1171、1172年)所欠赋税、丁役及其他钱物并除之。周益公称:"公一言,上恩及天下矣!"②程大昌又忧北方外族入侵,社稷危在旦夕,曾著《北边备对》,以求有益于抗战。北方失地后,著《雍录》,叙关中地理形势要胜,以寄恢复之志。

总之,从南宋新安理学家的从政经历及其政绩与对世事的态度上,可以看出,他们已把儒家传统的积极入世人生要旨,融合到自己的立身行事中。这是南宋新安理学的一大特色。

第三,南宋新安理学家深受佛教影响,又将排佛作为己任。这种现象,在宋代理学家中普遍存在,而以新安理学家尤为突出。

佛教自西汉末年传入中国后,以其玄奥精深的教义和慷慨大方的允诺,吸引了苦海中的芸芸众生。南北朝、隋、唐间,佛教大盛,故有韩愈复兴儒学,"抵排异端,攘斥佛老"。源于这种历史背景,张起钧说:"宋明理学(尤其在宋代)一个重要的时代使命便是排佛。"③尽管新安理学家深受佛学影响,

---

① 脱脱等:《宋史》卷433《程大昌》,中华书局1985年版。
② 程敏政:《新安文献志》卷68《程公(大昌)神道碑》,弘治三年(1490年)刊本。
③ 张起钧:《宋明理学的时代论衡》,载台湾《文艺复兴杂志》1985年159期。

如朱熹与园悟、藻光等人来往密切①,汪莘"韬铃之书,释老之典,靡不究习"②等等,但他们始终致力于排斥佛教,肃清其影响,以利理学的传播。

《宋史·朱熹传》记载,朱熹"主泉州同安簿,选邑秀民充弟子员,日与讲说圣贤修己治人之道,禁女妇之为僧"。他在上孝宗书中,称老子、释氏之书"虚无寂灭,非所以贯本末而立大中",③认为佛老"不足事",④并斥责"禅学悟入乃是心思路绝"⑤,排佛不遗余力。

程大昌自称一生不与"缁黄方技之士"打交道,⑥淳熙二年(1175年),程氏再次入朝为官,首章即反对六和塔寺僧以镇潮为功,免除科徭。并无不讽刺地说:"自修塔后,潮果不啮岸乎?"⑦可知其对佛门的态度。

由于新安理学家的排佛,佛道在新安一直不得势。后人编纂《岩镇志草》时称:"吾里于二氏无大经营。"⑧说明新安儒风醇厚,佛、道之教,在此难以张扬。《歙事闲谭》也认为,此地"不尚佛老之教",乃因其为"文公道学之邦""其教泽入人深哉"。⑨

三

在南宋新安理学的兴起过程中,朱熹的学说及其学术活动,起着重要作用。一方面,"朱子之学"的创立,使新安理学有了尊奉的宗旨;另一方面,通过朱熹在新安的讲学授徒,确立了南宋时期新安理学学派的阵容。

1. "朱子之学"的创立,使新安理学有了尊奉的宗旨。

朱熹是集两宋理学大成的学者,婺源人。朱氏在婺源为著姓,父亲松,

---

① (雍正)《崇安县志》卷8《释》。
② 程敏政:《新安文献志》卷87《汪居士(莘)传》,弘治三年(1490年)刊本。
③ 脱脱等:《宋史》卷429《朱熹传》,中华书局1985年版。
④ 程敏政:《新安文献志》卷69《滕公璘墓志铭》,弘治三年(1490年)刊本。
⑤ 朱熹:《晦庵集》卷59《答吴斗南》,四库全书本。
⑥ 程大昌:《考古编·序》,丛书集成初编本。
⑦ 程敏政:《新安文献志》卷68《程公(大昌)神道碑》,弘治三年(1490年)刊本。
⑧ 佘华瑞:《岩镇志草·发凡》,雍正十二年(1734年)刊本。
⑨ 许承尧:《歙事闲谭》第18册《歙风俗礼教考》。

字乔年,号韦斋,曾师事洛学传人罗从彦。《朱子年谱》载:熹11岁"受学于家庭"。① 因此,朱熹在其父指导下的启蒙教育,深受洛学影响。绍兴十三年(1143年)14岁的朱熹失怙无依,遵父遗命,师事胡原仲、刘致中、刘彦冲三人。朱松称他们"学皆有渊源"②,其实三人学皆不纯,清人全祖望认为"似皆不能不杂于禅"。③ 朱熹受此三人影响,泛滥于诸家,"无所不学,禅、道、文章、《楚辞》、诗、兵法,事事要学,出入时无数文字"。④ 这为朱熹以后创立"朱子之学"博大体系,尊有所归,黜有所据,奠定了坚实基础。绍兴三十年(1160年),已届中年的朱熹再次师从罗从彦弟子李侗,专心于儒学,只看"圣贤言语"。⑤ 经过李侗指点,朱熹由杂返约,在总结北宋理学的基础上,集诸子大成,创立了"朱子之学"。

"朱子之学"在本体论、修养论、政治论、认识论等方面,建立了完整的理学体系。《宋史·朱熹传》说:"其为学,大抵穷理以致其知,反躬以践其实,而以居敬为主。"⑥这种"格物致知"和"居敬"主一的方法与学风,成为朱门历代传授而恭奉不移的心法。

"朱子之学",亦称"闽学",为宋代理学四大家之一。清初张伯行说:"自邹鲁而后,天下言道德学问之所出者,曰濂洛关闽。然集群圣之大成者孔子,而集诸儒之大成者朱子也。"⑦这就是说,虽"朱子之学"出世最晚,而朱熹的贡献却最大,可与孔子相提并论。与朱熹同时代的人,已将他推崇备至,朱熹及门弟子黄榦称之为"万世宗师",⑧稍后的魏了翁在《朱子年谱·序》中称颂朱熹中兴圣贤之学"功不在孟子下"。⑨ 朱熹的杰出,在于他所创建的

---

① 王懋竑:《朱子年谱》卷1上,粤雅堂丛书本。
② 朱熹:《晦庵集》卷90《屏山先生刘公墓表》,四库全书本。
③ 黄宗羲原著、全祖望补修:《宋元学案》卷43《刘胡诸儒学案》,中华书局1986年版。
④ 黎靖德:《朱子语类》卷104《自论为学工夫》,中华书局1986年版。
⑤ 黎靖德:《朱子语类》卷103《罗氏门人》,中华书局1986年版。
⑥ 脱脱等:《宋史》卷429《朱熹传》,中华书局1985年版。
⑦ 朱熹:《朱子文集》卷首《张伯行序》,丛书集成初编本。
⑧ 程敏政:《新安文献志》卷63《黄榦:朱文公行状》,弘治三年(1490年)刊本。
⑨ 魏了翁:《鹤山集》卷54《朱文公年谱序》,四库全书本。

"朱子之学"能够集前代理学之大成,并且定型学说,开启来者。

"朱子之学"博大精深的理学体系的建立,开启了新安理学近700年的学风。宋元明清四朝,新安理学人物辈出,无一不以维护发扬"朱子之学"为己任。后世学者赵汸(东山)在《商山书院学田记》中说,新安之学"一以郡先师子朱子为归。凡六经传注、诸子百氏之书,非经朱子论定者,父兄不以为教,子弟不以为学也。是以朱子之学虽行天下,而讲之熟、说之详、守之固,则惟新安之士为然"。① 这就是说,朱熹集大成的学说,成为新安理学一以贯之的宗旨。朱熹本人则作为新安理学开创人物备受推崇,被称为"徽国宗主"。

2. 言传身教,培养新安弟子,使新安理学蔚成学派。

朱熹一生,在政治上并不得意,"自筮仕以至属纩五十年间,历事四朝。仕于外者仅九考,立于朝者四十日"。② 但是,作为理学集大成人物和一派宗师,他始终致力于著述与讲学。庆元二年(1190年),选人余嚞上言,乞斩朱熹以绝"伪学"。③ 即使在这种危难处境下,朱熹依然"日与诸生讲学不休",④ 显示了一个大家从容的风度。

由于朱熹孜孜不倦的努力,朱门弟子遍及天下。朱熹去世,送葬弟子竟至千人。据统计,在朱熹《文集》中,与朱熹书信往来的学生有200余人。在《朱子语类》中,姓名可考语录笔录者90多人。⑤

朱熹虽主要生活在闽地,但对新安故乡眷恋至深。他在作书序、跋和论著中,多署名"新安朱熹"。因新安有紫阳山,故亦常号"朱紫阳"以寓不忘桑梓之意。他在给新安人汪太初信中表达了思乡之情:"其心未尝一日而忘父

---

① 赵汸:《东山存稿》卷4《商山书院学田记》,四库全书本。
② 程敏政:《新安文献志》卷63《黄幹:朱文公行状》,弘治三年(1490年)刊本。
③ 冯琦原编、陈邦瞻增辑:《宋史纪事本末》卷80《道学崇黜》,中华书局1977年版。
④ 黄宗羲原著、全祖望补修:《宋元学案》卷48《晦翁学案》,中华书局1986年版。
⑤ 侯外庐等主编:《宋明理学》卷上第13章《朱熹的理学思想下》,人民出版社1984年版。

母之邦也。"①在这种终身不衰的怀乡情绪中,朱熹对新安学风和士人尤为关心。他在《书徽州婺源县〈中庸集解〉板本后》说:"熹故县人,尝病乡里晚学见闻单浅,不过溺心于科举程式之习。其秀异者,又颇驰骛乎文字纂组之工而不克专其业于圣门也。是以儒风虽盛而美俗未纯,父子兄弟之间其不能无愧于古者多矣。"②朱熹对新安儒风虽盛而不能致力于圣贤之学,深表遗憾。因此,他在三次回婺源省墓时,亲自聚徒讲学,理学在新安由此广为传播。

新安士人从朱熹讲学者甚众。《紫阳书院志》载其高弟子12人:婺源程洵、滕璘、滕珙、李季札;绩溪汪晫;歙县祝穆、吴昶;休宁程先、程永奇、汪莘、许文蔚;祁门谢琎。他们"生于文公之乡,亲受业于文公之门"。③许多人在朱熹返闽后,还专程跟随求学。程先"闻晦庵夫子为世儒宗,以扫墓还婺源,担簦见之。夫子示以圣学大要。时先生已七十余,不能从,遣其子事入闽"。④"其子"即是后来成为新安理学前辈人物的程永奇。歙县吴昶曾徒步到福建建安,质疑问经,并得朱熹亲笔《四书注稿》归新安。至于书信往来,求学于朱熹的新安士人,更不在少数。淳熙乙未(二年,1175年),滕璘兄弟"修书辞以请教,先生报书,示以为学之要"。⑤在《朱文公文集》中,存录了许多朱熹答复新安士人求学的书信。

通过朱熹多种途径的传授,新安学风为之一变。原来醉心于科举功名的新安士人,转而"多明义理之学"。⑥这些奉"朱子之学"为学术宗旨的新安人士,在新安兴修书院,大倡理学。汪环谷(克宽)说:"近代以来,濂洛诸儒先继出,吾邦紫阳夫子集厥大成,揭晦冥之日月,开千载之盲聋。于是六合

---

① 程敏政:《新安文献志》卷9《朱文公:答汪太初书》,弘治三年(1490年)刊本。
② 程敏政:《新安文献志》卷22《朱文公:书徽州婺源县〈中庸集解〉板本后》,弘治三年(1490年)刊本。
③ 施璜:《紫阳书院志》卷8《列传》,雍正三年(1725年)刊本。
④ 程敏政:《新安文献志》卷69《东隐程先生(先)墓表》,弘治三年(1490年)刊本。
⑤ 程敏政:《新安文献志》卷22《滕溪斋:题晦庵先生真迹后》,弘治三年(1490年)刊本。
⑥ (弘治)《徽州府志》卷1《风俗》。

之广、四海之外,家诵其书,人攻其学。而吾邦儒风之丕振,俊彦之辈出,号称'东南邹鲁',遐迩宗焉。"①这些"俊彦之辈"能够脱颖而出,使新安以"理学之邦"名世,朱熹之功莫大焉。《婺源县志》说:"自唐宋以来,卓行炳文,固不乏人,然未有以理学鸣于世者。至朱子得河洛之心传,以居敬穷理启迪乡人,由是学士争自濯磨以冀闻道。"②这就是说,新安研习理学的风气,实朱熹倡导之所致。

原载《徽州社会科学》1989 年第 4 期

---

① 程敏政:《新安文献志》卷 16《汪环谷:万川家塾记》,弘治三年(1490 年)刊本。
② (光绪)《婺源县志》卷 3《风俗》。

试论朱熹在徽州的理学教育活动及其影响

朱熹(1130—1200年)是南宋著名理学家和教育家。他最杰出的贡献在于以孔孟之道为本,援佛道入儒,综罗北宋理学诸家之说,将传统儒学提高到前所未有的哲理化高度,创建了一个完整而系统的理学体系。这一体系被后人称为"朱子学"。朱熹一生重视理学教育,门生弟子数千人,遍及闽中、两浙和江右等南方地区。其中徽州①是朱熹开展理学教育活动的一个重要地区,该地区因之在其后近700年的历史发展中深深打上了理学的烙印,有"东南邹鲁""理学之邦"的称誉。

在当时南方诸州中,徽州的理学教育之所以受到朱熹的特别关注,是因为朱熹与徽州有着密切的"血缘"关系。

朱熹小名沈郎,小字季延,后字元晦、仲晦,号晦庵。南宋高宗建炎四年(1130年)生于福建南剑(今福建南平)尤溪县城外毓秀峰下郑氏馆舍,故后人称其学为"闽学"。但据有关谱牒记载,朱熹祖籍在徽州婺源,其血脉源于婺源朱氏家族。明嘉靖三十四年(1555年)刊本《朱氏统宗世谱》记载,唐哀帝天佑年间(904—906年),朱瓌(又名古寮,字舜臣)由歙县篁墩迁居婺源,

---

① 徽州旧称新安,历史上辖歙县、黟县、休宁、祁门、婺源、绩溪六县。今安徽省黄山市。

成为婺源朱氏一世祖。后衍为三派,即长田派、潋溪派和阙里派。潋溪派之祖为朱瓌四世孙朱惟甫,惟甫生子振,振生绚,绚生森。朱森生有三男二女,长子名松,字乔年,号韦斋,宋哲宗绍圣四年(1097年)生,是为朱熹父亲。因此,从血缘来看,朱熹实为徽州婺源朱氏九世孙。缘于此故,朱熹对徽州一生眷恋。他在《名堂室记》中称其父朱松"未尝一日而忘归也",[①]而他自己在作书序、跋和论著中,多署名"新安朱熹"。因徽州有紫阳山,故亦常号"朱紫阳"。在给徽州人汪楚材的信中,朱熹对故乡思念之情的表白更为直接:"熹与足下虽得幸同土壤,而自先世流落闽中,以故少得从故里之贤人君子游,顾其心未尝一日而忘父母之邦也。"[②]正是由于朱熹与徽州不同寻常的"血缘"关系,以及朱熹对徽州挥之不去的故乡情结,所以在朱熹的理学教育活动中,徽州成为一个重要地区。

根据相关的史料记载,朱熹针对徽州的理学教育活动,主要通过三条途径进行:

其一,以回徽州扫墓为契机,在徽州讲学授徒,传播理学思想。

据王懋竑《朱子年谱》记载,朱熹曾二度回徽州祭扫祖墓并拜望宗族长老。[③] 第一次是绍兴二十年(1150年)春,21岁的朱熹回婺源,祭扫祖墓,并拜会当地学者,切磋学问。赵汸《程朱阙里志》中所收《晦庵先生年谱》载其事甚详。[④] 据朱熹《文集》载,此次到婺源祭扫祖墓,朱熹还专门拜会了其父生前的好友余靖,并留下了《谒表伯余宋祐诗》。《晦庵先生年谱》又录朱熹与内弟程洵讨论诗歌创作事,朱熹谓:"学者所急,亦不在此。学者之要务,反求诸己而已。《语》《孟》二书,精之熟之,求所以见圣贤用意处,佩服而力

---

① 朱熹:《晦庵集》卷78《名堂室记》,四库全书本。
② 朱熹:《晦庵集》卷46《答汪太初》,四库全书本。
③ 关于朱熹回徽州的次数,有二次和三次两种说法。两种看法的不同之处,是宋宁宗庆元二年(1196年)朱熹有没有第三次回过徽州。清代朴学大师江永有《郡城天宁寺朱子会讲辨》一文,考证朱熹庆元二年到徽州"事属子虚"。今从其说。
④ 赵汸:《程朱阙里志》卷4《实录志》,雍正重刊本。

持之可也。"①表明了朱熹的为学主张。第二次回婺源,在淳熙三年(1176年)四月。此次扫墓活动,朱熹遍走山间祖墓,撰写了《祭告远祖墓文》《归新安祭墓文》二文,并重修了《婺源茶院朱氏世谱》。这年朱熹47岁,业已成名。婺源县令张汉借此机会,率诸生请朱熹撰写了《藏书阁记》,朱熹并将程氏《遗书》《外书》《文集》《经说》、司马氏《书仪》、高氏《送终礼》、吕氏《乡仪》《乡约》等书留给学中。徽州学者日执经请问,朱熹随其资质高下,诲诱不倦,至六月初旬始归。朱熹借二次扫墓机会,在徽州积极从事理学教育活动,这是徽州学术发展史上的一件大事。它对朱熹理学思想在徽州的广泛传播,起到了重要的作用。

其二,通过书信答疑,指导徽州学者致力于"圣贤之学"。

面授之外,与徽州学者之间的书信往来,也是朱熹对徽州开展理学教育活动的主要途径之一。有学者统计,在朱熹文集中,与朱熹书信往来的学生有200余人,②其中就包括了徽州籍的学生。我们翻检了徽州方志、徽人文集中的有关传记资料,发现徽州学者通过书信而受朱熹理学教育和影响的人,为数众多。比如,婺源人滕璘(字德粹)、滕琪(字德章)兄弟曾投书朱熹,请教为学之道。朱熹复信说:"学者患不知其所归趣,与其所以蔽害之者,是以徘徊歧路而不能得所从入。今足下既知程氏之学不异于孔孟之传,而读其书矣;又知科举之夺志,佛老之殊归,皆不足事,则亦循是而定取舍焉尔,复何疑而千里以问于仆耶。……《论语》一书,圣门亲切之训,程氏之所以教,尤以为先。足下不以余言为不信,则愿自此书始。"③这里,朱熹明确提出了为学之要当先熟读《论语》,并对"科举之夺志,佛老之殊归"表明了自己"皆不足事"的态度。滕氏兄弟获闻朱熹之教,遂专心于《论语》一书,后终成南宋徽州的理学名家。又如婺源学者程洵(字钦国),初尊眉山苏氏,并认为程、苏之道相同。朱熹与他书信辩难数千百言,结果程洵转而致力于《论语》

---

① 赵汸:《程朱阙里志》卷4《实录志》,雍正重刊本。
② 侯外庐:《宋明理学史》(上卷),人民出版社1984年版。
③ 朱熹:《晦庵集》卷49《答滕德粹》,四库全书本。

《孟子》和濂洛诸书,剖析推明,入"圣人之学"门槛,得到朱熹的称许。这种书信答疑的方式,成为朱熹对徽州开展理学教育的主要途径之一,由此造就了不少徽州理学的重要代表人物。

其三,将徽州学者召入门下,悉心培养。

朱熹一生重视教育,门下弟子人数众多,遍及天下。而徽州是其开展理学教育活动的重点地区,徽州籍的学者因"血缘""地缘"等多种关系,受到了朱熹格外关注,故入朱门受学者不在少数。比如休宁人程永奇在朱熹回徽州扫墓时,被朱熹收入门下。后朱熹返闽,程永奇侍从朱熹到建安,逾年而返。在朱熹言传身教下,程永奇"所造益邃",返徽州后以"敬义"名其堂,一时徽州士子从其学者如云。①歙县人祝穆之父是朱熹内弟,祝穆幼失所怙,朱熹遂将他招至"考亭书院",亲授其学业。歙县人吴昶在朱熹回婺源省墓时,"率先执经馆下,获闻伊洛至论",成为朱门弟子。后又在朱熹的"寒泉精舍",质经问疑,受朱熹学说之嫡传。②还有婺源人胡师夔、李季札等,也都先后成为朱熹及门弟子,受到朱熹的悉心栽培。将徽州学者招入门下,亲授其学业,这是朱熹对徽州开展理学教育活动的又一重要途径。

通过以上途径和方式,朱熹在徽州的理学教育活动产生了深远的影响。这种影响主要表现在以下几个方面:

首先,倡导了徽州学者研习理学的风气。

徽州古属越文化圈。《越绝书》说:"锐兵任死,越之常性也。"据方志有关记载,武劲之风是唐以前徽州的普遍风尚。唐朝中叶以后,北方大族不断迁入徽州,带来了中原的儒风,使得徽州"俗益向文雅",出现了重儒的风尚。《歙事闲谭》所说的"武劲之风,盛于梁、陈、隋间,如程忠壮、汪越国,皆以捍卫乡里显。若文艺则振兴于唐宋,如吴少微、舒雅诸前哲,悉著望一时",③概括了这种由"武"转"文"的风尚变迁。宋室南渡后,徽州地方官绅尤重文教,

---

① 程瞳:《新安学系录》卷8《程格斋墓志铭》,康熙三十五年(1696年)绿荫园重修本。
② 程敏政:《新安文献志》卷69《友堂吴先生(昶)小传》,弘治三年(1490年)刊本。
③ 许承尧:《歙事闲谭》第18册《歙风俗礼教考》。

他们兴建学校和书院,延请名儒讲学,遂致徽人"早夜弦诵,洋洋秩秩,有洙泗之风"①,并由此奠定了徽州成为"人文渊薮"的基础。

不过,在朱熹入徽讲学及开展理学教育活动之前,徽州人文虽盛,但学者所学,偏倾在科举一途。其中原因,主要是隋唐确立了科举考试制度后,该制度成为中国封建社会后期历朝历代选拔人才和官员的一项最重要的制度。学者入仕,科考是最基本的途径。因此,天下学者群起追逐,而流风所至,徽州学者自然不能例外。科举考试的"科考程式"或称"举子尺度",与理学家治学的内容和方式存在着相当的距离,尤其是元代以前,两者之间的差异甚大。故学者所学若偏倾在科举程式,则于理学之学问往往无暇顾及;反之亦然。宋代,虽然有些学者可以在这两方面兼下功夫,但对多数读书人来说,这是非此即彼的选择。

朱熹对徽州学者及其学风非常关注,也注意到了他们的选择。他在《书徽州婺源县〈中庸集解〉板本后》中说:"熹故县人,尝病乡里晚学见闻单浅,不过溺心于科举程式之习。其秀异者,又颇驰骛乎文字纂组之工而不克专其业于圣门也。是以儒风虽盛而美俗未纯,父子兄弟之间其不能无愧于古者多矣。"②就是说,徽州虽然儒风甚盛,但当时学者多浸润于科举程式而不能致力"圣贤之学",在朱熹看来,此等学风,有愧于"圣门"。所以朱熹希望通过在徽州的理学教育活动,倡导研习理学之风。

就朱熹理学教育活动的影响和结果来看,通过朱熹多种途径的传授,徽州学风确实为之一变。原来醉心于科举功名的徽州士人,转而"多明义理之学"。③ 这些奉朱子之学为学术宗旨的徽州士人,在徽州兴修书院,大倡理学。汪环谷(克宽)说:"近代以来,濂洛诸儒先继出,吾邦紫阳夫子集厥大成,揭晦冥之日月,开千载之盲聋。于是六合之广、四海之外,家诵其书,人

---

① (康熙)《休宁县志》卷21《艺文纪述》。
② 程敏政:《新安文献志》卷22《书徽州婺源县〈中庸集解〉板本后》,弘治三年(1490年)刊本。
③ (弘治)《徽州府志》卷1《风俗》。

攻其学。而吾邦儒风之丕振,俊彦之辈出,号称'东南邹鲁',遐迩宗焉。"①这些"俊彦之辈"能够脱颖而出,使徽州以"理学之邦"名世,朱熹之功莫大焉。《婺源县志》说:"自唐宋以来,卓行炳文,固不乏人,然未有以理学鸣于世者。至朱子得河洛之心传,以居敬穷理启迪乡人,由是学士各自濯磨以冀闻道。"②这就是说,徽州研习理学的风气,实由朱熹倡导之所致。这是朱熹在徽州开展理学教育活动的重要影响之一。

其次,培养了一批徽州籍的理学家。

朱熹在徽州的理学教育活动,以培养学术人才为中心目标。围绕这一目标,朱熹采取了面授讲学、书信指导、召入门下等多种培养方式和途径,造就了一批徽州理学名家。《紫阳书院志》说:"文公归里,乡先正受学者甚众。今论定高第弟子十二人,列于从祀。"③该书论定的徽州朱门"高第弟子"12人分别是:

程洵,字钦国,更字允夫,号克庵,婺源人。著有《尊德性斋集》10卷,朱熹称其"意格超迈,程度精当",周益公为之作序曰"议论平正,辞气和粹"。④

滕璘,字德粹,学者称溪斋先生,婺源人。淳熙八年(1181年)科举及第,调鄞县尉,教授鄂州。后在绍兴、庆元、福建等地做过地方小官。著有《溪斋类稿》。

滕珙,字德章,学者称蒙斋先生,为滕璘之弟。婺源人。淳熙十四年(1187年)考中进士,授旌德县主簿,后知合肥县,先兄滕璘而卒。乾道、淳熙年间,朱熹讲学东南,学者云集,滕珙与其兄滕璘致书问学于朱熹,朱熹告以为学之要当先熟读《论语》。著有《蒙斋集》。

李季札,字季子,号明斋。婺源人。朱熹自福建还婺源,季札师事之,遂成为朱门弟子。著有《明斋蛙见录》《仁说》《近思续录》《字训续录》《会遇集》

---

① 程敏政:《新安文献志》卷16《汪环谷:万川家塾记》,弘治三年(1490年)刊本。
② (光绪)《婺源县志》卷3《风俗》。
③ 施璜:《紫阳书院志》卷8《列传》,雍正三年(1725年)刊本。
④ 程曈:《新安学系录》卷7《程克庵传》,康熙三十五年(1696年)绿荫园重修本。

《家塾记闻》等。池州所刊《朱子语录》34卷,第16卷为季札所记。

汪晫,字处微,绩溪人。一生厌倦科举,结庐山谷中,读书自娱。曾搜集经传,编成《曾子子思子全书》,受到时人推许。

祝穆,字和甫,歙县人。父亲康国为朱熹内弟,祝穆遂与弟从居崇安,师事朱熹。有《事文类聚》《方舆胜览》等著作传世。

吴昶,字叔夏,歙县人。少时刻意为学,博通五经。淳熙年间朱熹扫墓归婺源,吴昶悟俗学之陋,率先执经馆下,获闻伊洛至论。后徒步走朱熹"寒泉精舍",就正所学,得朱熹嫡传。著有《易论》及《书说》8卷、《史评》7卷、《诗文》50卷。

程先,字传之,休宁人。朱熹扫墓还婺源,程先往见,得朱熹所传为学之要。时程先年已七十,不能跟随求学,遂遣其子程永奇师事朱熹入闽。

程永奇,字次卿,休宁人。曾师事朱熹入闽,返徽州后隐居乡间,传授朱子学说。著作有《六经疑义》24卷、《四书疑义》10卷、《中和考》3卷、《朱子语粹》10卷,又以《明道定性说》《伊川好学论》当与《太极图说》《西铭》并行,各为之注释1卷。所著诗文集曰《格斋稿》。

汪莘,字叔耕,休宁人。嘉定年间,屏居黄山,三上宋宁宗书,极论"天变、人事、民穷、吏污之弊,行师布阵之法"。曾筑室柳溪之上,自号方壶居士,有《柳溪诗词》传世。

许文蔚,字衡甫,休宁人。曾从朱熹游,学术出于朱熹一脉。历任国子博士、太常博士、秘书郎、著作郎兼权兵部郎官等职,人称其"五十年官学之积,委诸橐中,居乏寸椽,耕无尺地",是一个典型的清官。

谢琎,字公玉,祁门人。宝庆二年(1226年),授迪功郎龚州助教。曾从朱熹讲性命之旨,因入朱熹之门。史称其"言行醇正,为时名儒"。去世后留有《语录》《日录》若干卷。

按照《紫阳书院志》编撰者的看法,以上诸人"生文公之乡,亲受业于文公之门",是从学于朱熹的新安士人中的佼佼者。据笔者对相关文献的检索、爬梳,直接在朱熹门下受学而学有所成的徽州籍理学家,有20人左右,并且这一人数还不包括受朱熹理学教育影响而为朱熹私淑弟子的徽州学者。因此在培养和造就徽州籍理学家方面,朱熹理学教育活动的成效与影响非常显著。这批因朱熹的理学教育活动而涌现的学者,构成了南宋徽州理学家群的主体。他们环护在朱熹周围,倡导理学,传授朱熹学说,奠定了具有地域特色且在中国学术史上影响深远的徽州理学流派("新安理学")之基础。

第三,确立了朱子学在徽州的学术主流地位。

南宋理学,有朱子学和陆九渊"心学"之分,这是宋代学术思想史上客观存在的事实,也是学术思想史研究者的共识。虽然历史上有些"和会朱陆"的学者提出,朱熹与陆九渊"同是尧舜,同非桀纣,同尊周孔,同排释老,同以天理为公,同以人欲为私,大本达道,无有不同者",①本质上并没有区别;但是两人在学问功夫上的差异,包括"和会朱陆"的学者在内都是不否认的。因此,南宋以降,学术史上一直存在朱熹与陆九渊的门户之别,不同地区也有"宗朱"或"宗陆"的差异。朱熹在徽州开展的理学教育活动,产生的直接影响之一就是确立了朱子学在徽州的学术主流地位,且该状况一直与徽州理学学派近700年的发展相始终。

就南宋时期徽州理学的主要代表人物来看,我们大致可以分其为两类:一是朱熹学生,且多为及门弟子,如程洵、吴昶、程永奇等,曾先后执经馆下,受学于朱熹,为朱门嫡出。二是朱熹的学术酬唱之友,如程大昌、吴儆等。由于受到朱熹理学教育活动的影响,无论是门下弟子,还是学术挚友,都尊奉或倡导朱子之学。比如程洵,一生坚守朱熹学说,深得其精髓。据称,他在衡阳簿任上时,"士友云集",号称"登其门者如出文公(朱熹)之门"。② 由此可知其抱守朱子学的学术宗旨。再如吴昶,"终身守其师说,造诣愈深",也是朱子学的忠实信徒。还有程永奇,离开福建返回徽州时,朱熹以"持敬明义"之说鼓励。后程永奇临终,对门人书一"敬"字而逝。可见这些徽州弟

---

① 郑玉:《师山集》卷3《送葛子熙之武昌学录序》,四库全书本。
② 程敏政:《新安文献志》卷69《汪路教:程知录(洵)传》,弘治三年(1490年)刊本。

子学术之循规蹈矩,不偏朱子学之心法。而与朱熹为学术知己的程大昌、吴儆等人,其理学思想与朱子之学具有共通之处。因此,南宋时期的徽州,朱子学的学术主流地位非常明显。这种状况的出现,与朱熹针对徽州开展的理学教育活动是分不开的。

值得一提的是,由朱熹确立的朱子学在徽州的学术主流地位,一直延续600多年而未改。元代,尽管由于学术环境的变化,朱子学在全国范围内的发展面临诸多危机,以致"异论"纷出,朱门"再传能不失真者,则已寡矣",①但元代的徽州理学家们以朱子学的卫道者自居,他们坚持维护朱子学的纯洁性,将排斥"异论"、发明朱子学本旨作为学术研究的重心。朱子学在徽州一统天下的局面仍未改变。明初徽州的学术思想主流还是朱子学,汪仁峰(循)曾说:"元季国初之间,在休则陈定宇(栎)、倪道川(士毅)、朱枫林(升)、赵东山(汸)、朱石门(同)、范云溪(准)诸先生,其选也,始以朱子之乡,观望而起,于是师友渊源,英贤辈出;而其所以为学,皆务淑诸身心,尊乎德性,言必有裨于师训,行必取法乎古人。"②这里,汪氏一是表彰陈栎等人都是元末明初的徽州理学名儒,二则指明了陈栎等人的学术基本倾向,揭示了徽州理学在明前期作为朱子学分支的本色。因此,自南宋至明初,朱子学在徽州占据了绝对的主流地位。正如当时徽州著名理学家赵汸在《商山书院学田记》中说:徽州学术"一以郡先师子朱子为归,凡六经传注、诸子百氏之书,非经朱子论定者,父兄不以为教,子弟不以为学也。是以朱子之学虽行天下,而讲之熟、说之详、守之固,则惟新安之士为然"。③明代中后期,由于湛若水和王阳明"心学"在徽州的传播和影响,徽州有不少学者信奉"心学",但朱子学在徽州仍然占据了重要的地位。④可以说,由朱熹通过理学教育活动而确立的朱子学在徽州的学术主流地位,伴随徽州理学发展的诸阶段而不易,成为

---

① 程敏政:《篁墩文集》卷17《定宇先生祠堂记》,四库全书本。
② 施璜:《还古书院志》卷7《朱石门先生》,道光二十三年(1843年)刊本。
③ 赵汸:《东山存稿》卷4《商山书院学田记》,四库全书本。
④ 周晓光:《明代中后期心学在徽州的传播和影响》,载《安徽史学》2003年第5期。

该学派重要的特色之一。

从总体来看,朱熹在徽州的理学教育活动,形式多样,影响深远。南宋之后,徽州发展成为朱子学的重镇,徽州理学自成一派,并深刻影响12世纪以后中国哲学史和学术思想史的发展演变,莫不与此密切相关。

原载《华东师范大学学报(教育科学版)》2004年第3期

朱熹与严州理学的发展

朱熹字元晦,一字仲晦,号晦庵,徽州(旧称新安,治今安徽黄山市)婺源人。其父朱松曾为福建延平尤溪县尉,寓居在尤溪城外毓秀峰之郑氏草堂。朱熹生于闽,并长期在此生活,所以他的学说常被称为"闽学"。但据相关史料记载,朱熹实为徽州婺源朱氏九世孙,是宋代理学的集大成者,也是新安理学的开山宗师。① 其理学思想传播极广,影响深远。朱熹虽长年生活在福建,但他的踪迹却遍历当时两浙东西路、江南东西路、荆湖南北路、广南东西路等南方的大部分地区(大致在今浙江、江西、安徽、湖南、湖北、广东、广西等地)。他曾于乾道、淳熙年间至严州的丽泽书院和遂安的瀛山书院讲学,在瀛山书院论道讲学时,还写下了著名的《题方塘诗》:"半亩方塘一鉴开,天光云影共徘徊。问渠那得清如许?为有源头活水来。"② 严州曾一度被称为"理学名邦",而该地理学的发展,朱熹之功莫大焉。

一、朱子之学在严州的流布

作为朱熹祖籍地的徽州,与严州毗邻。两地在地缘上相近,血缘上相

---

① 新安理学是朱子学流派之一,主要由徽州籍理学家组成,奉朱熹为开山宗师。该派形成于南宋、发展于元代、鼎盛于明初、衰落于清中叶,在其近700年的演变历程中,始终有一以贯之的学术宗旨、一脉相传的理学家群和鲜明的学派宗旨,并对中国传统社会后期中国学术思想史的发展演变,以及明清时期的徽州社会产生了重大影响。

② (民国)《遂安县志》卷10《艺文》,民国十九年(1930年)铅印本。

连,朱熹在严州一直被认同为"乡人"。他的学术思想、精神乃至品格,在此具有很大影响力,其理学思想在该地扩散,成为当地学子乐于探讨与研习的学问。朱熹曾与吕祖谦讲学于严州的丽泽书院,还曾于遂安的瀛山书院与詹仪之论道和讲学,在当地形成了浓厚的朱学氛围,引领了当地的学术思潮,并影响其学术思想的发展。严州的知名理学家詹仪之、方逢辰、赵彦肃、喻仲可都是朱熹的及门或再传弟子,在他们的传承与传播之下,朱学在该地区渐趋隆盛,以致于元、明、清三代严州地区的理学都深受其影响。明代王阳明心学曾风靡一时,至清代朴学又渐成主流,但严州地区很多学者仍祖述朱子之学,对程朱理学思想表现出了一种坚守不渝的执着。

严州的淳安县"本汉丹阳郡歙之东乡新定里"。① 这里与新安地缘相近,血缘相连,风俗习惯与人文精神十分相似。朱熹在此被认同为"乡人",深受当地士民的敬重。人们建祠堂、书院纪念朱熹,又通过书院讲学传播其学说。在淳安,书院讲学成为朱熹理学思想传播的一种重要形式。如淳安有石峡书院,是朱子学者方逢辰的讲学之所。方逢辰在此"抱周程之学以私淑其徒",②阐扬朱熹学说。其后逢辰之弟逢振继之,讲道于石峡书院,也是朱学的得力宣传者。淳安县还有紫阳书院,"仿朱子白鹿洞规立之仪节,仿分年读书法予之课程",③书院的教学内容、方法与规程完全以朱熹的思想为准的。这些书院的建立,一方面是为了纪念朱熹,另一方面也是为了宣传朱熹的学术思想。由于淳安人对朱熹的尊崇,通过建祠堂来祭祀他,建书院来宣传他的学说,使得朱子之学成为淳安境内的显学,学者"莫不惟朱子为宗师"。④ 朱熹学说在淳安地区源远流长、绵延不绝的授受途径,主要是通过家学、师门的传承。如淳安著名儒士方镕为朱熹的再传弟子,方镕二子逢辰、逢振又将其父学说发扬光大。《宋元学案》将方镕列为《晦庵学案》之晦庵续

---

① (万历)《严州府志》卷1《方舆志》,日本藏中国罕见地方志丛刊本。
② (光绪)《淳安县志》卷2《学校》,光绪十年(1884年)刻本。
③ (光绪)《淳安县志》卷13《艺文》,光绪十年(1884年)刻本。
④ (光绪)《淳安县志》卷13《艺文》,光绪十年(1884年)刻本。

传。光绪《淳安县志》载:"方镕,字伯冶。两魁郡试,后弃去举子业,尽心圣贤之学。每曰:'人与天地相立者,文艺云乎哉!'其训诸子务先穷理尽性,至应事接物则以持敬实践为功。二子逢辰、逢振前后及第。乃曰:'此吾昔以为不足为者,尔曹勿谓足也。'历官奉直大夫、两淮制置司参谋官。"①可见,方镕轻视举业,不喜文章之学,而专意于圣贤之学。而他的"务先穷理尽性,应事接物以持敬实践为功"的思想则是得朱学之真谛。在他的训诲教导下,他的两个儿子逢辰、逢振也是孜孜不疲地为宣扬朱子学说而尽心竭力。方逢辰的学说"会极于周程朱子之学,以格物为穷理之本,笃行为修己之要"。②他与其弟逢振在石峡书院聚徒讲学,"以程朱之学私淑其徒",传播朱熹学说。逢辰之后又有其孙方一夔,继承家学,"尝主石峡讲席"。③ 此外,桐庐人魏新之"受业方蛟峰(方逢辰)",④传承师说;淳安汪斗建"从蛟峰讲道石峡书院",⑤传播朱氏之学。还有淳安人邵桂士也是师承方逢辰,为逢辰的弟子。正是在方氏父子及其弟子的传播宣扬下,朱子学说得以在淳安流传,在淳安形成了朱门一派,而朱子学说也成为淳安地区最盛行的学术思想之一。朱熹理学在淳安的流传与发展,使得淳安许多学者都着力精研朱学,探寻理学之奥赜。如何日章"家教悉宗程朱",童孝锡"积学力行,精研易理,所著《易义》能阐程朱之蕴",方檠如"潜心于濂洛、关闽之学"。⑥ 由此可见,以朱熹为开山宗师的新安理学在严州淳安县的传播,主要是朱熹在此地有信奉其学说的忠实弟子,弟子又通过家学、师承等,不断发扬朱子之学,对淳安学术产生了决定性的影响。

遂安原为歙县南乡安定里,"据两浙之上游,依万山为险""地限僻邑,路

---

① (光绪)《淳安县志》卷10《儒林》,光绪十年(1884年)刻本。
② (光绪)《淳安县志》卷10《理学》,光绪十年(1884年)刻本。
③ 黄宗羲原著、全祖望补修:《宋元学案》卷82,中华书局1986年版。
④ 黄宗羲原著、全祖望补修:《宋元学案》卷82,中华书局1986年版。
⑤ 黄宗羲原著、全祖望补修:《宋元学案》卷82,中华书局1986年版。
⑥ (光绪)《淳安县志》卷10《儒林》《续纂儒林》,光绪十年(1884年)刻本。

出通衢,为两浙之咽喉,系三安之要害",①地理位置重要。它"介徽衢睦婺间,阻岭带溪""人文鼎盛,为浙中望邑,至今袭美无替",②文风浓厚,理学兴盛。这里的理学同样深受朱熹的影响。遂安著名的理学家詹仪之,为朱熹弟子,学术思想秉承朱熹。两人往来密切,经常通过书信论辩学术和政事,亦师亦友。詹仪之在淳熙十六年(1189年)去世后,朱熹曾撰《祭詹侍郎文》以悼念他。在交往中,朱熹与詹仪之相互探讨、辩论学问,观点虽有同有异,而倾向基本一致。在朱熹的提携与影响下,詹仪之的理学思想日益成熟,并通过书院讲学、家学相承、师徒相传等方式,在遂安乃至整个严州地区传播开来。

朱熹能够对遂安地区的学术思想产生巨大影响,契机是他曾与詹仪之在遂安瀛山书院的讲论道学。据县志记载:"瀛山书院在县西北四十里。宋熙宁间,邑人詹安辟建于山之冈,凿方塘于麓,其孙仪之与朱晦庵往来论学于此。岁久圮。明隆庆三年(1569年),知县周恪访先贤遗迹,建书院二十四楹。龙溪王畿记。后为祠,祀晦庵、仪之二先生;绪山钱德洪记。祠后建大观亭,复方塘旧址,构一鉴亭。五年(1571年),知县吴扔谦诣其堂,作《方塘解》。邑人方应时、方世义,邑民方□□等共捐田四十余亩以供祭祀,并周令祀于祠,额曰'三先生祠',春秋以二仲月次丁日祭。"③朱熹与詹仪之在瀛山书院中论学,当地众多儒学之士前往聆听。通过书院讲学的方式,遂安的许多学者接受朱熹学说的洗礼,朱子之学由此流传开来,也使得瀛山书院成为遂安乃至整个严州地区的理学研习中心。

朱熹与詹仪之在瀛山书院讲论的理学思想,是遂安地区学术文化发展的一条精神纽带,它维系和牵连着当地理学的发展。朱子之学通过瀛山书院的传播,在遂安一地产生深远影响,后代的许多学者都奉朱学为正宗。至明时,遂安著名理学名儒方应时"锐志潜修,一宗紫阳之学。故在诸生,即力

---

① (万历)《遂安县志》卷1《方舆志》,万历四十年(1612年)刻本。
② (民国)《遂安县志》卷10《吴侯创建砥柱台记》,民国十九年(1930年)铅印本。
③ (民国)《遂安县志》卷5《书院》,民国十九年(1930年)铅印本。

请邑侯复瀛山书院,建格致堂以祠文公;举孝廉,则延钱塘王先生汝止登格致堂,讲学不辍",他不仅精心维护着瀛山书院这块传承朱熹学说的"圣地",又极力宣扬着朱子的思想。后方应时出为长泰县令,"(长泰)故朱子所治邑也,旧有祠祀。会时宰议废宇内书院,是祠亦属毁中",方氏尽力斡旋,"乃请当道特留,修祀不缺"。① 可以说他一生都在孜孜不倦地研习、传播朱熹学说。学有渊源的鲍崇良,"字遂甫,号杨峰,天资颖异,至性过人,弱冠饩郡庠,经史淹贯"。曾偕"吴叔举读书兴谷寺,与罗洪先、湛若水往复辨晰,得考亭宗派"。② 他的学说也可以说是渊源于朱熹的。到了清代,朴学日益兴盛,理学渐趋衰落,但在遂安地区理学仍然很昌盛,拥有一个研习理学的群体,而其中大多又以朱熹理学为宗。如郑禹畴"淡于仕进,潜心理学""先是,其父朝汉因王龙溪提倡'良知',贻误来秀,筑伊山精舍,祖称程朱"。郑禹畴恪守廷训,以程朱为宗,甚至年逾九十,仍讲明考亭宗旨。其子郑士瑛"侍养之,暇注《孝经》性理,以广庭训"。另一子郑士瑜也是"恪宗紫阳正派"。朱熹理学就是通过这种家学相承在遂安流传下来的。遂安祖述朱学的学者,还有像姜应兼"治易经,多善悟,洞彻程朱之旨";③姜应勋"深于易,贯串程传朱子本义",④以朱子的注释来解析易学;毛郁芳"居家恪遵朱子格言";詹揆吉"晚年潜心理学,洞见程朱闽奥";黄云五"生平宗朱子,为正心诚意之学";郑苍"尤精易理,抉程朱奥旨为文,自成一家";姜毓麒"为文恪遵程朱语类",⑤等等。这些学者秉承朱子学说,在清代遂安地区掀起一股研习理学的热潮,使朱熹理学于此长久不衰。

朱子之学的流行并非局限于淳安与遂安两地,也延伸至严州的其他县邑。建德的赵彦肃曾造朱子之门,习得朱子之学;喻仲可,字可中,严陵人。《宋元学案》将其归为朱熹的门人,得朱熹真传。只不过这两人后来改换门

---

① (民国)《遂安县志》卷7《理学》,民国十九年(1930年)铅印本。
② (民国)《遂安县志》卷7《儒林》,民国十九年(1930年)铅印本。
③ (民国)《遂安县志》卷7《儒林》,民国十九年(1930年)铅印本。
④ (光绪)《严州府志》卷19《儒林》,光绪九年(1883年)增修重刊本。
⑤ (民国)《遂安县志》卷7《儒林》《文苑》,民国十九年(1930年)铅印本。

庭,投入陆子门下,崇信陆学。桐庐县的魏新之被学者称为石川先生,他"受业于青溪方蛟峰,得程朱性理之学";严侣"字君友,子陵三十五世孙,从学汉英贾公""贾之学源于朱子",①所以他的学说也是宗奉朱熹的。寿昌县的翁恒吉"以穷理致知、躬行实践为先""学者称为正一先生";洪公述"潜心理学,独穷濂、洛、关、闽之奥"。② 建德的王衷纯"教授生徒,以敦行立品为先,尤潜心理学,得濂、洛、关、闽之旨"。③ 这些学者的理学思想都渊源于朱熹。

由上可见,朱熹理学在严州有着广泛的流传和深远的影响。此亦可窥以朱熹为开山宗师的新安理学,在徽州境外传播的具体情形。

二、朱熹理学在严州盛行的原因

那么,新安理学开山宗师朱熹的理学思想,何以在严州得到传播并兴盛呢？我们认为,有几个因素值得重视:

首先,地域上的优势是朱熹理学在严州盛行的原因之一。严州与徽州(新安)毗邻,两者之间有着千丝万缕的联系。严州的淳安、遂安、寿昌都曾隶属过徽州。据弘治《徽州府志》记载:盖古歙地之在今者为休宁,为婺源,为绩溪,为严州之淳安、遂安。在历史上,新安的治所曾设于始新县(即严州的淳安县),"晋武帝太康元年……改新都郡曰新安,治始新县,改新定县曰遂安"。严州的寿昌县也曾属新安管辖,"梁武帝普通三年,割吴郡之寿昌来属""梁割(寿昌)隶新安郡"。④ "隋开皇九年,改郡为歙州,改始新曰新安县,又并遂安及梁所割吴郡寿昌未属者皆入新安县,以隶婺州",直到"仁寿三年,取婺州之新安,并复立遂安,以隶睦州。于是二县故地迄今不复,今严州淳安、遂安是也"。⑤ 这时,两者才划分成两个不同的行政辖区。"宣和三年,睦寇方腊既平,改歙曰徽,为上州",⑥同年,睦州改为严州。正因为两者在行

---

① (乾隆)《桐庐县志》卷11《儒林》,乾隆二十一年(1756年)本。
② (民国)《寿昌县志》卷8《儒林》,江苏古籍出版社1990年版。
③ (道光)《建德县志》卷12《孝友》,道光八年(1828年)刊本。
④ (万历)《严州府志》卷1《方舆志》,日本藏中国罕见地方志丛刊本。
⑤ 罗愿:(淳熙)《新安志》卷1《州县沿革》。
⑥ (弘治)《徽州府志》卷1《地理》。

政区划上有这样交错隶属的关系,所以新安(徽州)与严州两地血缘相连,语言相通,风俗相似。

而淳安原为歙县东乡新定里,遂安为歙县南乡安定里,与徽州更有割不断的联系。因朱熹祖籍在徽州,故严州淳安、遂安等地视朱熹为"乡人"。这种"地缘"的情感因素,使得朱熹的学说更容易在此流传。严州的淳安县为"古歙之东乡,今虽属旁郡,然距新安不二百里"。[1] 朱熹曾踏涉于此,"淳固朱子所芟憩地也",[2] 朱熹在此留下过"青溪时过碧山头,空水澄鲜一色秋。隔断红尘三十里,白云黄叶两悠悠"等诗篇。方志言:"(朱熹)其先出于新安,淳安之西境也,先生不忘为新安人,则淳犹乡国。"[3] 还有记载称,"朱子产于婺,而淳为歙之东乡,去新安不二百里,其后裔分居于淳"。[4] 由于"地缘"和"血缘"的关系,朱熹在淳安民众心中更具有亲近感,受到了人们的极度尊崇。淳安建有祠堂、书院等纪念朱熹,并依托书院广泛传播朱子之学。从地方文献记载来看,朱熹的品格仪范、学术成就在淳安地区具有相当深远的影响力。也正是在他的影响下,淳安号称"理学名邦""文教之盛甲于两浙"。[5] 长久以来,淳安当地官员乐施其教,学者乐从其学,百姓乐受其仪。其"风俗之厚,人才之出,挺拔东南"。朱子之学在严州得以代代相传,源远流长,与这种地域联系有密切的关联。

其次,朱熹自身的人格魅力和深厚的学识是其学说在严州广为流传的又一重要因素。朱熹一生"仕于外者仅九考,立于朝者四十日",可谓仕途坎坷。但他始终没有放弃自己的社会责任,早在18岁参加"乡贡"考试时,"三篇策皆欲为朝廷措置大事",视国家要务为己任。入仕后,对朝廷吏治、经济、和战等事,都提出过积极建议,并在官场上不屈权贵,洁身自好,坚守信念,体现了自身的人格魅力。同时他勤于讲学、长于思考、精于著述,以传承

---

[1] (光绪)《淳安县志》卷13《艺文》,光绪十年(1884年)刻本。
[2] (光绪)《淳安县志》卷10《理学》,光绪十年(1884年)刻本。
[3] (光绪)《淳安县志》卷13《艺文》,光绪十年(1884年)刻本。
[4] (光绪)《淳安县志》卷13《艺文》,光绪十年(1884年)刻本。
[5] (光绪)《严州府志》卷29《艺文》,光绪九年(1883年)增修重刊本。

传统儒学为己任,在集北宋理学思想大成的基础上,创立了内容博大而又自成体系的"朱子之学"。朱熹的人格魅力和深厚学识,深受世人的敬重和严州当地民众的景仰。元代,淳安县建有朱文公祠,当时王仪为新建的朱文公祠作记,对朱熹及其学说表达了由衷的敬意:

> 文公朱夫子当宋乾道、淳熙之间,集关洛诸儒之大成,以兴起斯道为己任。其为学也,自夫无极太极之奥,阴阳五行之运,天叙天秩之纪,万事万物之赜,往来穷通之变,废兴存亡之几,无不究其源而发挥其趣。其为教也,必自夫洒扫应对进退之节,入孝出弟之方,以至于穷理、正心、修身,而达之家、国、天下,而极于天地位、万物育,可谓盛矣!而其身不安于朝廷之上,退而与其子弟呻吟讲习,俛焉寓微旨于遗编,殆与孔孟之不遭一揆,可为当时惜也。①

至明嘉靖时,因年久废圮,知县姚鸣鸾于故址上重修该祠,并作《新修三祠堂记》。其中记载道:"予惟紫阳夫子集濂洛之大成,续孔孟之正统,注释群经,折衷众论,统宗会元,洙泗以还,一人而已。"②也对朱熹给予高度的评价。明隆庆三年(1569年),遂安知县周恪"访先贤遗迹,建书院二十四楹",③重建瀛山书院。书院后为祠,用于祭祀朱熹和詹仪之,称为"二先生祠"。后世许多学者都曾作记或赋诗缅怀这位理学硕儒。将朱熹作为圣贤来崇祀,不仅表示人们对他精神品格的称颂,也说明对其学术思想的认同。祠堂是崇奉、祭祀和纪念朱熹的场所,这些建筑的创建与修葺表明严州士民对朱熹人格精神的一种敬仰,而这种敬仰有助于人们对其学术思想的认同,进而会肩负起研究和推广其学说的责任。朱熹学说在严州得到广泛流传,与严州士民对朱熹及其学说的敬重与敬仰是分不开的。

再次,学术传播方式的多样化,也是严州朱熹理学盛行的重要原因。据

---

① (光绪)《淳安县志》卷13《艺文》,光绪十年(1884年)刻本。
② (光绪)《淳安县志》卷13《艺文》,光绪十年(1884年)刻本。
③ (民国)《遂安县志》卷5《书院》,民国十九年(1930年)铅印本。

史料记载,严州朱熹理学的传播,包括书院讲学、家学相承以及师徒相传等多种学术传播方式。书院是中国传统社会中特有的一种教育组织和学术研究机构,一般为学者私人创建和主持。书院最早出现在唐代,北宋时,书院普遍兴起;南宋时,书院有了很大发展,书院制度也正式确立。书院与理学有着密不可分的联系,书院为学者自由讲学提供了场所,宋代理学产生后,书院讲学成为理学传播的一条重要的途径。宋代的书院有许多是由理学家创建的,即使至明清时期,书院渐趋官学化、举业化,理学仍是书院讲学中的重要内容,故书院是理学宣扬与传播的重要阵地。书院讲学是朱熹理学在严州传播和流行的重要方式之一。遂安的瀛山书院是詹仪之与朱熹论道、讲学之所,它成为当时和后世一个十分重要的理学研习场所,在接受过瀛山书院教育的士人学子中,有许多人后来都接受了理学思想,在遂安乃至严州一地形成了一个理学研究群体。瀛山书院成为严州地区理学宣扬和研究的中心,它影响着不同时期严州理学的发展大势。由于朱熹曾在瀛山书院讲学,故依托瀛山书院所传之理学,主要就是朱子之学。

淳安的石峡书院是另一个朱熹理学的传播场所。作为朱学后续的淳安著名理学家方逢辰讲道于石峡书院,以程朱理学私淑其徒。方逢辰去世后,其弟方逢振"嗣主石峡书院讲席,申明蛟峰之学"。① 其后方逢辰弟子汪斗建、方逢辰孙方一夔又先后在石峡书院中讲学,宣扬朱熹理学。朱熹曾与吕祖谦在严州的丽泽书院中讲学论道,宣扬其学说。丽泽书院也是朱熹理学的传播阵地。朱熹弟子陈淳于南宋宁宗嘉定九年(1216年)受时任严陵太守的郑之悌邀请,到严州郡庠中讲学,宣讲了著名的《严陵讲义》。严州的士人在聆听陈淳宣讲后,纷纷接受陈氏思想,重入朱子之学一途。这次讲学在一定程度上改变了当地陆学一度盛行,"此间学者,皆江西之流"的景象,维护了朱熹在严州的学术地位。家学相承、师徒相传也是学术传播的重要方式,通过这种方式的传播,朱熹的理学在严州地区得以衍流不息。如淳安的方

---

① 黄宗羲原著、全祖望补修:《宋元学案》卷82,中华书局1986年版。

镕属朱熹续传,秉持朱氏之学,其子逢辰、逢振恪守庭训,亦主程朱理学。逢辰孙方一夔"幼承家训""退隐富山,授徒讲学"。① 淳安人邵桂士、汪斗建亦为方氏弟子,他们都谨遵师训,坚守朱子学说。遂安的詹仪之为朱熹门人,他是严州地区朱熹理学的重要继承者和传播者。其后世子孙詹铨吉"家世承仪之理学",传承祖宗学说,詹氏子孙是朱熹理学坚定的信仰者。遂安的郑朝汉"筑伊山精舍,祖称程朱",其子禹畴"淡于仕进,潜心理学""守廷训,讲学青溪,偕宪副方箓猗阐蛟峰绪论"。禹畴子士瑜"恪宗紫阳正派"。② 祖孙三代皆恪守朱熹理学思想。严州的朱门弟子利用书院自由讲学的场所来宣扬朱熹理学,又通过授徒立说和家学传承来传播和继承朱熹的理学思想。如此导致朱熹的理学思想在严州一地广为盛行,衍流不息。

总之,朱熹理学在严州广为流传,是由多种因素所致。从中可见朱熹对严州理学的影响十分深远,朱熹的学术思想是严州理学思想的主要来源之一。

三、朱熹对严州理学发展的贡献

朱熹在严州的讲学和朱子之学在严州的广泛传播,促成了严州地区理学流派和理学研习群体的形成。在朱熹个人魅力的影响和严州士人的尽力宣扬下,朱熹理学在严州各地广为流传。严州各地在接受朱熹理学思想长期熏染之后,经历数代传承,形成了以研习朱熹理学为主的理学流派和理学群体。如淳安的方氏一门,学派开创者为朱子续传方镕及其二子逢辰、逢振,门下弟子有方一夔、魏新之、邵桂士、汪斗建等人,此派以"格物为穷理之本,笃行为修己之要"作为学问宗旨,而这一学问宗旨是本于朱熹的。这一理学流派以淳安的石峡书院为基地,传播朱熹理学。该派学者都很重视讲学授徒,后世弟子又能恪守庭训和师说,所以此派思想在严州流传甚久。朱熹弟子陈淳曾于嘉定九年(1216年)在严州郡庠中宣讲著名的《严陵讲义》,严州的诸多士人在聆听他的宣讲后,接受其学说,成为门下弟子。严州的陈

---

① (光绪)《严州府志》卷19《儒林》,光绪九年(1883年)增修重刊本。
② (民国)《遂安县志》卷7《儒林》,民国十九年(1930年)铅印本。

门弟子包括郑闻、张应霆、朱右、邵甲、王震等人,陈氏严陵派弟子以朱熹为宗师,奉朱学为正宗。正是在这些严陵派弟子的竭力维护下,"种圣学于一方",①才使当地的朱学在与陆学争锋中不分轩轾。明代中后期王阳明的心学思想风靡大江南北,其流风亦延及严州地区。但随着明朝的灭亡,王学渐趋式微。清初,清廷确立了程朱理学的学术正宗地位,其时"姚江焰已熄,晦翁道亦振",②朱子之学重新振作。严州的遂安以瀛山书院为依托,形成了一个庞大的理学研习群体,他们以研究朱熹理学为主,如郑士瑜"恪宗紫阳正派",姜应兼"治《易经》多善悟,洞彻程朱之旨",黄云五"生平宗朱子,为正心诚意之学",姜毓麒"为文恪遵程朱语类"等。③ 这一理学群体的形成,也说明了朱熹理学思想对严州理学发展所产生的深远影响。这些理学流派和理学研习群体的形成,便是在朱熹理学思想长期陶镕和习染下所产生的学术效应。

朱熹对严州理学发展的贡献,还体现在推动了严州"习理"之风的形成。在朱熹的影响下,严州士人热衷于钻研理学,宣传理学,授徒讲学,著书立说,形成了一股浓厚的"习理"之风。这股风潮从宋代到清代,长久不衰。如淳安理学家方逢辰"天禀卓绝,无书不读而会极于周程朱子之学",他"居官所至以教化为先务,以继往开来为己任,家居讲学授徒常数百人",又"著有《孝经解》《易外传》《尚书释传》《大学中庸注释》《格物入门》诸书"。淳安人胡应玑"讲明性理之学,隐居教授,不求仕进""著《理髓》三卷""学者宗之"。④ 寿昌人洪彌"精研理学,贯通六经,妙契一中"。⑤ 遂安人余致中"殚心理学,注《太极图说》"。⑥ 分水人缪冕"与诸生以理学相勉,邻邑士多从之游"。⑦ 建

---

① 黄宗羲原著、全祖望补修:《宋元学案》卷68《北溪学案》,中华书局1986年版。
② (民国)《遂安县志》卷10《艺文》,民国十九年(1930年)铅印本。
③ (民国)《遂安县志》卷7《儒林》,民国十九年(1930年)铅印本。
④ (光绪)《严州府志》卷19《儒林》,光绪九年(1883年)增修重刊本。
⑤ (民国)《寿昌县志》卷8《儒林》,江苏古籍出版社1990影印本。
⑥ (民国)《遂安县志》卷7《儒林》,民国十九年(1930年)铅印本。
⑦ (光绪)《分水县志》卷8《统传》,光绪二十三年(1897年)刊本。

德人王纳表"尤潜心理学,日与生徒发明性命宗旨"。① 特别是淳安、遂安两地,理学极为发达,精研理学者人数众多,理学名儒辈出,号称"理学名邦"。"崇尚理学"之风的形成,也促成了当地文风的日趋兴盛。在"彬彬文风"的影响下,民风亦渐趋淳朴,整个严州形成了"家诗书而户弦诵""俗阜人和,内外辑睦"的景象。

当然,朱熹对严州地区的影响不仅体现在理学思想上,他对严州当地的礼仪制度与风俗习惯等其他方面也具有重大的影响力。宋代桐庐人方悫"领乡荐,表进《礼记解》于朝",皇帝诏"颁其书于天下""学者宗之",影响很大。而他的《礼记解》其实深得朱熹之旨,所以得到朱熹的赞赏。朱熹曾说:方氏《礼记解》"尽有说好处,不可以其新学而黜之"。此外,严州各地的婚丧嫁娶等风俗礼仪,大多尊《文公家礼》,与徽州本土如出一辙。

总之,朱熹曾以讲学者的身份来到严州,严州的士人学者有幸聆听到这位学识渊博的名儒对理学深奥微妙处的精辟论解,也可以近距离地接受他的谆谆教诲。这种亲身的经历与接触在严州士人心中深深地播下了理学思想的种子。朱熹的理学思想成为维系着严州当地学术文化发展的一条重要的精神纽带,经过漫长时间的演绎,严州的精神文化积淀着丰富的朱熹理学思想的成分。

原载《安徽师范大学学报》2012 年第 4 期
(本文与方宁合作)

---

① (道光)《建德县志》卷 12《儒林》,道光八年(1828 年)刊本。

明辨义理,格物致知

——理学集大成者朱熹

朱熹是宋代理学的集大成者,中国古代著名思想家和教育家。他所构建的完整而系统、缜密而精致的思想体系,被后人称为"朱子学"。元、明、清三代,朱子学成为"显学",被朝廷确立为官方意识形态。无论是解经释义,还是科举取士,都以其学说为唯一准绳。因此,朱子学对中国传统社会后期各个方面产生了深远的影响。作为"孔子以后,一人而已"的朱熹,在中国历史上有着重要的地位。

人生:有失亦有得

朱熹,字元晦、仲晦,号晦庵,别号紫阳。晚年亦号晦翁、云谷老人、沧州病叟等。南宋高宗建炎四年(1130年)生于福建南剑(今福建南平)尤溪县,宁宗庆元六年(1200年)去世,享年71岁。朱熹虽生在福建,且其一生的学术活动亦在此地,故后人也称朱子之学为"闽学";但据谱牒、方志以及相关史籍记载,朱熹之祖籍在婺源(原属安徽徽州,今属江西),直到乃父任官福建尤溪尉,方迁居外地。从血缘来看,朱熹为徽州婺源朱氏的九世孙。

朱熹父亲朱松(1097—1143年),字乔年,号韦斋,曾就学于徽州郡学,为诸生。当时歙县府城有一个商人祝确,拥有万贯家产,号称"祝半州"。他非常器重朱松,因以女嫁朱松为妻。祝氏18岁嫁到朱家,德性纯厚,"逮事舅姑,考谨笃至",是一个谨守封建妇道、治家有方的大家闺秀。据有关传记资料记载,朱熹小时聪慧,8岁就傅,"厉志圣贤之学",读《孝经》时题字"不若是,非人也"。绍兴十年(1140年),朱熹父亲朱松因上书主张抗金而遭贬,退居福建建瓯,朱熹随行。当时朱熹11岁,于是"受学于家庭",开始了"十年寂寞抱遗经"的苦读生活。朱松早年曾师事由程颢、程颐开宗的"洛学"传人罗从彦,对洛学深为服膺。因此,朱熹在其父指导下的启蒙教育,深受二程洛学影响。绍兴十三年(1143年),朱松因病去世。在弥留之际,他曾将朱熹唤到床前说:绩溪胡原仲、白水刘致中、屏山刘彦冲,这三人都是我的好友。他们"学皆有渊源",我一向很敬重。我死后,你要前往"父事之,而惟其言之听"。时年14岁的朱熹失怙无依,于是遵照父亲遗命,师事胡原仲、刘致中、刘彦冲。此三人的学问,按照清人全祖望说法,是"皆不能不杂于禅"。受此三人影响,朱熹泛滥于诸家,"无所不学,禅、道、文章、《楚辞》、诗、兵法,事事要学,出入时无数文字,事事有两册"。这为朱熹以后创立朱子之学博大体系,尊有所归,黜有所据,奠定了坚实的基础。

绍兴十六年(1146年)刘致中将其女许配给朱熹为妻。次年,朱熹参加建州"乡贡"考试。意气风发的朱熹"三篇策皆欲为朝廷措置大事",深得考官蔡兹的赏识,科场小试即中。绍兴十八年(1148年),朱熹又赴临安应考进士。受禅学影响甚深的朱熹以禅理答题,恰逢是年的考官周执羔、沈该、汤思退等人皆好佛老,结果一试而中,成为进士。绍兴二十一年(1151年),朱熹被授予左迪功郎泉州同安县主簿。在此任上,朱熹办事非常认真,"许多赋税出入之簿,逐日点对金押,以免吏人作弊"。绍兴二十五年(1155年)夏,同安县"饥民"暴动,朱熹一方面组织吏民积极防守县城,以免县城百姓受劫掠之苦,同时又组织赈济,以缓"饥民"冻馁之急,结果很快稳定了社会秩序。人们对他在同安县主簿任上的评价是"莅职勤敏,纤悉必亲"。任满后,朱熹归居崇安,以事亲、讲学、交游为务。绍兴三十年(1160年),30岁的朱熹再次师从罗从彦弟子李侗。侗字愿中,学者称延平先生,南剑州剑浦(今属福建)人。李侗从罗氏多年,儒学根底纯厚。朱熹正式拜李侗为师后,学术思想发生重大变化。经过李侗的指点,朱熹由杂返约,专心于儒学,只看"圣贤言语",在总结北宋理学的基础上,集诸子大成,开始架构"朱子之学"理论体系。

  宋孝宗即位后,诏求直言。朱熹上《封事》,主张抗金,反对议和,并提出了"立纪纲""厉风俗""选守令"等一系列建议。淳熙五年(1178年),居家著述、讲学长逾20载的朱熹,被任命为知南康军。在此任上,朱熹力行赈济、请免赋税、修建书院,政绩卓著。从淳熙八年(1181年)到绍熙五年(1194年),朱熹先后任提举两浙东路常平茶盐公事、江南西路提点刑狱公事,主管华州云台观、秘阁修撰主管西京嵩山崇福宫、荆湖南路转运副使等职,均能向朝廷条陈时弊,在地方力行政事。绍熙五年七月,光宗内禅,宁宗继位。八月因赵汝愚等荐举,朱熹出任焕章阁待制兼侍讲,为宁宗讲解经义。其时,韩侂胄专权,朱熹利用讲经的机会,多次向宁宗进言时事,并指斥韩侂胄独断害政。此举引起了宁宗的反感。在宁宗看来,朱熹的职责只是讲经,不该"事事欲与闻",过多干预朝政。于是,担任侍讲仅46日的朱熹被宁宗免职。虽然赵汝愚等朝中官员上书谏留,但仍然无法让宁宗回心转意。庆元二年(1196年)元月,与朱熹友善的宰相赵汝愚在流放途中病死,朝中掀起了一股反对朱熹及其学说的恶浪。是年,端明殿学士叶翥知贡举,右正言刘德秀为同知贡举。叶翥上书指斥朱熹学说"空疏""欺人",乃是"伪学";刘德秀更直指朱熹为"伪学之魁",要求将朱熹著述"尽行除毁"。在他们主持下的科举考试,考生凡有涉程朱学说者,一概"黜落"。此后,在权臣韩侂胄支持下,朝中出现了反道学的高潮。监察御史胡纮授意沈继祖弹劾朱熹,极言朱熹"剽窃张载、程颐之绪余,寓以吃菜事魔之妖术,簧鼓后进……如鬼如魅"。此外,还列举了朱熹六大罪状。选人余嚞趁火打劫,上书"乞斩朱熹以绝伪学"。结果,当年12月,朱熹被彻底削夺官职,大弟子蔡元定也被流放道州。庆元三年(1197年),朝廷立"伪学逆党籍",计有59人上榜,几乎包括了当时所有的道学精英。至此,朱熹及其学说遭到了沉重的打击。其后三年,朱熹一直居于福建建阳考亭家中,继续从事讲学活动。庆元六年(1200年)3月,朱熹卒于家,享年71岁。宁宗听从大臣言,诏令朱门弟子不得为之送葬。

不过,冲破禁令而来自各地的送葬者仍有千人以上。

开禧三年(1207年),韩侂胄为立"盖世功名",北伐金国,结果一败涂地。在金人的威胁下,主和派礼部侍郎史弥远等杀韩侂胄,函其首送金人。韩氏一死,客观上使得当时朝中反对朱熹及道学之风稍息。嘉定二年(1209年),宁宗诏赐谥曰"文";三年,赠中大夫特赠宝谟阁直学士;五年,又以朱熹《论语集注》《孟子集注》立学。至此,朱子之学已是绝处逢生,境况日益好转。理宗继位后,理学与理学大师们的地位被逐步确立。宝庆三年(1227年),朱熹被追封为信国公,后改为徽国公。淳祐元年(1241年),朝廷复下诏推崇二程、朱熹等理学大师,再次强调朱熹之书"有补治道"。周敦颐、张载、二程、朱熹等人先后封公封伯,从祀孔庙。此时距朱熹去世已过了整整40年。以后,朱熹地位扶摇直上,朱子学在钦定哲学中,又居于最显赫的位置。历元明清,朱熹及其学说"其传弥广",影响深远。

朱熹一生,虽官运不佳,但勤于讲学、长于思考、精于著述,有大量的重要作品传世。其中代表作如《周易本义》《诗集传》《仪礼经传通解》《家礼》《孝经刊误》《大学章句》《论语集注》《孟子集注》《中庸章句》《四书或问》《伊洛渊源录》《名臣言行录》《通鉴纲目》《延平问答》《近思录》《杂学辨》《小学集注》《阴符经考异》《周易参同契考异》《楚辞集注》《韩文考异》《晦庵集》等,涉及哲学、史学、文学、法律、伦理、教育、宗教、科学等诸多领域,为后人留下了一笔宝贵的文化遗产。

学术:海纳而特立

朱熹早年曾广泛接触包括佛、道在内的各家思想,"诸子、佛老、天文、地理之学,无不涉猎而讲究"。中年以后又专心儒学,特别是接受了北宋理学家的思想,以传承传统儒学为己任。因此,朱熹创立的"朱子之学",以孔孟思想为主,同时又兼容了佛、道之说,并集北宋理学思想之大成,显现了海纳百川的特征。同时,朱子之学在兼容并包的过程中,也形成了特立的学说个性,其内容博大而又自成体系。有学者说,朱子之学"一面极具传统性,另一面又极具开创性"。

朱熹理学思想的核心是天理论。它承继自北宋理学大师程颐,而经朱熹的梳理、阐释和论证,则更为严密精致。朱熹认为,非物质性的"理"或者"天理",无始无终,无形无迹,不依赖天地万物而永恒并独立存在。在天地宇宙产生之前,理就已经存在了;而一旦天地万物塌陷之后,理依然存在。这个无始无终、独立于天地万物之外的理,不仅不被生,且是产生世界上万事万物的根本。他说:"有此理,便有此天地。若无此理,便亦无天地……有理便有气,流行发育万物。"就是说,理是宇宙万物的本源和根本,有了理,就有气,气化流行,万物得以发育产生。朱熹天理论的另一个核心观点,是关于理、气关系的论述。他认为,理与气密切相连,"天下未有无理之气,亦未有无气之理",但非物质性的理在先,是根本,而气则是造成天地万物的材质,必须依理而运行。在朱熹的天理论中,曾对"理一分殊"理论作过详细的阐释。"理一分殊"源于佛教华严宗的理事说,朱熹认为,北宋著名理学家周敦颐、张载、程颐等人,都是"理一分殊"理论的早期倡导者。他解释"理一分殊"说,"合天地万物而言,只是一个理",这就是"理一";而每个事物也都各有一个理,这就是"分殊"。朱熹强调,每个事物中的理,不是别有一理,而是"理一"的体现,也就是所谓"万物各具一理,万理同出一原"。"理一分殊"其实就是一理摄万理。他曾用佛教"月印万川"的比喻来说明"理一分殊"的性质和涵义。他说,天上有一个月亮("一理"),而在地上的江湖河海中则会倒映出万月("万理")。江湖河海中的万月尽管千变万化,但其本体就是天上的一个月亮。朱熹以此来说明"理一"与"分殊"之间的关系。他还指出,"分"并不是分割或部分的意思,而是"个个完全""万个是一个,一个是万个"。朱熹"理一分殊"的理论说明了总体与分支的关联、整个的理与万物各具之理的关联,在宋明理学史上具有重要的理论意义。

人性论是中国古代哲学讨论的重要问题。在朱熹理学思想中,关于人性的论述,是其整个思想体系的重要组成部分。朱熹认为,性是一切有生命的生物所具有的天理。这里的生物包括人与物两类,人指人类,物指草木、鸟兽、昆虫等。在朱熹看来,性作为人与物"所得以生之理",人性与物性是相同的。人和物都是"得天地之理以为性""得天地之气以为形"。不同之处在于,人得形气之正,所以可以全其性;而禽兽不能得形气之正,也就无法全其性。朱熹继承了先秦孟子的性善论,并在进一步发展北宋理学大师张载的"天地之性"理论的基础上,反复论证了"人性即天理"的命题。朱熹认为,天地之性或称天命之性决定了人性是全善的;但因受到了气质禀赋的影响,所以人性也表现出有善有恶。用朱熹自己的话来说,就是"天地间只是一个道理,性便是理。人之所以有善有不善,只缘气质之禀,各有清浊"。他更进一步认为,气禀不仅决定了人的贤愚、贵贱、贫富、夭寿,还决定了人的仁义孝悌等伦理道德。这里,朱熹从人性论的角度为现实社会的等级秩序、伦理纲常作了论证,把圣贤之富贵和下民之贫贱,归结为气禀所定,生来如此。此外,朱熹的人性论还就心、情、欲、意、才等作了阐述,进一步丰富和发展中国古代的人性论。

认识论是朱熹理学思想体系中重要而又最富特色的内容之一。其核心则是格物致知论。朱熹的格物致知论由《大学》"致知在格物""格物而后至"两言推衍而来。所谓格物,就是穷究事物之理,达到其极处;所谓致知,就是推极我心固有的知识,以达到全知。在朱熹看来,格物致知的目的,在于"知所止",也就是认识所当止的"至善之所"。正如中国古代的大多数哲人一样,朱熹把"求真"与"求善"视为一事之两面,这也是其格物致知论的本质。朱熹还提出了"即物穷理"的体认天理的方法,并把"敬"看作极为重要的涵养功夫。所谓敬,即"主一",意思就是精神专注,不能游移。朱熹曾作有《敬斋箴》,集中概括了他的持敬说。

朱熹除具有丰富的哲学思想外,其史学思想、教育思想、政治思想等亦有特色和系统。

朱熹的史学思想,集中体现在其《资治通鉴纲目》一书中,同时也散见于他的文论之中。朱熹认为,天理是史学的最高准则,作史的要求是"合于天理之正,人心之安"。在朱熹看来,读书须以经为本而后才可以读史,只有如此,才能以义理的标准对历史上的是非争论进行论断。否则,如果先读史多了,看其中的文理反而"看粗着眼"。他批评宋朝自神宗以后"史弊"是以党争牵连《实录》,所以"大抵史皆不实",损害了史官秉笔直书的优良传统。依据义理的标准,朱熹对《左传》和《史记》都作了批评,认为《左传》的好恶与圣人(孔子)不同,而《史记》则是讲权谋功利,不讲义理。他继承孔子《春秋》的传统,亲自编撰了《资治通鉴纲目》(后世也称《紫阳纲目》)一书。该书以编年纪事,每年之中,按照所谓的"义例"和"书法",先列大事,谓之"纲",再分细节,谓之"目"。全书通过"辨正润""明顺逆""严篡弑""褒尊贤"等方式,体现了扶植纲常名教的鲜明特色。该书被崇拜者奉为"《春秋》后第一书",明代宪宗皇帝曾在《御制纲目序》中说:"是书诚足以继先圣之《春秋》,为后世之规范,不可不广其传也。"清代康熙皇帝也亲自为朱熹《资治通鉴纲目》作御批。《资治通鉴纲目》是中国传统社会后期一部法定的历史教科书,在当时政治生活和社会生活中起了重要的维护纲常名教的作用。

朱熹的教育思想是其思想体系的重要组成部分之一。他认为,教育的目的是"明人伦"。在《白鹿洞书院揭示》中,朱熹说:"父子有亲,君臣有义,夫妇有别,长幼有序,朋友有信,此人之大伦也。庠、序、学、校,皆以明此而已。"也就是说,要培养学生成为"仁人""圣贤",能够"格物致知、诚意、正心、修身",最终是齐家、治国、平治天下。因此,朱熹反对教育停留在"使人缀辑言语,造作文辞"的层面上,更抨击当时以科举为目的的学校教育。根据学生不同的年龄,朱熹提出教育分两个阶段:8至15岁入"小学",15岁之后入"大学"。小学阶段的教育内容,主要是"教人以洒扫、应对、进退之节,爱亲、敬长、隆师、亲友之道"和"礼、乐、射、御、书、数之文"。在朱熹看来,这些内容都是"修身、齐家、治国、平天下之本",所以非常重要。大学阶段的教育内容,主要是"教之穷理、正心、修己、治人之道"。小学与大学之间的关系,"小学者,学其事;大学者,学其小学所学之事之所以"。意思是说,"小学"教人怎么做事,"大学"教人明白这样做事的道理。朱熹非常重视"小学"阶段教育对学生成才、成人的作用,曾编撰了《小学》《童蒙须知》《训蒙绝句》等蒙学读物,以便"小学"教育的实施。朱熹对"为学之道"和"读书之法"提出过自己的主张。他说:"为学之道,莫先于穷理,穷理之要,必在于读书,读书之法,莫贵于循序而致精,而致精之本,则又在于居敬而持志。"就是说,"为学"的首要目标是要"穷理",而"穷理"的关键则在读书。就读书方法而言,应该遵守循序渐进的原则,最后达到精通的境界。那么,如何"致精"呢?朱熹提出了关键的两点:一是"居敬",二是"持志"。朱氏门人曾编有《朱子读书法》一书,其中用"循序渐进、熟读精思、虚心涵泳、切己体察、著紧用力、居敬持志"六句话对朱熹主张的学习原则进行了概括,十分精练。此外,在道德教育、教学方法、教材选用、教学过程开展等方面,朱熹也都有独到的见解。朱熹不仅提出了系统的教育思想,且一生讲学不辍,将理论付诸实践,取得了极高教育成就。朱门弟子遍及天下,其中有影响、有作为的学者以百千计。他的教育思想和教育活动,深刻影响了中国传统社会后期教育的发展方向和面貌。因此,朱熹也被视为中国历史上自孔子之后,又一位伟大的教育家。

朱熹的政治思想丰富而完整。首先,他提出了"德礼为本,政刑为辅"的治国主张。朱熹认为,"德"与"礼"都是治国之本。德是要求君主修德,而礼则是以"三纲五常"等道德要求规范臣民行为。在朱熹看来,治国之要,当把"德"与"礼"放在首位,然后辅以"刑罚号令"。因为"政刑"虽能使百姓"远罪",而"德礼"之效,则更能让百姓在不知不觉中"迁善"。所以前者是"末",后者是"本",治国虽然两者不可或缺,但"本"与"末"当分清楚。朱熹"为政以德"的德治观,虽以中国儒家传统思想为基础,但在具体阐释中,表现了其独立的思考。其次,朱熹总结了"任贤使能、唯才是举"的人才思想。曾有人问朱熹:"今日之治,当以何为先?"回答是:"只是要得人。"在朱熹看来,能否得人,是治理国家的头等大事。所以,在朱熹给朝廷的诸多章奏中,人才问题一直是其关注的焦点。朱熹认为,人才选拔的原则应当是任贤使能、唯才是举,而标准则当包括"德行"和"道艺"两个方面。针对当时人才选用的弊端,朱熹主张革除任人唯亲的"荫恩"制和只凭年龄和资历升官的"资考"制。再次,朱熹提出了"爱养民力,民富邦宁"的重民论。他认为,"天下国家之大务,莫大于恤民",统治者应当把"爱养民力"放在治国的首位。他还提出了"恤民"的一些具体措施,如减轻赋税、规范税收、设仓救荒、屯田养兵等。朱熹认为:"民生之本在食,足食之本在农。"所以,应该大力发展农业生产,足食以保民。在社会财富的分配上,朱熹反对统治者聚敛贪财。他说:"民富,则君不至独贫;民贫,则君不能独富。"在朱熹看来,只有百姓富足了,国家才能长治久安。此外,作为学识渊博且曾长期任职于地方的官员,朱熹对有关国计民生的大事非常留意,在节用、治兵、救荒、赈恤以及地方政治体制等方面,都有系统的思想和方法。这些政治思想对当时社会产生了影响,其中的合理成分,对今人仍有借鉴意义。

影响:广泛而深远

朱熹是中国历史上孔子之后最杰出的文化巨匠。历史上,朝野上下对朱熹都有极高的评价。清人全祖望在学术史名著《宋元学案》中,评价朱熹的学说是"致广大,尽精微,综罗百代"。就是说,朱熹的学问极其广大、极其精微,集宋朝以前百代学术之大成。著名国学大师钱穆赞誉朱熹是我国学术史上中古时期的"唯一伟人"。朱熹及其体系宏大、条理缜密的学说,对中国传统社会后期历史发展和文化风貌产生了广泛而深远的影响。侯外庐等主编的《宋明理学史》从五个方面较为全面指出了朱熹及其学说的这种影响:

第一,朱熹是中国传统社会后期最重要的理学家。其思想虽出自二程(颢、颐),但学术成就则在二程之上。理学史上的一些名家如周敦颐、陆九渊、王守仁等,地位亦不及朱熹。在整个理学史上,以成就和影响论,当以朱熹为首。

第二,朱熹构建的包括天理论、人性论、格物致知论、持敬说等在内的理学思想体系,把中国历史上的客观唯心主义推进到一个新的阶段。该体系集宋代理学之大成,同时也熔铸了传统儒家思想、佛学思想和道教思想,理论色彩更为丰富。朱熹将天理论引入社会政治思想和历史哲学,使得这些领域呈现出不同的面貌。

第三，朱熹学术修养广泛，遍注群经，著作等身，影响极大。他的《四书》《五经》注释，大部分成为元、明、清三代的官书，大量印行，且远及海外。而关于天文、地志、律历、兵机等著作，也深有影响。一人而有如此广博的学术，在中国传统社会后期并不多见。

第四，朱熹及其学生形成了一个有势力的学派。在朱熹的培养下，其学生中有学术成就的不少，在政治上有地位的也不少。他们薪火相传，使得朱子之学"其传弥广"。

第五，朱熹的学说对后世影响巨大。宋明理学对后世的影响，主要是朱熹理学思想的影响。朱熹的《四书集注》《诗集传》等，是科考的准绳。其《家礼》一书，为封建士大夫所奉行，在社会上具有规范风俗的作用。封建社会后期儒家的传统思想，实际上就是朱熹的理学思想，它对巩固封建统治、维护封建礼教，起了重要的作用。

《宋明理学史》作者对朱熹地位与影响所作的以上五方面的评述，客观公正，亦较为全面，已被人们普遍认同。需要进一步说明的是，朱熹一生讲学不辍，门生弟子数千人，遍及闽中、两浙和江右等南方地区。他们同尊朱熹，而于朱子学的发明则各具特色、各有心得，形成了众多流派。其中徽州（旧称新安，历史上辖歙、黟、休宁、祁门、婺源、绩溪等六县。今安徽黄山市）婺源系朱熹祖籍，徽州的朱门弟子以朱熹嫡传自誉，在发明、诠释朱子学方面独树一帜，被称为新安理学。新安理学在南宋形成学派后，在元代得到进一步的发展，并于明初达到鼎盛阶段。一直到清朝中叶，因皖派经学的兴起，新安理学才结束了600余年的发展历史。期间，它始终有一以贯之的学术宗旨、一脉相传的理学家群和鲜明的学派特征，对12世纪以后中国哲学史和中国学术思想史的发展演变，以及徽州和周边地区社会生活的各个领域产生了巨大的影响。新安理学的形成与发展历史，从一个侧面反映了朱熹与徽州的密切关系。

原载《魅力安徽》，合肥工业大学出版社2009年版

论新安理学家程大昌

程大昌(1122—1195年)字泰之,休宁(今属安徽黄山市)会里人。在南宋新安理学学派形成时期,程氏是与朱熹齐名的最重要的两位人物。目前,朱熹在新安理学发展史上的地位,学术界已有公论。而程大昌的学术思想及其在新安理学发展史上的作用,至今尚无文章论及。本文就此问题提出一些粗浅的看法,不当之处,请同志们教正。

一、程大昌学术思想的形成

尽管有关程大昌的传记资料有多种,譬如《宋史》卷四百三十三《程大昌传》、(弘治)《徽州府志》卷七《人物·程大昌》、《新安学系录》卷五《程文简公(大昌)神道碑》等,但其中涉及其学术思想形成的资料,极为少见。我们只能从程氏的有关学术著作中,追溯其学术思想的源流。我们认为程大昌学术思想的形成主要受到三个方面的影响。

第一,北宋理学思潮。

众所周知,理学作为一个时代的哲学思潮,滥觞于唐代中期。北宋周敦颐继承唐代韩愈的"道统说",并融会佛、道思想,著《太极图》及《通书》40篇,"明天理之根源,究万物之始终",[①]成为宋朝理学的开山祖。稍后,河南二程

---

① 脱脱等:《宋史》卷427《周敦颐传》,中华书局1985年版。

(颢、颐)受业周氏,"扩大其所闻,表章《大学》《中庸》两篇,与《语》《孟》并行,于是上自帝王传心之奥,下至初学入德之门,融会贯通,无复余蕴"。① 关中张载作《西铭》,极言"理一分殊"之旨;河南邵雍著《皇极经世书》,建立了象数学思想体系。周、二程、张、邵五子"并时而生,又皆知交相好",②他们著书立说,使理学在北宋发展成为时代哲学思潮。

生活在南宋的程大昌,其学术思想的形成和定型,与北宋理学思潮有着不解的关系。首先,程大昌继承了北宋理学大师们的学风。这一学风的重要特征是,学者治学,与汉唐古文经学重训诂义疏的传统背道而驰,抛开传注,直接从经文中寻求义理。在程氏的重要传世著作中,如《演繁露》《易原》《诗论》《易老通言》等,都明显地体现了这种学风。他撇开了汉唐古文经学家所注重的训诂义疏,借助经文,并参以个人体会和一己私见,从中探求性命义理之说。其次,程大昌直接继承了北宋理学先辈的论题和思想成果,吸收了他们的许多观点。譬如,程氏在《易原》中所论的"太极""阴阳""五行""动静"等,在周敦颐著作中已屡屡提及,又为北宋理学大家所反复讨论和发挥。程大昌还特别发挥《中庸》中"诚"的观念,将它作为修心养性的核心。这一思想其实就是接受了周敦颐的观点。周氏曾经说过:"大哉乾元,万物资始,诚之源也。'乾道变化,各正性命',诚斯立焉。"③程大昌在修养论中提出的"高明博厚"的境界,与周敦颐所说的"诚立明通"概念极为相似。

第二,中国哲学传统。

从有关资料来看,程大昌学术思想的内核,是儒家的理论和学说。但在程氏的学术思想中,也具有浓厚的道家色彩。(1)程氏关于宇宙生成论和万物化生的观点,直接由道家的宇宙生成观脱胎而来。道教所尊奉的始祖老聃在《老子》中,提出了一个"先天地生",并且超越时间和空间、无形无象的精神实体"道",同时勾勒了一个宇宙生成图式:"道生一、一生二、二生三、三

---

① 脱脱等:《宋史》卷427《道学一》,中华书局1985年版。
② 黄宗羲原著、全祖望补修:《宋元学案》卷9《百源学案》,中华书局1986年版。
③ 周敦颐:《周子全书·通书·诚(上)》,商务印书馆《万有文库》本。

生万物。"程大昌在《易原》一书中阐扬的宇宙以及万物生成模式,正是老子这一图式的翻版。(2)程大昌在政治论中提出的"无为"而治的思想。尽管程氏赋予"无为"以新的含义,将"无为"与"有为"有机地统一在其政治论中,然而我们从中仍能发现道家政治学说留下的印记。因此,在程大昌的学术思想中,"儒道合一"的色彩相当浓重。为什么在程氏的学术思想中会出现这一特征呢?我们认为,它同中国传统的哲学思想有密切的关系。

中国古代的哲学思想丰富多彩,流派众多。战国时代,就有所谓"诸子百家"之说。其中尤以儒、道二家对后世影响最大。西汉末年,佛教传入中国后,以其玄奥精深的教义和慷慨大方的允诺,吸引了苦海中的芸芸众生。从此,在中国思想界逐渐出现了儒、佛、道三家鼎立的局面。魏晋以后,三家经过长期争论和合流,其思想已经相互渗透和吸收改造。尤其是儒、道两家,都是根植于汉文化土壤中的学说,在历代思想家的发挥和阐释下,其相互之间的渗透更深、影响更大。因此,至迟在唐代,"儒道一体""儒道互补"已成为中国哲学传统的重要特征之一。北宋理学兴起,在著名的理学家如周敦颐、张载、二程等人的学说中,"儒道互补"的中国哲学传统被进一步发扬光大。所以,在程大昌的学术思想中出现"儒道合一"的现象,其实是中国哲学传统思想影响的结果。

第三,徽州文化环境。

程大昌生于徽州,长于徽州,求学时期一直在徽州度过。即使在以后长达43年的官宦生涯中,还穿插了7年的"家居"生活。因此,徽州的文化环境,对程氏学术思想的形成,有至关重要的影响。

徽州古称新安,地处万山丛中。自唐末及五代十国以后,中原大族因避战乱而纷纷迁入,其"俗益向文雅"。① 据《歙事闲谭》记载:"武劲之风,盛于梁、陈、隋间,如程忠壮、汪越国,皆以捍卫乡里显。若文艺则振兴于唐宋,如吴少微、舒雅诸前哲,悉著望一时。"②这就是说,唐宋时代徽州的风尚已由崇

---

① 罗愿:(淳熙)《新安志》卷1《风俗》。
② 许承尧:《歙事闲谭》第18册《歙风俗礼教考》。

武而转为重儒。宋人洪适在《休宁县建学记》中说,程大昌的家乡休宁"以乡校为先务,早夜弦诵,洋洋秩秩,有洙泗之风"。① 自宋朝立国以来,休宁一地"亟多学者"。② 正是在这种儒风的熏陶下,程大昌开始了他的求学生涯。据《新安文献志》收录的《程公大昌神道碑》记载,程氏"十岁能为文",从小就展露了"业儒"的天赋。

当时,不仅休宁一地如此,整个徽州都是文风甚盛,"自井邑田野以至于远山深谷、居民之处,莫不有学、有师、有书史之藏"。③ 后人称之为"东南邹鲁"。南宋时期的徽州,盛行讲学风气。朱熹曾两次回婺源省墓并讲学,徽州"受业者甚众"。④ 绍兴六年(1136年),南兰陵人陈之茂(字阜卿)任休宁县尉后,更加不遗余力推崇文教。乡人"相率出钱建校于县之南,以其赢买书千卷,之茂日至为诸生讲说一经"。⑤ 据有关史料记载,在绍兴六年以后,程大昌拜在以"经术文章重于时"的陈之茂门下,开始步入经学之门。

吴天骥在《休宁进士题名记》中说,徽州"自南渡来,师友渊源,得所从受,故士多长于谈经"。⑥ 当时徽州学者谈经说理、悟性体道,从中涌现了一大批卓有成就的理学家,并开始形成了新安理学学派。其中著名人物有:朱熹、吴昶、程永奇、吴儆、汪莘、程洵、程先等。在程大昌学术思想的形成过程中,这些新安理学家对程氏有直接的影响。譬如,朱熹同程大昌之间常以文章往还,翰墨之交甚笃。朱氏在《答程大昌书》中,称程氏《禹贡》之书"披图按说,如指诸掌",⑦ 大有益于学者。并对《易老通言》推崇备至,称"病中得窥易老新书之秘,有以见立言之指,深远奥博,非先儒思虑所及"。⑧ 程大昌所著《雍录》和《禹

---

① (嘉庆)《休宁县志》卷21《艺文纪述》。
② 罗愿:(淳熙)《新安志》卷1《风俗》。
③ 赵汸:《东山存稿》卷4《商山书院学田记》,四库全书本。
④ 施璜:《紫阳书院志》卷8《列传》,雍正三年(1725年)刊本。
⑤ (嘉庆)《休宁县志》卷7《职官》。
⑥ (嘉庆)《休宁县志》卷1《风俗》。
⑦ 程瞳:《新安学系录》卷5《程文简公遗事》,康熙三十五年(1696年)绿荫园重修本。
⑧ 程瞳:《新安学系录》卷5《程文简公遗事》,康熙三十五年(1696年)绿荫园重修本。

贡图》《演繁露》诸书,曾得同时著名新安理学家吴昶"为之折衷"。①

总之,程大昌学术思想的形成,深受北宋理学思潮、中国哲学传统和徽州文化环境的影响。他的学说和主张,并非是无源之水,而是"其来有自"的。

二、程大昌学术思想的特色

作为新安学派的"先哲",程大昌学术思想具有鲜明的个性特征。

其一,朴素辩证的宇宙生成观。

关于宇宙生成论,集中在程氏易学著作《易原》一书中。《六经》中《易经》素号难治,②即使圣如孔子,也是感叹"五十以学《易》,可以无大过矣"。③必须到了"知天命"的年纪,才能真正读透《易》。不过,《易》由卜筮之书发展为义理之书,因其包含了丰富玄奥的哲理,称得上是群经之首。④所以,宋代理学家每多援《易》以述自己的思想。如倪天隐有《周易口义》12卷、司马光有《温公易说》6卷、张载有《横渠易说》3卷、程颐有《易传》4卷、魏了翁《了翁易说》1卷,等等。

程大昌《易原》成书于淳熙十二年(1185年),这一年程氏63岁,确实是过了"知天命"的年龄。自汉以来,解《易》者众说纷纭,莫衷一是。大昌作是书,"疑众人之所不疑,不主久传,而务求其初"。⑤陈振孙称其首论五十有五之数,参以《河图》《洛书》《大衍》之异同,以此为《易》之原,其见"出先儒外"。程大昌在书中推阐数学,对"一生二、二生三、三生万物"的宇宙生成模式,用理学思想作了解释。

"道生一、一生二、二生三、三生万物",语出老子《道德经》,⑥本是道家关

---

① 程敏政:《新安文献志》卷69《友堂吴先生(昶)小传》,弘治三年(1490年)刊本。
② 刘祁:《归潜志》卷13,中华书局1983年版。
③ 《论语·述而篇》。
④ 黄沛荣:《论周易地位之提升——兼论六经之次第》,载台湾《孔孟月刊》1984年23卷第3期。
⑤ 程大昌:《易原·自序》,丛书集成初编本。
⑥ 《老子》第42章。

于宇宙以至万物生成的哲学命题。《易原》则避而不谈作为老子哲学思想核心的"道",直言"一生二、二生三、三生万物"。程大昌认为"一"并不是实实在在的本数,乃是圣人为表达尽意而所设之数,即"借数寓名"罢了。① 那么,这个"一"寓的是何名呢?程氏说:"一之为太极也。予固数言,不待申复矣。"这就是说,程大昌在书中所反复讨论的"一"就是"太极",即"一"寓"太极"之名。因此,在程大昌的宇宙生成论中,所谓"一生二、二生三、三生万物",实则就是"太极生二、二生三、三生万物"。他把宇宙以至万物的本原,归诸"太极",跳出了老子的命题,把它转化为理学的范畴。

程大昌学说中的"一"即"太极",在天地未判、变化未形之先已存在。② 而且,它"随在随有""无间乎幽明大小,而皆能与之为祖也"。③ 可见,"一"具有超越、决定一切的性质。他一再强调,"一"不在"有形有体之域"。④ 当知程大昌认为产生世界万事万物的本原,乃是非物质的。因此,在宇宙生成论上,程氏虽然能站在对立变化的立场,用阴阳变化观点来认识世界,然而最终依然不免陷于唯心主义的泥潭。

程大昌继承了《周易》中朴素辩证的思想。他根据《河图》《洛书》,叙述了五行相生相克的原理,认为金、木、水、火、土五种原始物质是"互生互克、往来交午"的关系。⑤ 也就是说,一种物质的产生、运动,受制于其他的物质;同时又制约另一种物质的产生与运动。世界上万物之间便是这样相互影响、相互制约的辩证关系。不过,程大昌所说的五行相生相克的关系,仍然是一种机械的圆圈式循环。在这里,程氏的思想并没有超越前人。

其二,以"无为"思想为核心的政治观。

程大昌的政治观,以"无为"思想为核心。在程大昌的学术思想中,"无为"一词并非指无所事事,而有其特定的解释。他在《考古编》卷五《舜论》中

---

① 程大昌:《易原》卷4《论"一"》,丛书集成初编本。
② 程大昌:《易原》卷5《太极生两仪论》,丛书集成初编本。
③ 程大昌:《易原》卷5《太极生两仪论》,丛书集成初编本。
④ 程大昌:《易原》卷5《太极生两仪论》,丛书集成初编本。
⑤ 程大昌:《易原》卷1《河图洛书论》,丛书集成初编本。

说:"惟察知事物情状,而循理以行,不自作为,斯以为'无为'与欤!"这就是说,顺其自然之理,不追加人为意志,乃是"无为"的含义。其中多少有着老庄思想的影子。

不过,程氏并不欣赏老庄那种消极遁世的态度。他在《舜论》中评价三皇五帝时代的舜的作为时说:"方其理不当作,则忘世自适,非独不异于野人,亦将不异于木石,无为之至矣。举世言行,苟有一善,则果于有行,如江河沛然,莫之御遏。则其作为,孰勇于是!"可见,"有为"在程氏的学术思想中还是被提倡的。程氏的政治观,尽管举着"无为"的招牌,其实依然本之于儒家积极入世的思想。

既然程大昌一方面主张顺其自然,"无为"而治;另一方面推重"江河沛然"般的作为,那么,如何从"无为"到"有为"呢?关键在于把握时机。时机没有成熟,"不强其所不能为,不致其所不可遂",顺从其理而不强加人愿;一旦有了时机,则行动有如"江河沛然",做出"无勇于是"的作为。程氏的政治观既反对盲目冲动,不循理以行;又主张积极入世,把握时机,有所作为。本之于儒家思想,又融会了道家主张,这就是程大昌以"无为"思想为核心的政治论的特色。

其三,本之于《中庸》的修养论。

强调心性修养,是宋代理学家的共同看法。在南宋新安理学学派中,"养心""复性"一直是理学家们追求的目标。如程洵以"尊德性"为座右铭、程永奇奉"敬"为学问根柢。朱熹在修养论上,更有一套完整的思想体系。

程大昌论修养,推崇《中庸》。为什么要特别看重这部书呢?他认为:"子思之著书也以道,道苟在是,则据掳发所见,展竭无余"。这就是说,在程大昌看来,《中庸》一书中有子思"展竭无余"的"道",便于学者明白体味。它不像孔子"因人而教",倘若"人未进是,则不躐等以告",所以《论语》一书,"皆仁、义、礼、乐之具,至为道日损以上无诏焉"。[①]《中庸》本是《礼记》中的

---

① 程大昌:《考古编》卷6《中庸论一》,丛书集成初编本。

一章,唐代李翱据以描述性、情及道德修养,排斥佛教。及宋二程子出,从《礼记》中抽出《中庸》,和《大学》《论语》《孟子》并称"四书",朱熹为之传,称《四书集传》。在宋代,《中庸》得到了理学家的普遍关注和推崇。① 因此,程氏推重《中庸》,也是受当时风气的影响。

程大昌修养论的出发点是"虽匹士亦圣人"。② 这种观点,其实脱胎于佛教大乘派"人人皆可以成佛"的教义,同时也与朱熹"人人皆可为尧舜"的认识共通。在程大昌看来,人不分贵贱与智愚,只要通过自身的修持,就能够成为具有完善人性的"圣人"。那么,如何做到这一点呢?程氏认为,其关键在于"体道",达到"高明博厚"的境界。③ 依据《中庸》"至诚可以参天地"的观点,程大昌进一步提出了"极乎高明博厚"又在于"至诚",并且这种"至诚"必须"不息而久"。④ 这就是只要通过持之以恒、经久不息的至诚"体道",就能达到"高明博厚"的境界。在这种境界中,人格升华后可与天地匹配,"天命之性"因此而复,达到人性的完善,常人就成为"圣人"。这些观点,表明程大昌在修养论上不仅提出了终极目标,而且阐述了与之相应的达到目标的途径与方法。

其四,注重躬行实践的经世观。

经世观是人们关于人与社会关系的认识和看法。有关这方面的内容,是程大昌学术思想的重要组成部分。

宋儒讲心性,主张"养心""复性"。不过,程氏与迂儒空谈性命义理不同。他在提倡心性修养和至诚体道的同时,主张积极入世,参政议政,将其学说付诸实践。儒家经典《大学》所说的诚意、正心、修身、齐家、治国、平天下,在程大昌看来,其中并无偏废。修身的目的,在于治国经世。钱穆先生说:"当知宋学所重,外面看来,好像偏倾在私人修养,其实他们目光所注,则

---

① 贾丰臻:《中国理学史》第 2 编《上古理学史》,上海书店 1984 年版。
② 程大昌:《考古编》卷 6《中庸论三》,丛书集成初编本。
③ 程大昌:《考古编》卷 6《中庸论三》,丛书集成初编本。
④ 程大昌:《考古编》卷 6《中庸论三》,丛书集成初编本。

在全人类、全社会"。① 用程大昌的经世观及其经世实践,印证钱氏这一评语,确实不谬。

程大昌经世观的显著特点是注重躬行实践。它的基本内容是:(1)参政议政、积极入世。程氏活了 74 岁,为官生涯长达 36 年。其间,他官职十数迁,历任兵部、吏部、刑部、礼部及国子监等部院官,又曾担任过慕王府、庆王府赞读、直讲,并两次出任地方官。岁月漫漫、职位升降,从来没有改变程氏积极参政议政的态度。(2)积极入世应当做到"在其位,谋其事",努力"为君分忧、为民解难"。在任京官期间,程大昌敢于直言进谏,屡备孝宗顾问,答疑解惑,内容涉及治道、守战、世风、刑狱、练兵等各个方面。淳熙二年(1175年),程大昌进讲《禹贡》,孝宗问塞外山川形势,当时大昌未能详对。直至绍熙二年(1191年),程大昌丁忧居家,仍念念不忘此事,乃采撮史传旧文,考订塞外形胜地理,编成《北边备对》一书。程氏"为君分忧",真是做到了"家"。至于"为民解难",程大昌确实也能践行其言。据《宋史》记载,程氏在任地方官期间,力拒增加浙东路酒税、兴修清江县水利、请免江西积欠赋税等,舒缓了一方百姓之困。(3)进退自如、淡泊功名。程大昌既做过秘书省正字、左宣教郎、国子监司业兼权礼部侍郎、秘阁修撰、中书舍人、权刑部侍郎、国子监祭酒及权吏部尚书等京官,也出任过浙东提点刑狱、江东转运副使、江西转运副使等地方官;既有春风得意之时,也有失意寡欢之日。不过,程氏始终抱定宗旨,进退自如,视功名利禄为身外之物。宋孝宗在赐程大昌敕文中,也誉其一生真正做到了"退食自如",于官职升降了不在意。② 积极参政而淡泊功名,正是新安理学家在经世观及其实践中追求的最高境界。具有这等立身行事的官员,在当时官场中,称得上是"廖若晨星"。

朴素辩证的宇宙生成观、以"无为"思想为核心的政治论、本之于《中庸》的修养论、注重躬行实践的经世观是程大昌学术思想的主要特征。作为新安学派的先哲,程氏学术思想的内核是传统的儒家理论和学说。不过,在他

---

① 钱穆:《宋明理学概述》第 8 页,台湾学生书局 1977 年版。
② 楼钥:《攻媿集》卷 35《外制》,中华书局 1985 年版。

的学术思想中,也深深地烙上了道教学说的印记,如宇宙生成论中的"宇宙生成模式",政治论中的"无为"概念等。应当特别指出,在程大昌的学术思想中,佛教的影响甚微。程氏在《考古编·序》中自称一生不与"缁黄方技之士"打交道。淳熙二年(1175年),程大昌第二次入朝为官,首章即反对六和塔寺僧以镇潮为功,免除科徭。并不无讽刺说:"自修塔后,潮果不啮岸乎?"①从中可见程大昌对佛教的态度。这一点与南宋新安理学家朱熹、汪莘等人不同。据《崇安县志》卷八《释》记载,朱熹同佛门中圆悟、藻光等人往来密切。汪莘则是"韬钤之书、释老之典,靡不究习"。② 相比较而言,程大昌的学术思想中更多地掺进了道教色彩,而绝少佛教的影响。

三、程大昌在新安理学发展史上的地位

新安理学是"朱子学"的重要分支之一,主要流传于徽州(古称新安)一带。该学派崛起于南宋、发展于元代、全盛于明初、衰落于明季、终结于清初,对12世纪以后中国哲学史和学术思想史的发展演变,产生了巨大的影响。程大昌是新安理学南宋时期的代表人物,他的思想及学术活动,对新安学派的形成,起了极其重要的作用。

第一,修建书院,讲学授徒,壮大新安理学家阵容。

程大昌是一位典型的学者。尽管为官从政占了他一生绝大部分的时间,然而程氏于讲学及学术活动始终乐此不疲。据《休宁县志》卷二《考废》记载,程大昌曾在当地修建"西山书院",作为研讨理学、讲学授徒的场所。新安学者中不少人都拜在程氏门下。经过他的传授,从学者开始入理学之奥堂,壮大了新安学派的阵容。其中卓有成就者,后来还成为新安理学的名家。如:黄何,字景肃,休宁五城人,从学于程大昌,登乾道丙戌年(1166年)进士,历任处州、岳州等知府。据《徽州府志》记载,黄何秉承程大昌治学心法,"为学以格物穷理为宗,尤深于洪范、阴阳消长之说,为后进宗师"。③ 程

---

① 程敏政:《新安文献志》卷68《程公大昌神道碑》,弘治三年(1490年)刊本。
② 程敏政:《新安文献志》卷88《汪居士(莘)传》,弘治三年(1490年)刊本。
③ (弘治)《徽州府志》卷7《人物》。

卓,字从元,休宁会里人,任官至正议大夫。少时在伯父程大昌的调教下,"潜心经术",结果"尽得伯父文简公大昌之学",①成为新安理学第二代人物中的佼佼者。因此,从培养新安理学人才的角度来说,程大昌对新安学派的经营,作出了积极贡献。

第二,研讨理学,著书立说,丰富了新安理学的思想。

程大昌毕生精研理学,学术成就斐然。他在《考古编·序》中自称"赋性朴拙,琴弈博射、法书名画,凡可以娱暇消日者,一皆不能"。② 既不信佛门祈祷可以得福,也不求道士卜相推占而避害,"所为交际酬酢者,惟古今新旧书册而已"。这位清心寡欲、惟独痴情于"古今新旧书册"的理学家,一生著述宏富。流传至今且可考者,有 11 种:《易原》八卷、《禹贡论》五卷(《后论》一卷、《山川地理图》二卷)、《雍录》十卷、《北边备对》六卷、《考古编》十卷、《演繁露》十六卷(《续演繁露》六卷)、《诗论》一卷(又称《毛诗辩证》)、《易老通言》《尚书谱》《文简公词》及《文集》等。在程氏学术著作中所反映的学术思想及其特色,已如前述。他的思想丰富,充实了新安理学,为新安理学发展成一支独具特色的地方理学流派作出了理论上的贡献。

因此,在新安理学发展史上,程大昌占有突出的地位。明代正德、嘉靖年间,徽州著名学者程曈编纂了一部类似新安学派学案性质的著作《新安学系录》。在该书篇首,程氏绘有"新安学系图",将程大昌抬到与朱熹并列的地位上。清代学者赵吉士在其所著的《寄园寄所寄》中,专列"新安理学"一条,选择在新安理学近 700 年发展史上最重要的 15 位理学家作了概要介绍。其中将程大昌作为"新安理学的先哲",排名在新安学派一代宗师朱熹之后。从程大昌的学术思想及其对新安学派发展的贡献来看,赋予其"新安学派先哲"之誉,应当是恰如其分的评价。

原载《安徽师范大学学报》1994 年第 3 期

---

① (弘治)《徽州府志》卷 7《人物》。
② 程大昌:《考古编·序》,丛书集成初编本。

宋元之交与元代的新安理学

缘乎学术与历史背景,南宋时期新安理学已蔚然成派。① 宋元之交及有元之世,"朱子之学"及其面临的环境,已迥然异乎前代。因此,以固守"朱子之学"为宗旨的新安理学,也与早期有着明显不同。我们将宋元之交与元代,视为新安理学发展的第二时期。

一、朱熹之后的"朱子之学"

朱熹在世时,曾为理学争地位而与一些名儒权势进行艰苦卓绝的辩争。其间,"朱子之学"几度沉浮。② 庆元二年(1196年),端明殿学士叶翥知贡举。他们主持的科举考试,凡涉有程朱学说者,一概"黜落"。③ 庆元六年(1200年),朱熹去世,宁宗听从大臣言,诏令朱门弟子不得为之送葬。④ 可知当时"朱子之学"与朱门弟子备受压制。

理宗即位后,理学绝处逢生。淳祐元年(1241年)朝廷下诏推崇二程、朱熹等理学大师,称朱熹之书"有补于治道"。⑤ 周敦颐、二程、张载、朱熹等人

---

① 周晓光:《南宋新安理学略论》,载《徽州社会科学》1989年第4期。
② 陈邦瞻:《宋史纪事本末》卷78、80《孝宗朝廷议》《道学崇黜》,中华书局1977年版。
③ 毕沅:《续资治通鉴》卷154,中华书局1979年版。
④ 脱脱等:《宋史》卷429《朱熹传》,中华书局1985年版。
⑤ 毕沅:《续资治通鉴》卷164,中华书局1979年版。

先后封伯封公,从祀孔庙。理学成为钦定哲学。这时距朱熹去世整整40年。此后朱熹地位扶摇直上,"朱子之学"在钦定哲学中又居于显赫地位。

入元之后,"朱子之学"被"定为国是,学者尊信,无敢疑贰"。① 仁宗皇庆二年(1313年),朝廷定科举取士之法,第一、第二场考题都限用朱子《四书集注》,②并且规定,考生答题时,必须以程朱学说为指导思想,"设科取士,非朱子之说者不用"。③ 元代"朱子之学"成为猎取功名利禄的阶梯。

然而,在此时期内,"朱子之学"本身却未能得到光大发扬。揭文安公(傒斯)称:"圣人之学至新安子朱子广大悉备。朱子既殁,天下学士群起著书,一得一失,各立门户,争奇取异,附会缴绕,使朱子之学翳然以昏然。"④这就是说,朱熹之后,因朱门弟子体会不同,"朱子之学"的真谛已难以明了。朱门弟子中,如董梦程、黄鼎等人,将朱熹体验"天理"的方法"读书博览",视为学问大端,其成就不免"流为训诂之学",⑤从而背离了专事义理的"朱子之学"师法。同其流者,还有陈淳、王柏及朱熹裔孙朱小翁(芮)等。

朱门弟子中,也有"专事义理"的人物,但他们又不能严守师法。从朱熹高足黄幹门下的饶鲁到吴澄,虽事于义理,但其学"多不同于朱子"。⑥ 詹初、曹建、汤巾、汤汉等朱门弟子,又徘徊于朱陆之间,惘然无所归。朱门"北山"何基一支,只能"熟读四书而已";⑦"东发"黄震一支,"解说经义,或引诸家以翼朱子,或舍朱子而取诸家,亦不坚持门户"。⑧ 一时朱门状况,诚如程篁墩所说:"再传能不失真者,则已寡矣。"⑨

---

① 虞集:《道园学古录》卷39《跋济宁李璋所刻九经四书》,四库全书本。
② 陈邦瞻:《元史纪事本末》卷8《科举学校之制》;宋濂等《元史》卷81《选举》。
③ (乾隆)《上饶县志》卷15《儒林一》。
④ 程瞳:《新安学系录》卷12《陈定宇墓志铭》,康熙三十五年(1696年)绿荫园重修本。
⑤ 黄宗羲原著、全祖望补修:《宋元学案》卷89《介轩学案》,中华书局1986年版。
⑥ 黄宗羲原著、全祖望补修:《宋元学案》卷92《双峰学案》,中华书局1986年版。
⑦ 黄宗羲原著、全祖望补修:《宋元学案》卷82《北山四先生学案》,中华书局1986年版。
⑧ 永瑢等:《四库全书总目》卷92《子部、儒家类》,中华书局1965年版。
⑨ 程瞳:《新安学系录》卷12《陈定宇遗事》,康熙三十五年(1696年)绿荫园重修本。

总之,朱熹之后的"朱子之学",一方面被朝廷立为"显学",成为士人思想指南;同时,就其发展来看,则已有脱化现象。在这种学术背景下,以固守"朱子之学"为宗旨的新安理学,所肩负的时代使命,便是订正"异论",发明"朱子之学"本旨。

二、宋元之交与元代新安理学的代表人物

赵汸撰《汪古逸行状》中谓:"新安自朱子后,儒学之盛称天下,号'东南邹鲁'。宋亡,老儒犹数十人,其学一以朱子为宗。其议论风旨,足以师表后来,其文采词华,皆足以焜煌一世。"①这就是说,由宋入元,在"朱子之学"渐趋隐晦时,新安不为时风所动摇,仍以"朱子为宗",显示出新安理学鲜明的学派特色。而且,这数十"老儒"并非鹦鹉学舌之辈。他们的学术与风采,"皆足以师表后来",在发明"朱子之学"本旨方面可称得上学有心得。其中代表人物及其弟子有:

程若庸,字达原,号勿斋,又号徽庵,休宁汊川人,宋咸淳四年(1268年)进士。鹤林罗大经谓其"生徽公之乡,寝饭徽公之四书,充然有得"。②后又师事饶鲁及沈毅斋。可知,程氏学术,出自朱熹正传。他一生致力讲学,先后为湖州安定书院山长、抚州临汝书院山长、福建武夷书院山长。《府志》称他"屡主师席,及门之士最盛"。③范元奕、金若洙、吴锡畴及外郡的吴澄等人,都是若庸门下弟子中的佼佼者。

若庸学本"朱子之学"。同郡陈定宇(栎)称,"学朱子之学而精到似程勿斋甚少"④,将他推为当时朱学大师。若庸讲学,以"朱子之学授诸生",不出师门规矩。曾应邀去临汝书院,专门讲说"朱子之学",⑤培养朱学弟子。著有《性理字训讲义》百篇及《太极图说》《近思录》注释、《洪范图说》等书。若

---

① 程曈:《新安学系录》卷13《汪古逸行状》,康熙三十五年(1696年)绿荫园重修本。
② 程曈:《新安学系录》卷9《程徽庵遗事》,康熙三十五年(1696年)绿荫园重修本。
③ (嘉庆)《休宁县志》卷12《人物》。
④ 程曈:《新安学系录》卷9《程徽庵遗事》,康熙三十五年(1696年)绿荫园重修本。
⑤ 程曈:《新安学系录》卷9《程徽庵遗事》,康熙三十五年(1696年)绿荫园重修本。

庸去世后，入祀乡贤祠。① 明代万历年间，休宁建"理学名儒"九贤坊，若庸紧随前辈大师吴儆之后。

吴锡畴（1214—1276年），字元范（后更字元伦），号兰皋，休宁人。为南宋理学名家吴儆之孙。初事科举不第，30岁后弃举子业，"究心家学"。② 又师从乡儒程若庸，"研核性命之赜，上探考亭（朱熹）之绪"，为发明"朱子之学"本旨殚思竭虑。咸淳间，被聘为白鹿洞书院堂长，不赴。著有《兰皋集》并讲义若干篇。

锡畴之子浩，字义夫，号直轩。宋亡后隐居不仕，得家学渊源，"专务性理之学"。③ 著有《大学口义》。

许月卿（1216—1286年），字太空，后字宋士，时人称山屋先生。婺源人。年十五从董梦程（介轩）游。董氏乃朱熹门人程正思（端蒙）的高足，可知月卿实得"朱子之学"的嫡传。嘉熙四年（1240年）以易学魁江东，开始登上仕途。月卿一生著述累数10余万言，但当时已大多散佚，十不存二。他的学术主要在于订正时人偏误。如当时人多以"敬"训"诚"。月卿本于易学，用乾实坤虚阐发"敬""诚"之义。程前村（直方）称之为"融贯理义，横探直取，无所不合"。④ 同时，他也疏证"朱子之学"原委。月卿在江西临汝书院讲《中庸》首章三句时，指出朱熹所讲"阴阳五行之气，健顺五常之理"，本于汉儒郑氏（玄）所注"木神则仁、金神则义、火神则礼、水神则智、土神则信"。因此，月卿认为，水火木金土是"气"，仁义礼智信是"理"，而有"神"之一字贯穿其间。"理"是形而上者，"气"是形而下者，而神则在上下之间。理不离乎气，气不外乎理，而有"神"贯乎理气之间。"朱子之学"中的重要命题理、气关系至此可称清晰明了。所以，有人称赞月卿"真能发先儒未发之蕴"。⑤ 从中可见，新安理学家阐扬"朱子之学"并不是援异论以标新，而是本于"朱子之

---

① （嘉庆）《休宁县志》卷3《祠祀》。
② 程瞳：《新安学系录》卷9《吴兰皋传》，康熙三十五年（1696年）绿荫园重修本。
③ （嘉庆）《休宁县志》卷12《人物》。
④ 程瞳：《新安学系录》卷9《许山屋遗事》，康熙三十五年（1696年）绿荫园重修本。
⑤ 程瞳：《新安学系录》卷9《许山屋遗事》，康熙三十五年（1696年）绿荫园重修本。

学",从它的内部来发掘,从而沿着朱学的途径,登堂入奥,阐幽发微。

胡允,字方平,号潜斋,婺源人。曾伯祖昂与朱熹父亲松(韦斋)有"同邑、同年"之好。曾祖溢也交于韦斋,获闻"河洛之学",与朱熹"世好"。可见,方平家学,与"朱子之学"渊源很深。他本人则在早年受易于董梦程,又师事沈毅斋(贵瑶),成为朱门三传弟子。方平"研精易旨,沉潜反复二十余年",①务在阐发"朱子之学"本旨。朱熹著有《易本义》一书,并谓"开卷之初,先有一重象数,而后《易》可读"。方平因此而著《〈易本义〉启蒙通释》二卷,又《外翼》四卷,"其始明象数",为学者读朱熹《易本义》而设。新安理学家为帮助学者入朱学之门,用心之良苦,可见一斑。

胡一桂(1246—?)字廷芳,方平之子。居室前有两小湖,因自号双湖居士,学者称双湖先生。一桂"五六岁而读父书",②深受家学熏陶。景定五年(1264年),年十八领乡荐,试礼部不第。退而讲学,远近师之。《续通鉴纲目》称他与休宁陈栎"皆以讲明道学见重于时"。③ 一桂与建安熊去非(禾)为"道义相交"。④ 熊氏称一桂"学自朱子,而尤精于易"。⑤ 可知一桂已得家学易传,以治《易》为学术特点,而学本朱熹。著有《〈易本义〉附录纂疏》,"疏朱子之言"。⑥ 陈定宇称是书"海内广传",⑦可知影响不小。胡氏父子两代先后以《启蒙通释》与《附录纂疏》,辅翼朱熹《易本义》,发明"朱子之学"要旨,在元代朱熹学说日渐蜕化的情形下,可谓是朱子功臣。一桂又有《师传附录纂疏》,也是在"明晦翁《诗》"。⑧ 另有《十七史纂》《人伦事鉴》《历代编年》等行世。

---

① 赵吉士:《寄园寄所寄》卷11《泛叶寄》,康熙刊本。
② 程瞳:《新安学系录》卷11《胡双湖遗事》,康熙三十五年(1696年)绿荫园重修本。
③ 程瞳:《新安学系录》卷11《胡双湖遗事》,康熙三十五年(1696年)绿荫园重修本。
④ 程瞳:《新安学系录》卷11《胡双湖遗事》,康熙三十五年(1696年)绿荫园重修本。
⑤ 程瞳:《新安学系录》卷11《胡双湖遗事》,康熙三十五年(1696年)绿荫园重修本。
⑥ 程瞳:《新安学系录》卷11《汪幼凤:胡双湖传》,康熙三十五年(1696年)绿荫园重修本。
⑦ 程瞳:《新安学系录》卷11《陈定宇:祭文》,康熙三十五年(1696年)绿荫园重修本。
⑧ 程瞳:《新安学系录》卷11《陈定宇:祭文》,康熙三十五年(1696年)绿荫园重修本。

黄智孙,字常甫,休宁人。生活在宋宝庆到元至元年间。师从婺源滕和叔、文叔。二滕在新安"讲明理学,户外之履常满"①。其先人滕璘、滕琪为朱熹高弟。因此,智孙学术原委,也出自朱门。景定五年(1264年),由郡庠贡京师入太学。时太学生多以辞藻为工,时文相角,独智孙"用心于朱氏之学"。②程苟轩(龙)称"常甫操履笃实,议论纯正",能"固守紫阳之传而不失"③。陈栎等新安理学中坚人物,都曾拜在黄氏门下。著有《易经要旨》10卷、《春秋三传会要》30卷、《草窗集》8卷、《四书讲义》200篇。

　　程逢午(1236—1303年),字叔信,休宁汉口人。宋宝祐、咸淳中两举不第。遂弃举子业,与"族父若庸讲明正学"。④逢午长在紫阳之邦,"生犹及接识诸老,习闻绪论,朝订暮考,得其指归"⑤。当知逢午学术,也深受"朱子之学"影响。邓文肃公(文原)称"其说本之朱先生,而言外不传之妙则心得之也",⑥则逢午于朱熹学说,实也有发明处。元贞二年(1296年)为紫阳书院山长,著有《中庸讲义》3卷,又辑录《语录》"猎而贯之"。⑦引朱熹之语疏朱熹之学说,务在得"朱子之学"本旨。赵东山(汸)推崇逢午"益畅朱子之旨以为教学者,多所发焉"。⑧

　　陈栎(1253—1334年),字寿翁,自号东阜老人,学者称定宇先生。休宁滕溪人。师事黄常甫,故栎学"以朱子为归"。⑨汪古逸(炎昶)称其所学"精深且醇正"。⑩定宇因惧朱熹之后,诸家之说乱"朱子之学"本真,乃著《四书

---

① 程瞳:《新安学系录》卷10《黄草窗行实略》,康熙三十五年(1696年)绿荫园重修本。
② 程瞳:《新安学系录》卷10《黄草窗行实略》,康熙三十五年(1696年)绿荫园重修本。
③ 程瞳:《新安学系录》卷10《黄草窗遗事》,康熙三十五年(1696年)绿荫园重修本。
④ (康熙)《徽州府志》卷15《绩学传》。
⑤ 程瞳:《新安学系录》卷10《邓文原:程教授墓志铭》,康熙三十五年(1696年)绿荫园重修本。
⑥ 程瞳:《新安学系录》卷10《邓文原:程教授墓志铭》,康熙三十五年(1696年)绿荫园重修本。
⑦ 程瞳:《新安学系录》卷10《程逢午遗事》,康熙三十五年(1696年)绿荫园重修本。
⑧ 程瞳:《新安学系录》卷10《程逢午遗事》,康熙三十五年(1696年)绿荫园重修本。
⑨ 程敏政:《新安文献志》卷71《定宇陈先生栎墓志铭》,弘治三年(1490年)刊本。
⑩ 程瞳:《新安学系录》卷12《汪古逸:行状略》,康熙三十五年(1696年)绿荫园重修本。

发明《书传纂疏》《礼记集成》《论孟训蒙》《口义书解》《深衣说》《读易编》《读诗记》《六典撮要》《三传集注》《增广通略》等书，"凡诸儒之说，有畔于朱氏者刊而去之，其微辞隐义引而申之，而其未备者，复为书以补其阙，于是朱子之说复明于世"。① 定宇所从事的这种工作，正是此期新安理学家致力的方向，而定宇成就为大。他学"不为空言。凡著书要必有补于道"。② 因此能"远尾濂洛而近肩紫阳"。③ 赵吉士称他为"朱子功臣"④。明代纂修《四书大全》，引定宇之说颇多。

胡炳文，字仲虎，婺源人。学者称云峰先生。稍长，"笃志朱子之学"⑤，以易名家。"东南学者宗之"。⑥ 曾任信州道一书院山长、新安明经书院山长。与倡"晦庵之学"的吴澄有过往来。晦翁之后，"学者载其书于四方，更传递授，源远益分"。⑦ 馀干饶鲁之学，本出朱熹，但"其为说多与朱子牴牾"。⑧ 云峰以订正"异论"自任，著《四书通》，深正其非。"戾于朱子者，删而去之。有所发挥者，则附己说于后。如谱昭穆，以正百世不迁之宗"。⑨ 这就是说，云峰的《四书通》，功在析明"朱子之学"本旨，不使他说乱真。而且，将己说附于后，"往往发其未尽之蕴"。⑩ 又著有《易本义通》《性理及朱子启蒙》《易五赞通释》《春秋集解》《礼书纂述》《大学指掌图》《四书辨疑》《五经今意》《尔雅韵语》等书。海陵储瓘称其著述"羽翼晦庵之说，会同辨异，卓然成一家言"。⑪ 因此，《寄园寄所寄》表彰他与双湖先生"俱能力肩正学，有功后

---

① （嘉庆）《休宁县志》卷12《人物》。
② 程瞳：《新安学系录》卷12《陈定宇遗事》，康熙三十五年(1696年)绿荫园重修本。
③ 程瞳：《新安学系录》卷12《陈定宇遗事》，康熙三十五年(1696年)绿荫园重修本。
④ 赵吉士：《寄园寄所寄》卷11《泛叶寄》，康熙刊本。
⑤ 程瞳：《新安学系录》卷12《胡云峰传》，康熙三十五年(1696年)绿荫园重修本。
⑥ 程瞳：《新安学系录》卷12《胡云峰遗事》，康熙三十五年(1696年)绿荫园重修本。
⑦ 程瞳：《新安学系录》卷12《胡云峰遗事》，康熙三十五年(1696年)绿荫园重修本。
⑧ 程瞳：《新安学系录》卷12《胡云峰传》，康熙三十五年(1696年)绿荫园重修本。
⑨ 程瞳：《新安学系录》卷12《胡云峰遗事》，康熙三十五年(1696年)绿荫园重修本。
⑩ 程瞳：《新安学系录》卷12《胡云峰传》，康熙三十五年(1696年)绿荫园重修本。
⑪ 程瞳：《新安学系录》卷12《胡云峰遗事》，康熙三十五年(1696年)绿荫园重修本。

进"。①

程复心(1256—1340年),字子见,号林隐,婺源人,师事朱熹从孙洪范,又与胡云峰为学友,由此登"朱子之学"奥堂。中年后,用力更深。邓文肃公称:"子见白首穷理,于朱子之学若饥之于食,渴之于饮,寒暑之于裘葛,昼不舍而夜不辍。"②身心浸润其间,无意仕进。因惧当时学者"务以谀闻破碎大道,或掇拾一二妄肆诋毁",③于是站在卫道立场,取朱熹《论语》《孟子》集注,《大学》《中庸》章句之说,"随义立例,章为之图,以究朱子为书之旨"。经30余年书始成,名曰《四书章图》。是书"究考亭之微言",④又"间出己见以发明文公未尽之说",⑤学士李本称"其有功于道学,非小补矣"。⑥又取《纂疏》《语录》等书,"参订异同,增损详略",⑦编为《纂释》20卷。其中称《大学》言"心"而不言"性",《中庸》言"性"而不言"心",《论语》专言"仁",《孟子》专言"义",确能"发明濂洛诸儒未尽之旨",⑧有补"朱子之学"。

宋末及元代,真正不为科举功名计而醉心于义理的士人,为数不多。胡云峰给汪古逸信中说:"年来老成凋谢,时文愈盛,而古学寝衰……浓郁于文公之学者,百无一二"。⑨新安在此期却能够涌现出大批学者,不为科举,不为仕进,只是有志于阐发"朱子之学",订正"异论",可知新安理学人才鼎盛,学派兴旺。上列人物,是这个时期新安理学的佼佼者。其他如倪士毅(字仲弘)、程显道(字元吉)、吴霞举(字孟阳)、汪炎昶(字懋远)、程荣秀(字孟敷)、吴彬(字仲文)等人,也在不同方面,对"朱子之学"作出了不同贡献。

---

① 赵吉士:《寄园寄所寄》卷11《泛叶寄》,康熙刊本。
② 程瞳:《新安学系录》卷12《程林隐遗事》,康熙三十五年(1696年)绿荫园重修本。
③ 程瞳:《新安学系录》卷12《程林隐遗事》,康熙三十五年(1696年)绿荫园重修本。
④ 程瞳:《新安学系录》卷12《程林隐遗事》,康熙三十五年(1696年)绿荫园重修本。
⑤ 程瞳:《新安学系录》卷12《程林隐遗事》,康熙三十五年(1696年)绿荫园重修本。
⑥ 程瞳:《新安学系录》卷12《程林隐遗事》,康熙三十五年(1696年)绿荫园重修本。
⑦ 程瞳:《新安学系录》卷12《邵从仕:荐状》,康熙三十五年(1696年)绿荫园重修本。
⑧ 程瞳:《新安学系录》卷12《程林隐传》,康熙三十五年(1696年)绿荫园重修本。
⑨ 程瞳:《新安学系录》卷13《汪古逸遗事》,康熙三十五年(1696年)绿荫园重修本。

三、宋元之交与元代新安理学特点

如前所述,朱熹之后,"朱子之学"发展有两个趋向。一是因为"朱子之学"被定为科举程式,所以士人大多将它视为获取功名的敲门砖。他们死抱一字一义的说教,真正学有心得者,却寥寥无几。二是朱学的传人,基于各自的学识经历等,各持一端,致使"异论"纷出,乱"朱子之学"本旨。因此,在这种学术背景下,以固守朱熹学说为宗旨的新安理学,一个显著的特点,就是维护"朱子之学"的纯洁性,将排斥"异论"、发明"朱子之学"本旨作为学术研究的重心。为此,他们做了两方面的工作。

首先,凡诸儒之说,有悖于"朱子之学"者,或订正其偏误,或者干脆刊而去之。陈定宇的《四书发明》《书传纂疏》《三传集注》便是此类著作。胡云峰的《四书通》则专门为纠正馀干饶鲁之学而作。这些著作作风泼辣,直抵时人谬误,取舍之间,惟以"朱子之学"本旨为归。此外,如吴师道(字正传,婺源人)"务在发挥义理,而以辟异端为先务";①程复心《纂释》等书,"辨证同异,增损详略",以发明"修、齐、治、平之要旨";②程显道作《孝经衍义》"辨析该贯,殊得其说";③陈定宇得意门生吴彬辨朱熹"四游升降"之说为朱氏门人所记之误。④ 诸如此类,当时的新安理学家,对诸儒"异说"掀起了围攻浪潮,以此作为他们维护"朱子之学"纯洁性的一翼。

其次,凡"朱子之学"中的微词隐义,引而申之。其所未备者,补而益之。新安理学家力求"朱子之学"的正确阐发,使各家"异说"不攻自破,从而在另一翼维护了"朱子之学"的纯洁性。

就师承来看,此期的新安理学家,大多是朱熹的再传、三传或四传弟子。因此,他们的学术与"朱子之学"渊源极深。他们终生潜心探索,乃本着求"朱子之学"真谛的态度,又警惕着"异论"的干扰,务在得朱学之正。如逢午

---

① 宋濂等:《元史》卷190《吴师道传》,中华书局1976年版。
② 程瞳:《新安学系录》卷12《赵与虒:荐状》,康熙三十五年(1696年)绿荫园重修本。
③ 程瞳:《新安学系录》卷13《程松谷遗事》,康熙三十五年(1696年)绿荫园重修本。
④ 程瞳:《新安学系录》卷13《吴古墩传》,康熙三十五年(1696年)绿荫园重修本。

"本文公之说",著《中庸讲义》3卷,"益畅朱子之旨"。① 陈定宇于"朱子《四书》,则贯穿出入,尤所用意",②所著书"补先儒未补之阙",③号为"朱子世适"。④ 可知,陈氏已深得"朱子之学"精髓。胡云峰于"朱子之学"本旨有极多发挥,因此,元代理学大师吴澄说:"有功朱子,炳文居多。"⑤就胡氏《四书通》《易本义通释》等书来看,吴澄所誉,当不为过。陈、胡二氏,是向"异说"挑战的急先锋,同时,又是发明"朱子之学"本旨的功臣,维护"朱子之学"的纯洁性,可谓不遗余力。另有程复心,著《四书章图》等书,"发明文公未尽之说""有补于理学甚大"。⑥ 汪古逸"取朱子《论语》《孟子》《大学》《中庸》四书,采择群书,发挥微旨"。⑦ 程荣秀"以朱氏礼出文公既殁之后,中多未定之论,复取文公言行有涉于礼者,为《翼礼》以传。"⑧

总之,新安理学在排斥"异说"的同时,又能根柢于师承渊源,探求"朱子之学"本旨,以别于诸儒之说。这个时期新安理学的重心,便在此两方面。而目的只有一个,即维护"朱子之学"的纯洁性,从而体现出新安理学的宗旨。

南宋偏安,国内民族矛盾尖锐,朱熹在政治上,尤其强调"华夷之别",推尚风节。这种思想也反映在他的学术著作中。而元朝又是以"异族"入主中原。因此,以"朱子之学"作为行为准则的新安理学家,大多顽强抵抗元政府的征召和聘请,对科举和功名,不屑一顾。从而形成了此期新安理学的第二个特点,即在政治上,对元朝采取不合作态度,隐居山林,不求仕进。这种情况,与南宋新安理学家,如朱熹、程大昌、吴儆等人积极入世、参议政治的态

---

① 程曈:《新安学系录》卷10《程逢午遗事》,康熙三十五年(1696年)绿荫园重修本。
② 程曈:《新安学系录》卷12《汪古逸:陈定宇行状略》,康熙三十五年(1696年)绿荫园重修本。
③ 程曈:《新安学系录》卷12《金石:赞》,康熙三十五年(1696年)绿荫园重修本。
④ 程曈:《新安学系录》卷12《陈定宇遗事》,康熙三十五年(1696年)绿荫园重修本。
⑤ 程曈:《新安学系录》卷12《胡云峰遗事》,康熙三十五年(1696年)绿荫园重修本。
⑥ 程曈:《新安学系录》卷12《程林隐遗事》,康熙三十五年(1696年)绿荫园重修本。
⑦ 程曈:《新安学系录》卷13《汪古逸行状》,康熙三十五年(1696年)绿荫园重修本。
⑧ 程曈:《新安学系录》卷13《程提举墓志铭》,康熙三十五年(1696年)绿荫园重修本。

度,形成了鲜明的对照。

宋元两代,是我国民族矛盾异常尖锐的时期,尤其是南宋以后,北方女真族与蒙古族虎视眈眈,期于一统中国。在这个危机四伏的时代中,深受传统儒学熏陶的士人该如何选择?新安学者,从朱熹开始,本着狭隘的民族观,痛感中原文化遭到破坏,大多主张坚决反抗。朱熹曾说:"金人与我,有不共戴天之仇。"在"朱子之学"中,又推重"饿死事小,失节事大"的风节。"饿死事小,失节事大"初出于程颐之口,并非仅就女子而言,同时也指男子的政治大节。在危机的社会中,它为人们树立了一个道德标准。强调这种节气,既鼓励女子不嫁二夫,也要求男子不做贰臣。新安理学家熟知"修、齐、治、平"的道理,他们中的许多人也想在政治舞台上一展身手。但蒙古族入主中原,建立元朝,在新安理学家的观念中,无疑是"夷狄入侵""乱我华夏"。因此,在泰山压顶之势下,新安学者以风节相砥砺,用不合作的冷漠政治态度,来按捺施展抱负的愿望,转而隐居山林,讲学授徒,精研"朱子之学",将对政治的兴趣,全部注入学术方面。

黄宗羲说:"新安之学,自山屋(许月卿)一变而为风节。盖朱子平日刚毅之气凛不可犯,则知斯之为嫡传也。"①这就是说,新安之学乃是朱熹的嫡传,而从南宋朱熹等人积极入世,参与政治,转变为元代新安学者崇尚"风节"而不欲仕进,其中以许月卿为关键人物。许氏是南宋淳祐甲辰(1244年)进士。曾先后任南宋濠州司户参军、临安府学教授等职。后元军下新安,月卿"深居一室……不言五年而卒"。② 时人称他"以文章气节闻天下"。③

许氏之后,新安理学家尚"风节"而不仕元朝者,不乏其人。如黄常甫在宋亡后,"结茅于深山穷谷中,日与门生子弟讲明正学为事……于当世之念泊如也"。④ 程逢午在元至元间"杜门以读书教子,不复有禄仕意"。⑤ 许山屋

---

① 黄宗羲原著、全祖望补修:《宋元学案》卷89《介轩学案》,中华书局1986年版。
② 程瞳:《新安学系录》卷9《许山屋行状》,康熙三十五年(1696年)绿荫园重修本。
③ 程瞳:《新安学系录》卷9《许山屋行状》,康熙三十五年(1696年)绿荫园重修本。
④ 程瞳:《新安学系录》卷10《黄草窗行实略》,康熙三十五年(1696年)绿荫园重修本。
⑤ 程瞳:《新安学系录》卷10《程教授墓志铭》,康熙三十五年(1696年)绿荫园重修本。

门生江恺(字伯几,号雪矼,婺源人)"誓不仕元"。① 胡双湖(一桂)自称:"我之为我,亦无复有志于斯世矣。"② 早年的一腔锐气,自宋亡后,已是消失殆尽。此期新安理学的中坚陈定宇"居万山间,与木石为伍,不出门户,动数十年"。延祐、宝兴年间,有司强迫他就试,而定宇"称疾固辞",③终不肯失节于元朝。程复心以《四书章图》见重于当时,"上诏擢用之,复心辞不受"。④ 邓文肃公称他"于进退出处,不亢不污",⑤对这种不合作态度,极为欣赏。吴锡畴之子吴浩,"敏颖庄重,隐居不仕,专务性理之学"。⑥ 程苟轩(龙)在元军下临安后被捕,丞相伯颜"以文学士释之,辟差同知江西赣州路总管府事,勒令之任"。程氏在上任途中,逃归隐居,一避便是10余年。⑦ 当时,几乎所有的新安理学重要人物,都对元政府取冷漠态度,隐居不仕,以"风节"自重。

可见,政治态度上崇尚"气节",并以之贯串于学术思想中,是此期新安理学的重要特色。

此外,政治上虽自甘寂寞,但学术上强化讲学授徒,恪守"朱子之学"本旨学统,是此期新安理学的第三大特点。

这里,仅择几例以见一斑。如程若庸"累主师席",门生弟子遍布南方各省。新安理学中的后起之秀,如范元奕、金若洙、吴锡畴等,均曾拜在程氏门下。又应邀去临汝书院讲授"朱子之学"、后来成为元代理学大师的吴澄,也执弟子礼,求教若庸。许月卿在故里"杜门著书,号泉田子,游从者屦满门外,当时翕然师尊之"。⑧ 黄智孙则蛰居深山,"日与门生弟子讲明正学",培养出陈定宇等于"朱子之学"有颇多发明的新安理学中坚人物。程逢午曾主

---

① 程瞳:《新安学系录》卷10《江雪矼》,康熙三十五年(1696年)绿荫园重修本。
② 程瞳:《新安学系录》卷11《胡双湖遗事》,康熙三十五年(1696年)绿荫园重修本。
③ 程敏政:《新安文献志》卷71《定宇陈先生栎墓志铭》,弘治三年(1490年)刊本。
④ 程瞳:《新安学系录》卷12《程林隐遗事》,康熙三十五年(1696年)绿荫园重修本。
⑤ 程瞳:《新安学系录》卷12《程林隐遗事》,康熙三十五年(1696年)绿荫园重修本。
⑥ 程瞳:《新安学系录》卷13《吴直轩遗事》,康熙三十五年(1696年)绿荫园重修本。
⑦ 程瞳:《新安学系录》卷10《程枢:程苟轩家传略》,康熙三十五年(1696年)绿荫园重修本。
⑧ 程瞳:《新安学系录》卷9《许山屋行状》,康熙三十五年(1696年)绿荫园重修本。

持紫阳书院,为诸生讲授《中庸》,当时学者"翕然尊之"。① 陈定宇一生,"以著书授徒终其身"。② 汪古逸虽老"犹不废讲学"。③ 程荣秀从许月卿学《周易》,"学成而归,以讲授为事"。④ 当时研习"朱子之学"百无一二人,在朱门显现不景气的状况下,新安理学依然人才辈出,这与元代新安理学家注重讲学授徒关系密切。新安理学能够历宋元而其传弥广,得力于学派这种传统风气。

在讲学过程中,新安理学家对朱熹的著作进行注疏,以便帮助从学之士入"朱子之学"门槛,探索朱熹学说的本旨。如程若庸的《性理字训讲义》,对"朱子之学"中的性、命、义、理等范畴,共183条,四字一句,作了简洁明了的归纳。胡方平的《易本义启蒙通释》,专为学者读朱熹《易本义》而作。胡一桂又继承了乃父之志,作《易本义附录纂疏》。程复心根据朱熹《四书章句》,成《四书章图》,使"有志求道之士,按图索义,若网在纲,有条不紊,如衣挈领,要褶自齐"。⑤ 几乎所有的朱熹重要著作,新安理学家都作过注释。这类"朱子之学"辅助读物的出现,有助于朱熹学说的传播,对新安理学人才的郁兴,起着重要作用。

原载《徽州社会科学》1991年第3期

---

① 程瞳:《新安学系录》卷10《程逢午遗事》,康熙三十五年(1696年)绿荫园重修本。
② 程瞳:《新安学系录》卷12《陈定宇遗事》,康熙三十五年(1696年)绿荫园重修本。
③ 程瞳:《新安学系录》卷13《汪古逸行状》,康熙三十五年(1696年)绿荫园重修本。
④ 程敏政:《新安文献志》卷71《元故浙江等处儒学提举程公墓志铭》,弘治三年(1490年)刊本。
⑤ 程瞳:《新安学系录》卷12《程林隐遗事》,康熙三十五年(1696年)绿荫园重修本。

论元末明初新安理学家朱升与郑玉

新安理学是"朱子学"的重要分支之一,主要流传于徽州(古称新安,今安徽黄山市)一带。该学派崛起于南宋、发展于元代、全盛于明初、衰落于明季、终结于清初,对12世纪以后中国哲学史和学术思想史的发展演变,产生了巨大的影响。在其近700年的兴衰过程中,名儒大家,代不乏人。其中,活动于元末明初的郑玉、朱升,以其创新的治经主张和突出的学术成就,开辟了新安理学发展的新阶段,成为明初新安理学全盛时期的代表人物。本文着重探讨朱、郑二氏的治经主张、学术特色及其在新安理学发展史上的地位,不当之处,请同志们教正。

一、元儒之弊与朱郑二氏新治经主张的提出

朱升与郑玉之所以在学术上取得超乎当时一般学者的成就,主要原因之一是他们重新树立了治经的指导思想。众所周知,朱子之学在元代居于"显学"的地位。仁宗皇庆二年(1313年),朝廷定科举取士法,第一、二场考题都限用朱熹的《四书集注》。[1] 同时规定,考生答题时,必须以程朱学说为指导思想。所谓"设科取士,非朱子之说者不用"。[2] 然而,元代朱子之学显

---

[1] 宋濂等:《元史》卷81《选举一》,中华书局1976年版。
[2] (乾隆)《上饶县志》卷15《儒林一》。

则显矣,学者却不能无弊。弊在哪里呢?这就是在朱子之学的盛名之下,元代学者中出现了盲目迷信的风气。在学术上,它主要表现在两个方面:一是学者们对朱熹学说"无敢疑贰",[①]死抱着一字一义的说教,以注疏集注为学问之大端,而其中真正学有心得者,则寥寥无几。二是口诛笔伐所谓的"异端邪说",对有悖于朱熹学说的言论,不遗余力予以排斥,容不得半点争鸣与商榷。元代学者之弊,在同时代的新安理学家身上表现尤为突出。这是因为新安理学号称朱熹嫡传,朱熹之后的新安理学家一直以朱子之学的卫道者自居。试举两例为证:据赵汸(字子常,号东山)撰《倪道川墓志》称,名噪一时的元代新安理学家倪士毅(仲弘)教授于黟(徽州六属县之一)20余年,"非仁义道德之说,尝论定于郡先师朱子者,不以教人"。[②] 又有婺源人吴师道(字正传),一生穷研经旨,"务在发挥义理,而以辟异端为先务"。[③] 倪吴二氏的学风,在当时新安理学家中,属于普遍现象。他们的治经指导思想是"唯朱是归"。这种指导思想对于以固守朱子之学为学派宗旨的新安理学家来说,并非一无是处,因为它确实达到了维护朱子之学纯洁性的目的。但是盲目迷信风气以及与之紧密关联的"唯朱是归"治经指导思想,也带来了三个严重后果:其一,真正不仅"知其然"而且"知其所以然"的学者愈来愈少,多数人只是鹦鹉学舌之辈。其二,容易导致学者墨守藩篱而难以创新,从长远来说,也不利于朱子之学的发扬光大。其三,也容易造成士人的逆反心理,滑向"旁门左道"。针对元代学者之弊以及"唯朱是归"治经指导思想所带来的严重后果,朱郑两人起而呼吁矫正元代学风之弊,特别是抨击元代新安理学家偏激、峻厉的学术风格,提出了新的治经主张。

朱郑二氏新的治经指导思想是什么呢?

朱升曾针对元代学者研习朱子之学的积弊,说:"濂洛既兴,考亭(朱熹)继作,而道学大明于世。然后学者往往循途守辙,不复致思其已明者。既不

---

① 虞集:《道园学古录》卷39《跋济宁李璋所刻九经四书》,四库全书本。
② 程瞳:《新安学系录》卷14《倪道川墓志》,康熙三十五年(1696年)绿荫园重修本。
③ 宋濂等:《元史》卷190《吴师道传》,中华书局1976年版。

求其真知,而未明者遂谓卒不可知。"①这就是说,周敦颐、二程倡明理学之后,朱熹集其大成,圣人之道因而得以大明于世。但后代学者却循着朱子之学的成说,不再探究如何会有此"成说"。如此知其然而不知其所以然,并不是"真知",也就是说并没有真正领悟朱子之学的真谛。由此,对朱子之学中"未明"的道理,也无从可知。所以,表面上人人都在学朱子之学,个个都在谈性命义理,"三尺之童,即谈忠恕;目未识丁,亦闻性与天道"——郑玉将这种风气讥为"口耳之弊",实则却是"空言"说教,"得罪于圣门,而负朱子也深矣!"②这种情况最终造成了"圣学名明而实晦"的后果。③ 这里,朱升提出的求"真知"主张,显然与元代学者"未有发明,先立成说"的观点不同。他希望能明源察始,表达了摆脱盲从的愿望,具有比较清醒的意识。

郑玉对当时"未知本领所在,先立异同"的学术界状况,也是大为不满。他说:"宗朱则毁陆,党陆则非朱,此等皆是学术风俗之坏。"在尚未真正领悟理学"本领"之先,却宗朱宗陆,立门户之见,郑玉认为"殊非好气象也"。④ 他强调,"不可先立一说,横于胸中,主为己见,而使私意得以横起"。⑤ 郑氏反对"先立异同""先立一说",实质就是反对盲从,希望通过自己的思考,探求理学真谛。他的"本领"之说,与朱升主张的"真知",辞异而意同。

求"真知"、求"本领"是朱升、郑玉两人提出的新的治经指导思想。它形成了元明之交及明初新安理学中,反对元代先儒盲目迷信、循途守辙的思潮。⑥ 这股思潮延续到明正德、嘉靖年间(1506—1566年),为休宁后学程曈

---

① 程曈:《新安学系录》卷14《朱同:朱学士传》,康熙三十五年(1696年)绿荫园重修本;又见程敏政:《新安文献志》卷76《朱学士升传》,弘治三年(1490年)刊本。
② 黄宗羲原著、全祖望补修:《宋元学案》卷94《师山学案》,中华书局1986年版。
③ 程曈:《新安学系录》卷14《朱同:朱学士传》,康熙三十五年(1696年)绿荫园重修本。又见程敏政:《新安文献志》卷76《朱学士升传》,弘治三年(1490年)刊本。
④ 黄宗羲原著、全祖望补修:《宋元学案》卷94《师山学案》,中华书局1986年版。
⑤ 郑玉:《师山遗文》卷3《与汪真卿书》,四库全书本。
⑥ 同其流者,还有另外一位理学家赵汸。赵汸(1319—1370年),字子常。他提出读书必须"一切以实理求之"的口号,反对将纂辑群言、解析文义作为发明朱子学的"末流功夫"。

发扬光大。程氏终身潜心于义理之学,精研《六经》性理之要,"以求真是之归"。① 至此,新安理学的学术指导思想,已与元代先辈们唯"朱"是归完全不同了。朱、郑、程等人求"真知"、求"本领"、求"真是"的思想意识,比较起元代学者(尤其是新安理学家)一味在低层次上的解析文义,无疑要高出一筹。这是新安理学思维方式进步的表现。

朱郑二氏针对元儒之弊而提出的新的治经主张,不仅为他们学术之大成奠定了基础,同时对新安理学学派的发展,亦起着极其重要的影响。

首先,明代新安理学的学术风格,在"求实""求真"的指导下,呈现了多姿多彩的特征。新安理学家的思维渐趋大胆、活跃,从多种途径探索朱子之学的真谛。如朱升旁注诸经来发明理学本旨,郑玉通过"和会朱陆"以求弘扬理学要义,等等。尽管朱郑两人的学说最终还是回归朱子之学,与元代新安理学家所致力的目标相同,体现着新安理学奉朱子之学为正朔的特色。但是两代人之间的指导思想,已迥然两样。

其次,更为重要的是,清初新安学者戴震继承了元末明初新安理学家求真、求实的治经方法。前者尚是希冀求得朱子之学的真谛,后者则更进一步在整个思想界和经学范围内求索"真理"。在这一思想指导下,又加上清初的历史背景和汉学大盛的影响,戴震走上了朱子之学的反动道路。他培养了一批反对空谈义理、专事考据的新安学者,完成了从新安理学到皖派经学的转变,从而宣告历宋、元、明近700年的新安理学的终结。② 从地域环境的影响来看,戴震的"求是",实肇端于元末明初新安理学家的"求实""求真"主张。在此意义上,完全可将朱郑两人视为新安理学承先启后的人物。一方面,他们的学术,上承元代新安理学家,通过各自不同的途径,最终回归弘扬朱子之学;同时又下启了清初新安学者"求是"治经作风,对皖派经学,影响至大。

---

① (嘉庆)《休宁县志》卷12《人物》。
② 周晓光:《试论新安理学向皖派经学的转变》,载《安徽师范大学学报》1988年第4期。

二、朱升、郑玉的学术思想与特色

在"求真""求实"的共同旗帜下,朱升、郑玉各自走着不同的治学途径,呈现出不同的学术特色。最终,又不约而同回归新安理学的宗旨——维护朱子之学。兹就两人的学术思想及其特色论述于下。

1. 朱升及其"旁注诸经"

朱升,字允升,号枫林,又号枫林病叟、隆隐老人、墨庄主人。生在元大德三年(1299年),卒于明洪武三年(1370年)。休宁人,后徙居歙县。他的学术活动,主要在早年。至正十七年(1358年),朱元璋部队下徽州,朱升应诏,上"高筑墙、广积粮、缓称王"三策,见重于朱元璋。吴元年(1367年),授翰林侍讲学士、中顺大夫知制诰同修国史。"备顾问于内庭,参密命于翰苑",①成为明太祖朱元璋的心腹大臣。因此,朱氏晚年,又以"开国功勋"名称一时。

朱升曾受学于新安理学大师陈栎,先后20余年,"谊莫厚焉",②深得陈氏器重。至正三年(1343年),朱升与赵汸联袂西行,在资中黄楚望门下游学一年。第二年春回乡后,即讲学于郡城紫阳祠,并逐渐丰富自己的学术思想,形成了自己的学术特色。③

首先,朱氏在经注方法上改革积弊,通过旁注诸经来发明《六经》之旨。他认为:"先儒传注之意,所以求经之明也。而近世科举业往往混诵经注,既不能体味乎传注,而反断裂其经文。"④这就是说,"先儒"所以传注,是为了讲明《六经》之旨,帮助人们理解经文。但朱子之学被定为科举程式后,学者往往循途守辙,不再求"真知",将经、注混为一谈。于是,既不能真正体味先儒传注的意思,反而将经文也割裂了。经文断裂,犹如"血脉不通,首尾不应",

---

① 朱升:《朱枫林集》卷1《翰林侍讲学士朱升诰》,黄山书社1992年版。
② 朱升:《朱枫林集》卷6《勤有堂记》,黄山书社1992年版。
③ 程曈:《新安学系录》卷14《朱同·朱学士传》,康熙三十五年(1696年)绿荫园重修本。又见程敏政:《新安文献志》卷76《朱学士升传》,弘治三年(1490年)刊本。
④ 程曈:《新安学系录》卷14《朱同·朱学士传》,康熙三十五年(1696年)绿荫园重修本。又见程敏政:《新安文献志》卷76《朱学士升传》,弘治三年(1490年)刊本。

圣贤之意不完整,也难以引起学者的兴趣。① 那么,为了使经文血脉贯通、首尾相应,避免后世学者混诵经、注,是否也可以不要传注呢？朱升认为不行。他赞同当时学术界的这种观点:"圣人之道载于六经,六经之旨明于传注。"② 所以朱氏的看法是:"夫读书不可无注解!"③既要不失传注,又要避免混诵经注,避免因传注而割裂经文。这就是朱氏发明"旁注"诸经方法来阐明《六经》之旨的主要原因。

朱升在《易经旁注前图序》中,将"旁注诸经"的具体方法阐述甚明。他说:"愚自中年以经书授徒教子,每于本文之旁,着字以明其意,其有不相连属者,则益之于两旁之间。苟有不明不尽者,又益之于本行之外。学者读本文而览旁注,不见其意义之不足也。"④这样,既保存了传注,而又未断裂经文,避免了经传混诵的弊端。朱升"旁注"诸经的方法,使经与解"可离可合、有纲有则",⑤"离而观之,则逐字为训,合而诵之,则文义成章"。⑥ 因而使学者"但读本文而览其旁注,一过则了然无繁复之劳也"。⑦ 在旁注"小四书"时,⑧朱升又创了"栏上表注"之法。因为"小四书"的特点是"语约而事多",大多是四字一句,语言极为精练,但包含的事典异常丰富,所以"旁注"往往不能容纳,须以"栏上表注"补其不足。以"旁注诸经"为主要内容、"栏上表注"作为补充的治学方法,是朱氏学术的一大特色。

其次,在求"真知"的旗帜下,朱升的经注内容既融会了诸家之说,又有其独到的见解。学术的基本倾向仍在朱子之学一途。朱氏善于博采众说,

---

① 朱升:《朱枫林集》卷3《大学中庸旁注序》,黄山书社1992年版。
② 朱升:《朱枫林集》卷6《六经源流》,黄山书社1992年版。
③ 朱升:《朱枫林集》卷4《小四书序》,黄山书社1992年版。
④ 朱升:《朱枫林集》卷3《易经旁注前图序》,黄山书社1992年版。
⑤ 朱升:《朱枫林集》卷3《易经旁注前图序》,黄山书社1992年版。
⑥ 程曈:《新安学系录》卷14《朱同:朱学士传》,康熙三十五年(1696年)绿荫园重修本。又见程敏政:《新安文献志》卷76《朱学士升传》,弘治三年(1490年)刊本。
⑦ 朱升:《朱枫林集》卷4《小四书序》,黄山书社1992年版。
⑧ 朱升将《蒙求》《字训》《历代蒙求》《史学提要》称为"小四书"。它是相对朱熹《大学》《论语》《孟子》《中庸》四书而言的。

吸收先儒研究心得,这在当时是有口皆碑的。他的《大学》《中庸》旁注,大多"取诸先儒经解",①《论语》《孟子》旁注也是"融合"了先儒的看法。② 明初名儒陶安(主敬)撰《翰林侍讲学士朱升诰》,称其学术"网罗百家,驰骋千古",③这一评语并非是凿空之言。朱升的"博采"与"网罗",建立在对诸家学说深入了解的基础上。譬如,在旁注《中庸》时,朱氏首先分析了诸家的长处,认为:"《中庸》经朱子训释之后,说者亦多。其间最有超卓之见者,饶氏也;有融会之妙者,思正李先生也;精于文义、切于体认者,楼山袁氏述吴氏之说也。"比较鉴别之后,朱氏之旁注就"各取其长"了。④ 朱升在经注内容方面善于博采众长,但对先儒之说,也非一味承袭,而有自己独到的看法。他的《大学》《中庸》旁注,"辞语"并不纯用先儒原文,"意义"亦屡有不能苟同者。⑤ 旁注《论语》《孟子》时,凡遇到"不类、不妥者,则必再三玩索体认,以求真是之归"。⑥ 它表明,朱氏在学术研究中,贯彻了求"真知"的指导思想,并不盲目迷信"成说"。《中庸》一篇的经注内容,有不少"一得之愚闻见",是朱氏自家体贴出来的。如关于智、仁、勇之用,至诚不二不息之分,尊德性、道问学之说等,其内容已与诸家之说相去甚远,形成了自己的观点。⑦

从总的倾向来看,朱升的学术观点仍然属于朱子之学一路。用朱同的话来说,是"议论折衷,一归于正"。⑧ 他十分重视读书,于《六经》尤其看重,认为"圣人之道载于六经,六经之旨明于传注",因而欲求"圣人之道",离不开读经。这纯是朱门的为学功夫,与"陆(象山)学"一味反观自悟的体道方法大相径庭。当时以及后来对朱升十分熟悉或有过研究的学者,总结出朱

---

① 朱升:《朱枫林集》卷3《大学中庸旁注序》,黄山书社1992年版。
② 朱升:《朱枫林集》卷3《论语孟子旁注序》,黄山书社1992年版。
③ 朱升:《朱枫林集》卷1《翰林侍讲学士朱升诰》,黄山书社1992年版。
④ 朱升:《朱枫林集》卷3《跋中庸旁注后》,黄山书社1992年版。
⑤ 朱升:《朱枫林集》卷3《大学中庸旁注序》,黄山书社1992年版。
⑥ 朱升:《朱枫林集》卷3《论语孟子旁注序》,黄山书社1992年版。
⑦ 朱升:《朱枫林集》卷3《跋中庸旁注后》,黄山书社1992年版。
⑧ 朱同:《覆瓿集》卷7《生日祭先考文》,四库全书本。

氏的学术风貌是"其学以列圣传心为主,践履致用为功,务究极天人之蕴,兼理数而一之"。① 我们将它同朱熹的学术特色相比较,②很容易看出朱升的学术与其同乡先辈如出一辙。③ 举一具体例子来说,朱熹发明《易》,融会了北宋理学大家二程、邵雍之说,呈现"兼理数"的特色。朱升关于《易》经中"理"与"数"关系的看法是:"夫理者所以御数,数者所以寓理。"④也就是说,"理"与"数"有着密切的关系,不能截然将它们对立起来。因此,如何发明《易》经,朱升的观点是"兼理数而一之"。显然,它同朱熹发明《易》经的方法并无二致。由于朱升学说不杂"异说",深得朱子之学精髓,因此,后人将朱升视为明初朱子之学的嫡传。如康永韶在《枫林像赞》中称朱氏"道明孔孟,学继程朱"。⑤ 廖道南的《枫林传赞》视朱氏为"紫阳(朱熹)之裔"。⑥ 唐翰林祭文说,"紫阳衣钵,(因朱升而)世绪犹存",⑦等等。甚至吴鼎《赠归新安诗》中有"紫阳道统接河南,又得枫林继述完"句,⑧将朱升抬为朱熹之后"道统"的传人。如果从朱升学术的基本倾向及其在当时的学术成就来看,这些评价还算有根有据。

第三,注重教学,是朱升学术的又一显著特征。朱升学术思想的主要内容之一,便是有关教学的思想。我们归纳其基本观点如下:(1)确立最终的教学目的,这就是"归趣乎孔孟之教,究极乎濂洛之说"。⑨ 换句话来说,教学的目的就是要培养一批以"孔孟之教"为信条,以研习理学为志向的学者。

---

① 朱升:《朱枫林集》卷9《范涞:朱升传》,黄山书社1992年版;卷10《唐翰林:祭文》中亦称朱升学术:"以列圣传心为主,践履致用为先。"
② 脱脱等:《宋史》卷429《朱熹传》称,朱熹学术"大抵穷理以致其知,反躬以践其实,而以居敬为主"。中华书局1985年版。
③ 朱熹祖籍婺源,婺源原属新安。
④ 朱升:《朱枫林集》卷6《六经源流》,黄山书社1992年版。
⑤ 朱升:《朱枫林集》卷9《枫林像赞》,黄山书社1992年版。
⑥ 朱升:《朱枫林集》卷9《枫林传赞》,黄山书社1992年版。
⑦ 朱升:《朱枫林集》卷10《祭文》,黄山书社1992年版。
⑧ 朱升:《朱枫林集》卷10《吴鼎:赠归新安诗》,黄山书社1992年版。
⑨ 朱升:《朱枫林集》卷4《小四书序》,黄山书社1992年版。

朱升这一教学宗旨,既是当时社会对人才培养的要求,也与新安理学一贯的学术特色相吻合。(2)教学过程讲究循序渐进,尤其重视史学知识的传授。朱升在《送程仲本之龙川侍亲序》中,曾明确提出"作文之本在读书,读书之法在循序"。① 至正二十年(1360年),朱升赶赴紫阳书会,亲自为"斋生"开列了一张"读书次序"清单:第一部是《蒙求》,第二部是《字训》,第三部是《历代蒙求》,第四部是《史学提要》。这四部书多为新安理学家所撰,且有一个共同特点,"四字成言,童幼所便",朱升称之为《小四书》。② 按照朱升的看法,倘若将《小四书》依照次序"精熟融会",则"宇宙在胸中矣",具备了探索六经之旨的前提条件。随后再循序开始研究"六经之学",便进入了学问之大堂。(3)主张教学内容有主次、本末之分。所谓"主"与"本",即是六经之学;"次"与"末"则是笔札与诗文之类。教学首先应顾及本,然后"休日则事笔札而考苍雅;余力则记名数而诵诗文"。③ 朱升将其教学思想贯彻到他的教学与学术活动之中,取得了明显的效果。朱升曾自负地说:"字之为注,句之为释,我不如先儒;拓开千古之心胸,提省一时之俊杰,先儒不如我。"④ 确实,在他的门下,新一代新安理学家脱颖而出,因此有新安理学"历元明而其传弥广"的不败气象。

综上所述,在求"真知"的治经指导思想下,朱升的学术有其鲜明的个性特色。尽管他的学术思想最终归于朱子之学而不取"异说",但他对诸家学说并不是简单的承袭或排斥,而有自己独立的思考。朱升高足黄枢称乃师学说"不雷同而是是,不崖异而非非",⑤确实中的。

2. 郑玉及其"和会朱陆"

如果说,"旁注诸经"是朱升学术的"标签",那么,"和会朱陆"就是郑玉学术的"标签"了。

---

① 朱升:《朱枫林集》卷4《送程仲本之龙川侍亲序》,黄山书社1992年版。
② 朱升:《朱枫林集》卷4《小四书序》,黄山书社1992年版。
③ 朱升:《朱枫林集》卷4《小四书序》,黄山书社1992年版。
④ 朱升:《朱枫林集》卷8《翰林院学士端木孝思白云楼诗序跋》,黄山书社1992年版。
⑤ 朱升:《朱枫林集》卷10《黄门生(枢):祭朱升文》,黄山书社1992年版。

郑玉(？—1358年)，字子美，号师山，歙县人。早年沉潜《六经》，尤精《春秋》，学者从之如云。曾筑师山书院，"集诸朋游，讨论《春秋》笔削之旨"，①并为之注释，著有《春秋经传阙疑》一书。至正十四年(1354年)，元政府授郑玉翰林待制、奉议大夫，郑玉坚辞不起。郑氏虽生于元朝，但他深受宋元之交新安理学家不入仕元的政治态度影响。四年之后，即至正十八年(1358年)，朱元璋大军下徽州，郑玉惧为新朝征召，自缢而死。从郑玉的行为来看，他的内心充满了矛盾。一方面，他受传统儒学中狭隘民族观念影响，以新安理学先辈为榜样，对仕元始终不感兴趣。汪蓉峰撰《郑待制》称，元政府征召时，郑玉"束书就道，道中疾作，遂还山"。②但是，实际情况恐非如此。郑玉进表自称"待制之职，臣非其才，不敢受"。而且，推辞过后，居家日以著述为事，精力过人。③可见所谓"以疾辞"，纯是遁词。但在另一方面，他又生长在元朝，是元朝君主的臣民，倘若仕于新朝，不免有失名节。因此，郑氏要"为天下立节义，为万世明纲常"，④在朱元璋征召时，以"吾岂事二姓者耶"相抗，⑤最后"以节死"。⑥郑氏毕生精研的学说，以及当时不可抗拒的历史潮流，最终将他逼上了绝路。

郑玉的学术成就，在当时已为世人所称道。婺源程文以在《师山集原序》中称郑氏"制行之高，见道之明，故卓然能自为一家之言"。⑦换句话说，郑氏的学术有其独到之处。究竟有何"独到之处"呢？我们认为最主要体现在四个方面：

其一，系统地阐述了"和会朱陆"的思想。

郑玉承认朱子之学与陆九渊学说，存在差异。他认为这是由于朱陆两

---

① 程敏政：《新安文献志》卷49《郑待制》，弘治三年(1490年)刊本。
② 程敏政：《新安文献志》卷49《郑待制》，弘治三年(1490年)刊本。
③ 黄宗羲原著、全祖望补修：《宋元学案》卷94《师山学案》，中华书局1986年版。
④ 郑玉：《师山遗文》卷3《与族孙忠》，四库全书本。
⑤ 黄宗羲原著、全祖望补修：《宋元学案》卷94《师山学案》，中华书局1986年版。
⑥ 程敏政：《新安文献志·先贤事略》，弘治三年(1490年)刊本。
⑦ 郑玉：《师山集》卷首《师山集原序》，四库全书本。

人气质不同所致。"陆子之质高明,故好简易;朱子之质笃实,故好邃密",两人学问功夫不同,显而易见。但郑氏尤其看重两人学说的相同之处。他说:"及其至也,三纲五常、仁义道德,岂有不同哉?况同是尧舜,同非桀纣,同尊周孔,同排释老,同以天理为公,同以人欲为私,大本达道,无有不同者乎!"这里郑玉肯定朱陆两家"大本达道",即学说思想的核心,是一致的。因此,他认为后之学者"不求其所以同,惟求其所以异",互相水火,此"非善学圣贤者"。① 这样,他首先为自己"和会朱陆"提供了依据。

郑玉还对朱、陆两家学说的长短,作了中肯的分析,以便其在"和会朱陆"中取长补短,避免不足。他认为,朱陆两家学说"各不能无弊"。"弊"在何处呢?"陆氏之学,其流弊也,如释子之谈空说妙,至于卤莽灭裂,而不能尽夫致知之功。朱氏之学,其流弊也,如俗儒之寻行数墨,至于颓惰委靡,而无以收其力行之效"。② 这就是说,陆学之弊在谈空说妙,而无致知功夫;朱学之弊在支离泛滥,不能收"力行之效"。前者高而不踏实,后者平实而不高超。实际上,朱学的短处,正是陆学的长处;而陆学的弊端,又是朱学的优点。两家唯有摒弃门户之见,才可以避免各自的不足。

由此,郑氏自觉地融会了两家学说,用《四库》馆臣的话来说,郑氏"无讲学家门户之见"。③ 他受陆学"心本论"的影响,欣赏"理以心觉"的观点,即用心去体验、获取"天理"。④ 正如有的研究者指出,郑氏思想在许多方面深得陆学遗风。⑤ 然而,郑氏的学术,决非纯然的陆学风格。朱熹曾说过:"穷理之要,必在读书"。郑玉接受了朱学笃实致知的功夫,也主张读书尊经。他

---

① 郑玉:《师山集》卷3《送葛子熙之武昌学录序》,四库全书本。
② 郑玉:《师山集》卷3《送葛子熙之武昌学录序》,四库全书本。
③ 永瑢等:《四库全书总目》卷168《集部·别集类二》,中华书局1965年版。
④ 郑玉:《师山集》卷7《洪本一先生墓志铭》,四库全书本。
⑤ 唐宇元:《元代的朱陆合流与元代的理学》,载《文史哲》1982年第3期。有一点需要澄清:唐先生在文中引用了郑玉所作《云涛轩记》中,"吾眼空四海,胸谷云梦,以天地为篷篥,古今为瞬息。凡宇宙烟云变化,风涛出没,皆吾轩中物也,又岂拘于一室之者乎!……"称是郑玉所"咏诵"。其实这段话,并非是郑玉所说。在"吾眼空四海"之前,有云涛轩主人"孟思笑曰"四字,这段话出自孟思之口。

在《养晦山房记》中阐述了"幼而学焉,壮而用焉"的观点。郑玉认为:"幼而不学,则无以穷天下之理而致其知,及其壮也,不究之用,则亦何以为学哉?"这里,郑玉明白提出了"穷理致知"必须"学"的看法。"学"即是读书。郑氏称自己曾在黄山"尽取天下之书而读之,以求圣贤之所谓道"。① 这一套是典型的朱门为学路子。他又在《余力稿序》中说:"道外无文,外圣贤之道而为文,非吾所谓文;文外无道,外《六经》之文而求道,非吾所谓道。"②将《六经》作为载道之具,与陆象山"《六经》注我"之说,完全背道而驰。郑氏在《春秋经传阙疑序》中大谈"人欲天理"之说,③又在《跋〈太极图〉·〈西铭〉》中反复论说"理以明气""气以明理""理外之气""气外之理"等理气之辩,④这些都属于朱学话题,而不为陆学所道。显然,在郑玉的思想中,也融会了朱子之说。就郑氏的学说来看,他是一位典型的"和会朱陆"的学者。

其二,明确地提出了"右朱"的学术宗旨。

郑玉学术的最大特色是"和会朱陆"。在"和会朱陆"中,他又明确地提出了"学者自当学朱子之学"的"右朱"的学术宗旨。⑤ 二者并不矛盾:"和会朱陆"说明了郑氏学术思想的丰富兼容,"右朱"则体现了郑氏学术思想的基本倾向。

从郑玉的师承来看,当属陆学。⑥ 但郑氏治经以求"本领"为指导思想,"潜心圣贤之书,……进退俯仰,一随其节",⑦没有墨守师教。相反,对朱子之学则由钦慕而至信仰,最后发展到以之为学术宗旨的程度。

郑玉与朱子之学的渊源颇深。他在《余力稿序》中说:"余年十数岁时,蒙昧未有知识,于前言往行无所择。独闻人诵朱子之言,则疑其出于吾口

---

① 郑玉:《师山集》卷5《养晦山房记》,四库全书本。
② 郑玉:《师山集》卷首《余力稿序》,四库全书本。
③ 郑玉:《师山集》卷3《春秋经传阙疑序》,四库全书本。
④ 郑玉:《师山遗文》卷3《跋〈太极图〉·〈西铭〉》,四库全书本。
⑤ 郑玉:《师山遗文》卷3《与汪真卿书》,四库全书本。
⑥ 黄宗羲原著、全祖望补修:《宋元学案》卷94《师山学案》,中华书局1986年版。
⑦ 郑玉:《师山遗文》卷3《与汪真卿书》,四库全书本。

也;闻人言朱子之道,则疑其发于吾心也。好之既深,为之益力,不惟道理宗焉,而文章亦于是乎取正。"①这就是说,郑玉认为"朱子之言""朱子之道"合乎己心,所以久而久之,道理、文章一概"宗焉"。他还在《洪本一先生墓志铭》中,标榜自己读的是朱子之书,求的是朱子之道。②确实如此,从郑玉的学术来看,他在"和会朱陆"中偏向朱子之学的态度还是比较明显的。譬如,郑玉治《易》,所本的是《程朱传义》;③治《礼》,所宗的是《朱子师友仪礼通解》。④他推崇朱熹"尽取群贤之书,析其异同,归之至当,言无不契,道无不合,号集大成,功与孔孟同科矣。使吾道在宇宙,如青天白日,万象灿然,莫不毕见;如康衢砥道,东西南北无不可往;如通都大邑,千门万户,列肆洞开,富商巨贾,轮辕辐集,所求无不可见。而天地之秘、圣贤之妙,发挥无余蕴矣。"⑤这里,郑玉对朱子之学备极褒誉,将朱熹抬到了孟子之后第一人的地位。因此,清代著名学术史研究大家全祖望对郑玉曾总结性地作过评论:"继草庐(吴澄)而和会朱、陆之学者,郑师山也。草庐多右陆,而师山则右朱。"⑥验之师山著述,斯言诚乎不谬。

持有上述观点的学者,不只是全祖望一人,也不仅止于清朝的学者。与郑玉同时代的许多学者,当时就指出了郑氏的学术具有"右朱"的基本倾向。如徐大年在《贺郑子美先生被征命启》中,称郑玉学术"得紫阳朱子之正传"。⑦周原诚在郑玉去世后的"哀辞"中说,郑氏"学以朱子为根据"。⑧著名新安理学家汪克宽撰《师山先生郑公行状》,认为郑玉为学,"大概本朱子"。⑨正是由于郑玉在"和会朱陆"中提出了"学者自当学朱子之学"的学术宗旨,

---

① 郑玉:《师山集》卷首《余力稿序》,四库全书本。
② 郑玉:《师山集》卷7《洪本一先生墓志铭》,四库全书本。
③ 郑玉:《师山集》卷3《周易大传附注序》,四库全书本。
④ 郑玉:《师山遗文》附录《汪克宽:师山先生郑公行状》,四库全书本。
⑤ 郑玉:《师山遗文》卷3《与汪真卿书》,四库全书本。
⑥ 黄宗羲原著、全祖望补修:《宋元学案》卷94《师山学案》,中华书局1986年版。
⑦ 郑玉:《师山遗文》附录《贺郑子美先生被征命启》,四库全书本。
⑧ 郑玉:《师山遗文》附录《哀辞》,四库全书本。
⑨ 郑玉:《师山遗文》附录《汪克宽:师山先生郑公行状》,四库全书本。

在治经过程中,又体现了"右朱"的学术倾向,所以徽州的后学者将郑玉抬进了"府学文公祠",从祀堂上,以表彰郑玉羽翼朱熹学说之功。"和会朱陆"而"右朱",这是郑玉学术的重要特征之一。

其三,以"伦理纲常"学说为学术思想的核心。

郑玉的学术思想,包含了丰富的内容。他在理气关系、学用关系、动静关系、文道关系、体用关系以及为学之道、治经宗旨等方面,都提出过自己的看法。不过,郑玉学术思想的核心,还在于他的"伦理纲常"学说。

元末明初新安理学名儒汪克宽(字德辅,一字仲裕)撰《师山先生郑公行状》,称郑玉学术"大抵主于明正道,扶世教,语子以孝,语臣以忠"。① 他实际上指出了郑玉学术思想的核心内容。汪克宽本人是位颇有建树的学者,他同郑玉经常"讲理论学,意气相得"。② 因此,汪氏之论能够切中郑玉学术之要。《四库》馆臣也认为汪氏的看法"不诬"。③ 郑玉为什么要将"伦理纲常"学说作为自己学术思想的核心呢?原因是多方面的。其中重要因素之一是受到当时动荡政治局势的影响。史称元朝末年,红巾军四起,郑玉"每与名公大夫论及为政,必以树纲常、厚风俗为急先务"。④ 正是目睹了当时"纲常沦丧、风俗大坏"的情景,郑氏遂于"伦理纲常"学说用力尤深,意在挽救人心,改变陋俗,为恢复封建伦理纲常秩序摇旗呐喊。

郑玉伦理纲常学说的出发点是"明正道,扶世教"。也就是说,要确立封建的道德标准,以之规范社会上不同阶层的人们。郑氏所谓的道德标准就是"三纲五常",这同历代封建学者的观点并无二致。同时,郑玉还进一步指出:"五常为人伦之重,而不知三纲又为五常之重也。"⑤将"君为臣纲、父为子纲、夫为妻纲"摆在了封建道德最重要的位置上。因此,郑玉学术非常重要

---

① 郑玉:《师山遗文》附录《汪克宽:师山先生郑公行状》,四库全书本。
② 程敏政:《新安文献志》卷72《吴学谕:环谷汪先生(克宽)行状》,弘治三年(1490年)刊本。
③ 永瑢等:《四库全书总目》卷168《集部·别集类二》,中华书局1965年版。
④ 郑玉:《师山遗文》附录《汪克宽:师山先生郑公行状》,四库全书本。
⑤ 郑玉:《师山遗文》卷3《与鲍仲安书》,四库全书本。

的一个内容就是"语子以孝,语臣以忠"。他的《汉高祖索羹论》《赵苞论》《与鲍仲安书》等篇,阐述的就是有关"忠""孝"的思想。按照郑玉的看法,"纲常"是"国家之本",①只有确立了"三纲五常"的道德标准,才能"维持世教,扶植人心",达到王朝长治久安的目的。这里明显体现了郑玉伦理纲常学说与封建政治的紧密结合。那么,人们又如何自觉遵守"三纲五常"的道德要求呢?郑玉特别强调了两点:(1)"诚"。他根据《中庸》"诚者,天之道也;诚之者,人之道也"的观点,认为人类"四端万善,莫非诚有"。也就是说,人若有"诚",那么"恻隐、羞恶、辞让是非之心,孝弟忠信之行",都将"发而不可遏也"。②(2)身轻而忠孝之道为重。他说:"凡人处君亲之间,当大变之际,既不能两全其道,则当各尽其道而已。"如何"各尽其道"呢?郑氏举了一例:当寇挟持赵苞之母,欲使有城守之责的赵苞投降时,赵苞最好的选择是自杀。③如此就是尽忠尽孝,"各尽其道"了。显然,郑玉认为人伦孝道、君臣大义乃是第一位的,甚至比生命还重要。它同程朱理学中"存天理,灭人欲"的理欲观是完全一致的。郑玉认为做到"诚"和以忠孝之道为重,人们就能达到"三纲五常"的道德标准。其实,郑氏本人就是这一套"伦理纲常"学说的实践者。他最终以死实现了"为臣尽忠,为子尽孝"的"三纲五常"道德目标。

其四,以发明《春秋》为学术研究的突破点。

郑玉于《六经》皆有发明,其中《春秋》一经用力最深。他的《春秋经传阙疑》一书在明清理学界享有盛誉,被公认为郑氏学术的代表作。郑玉特别推崇《春秋》,有其理由。他认为《春秋》"体天地之道而无疑,具帝王之法而有征",是百王"不刊之典"。它的功效足以"遏人欲于横流,存天理于既灭"。④换言之,《春秋》乃是体道治世的大典。这就是郑玉尤其看重《春秋》的原因。他曾将《六经》作过比较,认为"《易》《诗》《书》言其理,《春秋》载其事,有《易》

---

① 郑玉:《师山遗文》卷3《为丞相乞立天天祥庙表》,四库全书本。
② 郑玉:《师山遗文》卷2《李进诚字说》,四库全书本。
③ 郑玉:《师山集》卷3《赵苞论》,四库全书本。
④ 郑玉:《师山集》卷3《春秋经传阙疑序》,四库全书本。

《诗》《书》而无《春秋》,则皆空言而已矣"。① 指出了《春秋》在六经中的特殊地位。缘于此故,郑氏将《春秋》作为其学术研究的突破点。

郑玉对历史上研究《春秋》诸家,有比较简括的评论。他说:"三家之传,左氏虽若详于事,其失也夸;公谷虽或明于理,其失也鄙。及观其著作之意,则若故为异同之辞而非有一定不可易之说。两汉专门名家之学,则又泥于灾祥征应而不知经之大用。唐宋诸儒人自为说,家自为书,纷如聚讼,互有得失。程子虽得经之本旨,惜无全书。朱子间论事之是非,又无著述。"②了了数语,比较全面概括了历史上研究《春秋》诸家的得失,这一评说还是较公允的。诸家各有不足,当如何补救呢? 郑玉的方法是:"为今之计,宜博采诸儒之说,发明圣人之旨。经有残缺则考诸传,以补其遗;传有舛讹则稽诸经,以证其谬。使经之大旨,粲然复明于世,昭百王之大法,开万世之太平,然后足以尽斯经之用。"③郑氏《春秋经传阙疑》一书编纂的宗旨,正是上述方法的体现。该书"因朱子《通鉴纲目》之例,以经为纲,大字揭之于上,复以传为目,而小字疏之于下。叙事则专于左氏,而附以公谷,合于经者则取之;立论则先于公谷,而参以历代诸儒之说,合于理者则取之。其或经有脱误无从质证,则宁阙之以俟知者。"④从《春秋经传阙疑》一书中,我们可以看出郑氏发明《春秋》的两大特征:(1)经传并重。(2)博采诸儒之说,形成一家之言。这两大特征是郑氏总结前人经验,并经过艰苦探索后形成的。不过,郑氏《春秋经传阙疑》一书也有缺点,这就是语言重复,论述烦琐。

总之,郑玉学术确有"独到之处"。其"和会朱陆"思想,是元末明初理学界"和会朱陆"思潮的重要组成部分。他在"和会朱陆"中"右朱"的学术倾向,发扬光大了新安理学的宗旨,于学派振兴,贡献极大。

三、朱升、郑玉在新安理学发展史上的地位

朱升与郑玉同居歙县,私谊甚笃,翰墨往来不辍。《朱枫林集》及《师山

---

① 郑玉:《师山集》卷3《春秋经传阙疑序》,四库全书本。
② 郑玉:《师山集》卷3《春秋经传阙疑序》,四库全书本。
③ 郑玉:《师山集》卷3《春秋经传阙疑序》,四库全书本。
④ 郑玉:《师山集》卷3《春秋经传阙疑序》,四库全书本。

集》中,收录了朱郑往来的部分信札。其中,既有学术上的切磋探讨,也有生活上的嘘寒问暖。尽管两人的学术特征有所区别:朱升思想比较纯粹,坚守朱学阵营;郑玉思想相对斑斓,兼容陆学功夫。但是,他们治经指导思想一致,学术成就难分伯仲,因而同在新安理学发展史上确立了不可动摇的"名儒"地位。

首先,朱升、郑玉重开了新安理学一代学风。新安自宋室南渡后,人物之多,文学之盛,称于天下。据史籍记载,当时"自井邑田野以至于远山深谷、民居之处,莫不有学、有师、有书史之藏。其学所本则一以郡先师子朱子为归。凡六经传注、诸子百氏之书,非经朱子论定者,父兄不以为教、子弟不以为学也。是以朱子之学虽行天下,而讲之熟、说之详、守之固,则惟新安之士为然",[1]形成了有鲜明学术特色的新安理学学派。入元之后,新安学术渐现僵化,学者大多唯唯诺诺,以辨析异同、纂辑群言、推究文义作为发明朱子之学的唯一途径。这种学术方法,做到后来几陷于"山重水复疑无路"的境地。朱升与郑玉在元末倡导求"真知"、求"本领"的治经主张,并且率先在治经实践中加以利用,跳出了元代新安理学家的臼窠,开创了新一代的学术风气。明代以及清初的学者受其影响,探究性命义理之学的方法各异,学术思想丰富多彩,使新安理学出现了"柳暗花明又一村"的新气象。因此,朱升、郑玉重开一代学术风气,在新安理学发展史上具有里程碑的意义。

其次,朱升、郑玉培养了新安理学一代学者。朱升、郑玉于功名利禄看得很轻。朱升在辅助朱元璋打下江山之后,立即"明哲保身归隐";[2]郑玉则一而再、再而三坚辞朝廷的征召。但是,他们僻居乡里,并非无所事事。朱升、郑玉继承了新安理学先辈注重讲学的传统,终身不废其事。朱升注重教学方法的创新,后生从其学者"不惮其繁"[3]"一读即则了然无疑"。[4] 郑玉尤

---

[1] 赵汸:《东山存稿》卷4《商山书院学田记》,四库全书本。
[2] 朱升:《朱枫林集》卷10《吴鼎:赠归新安诗》,黄山书社1992年版。
[3] 朱升:《朱枫林集》卷3《书传补正序》,黄山书社1992年版。
[4] 朱升:《朱枫林集》卷10《黄门生(枢):祭朱升文》,黄山书社1992年版。

喜聚众切磋,特筑师山书院以纳诸生,"诱掖后进,无厌怠意"。① 在他们的调教下,涌现了新一代的新安学者。其中卓有成就者有:黄枢、范准、朱同、汪铣、曹汉川、程叔春、倪明善等人。经朱升、郑玉的传授,新安理学"历元明而其传弥广"。故后人将朱郑两人视为新安理学的"继先传后"人物。他们是新安理学发展史上关键的一环。

第三,朱升、郑玉学术成就斐然,丰富和发展了新安理学的思想,发扬光大了新安理学学派。朱升的著述,除后人编纂的《朱枫林集》外,还有《书旁注》《诗经旁注》《周官旁注》《仪礼旁注》《礼记旁注》《大学中庸旁注》《论语孟子旁注》《书传补正》《周易旁注》《孙子旁注》《孝经小学旁注》《小学名数》《小四书》《地理阴阳五行书》《刑统赋解》《墨庄率意录》《道德经旁注》《葬书内外杂传》《类选五言小诗》等。郑玉的重要著作有《春秋经传阙疑》《周易大全附注》《程朱易契》及《余力稿》等。在朱、郑二人著作中所反映的学术思想及其特色,已如前述。他们的思想,丰富和充实了新安理学,将该学派的学术水平发展到了新的高度。

从上述三方面来看,朱升、郑玉在新安理学发展史上占有重要的地位。

原载《中国哲学史》1994 年第 2 期

---

① 郑玉:《师山遗文》附录《汪克宽:师山先生郑公行状》,四库全书本。

论元末明初新安理学家赵汸

赵汸(1319—1370年),字子常,学者称东山先生。安徽徽州(旧称新安,今黄山市)休宁龙源人。在元末明初理学界中,赵氏是最重要的代表人物之一。《明史》称其"初就外傅,读朱子《四书》,多所疑难,乃尽取朱子书读之。闻九江黄泽有学行,往从之游。……后复从临川虞集游,获闻吴澄之学。乃筑东山精舍,读书著述其中。鸡初鸣辄起,澄心默坐。由是造诣精深,诸经无不贯通,而尤邃于《春秋》"。① 从有关资料来看,赵氏学术思想的最大特色是"和会朱陆",而其学术研究的重心则是关于《春秋》的探讨。同时,关于治经的指导思想,赵汸也有自己的独到之见。他的一系列学术成就,对元末明初理学界产生了重大的影响。本文就赵汸的治经主张、学术思想及其春秋学说作初步考察,希望有助于人们加深对元末明初理学界的认识,并通过赵汸的学术思想进一步了解朱子学的重要分支——新安理学。② 不当之处,请学者们教正。

一、求"实理"的治经指导思想

赵汸之所以在学术上取得超乎当时一般学者的成就,并成为元末明初

---

① 张廷玉等:《明史》卷282《赵汸传》,中华书局1974年版。
② 周晓光:《新安理学源流考》,载《中国文化研究》1997年夏之卷。

理学界以及新安学派的重要代表人物,主要原因之一是赵氏重新树立了治经的指导思想。这也是他对学术发展的重要贡献之一。

赵汸新的治经主张的提出,有诸多原因。其中,元代朱子学发展中存在的流弊,尤其是当时新安理学家中严重存在的盲目迷信风气,是促使赵汸深刻思考并进而提出新的治经主张的重要因素。

众所周知,朱子之学几经坎坷,终于在元代居于"显学"的地位。仁宗皇庆二年(1313年),朝廷定科举取士法,第一、二场考题都限用朱熹的《四书集注》。[①] 同时规定,考生答题时,必须以程朱学说为指导思想。所谓"设科取士,非朱子之说者不用"。[②] 但是,元代朱子学显则显矣,学者却不能无弊。弊在何处呢?这就是在朱子学的盛名之下,元代学者中出现了盲目迷信的风气。它在学术上有两个显著表现:一是学者们对朱熹学说"无敢疑贰",死抱一字一义的说教,以注疏集注为学问之大端,而其中真正学有心得者则寥寥无几。二是口诛笔伐所谓的"异端邪说",凡有悖于朱熹学说的言论,不遗余力予以排斥,容不得半点争鸣与不同理解。元代学者之弊,在同时代的新安理学家身上,表现尤为突出。这与新安理学号为朱熹嫡传、朱熹之后的新安理学家一直以朱子学的卫道者自居有关。比如名噪一时的元代新安理学名儒倪士毅(仲弘)教授于黟(徽州六属县之一)20余年,"非仁义道德之说尝论定于郡先师朱子者,不以教人"。[③] 又有婺源人吴师道(字正传),一生穷研经旨,"务在发挥义理,而以辟异端为先务";[④]婺源人程子见著《纂释》等书,"辨证同异,增损详略",以明"修、齐、治、平之要旨"。[⑤] 倪氏等人的学风,在当时新安理学家中,属于普遍现象。这种"唯朱是归"的治经指导思想和学风,对于以固守朱子学为学派宗旨的新安理学家来说,并非一无是处,因为它确实达到了维护朱子学纯洁性的目的。但盲目迷信的风气以及与之紧密

---

① 陈邦瞻:《元史纪事本末》卷8《科举学校之制》;宋濂等:《元史》卷81《选举》。
② (乾隆)《上饶县志》卷15《儒林一》。
③ 程曈:《新安学系录》卷14《倪道川墓志》,康熙三十五年(1696年)绿荫园重修本。
④ 宋濂等:《元史》卷190《吴师道传》,中华书局1976年版。
⑤ 程曈:《新安学系录》卷12《赵与虤·荐状》,康熙三十五年(1696年)绿荫园重修本。

相关的"唯朱是归"的治经指导思想,也带来了三个严重后果:第一,真正不仅"知其然",而且"知其所以然"的学者愈来愈少,多数人只是鹦鹉学舌之辈。第二,容易导致学者墨守成说而难以创新,从长远来看,不利于朱子学的发扬光大。第三,也容易造成部分士人的逆反心理,滑向"旁门左道"。作为当时学术界的有识之士,赵汸注意到了元代学者之弊以及"唯朱是归"治经指导思想所带来的严重后果,于是起而呼吁矫正元代学者学风之弊,并进而提出了新的求"实理"的治经指导思想。

那么,何为求"实理"呢?

詹烜撰《赵东山行状》中说:"新安自朱子后,儒学之盛,四方称之为'东南邹鲁'。然其末流,或以辨析文义,纂辑群言,即为朱子之学。先生独超然有见于圣贤之授受,不徒在于推究文义之间。故其读书,一切以实理求之,反而验之于己,非有以信其必然不已。"①这就表明,赵汸已深感元代新安理学家唯唯诺诺,以解析文义、纂辑群言作为发明朱子之学方法的不足。而所谓求"实理",则包含了两层意思:一是指读书求理应求真实之理、本来之理,而非仅止于推究文义中的"理"。二是指对于所得之理,不仅要"知其然",而且应"知其所以然",即"非有以信其必然不已"。这就是赵汸求"实理"治经主张的核心内容。这一指导思想的提出,表达了赵汸摆脱盲从,并通过自己的思考,探求理学真谛的愿望,反映了赵氏具有比较清醒的意识。

据载,当时新安先贤"皆留心著述,所以羽翼程朱之教者,具有成书",但赵汸"受而读之",认为其书皆"未知为学之要"。② 在赵汸看来,这些单纯推究朱熹学说"文义"的注疏集注类著作,不过是朱子之学的末流工夫罢了。因为其书"虽有考索之富而扩充变化之无术,虽有辨析之精而持守坚定之未能"。③ 在《答倪仲弘先生书》中,赵汸批评"近世君子多以辨析义理便是朱子

---

① 程瞳:《新安学系录》卷15《赵东山行状》,康熙三十五年(1696年)绿荫园重修本。
② 程瞳:《新安学系录》卷15《赵东山行状》,康熙三十五年(1696年)绿荫园重修本。
③ 赵汸:《东山存稿》卷3《答上虞学士书》,四库全书本。

之学,纂述编缀便是有功斯文,故于向上工夫鲜有发明,日用之间无所容力"。① 因此,在具体读书求理的过程中,他一直在追求一种境界,这种境界就是跳出"推究文义"的末流功夫,代之以探求"实理",从而达到知其所以然的目的。他说:"今吾侪为致知之学,而徒取先儒之言以为己言,持先儒之见以为己见者,何以异此!又况于借视听于盲聋者,其可不审乎?"②意思就是说,做真正的"致知"学问,不可人云亦云,而应有自己的主见。在《与袁诚夫先生论四书日录疑义书》中,赵汸一再表示:"义理无穷,故不当以先人之言为主。但得于彼者,未见其无疑,则舍于此者,乌可以轻易也。若夫向里一关,无所开发,而徒欲守先哲之见以为己见,诵先哲之言以为己言,则小子虽陋亦未忍自画于斯。"③它表明赵汸不仅提出了求"实理"的治经主张,而且在治学过程中还努力贯彻这一指导思想,不愿跟在先儒之后,亦步亦趋。

在赵汸求"实理"治经主张提出并积极实践的同时,同时代另两位新安理学大家郑玉(子美)和朱升(枫林)也分别提出了求"本领"、求"真知"的观点。郑、朱的"本领"和"真知"之见,与赵汸的"实理"主张,辞异而意同。由此,形成了元明之交及明初新安理学中,反对元代先儒盲目迷信、循途守辙的思潮。这股思潮延续到明正德、嘉靖年间,为休宁后学程瞳所发扬光大。程氏终身潜心于性理之学,精研《六经》之要,"以求真是之归"。④ 至此,新安理学的学术指导思想,已与元代先辈们"唯朱是归"完全不同了。由赵汸等人首倡的新的治经主张,比较起元代学者(尤其是元代新安理学家)一味在低层次上的解析文义,无疑要高出一筹。这是新安理学家思维方式进步的表现。

赵汸等人针对元儒之弊而提出的新的治经主张,不仅为他们学术之大成奠定了基础,同时对新安学派学术的发展,也起着极其重要的作用。这种

---

① 赵汸:《东山存稿》卷3《答倪仲弘先生书》,四库全书本。
② 赵汸:《东山存稿》卷3《答汪德懋性理字义疑问书》,四库全书本。
③ 赵汸:《东山存稿》卷3《与袁诚夫先生论四书日录疑义书》,四库全书本。
④ (嘉庆)《休宁县志》卷12《人物》。

作用主要表现在两个方面:其一,明代新安理学的学术风格,在求"实理"等思想指导下,呈现了多姿多彩的特征。新安理学家本着求真实之理的心态,思维渐趋活跃、大胆,从多种途径探索朱子之学的真谛。赵汸本人通过"和会朱陆"以求弘扬理学要义,就是其中的重要一途。尽管对当时大多数新安理学家而言,探索的最终结果还是回归朱子之学,与元代新安理学家致力的目标相同,体现着新安理学奉朱子之学为正朔的特色。但两代人之间的指导思想已迥然不同。明代新安理学之所以仍有较大的成就与影响,特别是出现了在新安理学发展史上承先启后的"三大家"——郑玉、朱升、赵汸,与新的治经主张的提出,密切相关。其二,更为重要的是,清初新安学者戴震继承了元末明初新安理学家求实、求真的治经方法。前者尚是希冀求得朱子之学的真谛,后者则更进一步在整个思想界和经学范围内求索"真理"。在此思想指导下,又加上清初的历史背景和汉学大盛的影响,戴震走上了朱子之学的反动道路。他培养了一批反对空谈义理、专事考据的新安学者,完成了从新安理学到皖派经学的转变,从而宣告历宋、元、明、清四朝近700年的新安理学的终结。① 从地域环境的影响来看,戴震的"求是",实肇端于元末明初赵汸等新安理学家的"求真""求实"主张。因此,赵汸等人新的治经主张的提出,对学术发展的影响,至为深远。这种影响不仅在于新安地方学术主题的变更,而且关乎清初学术由"宋学"到"汉学"的转变。

二、"和会朱陆"而"右朱"的学术思想

赵汸生在朱熹的故乡新安,从小接受的是所谓"正宗"的朱子学说。据汪仲鲁《东山存稿原序》中说,赵汸早年受学于新安学派先儒汪古逸,古逸先生"每称其苦学善思"。② 赵汸在《留别范季贤序》中自称:"仆之乡先生皆善著书,所以羽翼夫程朱之教者,具有成说,仆自幼即已受读。"③ 有关传记资料

---

① 周晓光:《试论新安理学向皖派经学的转变》,载《安徽师范大学学报》1988年第4期。
② 赵汸:《东山存稿》卷首《汪仲鲁原序》,四库全书本。
③ 赵汸:《东山存稿》卷2《留别范季贤序》,四库全书本。

也表明,赵氏以《朱子四书》《朱子大全集》及《朱子语类》等书,"求程朱绪余,诵习经训辨释",始得入理学之门。① 因此,就师承来看,赵汸出身朱门。不过,赵汸有极广的游学经历,对"陆(九渊)学"也有深刻的理解。他曾远师九江黄楚望,三次登门,得黄氏《六经疑义》千余条及口授六十四卦义与学《春秋》之要;又请益于夏大之,得夏氏家传《先天易书》;在杭州,拜谒黄文献公;在临川,请教翰林虞公集,"求草庐吴澄道学渊源"。在博闻众家之说、比较各派长短的基础上,赵汸成为元末明初理学界"和会朱陆"的重要代表人物之一。

赵汸"和会朱陆"的主张,集中反映在其《对问江右六君子策》中。该策系赵汸初游虞集之门时,对虞氏等人"朱陆二氏立教所以异同"问题的回答,后收入《东山存稿》中。策问还涉及了太极无极之辨、简易支离之说等理学史上的重大争辩问题。赵汸在策问中提出了两个基本观点:

第一,朱子之学与陆学的"入德之门"确实存在差异。他说:"若夫陆先生之学与子朱子不同,则有非愚生之所能尽知者。然朱子之学实出周程,而周子则学乎颜子之学者也。程子亦曰:孟子才高,学之无可依据,学者当以颜子为师。至朱子之告张敬夫也,则又以伯子浑然天成,恐阔大难依而有取于叔子,以成其德焉。其自知也明矣。陆先生以高明之资,当其妙年,则超然有得于孟氏立心之要而独能以孟子为师。且谓幼闻伊川之言,若伤我者。观其尚论古人者,不同如是,则其入德之门固不能无异矣。"就是说,朱熹与陆九渊因"气禀"不同,所宗之师也不同:朱熹之学出于周(敦颐)程(颐),而周、程之学又出于颜子之学;陆九渊则以孟子为师,得孟子立心之要。颜子与孟子在为学与入德上的差异,导致了朱子之学与陆九渊学说"入德之门"的不同。

第二,朱熹与陆九渊"始异而终同"。在承认朱熹与陆九渊"入德之门"存在差异的基础上,赵汸进一步辨析朱陆二人晚年对各自为学之弊,均有察

---

① 程曈:《新安学系录》卷15《赵东山行状》,康熙三十五年(1696年)绿荫园重修本。

觉,并以期修正。朱熹晚年曾称:"自子思以来,教人之法,惟以尊德性、道问学两事为用力之要。今陆子静所说,专是尊德性事,而熹平日所论,却是道问学上多了。……今当反身用力,去短集长,庶几不堕于一边。"①陆九渊也说过:"追惟曩昔,粗心浮气,徒致参辰,岂足酬义。"似乎对早年与朱熹论战太过偏激颇有悔意。赵汸引此为证,提出"岂鹅湖之论,至是而各有和邪?"认为朱熹与陆九渊两人已"合并于暮岁"。这是"和会朱陆"中的一个创见。后世学者对此或肯定,或否定,莫衷一是。无论其说正确与否,这个观点为"和会朱陆"提供了新的思路,却无可疑义。按照赵汸的理解,朱熹与陆九渊两人在晚年均已承认自己学说的不足,有"去短集长"的愿望。因此,"和会朱陆"既不背朱熹,也无违陆九渊。赵汸关于朱、陆"始异而终同",或曰"合并于暮岁"的看法,彻底打破了两家的门户之见,有利于后人真正"和会"朱陆两家学说。

赵汸对朱陆两家学说,用力都很深。这在他的策论中,可以窥知。而这种情况,在当时的理学家中,是不多见的。基于朱熹与陆九渊"合并于暮岁"的观点,赵汸一生都在致力于"和会朱陆"的工作。虞集就此评论说:"陆先生之兴,与子朱子相望于一时,盖天运也。其于圣人之道,互有发明,而吾党小子知者微矣。子常生朱子之乡,而又有得于陆氏之说,其答斯问也,于前数君子既已各极其所蕴,而于二家之所以成己而教人者,反复究竟尤为明白,盖素用力于斯事者,非缀缉傅会之比也。"②这就是说,赵汸在"和会朱陆"中,对两家学说,并非是随便的比附、折中、拼合,而是将它们的精髓,糅合在一起了。

由此,在赵汸的思想中,自觉地融会了两家学说。他主张"澄心默坐,涵养本源,以为致思之地",而后"凡所得于师之指及文字奥义有未通者,必用向上工夫以求之",③深受陆学遗风的影响。在《对问江右六君子策》中,赵汸

---

① 程敏政:《道一编》卷4,四库全书存目丛书本。
② 赵汸:《东山存稿》卷2《对问江右六君子策》,四库全书本。
③ 程瞳:《新安学系录》卷15《赵东山行状》,康熙三十五年(1696年)绿荫园重修本。

对陆九渊学说有较深的理解和很高的评价。他说:"尝闻孟子曰:仁,人心也。放其心而不知求,哀哉。学问之道无他,求其放心而已矣。又曰:耳目之官,不思而蔽于物,心之官则思。先立乎其大者,则小者不能夺也。此陆先生之学所从出也。是故先生非不致知也,其所以致知者,异乎人之致知;非不集义也,其所以集义者,异乎人之集义。他日朱子尝曰:子静是为己之学;又曰:子静平日所以自任,正欲身率学者,一于天理,而不以一毫人欲杂于其间。则其所以矍出千古者,岂不在斯乎?"这里,可以看出赵汸对陆学及其修为方式的肯定。不过,我们认为,在"和会朱陆"中,赵汸与同时代的许多"和会朱陆"学者一样,归根结底属于"右朱"一派,还是朱子之学的后继者。朱熹曾说过:"穷理之要,必在于读书。"赵汸接受了朱学笃实致知的功夫,非常注重读书。他认为:"古之圣人亦必由学而至。而学者之功,必可至于圣人。"①而"澄心默坐",只不过是贯通"文字奥义"的辅助功夫。由此可见,赵汸全不受陆学鄙视读书风气的影响。他提出,凡有疑问,"质诸师而不得者,卒求之程朱遗言而有见焉"。② 可知,赵汸仍然是以程朱之教为归,只不过避免了朱子之学中"支离"的短处,而吸收了陆学精于"默思"的长处。当时,黄文正公高足袁诚夫,在乃师卒后,辑师说为《四书日录》,"旨义与朱子多殊"。赵汸为之商订,"别是非数万言",袁氏心服。斯足证赵汸"右朱"的学术倾向,也说明了在新安理学家中,即使是"和会朱陆"的学者,仍保持了学派以程朱之教为归的宗旨。后人在考辨新安理学源流时,视赵汸为朱学一派的承先启后者,应该说是有依据的。③

赵汸"和会朱陆"的思想,是元末明初理学界出现的"和会朱陆"思潮的重要组成部分。他在"和会朱陆"中"右朱"的学术倾向,发扬光大了新安理学的宗旨,于学派振兴,贡献极大。因此,在明中期以后的徽州有关文献中,赵汸被视为"新安理学先儒"。这是名副其实的称誉。

---

① 程曈:《新安学系录》卷15《赵东山行状》,康熙三十五年(1696年)绿荫园重修本。
② 程敏政:《新安文献志》卷72《东山赵先生行状》,弘治三年(1490年)刊本。
③ 赵吉士:《寄园寄所寄》卷11《泛叶寄》,康熙刊本。

三、关于《春秋》的学说

正如《明史》本传所言,赵汸一生学术研究的重心在于《春秋》的探讨。他对《春秋》的发明,主要成就在四个方面:

第一,赵汸对历史上研究《春秋》诸家有比较中肯的分析。众所周知,自《春秋》成书以后,研究者不可胜数。至元末明初,见载于"简策"者,多至数千百家。其著作见仁见智,各执一端,以至《春秋》之旨终难定说。在《春秋集传序》中,赵汸指出:"左氏有见于史,其所发皆史例也,故常主史以释经,是不知笔削之有义也。公羊、谷梁有见于经,其所传者犹有经之佚义焉,故常据经以生义,是不知其文之则史也。"这里,赵氏指出了《春秋》三传的得失:左氏知"史法"而不知笔削之义,公羊、谷梁知"书法"而不知其文则史也。所以,《春秋》三传各有其长处,但仍不免偏执一端。按照赵汸的理解,《春秋》既是史籍,记载了鲁国的历史,但更为重要的是它还是一部"万代不刊之经",其中包含了"拨乱反正"的经世大义。因此,三传或重"史例"而不知"书法",或重"书法"而不知"史例",都有失偏颇。

关于《春秋》三传之后的情况,赵汸认为:"后世学者舍三传则无所师承,故主左氏则非公谷,主公谷则非左氏,二者莫能相一。其有兼取三传者,则臆决无据,流遁失中。其厌于寻绎者,则欲尽舍三传直究遗经,分异乖离,莫知统纪,使圣人经世之道暗而不明,郁而不发,则其来久矣。"[1]这里,赵汸指出了三传之后的"后世学者"在研究《春秋》中出现的三种情况:一是抱守一家成说类。这类学者或抱左氏之说,或抱公谷之说,双方口诛笔伐,不能一致。二是兼取三传类。这类学者欲取三传之长,但在取舍过程中往往"臆决无据",缺乏正确的判断能力,以至无法把握《春秋》要义。三是舍三传类。这部分人撇开《春秋》三传,希望直接从《春秋》经文中寻求义理,但其弊在"分异乖离,莫知统纪"。赵汸认为,这些"后世学者"的研究,未能真正阐释《春秋》,所以圣人的"经世之道"始终是"暗而不明,郁而不发"。

---

[1] 赵汸:《东山存稿》卷3《春秋集传序》,四库全书本。

在《春秋左氏传补序》中，赵汸还指出了后世学者在研究《春秋》方法上的不足。他说：近代学者"说经大旨不出二途：曰褒贬，曰实录而已。然尚褒贬者，文苛例密，出入无准，既非所以论圣人。其以为实录者，仅史氏之事，亦岂所以言《春秋》哉！是以为说虽多而家异人殊，其失视三传滋甚"。在赵汸看来，尽管《春秋》三传各有其弊，但是后世研究《春秋》者的弊病更甚。主要原因在于后世学者研究《春秋》偏执于"褒贬"与"实录"二途，而局限于这两种方法中的任何一种，都无法真正把握圣人笔削《春秋》的意图。

赵汸对《春秋》研究诸家的评析，绝大部分的观点出于其自身的独立思考，也有一些看法同前代或当时的普遍认识相同。比如，关于《春秋》三传的长短之论，历代学者已有说明，赵氏则吸收了其中的部分观点。而关于《春秋》三传之后的几种情况分析，则是赵汸自家体贴出来的。总的来看，赵汸的上述评论，称得上"公允、中肯"四个字。它既是赵氏关于《春秋》研究的一个重要组成部分，同时也为其更深入研究《春秋》，取前人之长、避先儒之短奠定了基础。

第二，在评析先儒关于《春秋》研究的优劣、长短基础上，赵汸提出了求索《春秋》"笔削之旨"的根本方法是"属辞比事法"。

如何求得《春秋》笔削之旨，这是历代研究《春秋》学者，尤其是宋明理学家最为关注的问题。人们比较一致的看法是，如能发现圣人笔削《春秋》之"例"，那么其笔削之旨自可援"例"而得，圣人的经世之义也就可以大白于天下了。这里首先有一个问题，就是《春秋》究竟有无"例"？历代研究《春秋》者对此有不同的看法，而其中多数人相信，《春秋》有"例"。赵汸在《赵东山与论春秋书》中则提出：作为鲁史的《春秋》，其中有例可循。而圣人笔削《春秋》之后，作为经书的《春秋》，则决无凡例。没有凡例，并非说此经就是漫无统纪者，归根结底《春秋》一经也有例，这就是圣人"以义为例"。其"义例"寓含在《春秋》经中，隐而不彰，有待后世学者发明之。① 按赵汸的理解，欲求索

---

① 朱升：《朱枫林集》卷10《赵东山与论春秋书》，黄山书社1992年版。

《春秋》笔削之旨,关键在于发明"义例"。

那么,这"义例"又当如何发明呢?赵汸从《礼记·经解》"属辞比事,《春秋》教也"一语中得到启发,苦思深研《春秋》二十余载,提出了"属辞比事"的方法。他说:"今汸所纂述,却只是属辞比事为法,其间异同详略,触类贯通,自成义例,与先儒所纂而释者殊不同。"①唐孔颖达疏《礼记·经解》曰:"比次褒贬之事,是比也。"赵汸正是通过排比《春秋》中褒贬之史事,发掘其中的"义例",进而探究《春秋》笔削之旨,形成一家之说。他在《春秋属辞》中提出:《春秋》之例有八,其一曰存策书之大体,其二曰假笔削以行权,其三曰变文以示义,其四曰辩名实之际,其五曰谨华夷之变,其六曰特笔以正名,其七曰因日月以明类,其八曰辞从主人。赵汸对每一例均有《序》予以说明,并认为通过排比《春秋》中褒贬之史事而得出的该八例,"无一义出于杜撰"。尽管此言不乏自负的成分,然而赵汸发明的《春秋》八例,删除繁琐,淹通贯穿,据传求经,多由考证得之,确实较诸家为有序,且避免了凭空臆说。《四库》馆臣也称赵汸"论义例颇确"。②

赵汸同时指出,以"属辞比事法"发明的《春秋》八例,实际上是《春秋》的"制作之原"。他在《春秋属辞序》中说:"间尝窃用其法以求之,而得笔削之大凡有八,盖制作之原也……制作之原既得,而后圣人经世之义可言矣。"在赵汸看来,只有明了作为"制作之原"的"八例",才可以知圣人"笔削之旨"、论圣人"经世之义"。何以言此?明初学者宋濂在其为《春秋属辞》作序时的一段话,或许有助于我们的理解。他说:赵氏"离析部居,分别义例,立为八体以布列之……何者为史策旧文,何者是圣人之笔削,悉有所附丽。凡暗昧难通历数百年而弗决者,亦皆迎刃而解矣"。③ 就是说,赵汸所立"八例",揭示了《春秋》中何者为"史策旧文",何者为"圣人笔削"的区别。由此人们得以知悉当初圣人制作《春秋》的意图。既知圣人笔削《春秋》之意,那么圣人

---

① 朱升:《朱枫林集》卷10《赵东山与论春秋书》,黄山书社1992年版。
② 永瑢等:《四库全书总目》卷168《经部·春秋类》,中华书局1965年版。
③ 赵汸:《春秋属辞·宋濂序》,四库全书本。

在《春秋》中所寓含的经世大义，人们也就可以揣昧了。按照赵汸的看法，"属辞比事法"乃是登《春秋》奥堂的一把钥匙，是理解圣人《春秋》笔削之旨的根本方法。

第三，赵汸认为研究《春秋》的具体途径应是先考鲁史之法，再求圣人之法。

宋濂在《春秋属辞序》中说："春秋，古史记也。夏、商、周皆有焉。至吾孔子则因鲁国之史之修，以为万代不刊之经，其名虽同，其实则异也。盖在鲁史则有史官一定之法，在圣经则有孔子笔削之旨。"这种认为《春秋》包含鲁史之法和圣人之法的观点，在《春秋》研究学者中，相当流行。而且，人们还认为，在《春秋》诸家中，只有"左氏传尚存鲁史遗法，公羊、谷梁两家多举书不书以见义，圣人笔削粗略可寻"。就是说，《左传》传的是鲁史遗法，而《公羊传》《谷梁传》传的是圣人之法。既如此，那么研究《春秋》者当从何入手？是先于《左传》中考鲁史遗法，还是先从《公羊传》《谷梁传》中求圣人之法？这其实涉及了研究《春秋》的具体途径问题。

赵汸提出"学《春秋》必自左氏始"，即先从《左传》中求得鲁史之法，然后再通过《公羊传》《谷梁传》以求圣人之法。这是什么道理呢？赵汸在《春秋左氏传补注序》中解释道："自三传失其旨而《春秋》之义不明。左氏于二百四十二年事变略具始终，而赴告之情、策书之体亦一二有见焉，则其事与文庶乎有考矣。其失在不知以笔削见义。公羊、谷梁以书不书发义，不可谓无所受者，然不知其文之则史也。夫得其事、究其文，而义有不通者有之；未有不得其事、不究其文而能通其义者也。故三传得失虽殊，而学《春秋》者必自左氏始。"这就是说，"通义"必先"得其事，究其文"，而"得其事，究其文"又离不开《左传》。从赵汸的学术活动来看，他本人正是循此途径治《春秋》的实践者。《春秋左氏传补注序》中有一段赵汸的自述，其中称："汸自始受学，则取左氏传注诸书伏而读之，数年然后知鲁史旧章犹赖左氏存其梗概。既又反复乎二传，出入乎百家者又十余年……"先读《左传》，再习《公羊传》《谷梁传》，这就是赵汸治《春秋》的次序。现存赵氏研究《春秋》的著述，也是先有

《春秋左氏传补注》等考"鲁史之法"的书,而后才出《春秋属辞》等求"笔削之旨"的书。这说明赵汸不仅提出了"先考鲁史之法,再求圣人之法"的治《春秋》途径,而且其本人也是身体力行者。

第四,在具体研究过程中,赵汸注意吸收先儒研究《春秋》的成果,并在此基础上提出自己的观点。

赵汸对先儒研究《春秋》的方法,曾提出过批评;对其研究成果,也有不同的看法。不过,从总的情况来看,赵汸对前代学者们研究《春秋》的有益方法和合理成果,还是比较善于融通的。比如,就研究《春秋》的根本方法而言,赵汸提出了"属辞比事法"。它其实受到了《礼记·经解》作者的启发。赵汸又有治《春秋》当"先考鲁史之法,再求圣人之法"的观点,这一观点的形成,深受乃师黄泽的影响。至于赵汸治《春秋》的具体内容,吸收先儒成果的地方更多。他的《春秋集传》,主要取"左氏所传之事各丽于经,而地名之释附焉",并间采《三传》之后诸家说《春秋》的精义。① 《春秋属辞》一书"以杜预《释例》、陈傅良《后传》为本",特别是"因日月以明类"一例,几乎全从《公羊传》《谷梁传》之说。而《春秋左氏传补注》则以左氏传为主,注则宗杜预。左氏传有所不及者,以公羊、谷梁二传通之。杜预注所不及者,以陈傅良《左传章旨》通之。因此,我们从中可以看出,赵汸在研究《春秋》、著书立说的过程中,十分注意博采众长,吸收先儒的有关研究成果。

不过,赵汸并非只是一个传抄辑录者。在吸收前人研究成果的基础上,赵氏能够突破成说,提出自己的观点。如《春秋属辞》一书,尽管是以杜预、陈傅良之说为本编纂而成,然而赵汸在其间能够"集杜、陈二氏之所长而弃其所短,有未及者辨而补之",因而较以往学者更清晰地指出了"何者为史策旧文,何者是圣人之笔削"。② 这就是赵汸的创见。《春秋集传》一书也是赵汸在博采先儒之见的基础上,"附以己意,畅而通之"著成。宋濂评论赵汸的《春秋》研究说:其书"义精例密,咸有据依,多发前贤之所未发。譬犹张乐广

---

① 赵汸:《东山存稿》卷3《春秋集传序》,四库全书本。
② 赵汸:《春秋属辞·宋濂序》,四库全书本。

厦,五音繁会,若不可以遽定。细而听之,则清浊之伦、重轻之度,皆有条而不紊"。① 这里,"咸有据依"表明赵氏并不作凭空之论,而"多发前贤之所未发"则说明了赵汸研究的创造性。

总之,在总结先儒《春秋》研究得失的基础上,赵汸提出了自己的《春秋》学说。它包括求索《春秋》笔削之旨的"属辞比事法""先考鲁史遗法,再求圣人之法"的治学途径以及关于《春秋》中具体问题的看法等。其中反映了赵汸《春秋》研究的基本特色,即坚持三传并重的原则,据传求经、由考证而索经义,继承与创新相结合,研究与著述并举等。这一套学说,其中大部分由赵氏"自思而得之",已经突破了"成说"。正因如此,在历史上众多的《春秋》研究大家中,赵汸占有重要的一席位置。他的 5 部《春秋》研究著作,即《春秋左氏传补注》10 卷、《春秋属辞》15 卷、《春秋师说》3 卷、《春秋集传》15 卷、《春秋金锁匙》中,有 4 部被《四库全书》及《通志堂经解》收录,获得极高评价。他与同时代的另一位《春秋》研究大家郑玉一起,将新安理学关于《春秋》的研究推进到了一个新的高度。在朱子学的重要分支新安理学的发展史上,如此系统地研究《春秋》者,赵汸是最后一人。

综上所论,赵汸在明末清初新安理学以及整个理学界中,是一位有重大学术成就的学者。他提出的求"实理"的治经主张,不仅为其学术大成奠定了基础,而且深刻影响了当时乃至清初新安学术的发展趋向。他的有创见的"和会朱陆"的思想,是元明之际"和会朱陆"思潮的重要组成部分,并成为具有代表性的观点之一。尤其是赵汸的《春秋》学说,系统、完整,并在历史上有巨大的影响力,是我们今天研究《春秋》学史不可忽略的一派观点。

原载《孔子研究》2000 年第 2 期

---

① 赵汸:《春秋属辞·宋濂序》,四库全书本。

明代中后期心学在徽州的传播和影响

明代学术,讲求"义理"之学。清人郑性说:"明儒沿袭。"①即指明人继承宋元风气,以理学为学问大端。黄宗羲在《明儒学案》中说:"有明文章事功,皆不及前代,独于理学,前代之所不及也。"②可知,明代的学术界,就是理学的世界;明儒的成就,在于对理学"牛毛蚕丝,无不辨晰""发先儒之所未发"。③从学术分野来看,明初理学,尊崇程朱学派。《明史·儒林传》谓:"明初诸儒,皆朱子门人支流余裔,师承有自,矩矱秩然。"④譬如,在浙江传学的方孝孺,在山右讲经的薛瑄等明初大儒,"其学皆原本程朱者也"。⑤至于新安理学在此期的重要人物朱升,其师承渊源,则可直溯至朱熹。⑥而在明代中期以后,理学界出现了一个重要现象,这就是王阳明心学的崛起及其传播。《明史·儒林传》说:明代"学术之分,则自陈献章、王守仁始。宗献章者曰江门之学,孤行独诣,其传不远。宗守仁者曰姚江之学,别立宗旨,显与朱

---

① 黄宗羲:《明儒学案·郑性序》,中华书局1985年版。
② 黄宗羲:《明儒学案·发凡》,中华书局1985年版。
③ 黄宗羲:《明儒学案·发凡》,中华书局1985年版。
④ 张廷玉等:《明史》卷282《儒林传》,中华书局1974年版。
⑤ 黄宗羲:《明儒学案·仇兆鳌序》,中华书局1985年版。
⑥ 朱升师事新安理学家陈栎(定宇)20余年,而陈栎师从徽州学者黄常甫,黄氏之学源于婺源滕璘、滕珙,二滕"皆朱子高弟"。

子背驰,门徒遍天下,流传逾百年,其教大行,其弊滋甚。嘉隆而后,笃信程朱、不迁异说者,无复几人矣"。① 就是说,明代学术由早期的朱学独尊,发展到后来的"异说"突起,关键人物有两个,即陈献章与王守仁。陈氏字公甫,号石斋,晚年更号石翁,广东新会白沙里人。正统十二年(1447年)举乡试,但后来参加会试屡落第。师从崇仁吴与弼,为学主张心理为一,理在心中,是明代心学的始倡者。万历初从祀孔庙,追谥文恭。② 所传之学被称为"江门之学",后因门徒相对较少,故"其传不远"。《明儒学案》中有《白沙学案》记其学术。③ 王氏字伯安,世称阳明先生,浙江余姚人。21岁中乡试,28岁中进士,后官至南京兵部尚书,受封为新建伯。④ 王守仁的理学思想,继承并发扬了南宋陆九渊的心学观点,在诸多重大问题上与程朱学说发生分歧。比如在宇宙观上,朱熹以"理"为世界本原,将心与理析为二;王守仁则接受了陆九渊的"心即理"说,以"心"为世界本原,提出"心外无物""心外无理"的命题。在体验天理的方法上,朱熹提出"即物而穷其理",注重对外界一事一物的考察;而王守仁则主张"致良知",强调内心反省。一系列的分歧表明,王守仁的"心学"体系已经是"别立宗旨,显与朱子背驰"了。与朱子之学背道而驰的王守仁的"姚江之学"在正德、嘉靖年间出现、流传后,发展很快且影响深远,使得天下笃信程朱学说者"无复几人",朱子之学的发展已面临严重的危机。

徽州是"程朱阙里",南宋以后徽州的朱门弟子以朱熹嫡传自誉,在发明、诠释朱子学方面独树一帜,被称为新安理学。在明代中期以前,新安理学学派向以固守朱子之学著称。正如明初新安理学名儒赵汸在《商山书院学田记》中所说,新安之学"一以郡先师子朱子为归,凡六经传注、诸子百氏之书,非经朱子论定者,父兄不以为教,子弟不以为学也。是以朱子之学虽

---

① 张廷玉等:《明史》卷282《儒林传》,中华书局1974年版。
② 张廷玉等:《明史》卷283《陈献章传》,中华书局1974年版。
③ 黄宗羲:《明儒学案》卷5《白沙学案上》,中华书局1985年版。
④ 张廷玉等:《明史》卷195《王守仁传》,中华书局1974年版。

行天下,而讲之熟、说之详、守之固,则惟新安之士为然"。① 但在明代中后期的新安理学中,由于学术环境的变化,我们还是可以看到心学所带来的巨大影响。因为徽州是南宋以后朱子学的重镇,所以考察心学在徽州的影响及其程度,对我们把握明代中后期的学术大势,具有重要的参考价值。

《紫阳书院志》卷12《汪县尹》中记载:明中后期,徽州"文成之教盛行,讲会者大都不诣紫阳"。《还古书院志》卷7《吴抑庵先生》中,亦称其时徽州"闽洛绝响,遵者寥寥",而"新建之说,沦入骨髓"。这里所谓的"文成之教"和"新建之说",就是指王守仁的心学。明末休宁学者汪佑曾感叹:"自阳明树帜宇内,其徒驱煽薰炙,侈为心学,狭小宋儒。嗣后新安大会,多聘王氏高弟阐教,如心斋、绪山、龙溪、东廓、师泉、复所、近溪诸公,迭主齐盟。自此新安多王氏之学,有非复朱子之旧者矣。"②这些记载说明了明代中后期心学已经渗透到徽州,并在徽州士人中产生了巨大的影响。以往有关文献中谈及心学对徽州的影响,一般只是提到王阳明之学说。其实,从有关史料的记载来看,影响徽州的心学应该有两支,一是湛若水之学,一是王守仁之学。

湛若水,字元明,广东增城人。因家居增城甘泉都,学者称之为甘泉先生。生于明成化二年(1466年),卒于嘉靖三十九年(1560年)。弘治五年(1492年)举于乡,次年会试落第,乃从心学大师陈献章游,深得陈献章器重。弘治十八年(1505年)会试,高中进士第二名,授翰林院编修。时王守仁在吏部讲学,两人相与应和,引为同志。后丁母忧,湛若水居家3年,筑西樵讲舍,士子来学者甚众。嘉靖初年复出,历任编修、侍讲、南京国子监祭酒、南京吏部右侍郎、礼部右侍郎、礼部尚书、吏部尚书、兵部尚书等职。嘉靖十九年(1540年)致仕。晚年致力于讲学著述,以95岁的高龄谢世。湛若水初与王守仁同讲学,后各立宗旨:王守仁以致良知为宗,而湛若水则以随处体验天理为宗。两人虽同倡心学,但异处甚多。王守仁曾说湛若水之学是"求之于外";湛若水亦批评王守仁格物之说"不可信者四"。湛若水还明确表示:

---

① 赵汸:《东山存稿》卷4《商山书院学田记》,四库全书本。
② 施璜:《紫阳书院志》卷16《会纪》,雍正三年(1725年)刊本。

"阳明与吾心不同。阳明所谓心,指方寸而言。吾之所谓心者,体万物而不遗者也。"①一时学者遂分王、湛之学。湛若水认为,"天地古今宇宙内,只同此一个心",②此心"无所不贯""无所不包",③并提出了"心即理也,理即心之中正也"的论题。④ 在阐述自己的思想时,湛若水对宋明理学家如陆九渊、朱熹、王守仁等人的学说均有评说,而其最尊崇的学者是周敦颐和程颢。这一点,湛若水是颇有个性的。

湛若水一生尤重讲学,《明史》本传称:"若水生平所至,必建书院以祀献章。年九十,犹为南京之游。"⑤他的讲学范围,遍及南方各州县。其中,徽州以其独特的儒学底蕴,深深吸引了湛若水。嘉靖年间,若水曾亲至徽州,先后在紫阳、天泉、斗山等书院中讲学,并为其弟子祁门谢氏所建神交馆(后改为神交精舍)作铭作记。据悉,最近在祁门阳坑发现了一批明清时期的谢氏文书资料,其中有5件是涉及湛若水在祁门讲学活动的珍贵文书。这5件文书分别是:(1)《神交书院记》,手写稿。疑为湛若水本人手迹,惜后节已残,落款未见,故无法断定是否为湛若水亲笔。(2)《奠甘泉老师文》,手写稿。未署名。我们推断作者当为祁门阳坑人。落款时间为嘉靖四十五年(1566年)。(3)《叙自神交馆壁》,手写稿。署名余鳌留,落款时间为"隆庆四年(1570年)冬十月"。款、印俱有。(4)万历元年(1573年)为湛若水建祠合约1份。(5)万历元年卖地契约1份。该地卖与神交书院以抵湛若水在世时欠银。这些资料为我们了解湛若水的学术活动以及明代中后期心学在徽州的传播情况,提供了难得的依据。⑥ 由于湛若水的不倦讲学,其学说流传甚广,包括徽州学者在内的从学者甚众。据说,若水在全国各地有"相从士三千九百余",而其高足中,不乏徽州的学者。按照《明史》的说法,"湛氏门

---

① 张廷玉等:《明史》卷283《湛若水传》,中华书局1974年版。
② 黄宗羲:《明儒学案》卷37《甘泉学案一》,中华书局1985年版。
③ 湛若水:《甘泉先生文集》卷21《心性图说》,四库全书本。
④ 湛若水:《圣学格物通》卷20《正心(下)》,四库全书本。
⑤ 张廷玉等:《明史》卷283《湛若水传》,中华书局1974年版。
⑥ 原件现藏祁门阳坑私家。

人最著者"有4人,而其中之一就是徽州婺源人洪垣。洪垣,字竣之,号觉山,嘉靖十一年(1532年)进士。曾以永康知县入为御史,转温州知府。《江南通志》卷164《人物传》称,洪垣在御史任上,曾疏请"罢巡幸,选宫寮,革余盐,清选法,黜贪污",结果"一疏而御史、曹郎以下得罪者二十余人",被挤出朝廷。后居家46年,年近90而卒。在他"为弟子时,族叔熺从学文成归,而述所得,先生颇致疑与精一博约之说不似。其后执贽甘泉,甘泉曰:'是可传吾钓台风月者。'丁未秋,偕同邑方瓘卒业东广,甘泉建二妙楼居之"。① 此中可见湛若水对洪垣非常欣赏,视之为衣钵传人。洪垣著有《理学闻言》《论学书》等文,详细阐述了自己的学术思想。黄宗羲的《明儒学案》认为,洪氏"体认天理,是不离根之体认,盖以救师门随处之失,故其工夫全在几上用",②指出了洪垣学术的基本特征。从洪垣的有关著作来看,他确实始终在调和湛若水与王守仁两家的学说。因此,《明史》称洪垣"主于调停两家,而互救其失",不尽守师说。③ 这一看法是符合事实的。不过,也正因为如此,才使得洪垣对乃师的学说有所发展,最终位在湛门四大弟子之列。

洪垣之外,方瓘也是湛若水最欣赏的徽州弟子之一。瓘字时素,号明谷,初从湛若水学于南京,若水即"令其为诸生向导",对他十分信任。后若水北上及归家,方瓘"皆从之而往"。④ 湛氏门人中,方瓘是最受器重者之一。此外,从学于湛氏的徽州著名学者还有谢显等人。显字惟仁,祁门人。少时家贫,但沉慧好学。有人曾劝他经商养家,谢显曰:"治生孰若治心。"表示了坚定的向学之志。后从湛若水学,颇得其精髓,曾有感而叹曰:"此学如过独木桥,绝无倚靠立脚处。"督学耿定山将谢显祀于乡贤祠,并有"迹其所至,已在善信之间;充其所志,不底圣人不已"的评语。⑤ 与谢显同"师事湛若水如

---

① 黄宗羲:《明儒学案》卷39《甘泉学案三》,中华书局1985年版。
② 黄宗羲:《明儒学案》卷39《甘泉学案三》,中华书局1985年版。
③ 张廷玉等:《明史》卷283《湛若水传》,中华书局1974年版。
④ 黄宗羲:《明儒学案》卷39《甘泉学案三》,中华书局1985年版。
⑤ 赵弘恩、黄之隽等:(乾隆)《江南通志》卷164《儒林传二》,四库全书本。

留都"者,还有其叔父谢芊。谢芊后在徽州也是名噪一时的心学传播者。①

以上是明代中后期影响徽州的心学之一支,即湛若水之学;而另一支则为王守仁之学。

据史籍记载,尽管王守仁本人并未亲临徽州讲学,但他与徽州学者联系十分密切,书信往来频繁。而王守仁弟子中曾到过徽州讲学者,并不在少数。因此,王守仁心学对徽州的影响,较之湛若水心学的影响,有过之而无不及。徽州学者汪佑称:"新安大会自正德乙亥(十年,1515年)至天启辛酉(元年,1621年),历百有七年,会讲大旨,非良知莫宗;主教诸贤,多姚江(王守仁)高座。"②表明了徽州受王守仁心学的影响之深。据载,曾在徽州讲学过的王门高足包括钱德洪(绪山)、王畿(龙溪)、邹守益(东廓)、刘邦采(师泉)、罗汝芳(近溪)、王艮(心斋)等一批名士。这些名士接踵入徽讲学,与正德七年(1512年)王学门徒熊世芳(桂)出任徽州太守有密切的关系。熊氏为江西建新人,"为政以明伦建学为先"。担任徽州太守后,他主持重修紫阳书院,并请得乃师王守仁为紫阳书院作序,序中有"心外无事,心外无理。博学者学此也,审问者审此也,慎思者慎此也,明辨者辨此也,笃行者行此也"句。熊世芳亲自在紫阳书院开讲"王学",并力邀王门高足入徽讲学,结果使得王学在徽州大行其道。不少徽州籍学者和官员走上了信奉和研习陆王心学的道路。譬如汪道昆"于学则远推象山,近推东越",③休宁人程默"负笈千里,从学阳明",歙县程大宾受教于王学传人钱德洪等等。④ 特别是嘉靖时人程文德(字舜敷,号松溪,婺源人),著有《论学书》,主张"以真心为学之要";⑤万历年间潘士藻(字去华,号雪松,婺源人),著《闇然堂日录》,讲究"默识二字,终身味之不尽"。⑥ 他们分别师从王守仁高足王畿和王艮,深得乃师学说要

---

① (同治)《祁门县志》卷23《人物志·儒林》。
② 施璜:《紫阳书院志》卷16《会纪》,雍正三年(1725年)刊本。
③ 许承尧:《歙事闲谭》第1册《旧志传汪伯玉之失词》。
④ 黄宗羲:《明儒学案》卷25《南中王门学案一》,中华书局1985年版。
⑤ 黄宗羲:《明儒学案》卷14《浙中王门学案四》,中华书局1985年版。
⑥ 黄宗羲:《明儒学案》卷35《泰州学案四》,中华书局1985年版。

旨,成为此期新安学派中主张心学的重要代表人物。上述情况反映了王守仁心学在徽州的深远影响。

无论是湛若水之学,还是王守仁之学,在宋明理学中都属于与朱子学"别立宗旨"的心学一系。明代中后期心学在徽州得到广泛传播是个客观事实。它对徽州的学术发展带来了多方面的深刻影响。

首先,南宋以来朱子学在徽州一统天下的格局被打破。

自朱熹创立其学说之后,徽州学者群起而从之。原来醉心于科举功名的徽州士人,转而"多明义理之学"。① 元代徽州理学家汪环谷(克宽)说:"近代以来,濂洛诸儒先继出,吾邦紫阳夫子集厥大成,揭晦冥之日月,开千载之盲聋。于是六合之广、四海之外,家诵其书,人攻其学。而吾邦儒风之丕振,俊彦之辈出,号称'东南邹鲁',职迩宗焉。"②这些"俊彦之辈"所结成的新安理学学派,以朱熹为开山宗师,视传播朱子学为己任,开创了朱子学在徽州长期一统天下的局面。从南宋时期来看,新安理学的主要代表人物,大致可分为两类:一是朱熹的学生,且多为及门弟子。如程洵、吴昶、滕璘、滕珙、李季札、汪晫、祝穆、程先、程永奇、汪莘、许文蔚、谢琎等,曾先后执经馆下,受学于朱熹,称得上朱门嫡出。二是朱熹的学术酬唱之友,如程大昌、吴儆等。因此,整个学派实际上是以朱熹为核心人物。其中师承朱熹的新安理学家,完全以研习和传播朱熹学说为己任,具有终身不移尊奉朱子学的信念。而程大昌、吴儆等人,虽未列朱氏门墙,然其理学思想与朱子学具有共通之处。南宋的新安理学出现以朱子学为宗旨的鲜明特征。入元之后,尽管由于学术环境的变化,朱子学在全国范围内的发展面临诸多危机,以致"异论"纷出,朱门"再传能不失真者,则已寡矣",③但元代的新安理学家们以朱子学的卫道者自居,他们坚持维护朱子学的纯洁性,将排斥"异论"、发明朱子学本旨作为学术研究的重心。朱子学在徽州一统天下的局面仍未改变。明初徽

---

① (弘治)《徽州府志》卷1《风俗》。
② 程敏政:《新安文献志》卷14《汪环谷:万川家塾记》,弘治三年(1490年)刊本。
③ 程敏政:《篁墩文集》卷17《定宇先生祠堂记》,四库全书本。

州的学术思想主流还是朱子学,汪仁峰(循)曾谓:"元季国初之间,在休则陈定宇(栎)、倪道川(士毅)、朱枫林(升)、赵东山(汸)、朱石门(同)、范云溪(淮)诸先生,其选也,始以朱子之乡,观望而起,于是师友渊源,英贤辈出;而其所以为学,皆务淑诸身心,尊乎德性,言必有裨于师训,行必取法乎古人。故修词制行如诸先生者,若浑金璞玉然,有一亦足贵重于世,矧其多乎?"①这里,汪氏一是表彰陈栎等人都是元末明初的新安理学名儒,二则指明了陈栎等人的学术基本倾向,揭示了新安理学在明前期作为朱子学分支的本色。因此,自南宋至明初,朱子学在徽州占据了绝对的主流地位。② 而当湛若水和王守仁心学在徽州传播之后,徽州的讲学风气大变,徽州学者中不少人开始研习和传播心学,由此维系了数百年的朱子学在徽州一统天下的局面被打破。这种情况,我们可以视之为全国朱子学状况变化的一个晴雨表。因为徽州历来被视为朱子学的重镇,这一状况非常真实典型地反映了明代中后期朱子学的基本命运。

其次,新安理学学派中形成两个不同的学术阵营。从南宋至明前期,新安理学学派的学术阵营相对单一。尽管理学之分野,自南宋朱熹与陆九渊各自开宗立户后即已显现,但徽州学者多宗朱子学,新安理学的阵营中几乎清一色是朱学学者,学派出现了以朱子学为宗旨的特征。而明代中后期心学在徽州传播后,新安理学学派中则形成了两个不同的学术阵营。一是由湛若水、王阳明心学的崇拜者所组成的阵营。这一阵营的骨干成员有湛若水门徒婺源人洪垣、方瓘,祁门人谢显、谢芊和王学弟子汪道昆、休宁人程默、歙县人程大宾、婺源人程文德、潘士藻等。由于心学家特别注重讲学,徽州又是其讲学活动的重要场所,所以该阵营中还包括了相当数量的徽州普通学者。文献记载说其时"文成之教盛行,讲会者大多不诣紫阳""闽洛绝响,遵者寥寥""新建之说,沦入骨髓""新安多王氏之学,有非复朱子之旧者矣",说明心学在徽州颇有士人作基础。这一阵营在讲学、著述方面取得了

---

① 施璜:《还古书院志》卷7《朱石门先生》,道光二十三年(1843年)刊本。
② 周晓光:《新安理学源流考》,《中国文化研究》1997年夏之卷。

很大成绩,尤其是讲学活动,在徽州占了绝对的上风。所谓"新安大会,多聘王氏高弟阐教,如心斋、绪山、龙溪、东廓、师泉、复所、近溪诸公,迭主齐盟",明代中后期的徽州讲坛,王学之风劲吹。二是由朱子学传承者所组成的阵营。这一阵营的主要代表人物有休宁人程曈、程敏政、范涞、吴汝遴、汪璲、汪学圣、金声,婺源人游震得、汪应蛟、余懋衡、江旭奇,歙县人洪德常、江恒等。他们是明代中后期新安理学学派的主要学术群体。由这些人所组成的学术阵营,具有的一个共同学术特征是维护朱子之学,固守学派原有宗旨。比如范涞"学宗程朱,期以实践",主张王守仁"不当从祀",并著《休宁理学先贤传》《朱子语录纂述》等书阐述朱熹学说;①汪康谣治学"原本朱子之意",从政则一以朱熹为先范,以致漳州士民将其奉祀朱文公祠,合称"新安两夫子";②江恒著《王学类禅臆断》,辨别王阳明《传习录》所论之非132条,表明了自己坚定地抵排王学、维护朱子之学的立场;③吴汝遴"不惜以一身捍卫"程朱之教,凡是见人谈及佛、道二氏,立即"忧形于色",见有谈陆王者,"亦必争之、强辨之,力不悉不休,必反于正而后已";④汪璲的著述"尤严于阳儒阴释之辨",实际上将矛头对准了"王学"。⑤有些学者,尽管其早期学术兼杂他学,但最终还是能够"一归于正",回到朱子之学的阵营。如游震得⑥、汪学圣⑦等即是。上述情况表明了明代中后期徽州学术的基本特征。

总之,明代中后期心学在徽州的广泛传播,予徽州学术发展以深刻的影响。徽州自南宋以来朱子学一统天下的局面被打破,新安理学学派中出现了两大"别立宗旨"的阵营。这种状况,一方面反映了明代中后期心学兴起

---

① (嘉庆)《休宁县志》卷12《人物》;施璜:《还古书院志》卷7《范晞阳先生传》,道光二十三年(1843年)刊本。
② 施璜:《还古书院志》卷7《汪鹤屿先生》,道光二十三年(1843年)刊本。
③ 施璜:《紫阳书院志》卷12《江文学》,雍正三年(1725年)刊本。
④ 施璜:《还古书院志》卷7《吴抑庵先生》,道光二十三年(1843年)刊本。
⑤ (嘉庆)《休宁县志》卷12《人物》。
⑥ 永瑢等:《四库全书总目》卷177《集部·别集类存目四》,中华书局1965年版。
⑦ 施璜:《还古书院志》卷7《汪石樵先生》,道光二十三年(1843年)刊本。

以后,朱子学在全国范围内影响力的削弱;另一方面也体现了徽州学术思想的丰富性和复杂性。从新安理学发展的角度看,这未尝不是件"好事"。因为学术思想的发展需要争鸣,离开争鸣的学术终将因缺乏生命力而走进死胡同。我们认为,清初徽州学术得以由新安理学向皖派经学转变,并仍在中国学术史上占有重要地位,与明代中后期心学的传入及其影响有密切的关系。当然,对明代中后期心学在徽州的传播及其影响的评价,应全面考察,把握适当的"度"。有的学者认为,明代中后期"王、湛心学遂通过徽州书院讲坛而逐渐取代了朱子学成为徽州学术思想的主流""主导徽州四百年之久的朱子之学则走向衰落"。我们认为,这一看法是值得推敲的。首先,讲学风气与学术思想并不是同一个概念。试图以一时讲学风气盛行的例子来说明学术思想的主流,这是以表象取代实质,容易造成"错觉"。分析学术思想的主流,归根结底还要看代表学术思想主流的学者的倾向,以及具有学术思想者(并不是任何一位学者)所组成的不同阵营的规模和影响。就明代中后期徽州的情况来看,代表学术思想主流的学者,其基本倾向对立成两面,一是讲朱子学,一是传播王学;他们所组成的各自阵营,均有相当的规模和影响,因此,在这里只有两种学术思想争锋交流的情况,而不存在一家取代另一家、压倒另一家的问题。其次,主导徽州400年之久的朱子之学,在明代中后期也不存在"衰落"的问题。因为有足够的资料表明,仍有一大批的徽州学者对它进行维护、研究和阐发,相当数量的著述先后问世;徽州人的人伦规范、日常行止、宗族活动等,一如既往以朱子之学为准则和指南。我们不能无视这一基本状况的存在。当然,由于心学的冲击和影响,徽州朱子学的传承受到了一定程度的阻碍,这也是实况。但这只是学派发展的问题,与朱子学本身所谓的"衰落"是两个不同的问题,不能等而视之,遽下结论。

原载《安徽史学》2003 年第 5 期

程敏政《道一编》评议

《道一编》是明代学者程敏政考辨"朱陆异同"的一部重要著述。程氏在书中所提出的朱熹、陆九渊"始异终同"及其"三阶段说",在南宋以降关于"朱陆异同"之辨中,有承先启后之功;特别是对明代"心学"大师王阳明"朱子晚年定论"等一系列观点的提出,有重大的影响。因此,在明代学术史上,这是一部应当引起重视的著述。但该书因几度"刻板湮晦""散失无存",且其中基本观点颇遭朱子学者的非议,故流传不广,论者甚少。本文对《道一编》作初步评议,希望能引起学术史研究者和文献学界对该书的重视。不妥之处,敬请教正!

一、程敏政及其《道一编》之编撰

程敏政,字克勤,徽州(旧称新安,今黄山市)休宁人。生于明英宗正统十年(1445年),卒于弘治十二年(1499年)。程氏在徽州是大族,其父程信又曾官至南京兵部尚书,在当时属于"显宦"。因此,程敏政从小就受到了良好的家庭教育。传说程敏政年少时"资禀灵异",读书"一目数十行",有"奇童"之称。[①] 据《明史》记载,程敏政10岁时,"侍父官四川,巡抚罗绮以神童荐"。英宗亲自召试,程敏政赋《瑞雪诗》并急就经义一篇,文采粲然,英宗大

---

① 程敏政:《篁墩文集》卷首《李东阳序》,四库全书本。

悦,命读书翰林院。① 成化二年(1466年),22岁的程敏政以顺天乡试第一名的身份参加会试,结果高中进士一甲第二名,被授予翰林院编修。在此任上,程敏政参与了《英宗实录》和《宋元纲目》的编撰,"书法多所裁正"。② 后历迁左春坊左谕德,充东宫讲读官。当时翰林中,"学问该博称敏政,文字古雅称李东阳,性行真纯称陈音,各为一时冠"。③ 孝宗继位,将程敏政擢为詹事府少詹事、兼翰林院讲学士,侍文华殿日讲。方志称:"经筵进讲,终篇必致讽谏。帝雅重之,特呼先生而不名。"④说明当时程敏政甚得孝宗的器重。

程敏政是名门之后,且出道很早,因此长期以来养成了孤高自傲的性格。《明史》本传上说:"敏政,名臣子,才高负文学,常俯视侪偶,颇为人所疾。"弘治元年(1488年)冬,御史王嵩等以雨灾弹劾程敏政,其背后真正的原因之一就是因为程敏政锋芒太露,从而遭人嫉恨。在王嵩等人的交攻下,程敏政被勒令致仕,回到徽州休宁老家,"读书南山中"。我们估计《道一编》最后编定,就在这一段时间里。因为程敏政作过一篇《道一编序》,落款时间和署名是"弘治二年岁己酉冬日长至新安程敏政"。⑤ 弘治六年(1493年),明孝宗召回程敏政,⑥进其为太常卿兼侍读学士,掌院事。弘治十二年(1499年),时任礼部右侍郎的程敏政与文渊阁大学士李东阳出任当年会试的主考官,程敏政因受唐寅、徐经"科场舞弊案"牵连而入狱,出狱后4天因痈发而卒。⑦

程敏政在其并不长寿的一生中,留下了大量的著述,并由此而成为明代

---

① 张廷玉等:《明史》卷286《程敏政传》,中华书局1974年版。
② 施璜:《还古书院志》卷7《程篁墩先生》,道光二十三年(1843年)刻本。
③ 张廷玉等:《明史》卷286《程敏政传》,中华书局1974年版。
④ (嘉庆)《休宁县志》卷12《人物》。
⑤ 程敏政:《篁墩文集》卷28《道一编序》及5卷本《道一编》篇首。
⑥ 《明孝宗实录》卷151。
⑦ 事详见《明孝宗实录》卷147、卷148、卷151。《实录》记载程敏政死后,有按语曰:"言官劾其主考任私之事,实未尝有。盖当时有谋代其位者,嗾给事中华昶言之,遂成大狱,以致愤恨而死,有知者至今多冤惜之。"这里所说的"有谋代其位者",《明史·程敏政传》直指其名:"傅瀚欲夺其位,令昶奏之。事秘,莫能明也。"程敏政之死,实为冤狱。

重要的理学家、文学家和文献学家。据方志称,程敏政"淹贯群籍,研究理道",为文"一本诸经史",李东阳称之"宏博伟丽,自成一家,质之当代,盖绝无而仅有者",京师亦曾流传"天下文章程敏政"之谚。① 流传至今的主要著述有:《宋遗民录》15 卷、《宋纪受终考》3 卷、《心经附注》4 卷、《道一编》6 卷、《篁墩集》93 卷、《新安文献志》100 卷、《明文衡》998 卷、《唐氏三先生集》28 卷附录 3 卷、《咏史集解》7 卷、《休宁县志》38 卷、《休宁陪郭程氏宗谱》2 卷、《程氏贻范集》23 卷、《礼仪逸经》2 卷、《瀛贤奏对录》1 卷、《大学重订本》1 卷、《篁墩诗集》15 卷等。

《道一编》是反映程敏政学术思想的最重要著述之一。关于此书编撰之缘起,程敏政在《道一编序》中有过表述。他认为,"朱、陆二氏之学,始异而终同,见于书者可考也。不知者往往尊朱而斥陆,岂非以其早年未定之论而致夫终身不同之决,惑于门人记录之手而不取正于朱子亲笔之书邪"? 就是说,在程敏政看来,朱熹与陆九渊两人之学说"始异而终同,但后学者依据朱熹早年的未定之论,往往"尊朱而斥陆",不知朱、陆之说其实后来已是"同一"。程敏政认为,此举"是固不知陆子,而亦岂知朱子者哉"! 基于这一看法,他集录朱熹书札中有涉陆学之内容者,同时附录陆九渊之相关信札,精心编辑,得出朱、陆异同分"始焉如冰炭之相反,中焉则疑信之相半,终焉若辅车之相依"三个阶段的结论。显然,程敏政编撰《道一编》的目的有三:一是还陆学以公道,二是复朱学之真,三是纠正时人认识之误。明弘治三年(1490 年)《道一编》的初刻本为 6 卷,嘉靖三十一年(1552 年)重刻本为 5 卷。《四库全书总目》卷 95《子部·儒家类存目一》收录浙江汪汝瑮家藏 6 卷本《道一编》时说:"不著撰人名氏。编朱陆二家往还之书,而各为之论断,见其始异而终同。考陈建《学蔀通辨》曰:程篁墩著《道一编》,分朱陆异同为三节,始焉如冰炭之相反,中焉则疑信之相半,终焉若辅车之相依,朱陆早异晚同之说,于是乎成矣。王阳明因之,遂有《朱子晚年定论》之录,与《道一编》

---

① (嘉庆)《休宁县志》卷 12《人物》。

辅车之说正相唱和云云。然则此书乃程敏政作也。"

6卷本《道一编》未署作者名。《四库全书》馆臣陈建《学蔀通辨》考《道一编》作者为程敏政,甚是。明嘉靖三年十一月刊刻的5卷本《道一编》,前有沈宠、聂豹序,篇末有汪宗元后序,明确显示该书为程敏政所著。程氏《篁墩文集》中亦收录了《道一编序》,并有《复司马通伯宪副书》《答汪佥宪书》等篇谈及《道一编》编撰之由。因此虽6卷本未署名,但此书为程敏政所著应无疑义。

二、《道一编》的学术价值

《道一编》的学术价值,主要体现在两个方面:

首先,程敏政在此书中明确提出并深入阐释了"道一"学说,这一学说较以往学者们的相似观点,更为系统和全面。何为"道一"？程敏政在《道一编》中提出,"道一"包含两层意思:一是指宇宙之"道",也就是说朱熹与陆九渊两家所求的"道",乃是同一的,并无两样;二是指朱、陆两家之说及其为学之道,最终归于一致。他说:

"宇宙之间,道一而已。道之大原出于天,其在人则为性,而具于心,心岂有二哉？惟其蔽于形气之私,而后有性非其性者。故孔门之教,在于复性,复性之本,则不过收其放心焉尔。颜之'四勿',曾子'三省',与子思之'尊德性、道问学',孟子之'先立乎大者而小者不能夺',其言凿乎如出一口。诚以心不在焉,则无以为穷理之地,而何望其尽性以至于命哉？中古以来,去圣益远,老佛兴而以守玄悟空为高,训诂行而以分章析义为贤,辞华胜而以哗世取宠为得。由是心学晦焉不明,尼焉不行,虽以董、韩大儒尚歉于此,而亦何觊其他哉？子周子生千载之下,始阐心性之微旨,推体用之极功,以上续孟氏之正传,而程子实亲承之。……而卒未有嗣其统者。于是朱、陆两先生出于洛学销蚀之后,并以其说讲授于江之东西,天下之士靡然从之。然两先生之说,不能不异于早年而卒同于晚岁,学者独未之有考焉,至谓朱子偏于道问学,陆子偏于尊德性,盖终身不能相一也。呜呼！是岂善言德性者哉。夫朱子之道问学,固以尊德性为本,岂若后之分章析义者,毕力于陈言;

陆子之尊德性,固以道问学为辅,岂若后之守玄悟空者,悉心于块坐走诚。惧夫心性之学将复晦且尼于世,而学者狃于道之不一也。考见其故,详著于篇。"

这是程敏政解释其"道一"思想最详尽的一段文字,附在《道一编目录》之后。① 按照程敏政的理解,宋明理学家反复探讨的"道",在宇宙之间乃是独一无二的,不存在此"道"或彼"道"的区分。该唯一之"道"出于天,而体现在人则为"性",具体落实则在"心"。那么,既然出于天的"道"只有一个,也就是"道一",为什么体现在人"性"时则会有差异呢?程敏政认为,这是由于"形气之私"的障碍,故有"性非其性者",出现人性的差异。他指出,正是因为道、性、心的关系,所以"孔门之教,在于复性,复性之本,则不过收其放心焉"。为了证明自己对"孔门之教"本质认识的不误,程敏政援引了颜子、曾子、子思以及孟子这些"先圣"们的观点,称之"凿乎如出一口",讲的都是"心"为"穷理之地"。在程敏政看来,儒学之正宗,其实就是"心学"。但自孟子之后,因道教、佛教的影响,以及训诂之学与辞章之学的冲击,"心学"渐趋"晦焉不明,尼焉不行"。程敏政认为,直到千载而后,周敦颐的出现,才重新开始"阐心性之微旨",上续孟子的"正传"。但周敦颐学术传程子(颢、颐),程子之后则又无人传其学,以致二程的"洛学"渐趋衰微。朱熹与陆九渊在二程"洛学"式微之后,各以其说在江东与江西讲学,天下学者非从学于朱,即从学于陆;而朱熹与陆九渊的学说,其早年不同,晚年则殊途同归,均为儒学正宗的发扬传承者。程敏政认为,后之学者以为朱熹专讲"道问学",陆九渊专说"尊德性",两人所求之"道"以及学问之道不一,这是一种重大误解。这里,程敏政由宇宙之"道一",逐步分析出"孔门之教"的"心学"传统,最后论证到朱熹与陆九渊之学"早异而晚同",他们两人的所求之道以及为学之道实际上也是同一的。如此明确和全面解释"道"和"道一",在此前学者的相关论述中,实属罕见。这是程敏政及其《道一编》的重要学术贡献之一。

---

① 程敏政:《道一编》目录后附,四库全书存目丛书本。

其次,立足于"道一"思想,程敏政提出并论证了朱熹与陆九渊之学"早异而晚同"的三个发展阶段。这是程敏政及其《道一编》的又一重大学术贡献。

《道一编》中所论述朱、陆"早异晚同"的三个阶段分别是:

(一)"始焉如冰炭之相反"。程敏政在《道一编》中首举朱熹与陆九渊在"鹅湖之会"时的两首"倡酬之作",陆九渊云:"墟墓兴哀宗庙钦,斯人千古不磨心。涓流积至沧溟水,拳石崇成太华岑。简易工夫终久大,支离事业竟浮沉。欲知自下升高处,真伪先须辨古今。"朱熹曰:"德义风流夙所钦,别离三载更关心。偶扶藜杖出寒谷,又在篮舆度远岑。旧学商量加邃密,新知培养转深沉。却愁说到无言处,不信人间有古今。"程氏指出,陆九渊的诗中"有支离之说,疑朱子为训诂";而朱熹诗中"有无言之说,疑二陆为禅会"。因此,朱、陆早年之不合,乃是非常明显的。两家的门人遂由此成隙,以致于"造言以相訾,分朋以求胜"。在《道一编》卷2中,程敏政引朱熹早年之说16条,同时附录陆九渊之说20条,并在部分条目下加上自己的按语,以进一步说明朱、陆在求"道"与为学方面"始焉如冰炭之相反"。程敏政所引的朱熹之说16条,主要是朱熹答师友、门生的一些信件,包括《答吕子约书》,其中有"陆子静之贤,闻之盖久。然似闻有脱略文字,直趋本根之意,不知其与《中庸》学问思辩,然后笃行之旨又何如"以及"近闻陆子静言论风旨之一二,全是禅学,但变其名号耳。竞相祖习,恐误后生。恨不识之,不得深扣其说,因献所疑也。然想其说方行,亦未必肯听此老生常谈,徒窃忧叹而已"等语;《答陆子书》,其中有"区区所忧,却在一种轻为高论、妄生内外精粗之别,以良心日用分为两截,谓圣贤之言,不必尽信,而容貌词气之间,不必深察者。此其为说乖戾狠悖,将有大为吾道之害者。……此事不比寻常小小文义异同,恨相去远,无由面论,徒增耿耿耳"等语;《与黄直卿书》,朱熹在此书中批评陆九渊之说"怪僻乃至于此",认为"更如何与商量讨是处也。可叹!可叹";《与胡季随书》,其中有"元善书说,与子静相见甚款。不知其说如何。大抵欲速好径,是今日学者大病"等语。除以上信件外,朱熹之说16条还涉及朱熹《与黄直卿书》《答刘季章书》《答刘公度书》《答项平父书》《答王子合书》《答曹立之书》《与吴茂实书》等。这些书信中的内容，皆有涉朱熹"早年"对陆学的批评与反对。同时，在朱熹的信件后，程敏政也精选了陆九渊的部分相关信件与论说，以反映陆九渊之说与朱熹观点不同的具体内容。这些信件与论说包括陆九渊《与邵叔义书》《与胡季随书》《与陈君举书》《答朱子书》《答王顺伯书》《与曹立之书》《赠刘季蒙说》《与陶赞仲书》《与朱子书》《与郑溥之书》《与曾宅之书》《答曹挺之书》《与李省幹书》《与张辅之书》《记荆国王文公祠略》《论学古入官》《论学说》《答刘深甫书》《与包显道书》《答包敏道书》等。在程敏政看来，以上内容反映了朱熹与陆九渊两家学说在早年如冰炭不容。①

（二）"中焉则疑信之相半"。程敏政在《道一编》卷3中，收录了朱熹之说16条、陆九渊之说14条以及张南轩（栻）之说1条，以说明朱熹与陆九渊两人学说至中期则渐趋靠近。朱熹之说16条，主要包括《答张敬夫书》《答吕伯恭书》《与孙敬甫书》《与刘子澄书》《与吕伯恭书》《与林择之书》《跋白鹿洞书堂讲义》《祭陆子寿教授文》《表曹立之墓略》《答刘晦伯书》《与诸葛诚之书》《答诸葛诚之书》《答李好古书》等。在这些书信与论说中，朱熹对陆九渊之学与为学之道的评说，已不像早期那样言辞偏执，而是抑扬兼有，褒贬参半。如《答张敬夫书》中有"子静兄弟气象甚好，其病却是尽废讲学而专务践履。却于践履之中，要人提撕省察，悟得本心，此为病之大者。要其操持谨质，表里不二，实有以过人者。惜乎其自信太过，规模窄狭，不复取人之善，将流于异学而不自知耳"等语；《与孙敬甫书》中有"如陆氏之学，在近年一种浮浅颇僻议论中，固自卓然，非其畴匹。其徒传习，亦有能修其身，能治其家，以施之政事之间者。但其宗旨，本自禅学中来，不可掩讳"等语。而在《与林择之书》《与吕伯恭书》《答吕伯恭书》等信中，朱熹更对陆九渊之为学方法有所认同。程敏政指出，这些书信中"朱子始称陆子有读书穷理之益，

---

① 以上内容均出自程敏政《道一编》卷2，四库全书存目丛书本。

与鹅湖议论不同"。① 说明其时朱、陆两人在长期论争的过程中,开始看到了对方的长处。这一阶段中,程敏政引用的陆九渊之说共 14 条,主要信札与论说包括陆九渊的《论则以学文》《与包详道书》《与赵然道书》《与吕伯恭书》《白鹿洞书堂讲义》《祭吕伯恭文》《答詹子南书》《与符舜功书》《与朱子书》《与唐司法书》等。程敏政认为,朱、陆两人的相互评说,都是一分为二的平心之论,与早年的意气之争迥然不同,表明了两家学说已经渐趋一致。

(三)"终焉若辅车之相倚"。程敏政在论述这一观点时,首举《答项平父书》,其中言:"大抵子思以来,教人之法,惟以尊德性、道问学两事为用力之要。今子静所说,专是尊德性事,而熹平日所论,却是道问学上多了。所以为彼学者,多持守可观,而看得义理全不仔细,又别说一种杜撰道理,遮盖不肯放下。而熹自觉虽于义理上不敢乱说,却于紧要为己为人上多不得力。今当反身用力,去短集长,庶几不堕一边耳。"②该信是主张"和会朱陆"的学者最看重的一封朱熹信札。他们普遍认为,此信表明,朱熹在晚年时已基本认可了陆九渊之学,并有"去短集长"的愿望。程敏政在引用时,有一段按语:"此书则知朱子所以集诸儒之大成者如此。世之褊心自用、务强辩以下人者,于是可以惕然而惧、幡然而省矣。然陆子亦有书论为学,有讲明、有践履,全与朱子合而无中岁枘凿之嫌。"③在程敏政看来,朱熹与陆九渊在论争的后期,为学之道已然一致。为进一步证明自己的看法,程敏政在《道一编》卷 4 中,总共引用了朱熹之说 15 条,附录陆九渊之说 10 条,通过寻章摘句,以求显示朱、陆之"道一"。朱熹之说 15 条,主要涉及朱熹的《答陈肤仲书》,该书称"陆学固有似禅处,然鄙意近觉婺州朋友,专事闻见,而于自己身心全无工夫。所以每劝学者兼取其善,要得身心稍稍端静,方于义理知所抉择"。程敏政认为,以前,朱熹常说"子静全是禅学",而此处则谓"陆学固有似禅处",且劝学者"要得身心稍稍端静,方于义理知所抉择",表面朱熹已认识到

---

① 程敏政:《道一编》卷 3,四库全书存目丛书本。
② 程敏政:《道一编》卷 4,四库全书存目丛书本。
③ 程敏政:《道一编》卷 4,四库全书存目丛书本。

了"道问学固必以尊德性为本"。此信后,程敏政又举《与吕子约书》,中有"孟子言:学问之道,惟在求其放心;而程子亦言:心要在腔子里。今一向耽着文字,令此心全体都奔在册子上,更不知有己,便是个无知觉、不识痛痒之人,虽读得书,亦何益于吾事邪"等语,程敏政指出,朱熹的这段话,"正陆子之学平日谆复以教人者也"。此外,有关朱熹之说的15条,程敏政对朱熹在《答吕子约书》和《与周叔谨书》中的两段话,也是非常看中,认为它是朱熹晚年检讨自己早期学术的重要论述,反映的基本思想与"陆子为一家之言"。《答吕子约书》中说:"文字虽不可废,然涵养本原而察于天理人欲之判,此是日用动静之间不可顷刻间断的事。若于此处见得分明,自然不到得流入世俗功利权谋中去矣。熹亦近日方实见得向日支离之病,虽与彼中症候不同,然其忘已逐物、贪外虚内之失,则一而已。程子说:不得以天下万物挠己,己立后自能了得天下万物。今自家一个身心不知安顿去处,而谈王谈霸,将经世事业别作一个伎俩商量讲究,不亦误乎?"《与周叔谨书》谓:"熹近日亦觉向来说话,有大支离处。反身以求正坐,自己用功亦未切耳。因此减去文字功夫,觉得闲中气象甚适。每劝学者亦且看《孟子》道性善、求放心两章,着实体察收拾为要,其余文字,且大概讽诵涵养,未须大段着力考索也。"从这两段文字来看,朱熹的口吻,与陆九渊甚为相似。在引用朱熹之说15条过程中,程敏政分别在朱熹的观点后附录了陆九渊之说10条,包括陆九渊《与赵咏道书》《答包详道书》《论学问求放心》《与舒元宾书》《与傅子渊书》《与陈正己书》《答潘文叔书》《与邵中孚书》《杂说》《与胥必先书》等。它们与朱熹之说一一具体对照,反映了两人之说"终焉若辅车之相倚"。

以上"道一"思想和朱陆"早异晚同"三阶段之说,一方面反映了程敏政的主要学术创见和重要学术贡献,另一方面也体现了《道一编》在明代学术史上的重大学术价值。

三、《道一编》在明代学术史上的影响

《道一编》对于明代学术史的贡献和影响,概而言之,主要有二:

其一,全面梳理了此前关于朱陆异同的思想和观点。对于朱陆异同的

讨论,在学术史上很早就已经发生了。争论者的观点基本上分成了两派:一派认为朱熹与陆九渊之说存在根本的差异;另一派认为朱陆之说本质上并无异处。双方各执一词,形同水火。元代开始,江西学者虞集和新安理学家郑玉、赵汸等人开始认真审视朱熹与陆九渊的学说以及争论者的不同看法,对朱陆异同问题提出了新的解答。比如,赵汸在《对问江右六君子策》中,承认朱子之学与陆九渊学说的"入德之门"确实存在差异,在此基础上,他又进一步辨析朱陆二人晚年对各自为学之弊均有察觉,并以期修正。① 这里,赵汸已经提到了朱陆"始异而终同"的问题。缘于上述认识,中国学术史上出现了一浪高过一浪的"和会朱陆"的思潮。但是,尽管赵氏等人有朱陆"合并于暮岁"的创见性提法,而有关这一提法的具体分析尚付阙如。因此它的说服力和影响力,在明代学术界还不能完全显现。程敏政的《道一编》对此前关于朱陆异同的诸种观点作了更加全面的综合,对朱陆异同本身又进行了更为细致的分析,明代及其以前学术界关于朱陆异同之说,至此可谓大成。这种集成,在明代学术界产生了重要的影响,对明代学术史的发展有着深远的意义。

其二,深刻影响了王阳明对朱陆异同的认识。众所周知,明代中期以后,阳明心学异军突起,"门徒遍天下,流传逾百年",成为一时之"显学"。正如《明史·儒林传》所称,"王学"实际上是"别立宗旨,显与朱子背驰"。② 而从学术传承角度来说,它与陆九渊学说有着直接的渊源。面对朱熹学说自南宋以来在官方和民间的崇高地位,王阳明在建立和传播其学说过程中,首先面临的一个问题是如何认识和解释朱熹与陆九渊两人之间的学说关系,而解释的最重要原则应当是尽量缩小朱陆之间学说上的差异。这里,程敏政《道一编》对王阳明的启发和影响极大。不少学者指出,王阳明解决朱陆异同问题的重要著述《朱子晚年定论》,实际上采纳了程敏政《道一编》的基本思想。比如明代哲学家、《学蔀通辨》作者陈建说:"程篁墩著《道一编》,分

---

① 赵汸:《东山存稿》卷2《对问江右六君子策》,四库全书本。
② 张廷玉等:《明史》卷282《儒林传》,中华书局1974年版。

朱陆异同为三节,始焉如冰炭之相反,中焉则疑信之相半,终焉若辅车之相依,朱陆早异晚同之说,于是乎成矣。王阳明因之,遂有《朱子晚年定论》之录,与《道一编》辅车之说正相唱和。"①嘉靖三十一年(1552年),崇阳汪宗元在《道一编后序》中也指出了程敏政之说与王阳明《朱子晚年定论》的关系。汪氏说:"晦庵之道,学者童而习之,昭如日星,固已章明于天下。象山乃蒙无实之诬,人皆以禅学目之,四百余年,莫之辨白。此篁墩先生当群晓众咻之余,而有道一之编也。继是而得阳明先生独契正传,而良知之论明言直指,远绍孟氏之心法,亦是编有以启之也。"②比较王阳明《朱子晚年定论》和程敏政《道一编》的基本观点与主要内容,陈建和汪宗元等人的看法确实符合实际。陈、汪等人的看法,充分肯定了程敏政《道一编》在明代中期学术界的影响。

此外,应当说明的一个相关问题是,程敏政因著有《道一编》,宣扬朱熹与陆九渊"早异晚同"之说,招致当时以及后来学者的"非议",认为他"抑朱扶陆""辱朱荣陆"。我们认为,此书之编,并不能说明程氏的基本学术倾向是"抑朱扶陆"。从总体来看,程敏政的学术思想,还是倾向于新安理学的宗旨朱子之学。他曾在《复司马通伯宪副书》《答汪佥宪书》等信中,反复数千言,为自己编著《道一编》辩解。他说:"仆生朱子之乡,服其遗教,克少有立者,实有罔极之恩,而恨报之无所也。故诵其遗书,玩索绸绎,颇自以为勤苦。窃意近世学者,类未探朱子之心,及其所学肯綮,何在口诵手录,钻研训释,只徒曰我学朱子云尔。仆所以深忧大惧,思有以拯之,岂敢藉此为二陆之地于百世之后,如执事所云者哉?仆又何利于二陆而犯不韪之讥于天下哉?执事以是编为抑朱扶陆,又以为辱朱荣陆,使诚有之,则仆乃名教中罪不可逭之人……"③这里,程敏政表白自己编撰《道一编》的目的,并不是"抑朱扶陆",而是因为有感于"近世学者"在学朱子之学时"未探朱子之心",所

---

① 永瑢等:《四库全书总目》卷95《子部·儒家类存目一》,中华书局1965年版。
② 程敏政:《道一编》卷末附《汪宗元后序》,四库全书存目丛书本。
③ 程敏政:《篁墩文集》卷54《复司马通伯宪副书》,四库全书本。

以为阐发朱子之学而编此书。他指出,《道一编》所编辑的内容,皆据"朱子成说书之",①自己在中间"不过提掇数语,使人知朱子之为学,泛观约取,知行并进,故能集大成而宪来世如此。使后之褊心自用者,愧汗交下以求入德之门;随声附影者,不敢专一于口耳,以求放心为之本。则此学朱子,庶几不坠"。② 我们认为,程敏政的这番表白和辩解,确实反映了他的本意。他在许多场合都有"求孔子之道,必自程朱"的呼吁,③为明孝宗讲解《四书》《五经》时,基本观点也站在朱子之学的立场上。因此,我们认为尽管有引起争议的《道一编》,但程敏政的学术思想基本倾向于新安理学的宗旨朱子之学,应是一个合乎实际的结论。

原载《古籍研究》2003 年第 4 期

---

① 程敏政:《篁墩文集》卷 55《答汪金宪书》,四库全书本。
② 程敏政:《篁墩文集》卷 54《复司马通伯宪副书》,四库全书本。
③ 程敏政:《篁墩文集》卷 14《休宁县儒学先圣庙重修记》,四库全书本。

试论新安理学向皖派经学的转变

新安理学,是宋、元、明、清时期以新安籍理学家为主干的地方理学流派。祖籍新安婺源的朱熹,被奉为此派开山祖师。它以维护、继承、发扬光大"朱子之学"为宗旨。它在近700年的发展演变过程中,大致经历了4个时期。第一时期:南宋,以朱熹、程永奇、程大昌、吴儆、汪莘等人为代表。第二时期:宋末、元代,以程若庸、胡允、胡一桂、胡炳文、陈栎、倪士毅等人为代表。第三时期:元末、明代,以汪克宽、赵汸、郑玉、朱升、范准、汪循等人为代表。第四时期:清初,以江永、程瑶田等人为代表。

清乾隆(1736—1795年)年间,休宁人戴震继承明初新安理学家"求真是之归"的学术主张,倡导以"求是"为治经宗旨,讥薄宋儒讲求义理乃是凿空之言,侧重于音韵、天文、地理、名物、典章制度的训诂、考证,开了皖派经学"风气之先"。① 以戴震为领袖的皖派经学,既兴起于新安理学之乡,又是对绵延600余年新安理学的反动,从而宣告新安理学的终结。

一、从新安理学到皖派经学转变的原因

首先,新安理学学派阵容萎缩,"朱子之学"已发展到了山穷水尽的地步。新安向以"人才辈出"著称。明初,尚有朱升、赵汸、郑玉等人力承"朱子

---

① 刘体仁:《异辞录》卷1《皖省学问渊源》,中华书局1988年版。

之学"统绪,讲学授徒,提携后进。明中叶后,新安理学却几无大家可言。间有数人,以理学名世,却无力弘扬新安理学宗旨,对学派振兴也无功可言。譬如谢复、洪垣、金声等,其学术影响,实在有限。洪氏有《理学闻言》《论学书》,金氏有《天命解》《诠心》《应事》等篇,但其学术并未形成鲜明的个性,较之明初诸儒,则逊色不少。此外,还有嘉靖时人程文德著《论学书》,"以真心为学之要";①万历年间人潘士藻,著《阆然堂日录》,讲究"默识二字,终身味之不尽"。②他们分别师从王阳明高足王畿和王艮。就俩人学问看,当已深得乃师学说要旨。新安理学宗旨"朱子之学"与陆王心学,虽未成水火,实则还是两途。因此,程、潘入王学愈深,离"朱子之学"愈远。

总的看来,明中后期,新安理学人物,或限于识见而无大建树,或旁依他派而背离本门宗旨,呈现凋谢零落的衰竭景象。"朱子之学"作为正宗哲学的地位早已动摇。

其次,新安理学演变为皖派经学,虽只是新安地方学术思想的转变,但它同清初"汉学"替代"宋学",成为学术界主流趋势一致。地方学派学术主题的变更,与整个学术界学风转移,关系密切。

清初学风的转移,要从明代理学状况说起。

明代学术,讲求"义理"之学。清人郑性说:"明儒沿袭。"③即指明人继承宋元风气,以理学为学问大端。黄宗羲说:"有明文章事功,皆不及前代,独于理学,前代之所不及也。"④可知,明代的学术界,便是理学的世界。明儒的成就,在于对理学"牛毛茧丝,无不辨晰""发先儒之所未发"。⑤

明初理学,尊崇程朱学派。《明史·儒林传》谓:"明初诸儒,皆朱子门人支流余裔,师承有自,矩矱秩然。"⑥譬如,在浙江传学的方孝孺,在山右讲经

---

① 黄宗羲:《明儒学案》卷14《浙中王门学案四》,中华书局1985年版。
② 黄宗羲:《明儒学案》卷35《泰州学案四》,中华书局1985年版。
③ 黄宗羲:《明儒学案·郑性序》,中华书局1985年版。
④ 黄宗羲:《明儒学案·发凡》,中华书局1985年版。
⑤ 黄宗羲:《明儒学案·发凡》,中华书局1985年版。
⑥ 张廷玉等:《明史》卷282《儒林传》,中华书局1974年版。

的薛暄等明初大儒,"其学皆原本程朱者也。"①至于新安理学在此期的重要人物朱升,其师承渊源,则可直溯朱熹。洪武三年(1370年),明廷正式建立科举制度,规定以朱熹所注"四书五经"为取仕准绳,确立了"朱子之学"在明代"显学"的地位。此后,研习"朱子之学"者日众。然大多出于功名计,而不是出于学术。王守仁讥讽他们"从册子上钻研,名物上考察,形迹上比拟。知识愈广而人欲愈滋;人力愈多而天理愈蔽"。②冯全垓称其流弊"较宋儒为更甚"。③他们不敢越"朱子之学"雷池一步,斤斤计较于一字一义的得失,从而使"朱子之学"流于支离,陷于僵化。

为挽救学风,振兴理学,余姚王守仁将南宋陆九渊一派学术发挥得淋漓尽致。王氏"门徒遍天下,流传逾百年",④大有后来居上之势。但王学讲究"内省",易流于空疏。一般未悟个中三昧的迂儒,更显得不学无术。既未得"道"之真谛,更无经世之才。"高者谈性天、纂语录,卑者疲精敝神于八股,不惟圣道之礼乐兵农不务,即当世刑名钱谷,亦憒然罔识,而搦管呻吟,遂曰有学"。⑤这些人自然难以担负起社稷安危的大任。

于是,明亡之后,有识之士痛定思痛,起而抨击王学末流祸国殃民,形成了明末清初反理学的潮流。其代表人物有:黄宗羲、孙奇逢、李颙、唐甄、顾炎武、王夫之、陆世仪、颜元、潘平格、陈确、傅山等人。⑥他们一改宋明儒空谈义理的风气,而致力于经世致用。在学术方法上,转而注重考覈。

在此清初学风转移过程中,清廷高压与怀柔兼施的文化政策,起了推波助澜的作用。一方面,它以迭兴不已的"文字狱",将士人思想禁锢起来;同时,又开《四库》馆,把学者的目光引向考据。梁启超先生曾比喻《四库》馆是

---

① 黄宗羲:《明儒学案·仇兆鳌序》,中华书局1985年版。
② 王守仁:《传习录》卷上,四部丛刊本。
③ 黄宗羲:《明儒学案·冯全垓跋》,中华书局1985年版。
④ 张廷玉等:《明史》卷282《儒林传》,中华书局1974年版。
⑤ 李塨:《恕谷后集》卷9《书明刘户郎墓表后》,丛书集成初编本。
⑥ 吴雁南:《明末清初的反理学潮流》,载《贵阳师范学院学报》1984年第3期。

"汉学家的大本营"。① 如此一推一拉,再加学者本来已厌倦空谈,清初学风如何不变!

皖派经学替代新安理学,正是处在这种学术潮流中。作为一派领袖人物的戴震,及其所开创学派的特色,都明显受清初学术界学风的影响。

此外,明初新安理学家倡导"求真是之归"的学术主张,也为皖派经学的兴起,埋下了伏笔。

元代的新安理学家,基于固守"朱子之学"的宗旨,凡一切有悖于朱熹学说的言论,均不遗余力加以排斥。倪士毅教授于黟20余年,"非仁义道德之说,尝论定于郡先师朱子者,不以教人"。② 这种情况,在元代新安理学家中,属于普遍现象。他们发明"朱子之学"本旨,又是在肯定其为真理的前提下,进行解说剖析,注疏集注。元代理学家"唯朱是归"的指导思想,无疑达到了维护"朱子之学"纯洁性的目的。但这种"先有一说,积于胸中"的学风,容易导致墨守藩篱而难以创新,同时,将"朱子之学"奉为教条,也易造成士人的逆反心理,于是明初朱升、赵汸、郑玉等人,开始矫正元代学风之弊,他们将元代新安理学家偏激、峻厉的风格,导向平稳、庄重,提出"求真是之归",而不是"唯朱是归"了。

朱升曾针对元代学者研习"朱子之学"的积弊,说"濂洛既兴,考亭(朱熹)继作,而道学大明于世,然后学者往往循途守辙,不复致思其已明者。既不求其真知,而未明者遂谓卒不可知"。③ 这就是说,朱熹集理学大成,圣人之道因而得以大明于世。但后代学者,却循着"朱子之学"的成说,不再探究如何会有此"成说"。知其然,而不知其所以然,这并不是"真知"。也就是说,并没有领悟"朱子之学"的真谛。由此,对"朱子之学"中"未明"的道理,也无从可知。所以,表面上,人人都在学"朱子之学",人人都在谈性命义理。

---

① 梁启超:《中国近三百年学术史·清代学术变迁与政治的影响(上)》,中华书局1936年版。
② 程瞳:《新安学系录》卷14《倪道川墓志》,康熙三十五年(1696年)绿荫园重修本。
③ 程瞳:《新安学系录》卷14《朱同:朱学士传》,康熙三十五年(1696年)绿荫园重修本;又见程敏政:《新安文献志》卷76《朱学士升传》,弘治三年(1490年)刊本。

"三尺之童,即谈忠恕,目未识丁,亦闻性与天道",郑玉将这种风气讥为"口耳之弊"。实则却是"空言"说教,"得罪于圣门,而负朱子也深矣",①这种情况,造成"圣学名明而实晦"。② 朱升求"真知"的主张,显然与元代新安理学家未有发明、先立成说的观点不同。他希望能明源察始,表达了摆脱盲从的愿望,具有比较清醒的意识。

郑玉对当时"未知本领所在,先立异同"③的学术界状况,也大为不满。他说:"宗朱则毁陆,党陆则非朱,此等皆是学术风俗之坏。"在尚未真正领悟理学"本领"之先,却宗朱宗陆,立门户之见,郑玉认为"殊非好气象也"。④ 郑氏反对"先立异同",实质就是反对盲从,希望通过自己的思考,探求理学真谛。这与朱升主张的"真知",辞异而意同。

如果说,朱郑二氏的学术主张,尚是就元代整个理学界状况有感而发,那么,与之同时的新安理学大家赵东山提出求"实理"的主张,却是专门针对元代新安理学积弊而言的了。

詹烜撰《赵东山行状》称:"新安自朱子后,儒学之盛,四方称之为'东南邹鲁'。然其末流,或以辨析文义、纂辑群言,即为朱子之学。先生独超然有见于圣贤之授受,不徒在于推究文义之间。"⑤可知,赵东山已深感元代新安理学家唯唯诺诺,将解析文义、纂辑群言作为发明"朱子之学"方法的不足。不过,詹氏称赵"独超然有见"之说,未免有夸张溢美之嫌。因为与赵氏同时的朱升、郑玉,也都看出了元代新安理学家以注疏集释为学问,不仅层次太低,而且不能从宏观上弘扬理学。

当时,新安先贤"皆留心著述,所以羽翼程朱之教者,具有成书",但赵东

---

① 黄宗羲原著、全祖望补修:《宋元学案》卷94《师山学案》,中华书局1986年版。
② 程曈:《新安学系录》卷14《朱同·朱学士传》,康熙三十五年(1696年)绿荫园重修本。又见程敏政:《新安文献志》卷76《朱学士升传》,弘治三年(1490年)刊本。
③ 黄宗羲原著、全祖望补修:《宋元学案》卷94《师山学案》,中华书局1986年版。
④ 黄宗羲原著、全祖望补修:《宋元学案》卷94《师山学案》,中华书局1986年版。
⑤ 程曈:《新安学系录》卷15《赵东山行状》,康熙三十五年(1696年)绿荫园重修本。

山"受而读之",认为其书皆"未知为学之要"。① 单纯推究朱熹学说的"文义",不过是"朱子之学"的末流罢了。因此,他主张读书,必须"一切以实理求之,反而验之于己,非有以信其必然不已",②这就是说,要摆脱那种盲目迷信的学术指导思想,跳出"推究文义"的末流功夫,代之以探求"实理"、达到知其所以然的目的。

朱升的"真知"之说、郑玉的"本领"主张以及赵东山的"实理"之见,形成了元明之交及明初新安理学中,反对元代先儒盲目迷信、循途守辙的潮流。这股思潮延续到明正德、嘉靖年间,为休宁后学程瞳所发扬光大。程氏终身潜心于义理之学,精研《六经》性理之要,"以求真是之归"。③ 至此,新安理学的学术指导思想,已与元代先辈们"唯朱是归"完全不同。朱、郑、赵、程等人求"真知"、求"本领"、求"真是"的思想意识,较之元代新安理学家一味在低层次上的解析文义,无疑要高出一筹。这是新安理学思维方式进步的表现。

以戴震为首的皖派经学,继承了明初新安理学家"求真是"的治经方法,倡导以"求是"为治经宗旨。尽管前者只是希冀求得"朱子之学"的真谛,后者已经更进一步在整个思想界和经学范围内求索"真理",两者层次不同。但从地理环境影响来看,戴震的"求是",实肇端于明初新安理学家的"求实""求真"。因此,探究皖派经学兴起的原委,又应追溯到明初新安理学内部这种新生活跃的思想因素。

综上三点所述,从宋元明时期的新安理学,到清初皖派经学的转变,一是因为新安理学本身已无发展前途,二是受当时学术界风气的影响,三则源于明初新安理学内部新的思潮。

二、由新安理学到皖派经学的过渡人物——江永、程瑶田

新安理学的学风,乃是撇开传注,专从经文中寻求义理,并奉"朱子之学"为学术宗旨。皖派经学的特点,则是以"求是"为学术宗旨,不迷信权威,

---

① 程瞳:《新安学系录》卷15《赵东山行状》,康熙三十五年(1696年)绿荫园重修本。
② 程瞳:《新安学系录》卷15《赵东山行状》,康熙三十五年(1696年)绿荫园重修本。
③ (嘉庆)《休宁县志》卷12《人物》。

侧重在音韵、名物、典章制度等考索上。江永、程瑶田既讲求义理,不出"朱子之学"的规矩,有着新安理学风格的烙印;同时,又不专讲义理,在推步、钟律、音声、文字之学方面,造诣很深。因此,可以说,江程二氏是新安理学演变为皖派经学的过渡人物。

江永,字慎修,婺源江湾人。生于康熙二十年(1681年),卒于乾隆二十七年(1762年),活了82岁。他一生主要在家授徒讲学。只有两次外出,"一至江西,应学使金德瑛之招也;一游京师,以同郡程编修恂延之也",①但时间都不长。而且,江氏鄙薄功名,不乐仕进。婺源知县曾荐举江永,江永以年老辞谢,而付书戴震,谓:"驰逐名场非素心。"②因此,当时江永在外的名声,反而不及其门生戴震。

戴震《江慎修先生事略状》谓,江永少时,"与里中童子治世俗学"。所谓"世俗学",当指科举之业。但江永并未沿着这条路走下去,转而废科举,精心于《十三经注疏》,于《三礼》尤为用功。他闭门授徒,"束修所入,尽以购书,遂通经艺"。③可知,早年江永所学与用心,尚未出新安理学家所致力处,即围绕着几部经书做学问。

江氏《礼经纲目》,对新安理学传统学风的继承,更为明显。支伟成《清代朴学大师列传》称是书成于江氏41岁,④当是其早期作品。朱熹晚年治《礼》,作《仪礼经传通释》,但书未就而逝。朱氏门人曾有续作,江永以为其书犹多缺漏,于是"为之广摭博讨",从《周官经大宗伯》吉、凶、宾、军、嘉五礼旧次,"大纲细目,井然可睹"。⑤数易其稿而后定,题作《礼经纲目》,⑥凡88卷。史官称之"引据诸书,厘正发明,实足终朱子未竟之绪"。⑦他在62岁

---

① 江藩:《国朝汉学师承记》卷5《江永》,中华书局1983年版。
② 戴震:《戴震文集》卷12《江慎修先生事略状》,中华书局1980年版。
③ 江藩:《国朝汉学师承记》卷5《江永》,中华书局1983年版。
④ 支伟成:《清代朴学大师列传》卷5,岳麓书社1986年版。
⑤ 戴震:《戴震文集》卷12《江慎修先生事略状》,中华书局1980年版。
⑥ 《四库全书总目》著录为《礼书纲目》。
⑦ 赵尔巽等:《清史稿》卷481《江永传》,中华书局1977年版。

时,专心注理学要籍《近思录》,成《近思录集注》14卷。江氏对理学的良苦用心,可见一斑。

然而,江永毕竟处在清初学术界由"宋学"为"汉学"所替代的潮流中。他深受当时学风的影响。因而,其学术风格较之新安理学先儒,又有注重考覈、不务空谈的特点。戴震推重江氏在训诂学上的贡献,自汉经师康成后"罕其俦匹",[1]江藩以为此论"非溢美之辞"。[2]

江氏以治《礼》为长,著有《周礼疑义举要》6卷、《礼记训义择言》6卷、《深衣考误》1卷、《礼经纲目》88卷等书,他还精"推步、钟律、音声、文字之学",著有《律吕阐微》11卷、《春秋地理考实》4卷、《乡党图考》11卷、《读书随笔》12卷、《古韵标准》6卷、《四声切韵表》4卷、《音学辨微》1卷、《推步法解》5卷、《七政衍》《金水二星发微》《冬至权度桓气论》《历辩》《岁实消长辩》《历学补论》《中西合法拟草》各1卷。如此广博的研究范围,是新安理学先儒所未曾有过,却为后来皖派经学家所注目。由于江永的学术特点及其对天文、地理、声韵等研究多方面的成果,后人遂将他视作皖派经学的"开宗"。其实,从江氏一生来看,他正处在新安理学向皖派经学的过渡之中。在他身上,既有着新安理学传统的烙印,又有着皖派经学学风的萌芽。

程瑶田,字易田,又字易畴。戴震《再与卢侍讲书》又称"亦田",[3]歙县人。生于雍正三年(1725年),卒于嘉庆十九年(1814年)。与休宁戴震、歙人金榜俱学于江永。在江氏门中,瑶田的学术与影响,并非拔萃。但若论对江氏学术风格的承继,则无出瑶田之右者。戴震等人,已经越出了"朱子之学"樊篱,完全走上了批判新安理学的道路。而瑶田则同乃师一样,依然游离于新安理学与皖派经学之间。著有《丧服足征记》《宗法小记》《沟洫疆里小记》《禹贡三江考》《九谷考》《磬折古义》《水地小记》《解字小记》《声律小记》《考古创物小记》《释草虫小记》等书。瑶田既精研训诂、制度、名物、声

---

[1] 戴震:《戴震文集》卷12《江慎修先生事略状》,中华书局1980年版。
[2] 江藩:《国朝汉学师承记》卷5《江永》,中华书局1983年版。
[3] 戴震:《戴震文集》卷3《再与卢侍讲书》,中华书局1980年版。

律,戴震自称尚"逊其密",①同时,对义理、象数等,也是"无所不赅",②兼有新安理学和皖派经学两种不同的学术风格。

三、戴震在研究汉学中独开生面——新安理学演变为皖派经学的标志

如果说,在江永及其部分弟子身上,交织着新安理学与随后兴起的皖派经学两种不同学术风格,那么,处于江永门下的戴震,已彻底摆脱了新安理学宗旨"朱子之学"的束缚,树立了一种新学术——皖派经学的大旗。

戴震,字东原,休宁人。生在雍正元年(1724年)十二月,卒于乾隆四十二年(1777年)。他性格内向,"读书好深湛之思",③但拙于背诵科举程文,"不喜随人治世俗学"。④ 因此,一生6次进京参加会试,均名落孙山。在京时,穷困潦倒,"馆粥几不继,人皆目为狂生"。⑤ 只在乾隆四十年(1775年)53岁时,特旨参加殿试,赐同进士出身,授翰林院庶吉士,方取得些许功名,但不过两年,便在京病逝。

为什么要把戴震汉学的问世,视为新安理学转变为皖派经学的标志呢? 这要从戴震的思想及其学术风格方面来回答这个问题。

首先,戴震彻底否定了新安理学的宗旨"朱子之学"。

明末清初"天崩地解"的动乱后,昔日理学高高在上的尊严,已被反理学潮流所扫荡。人们鄙视空谈,不再迷信所谓的义理之学。到戴震生活的时代,以讲求性命义理发家的"圣贤"及其"金玉良言",同样遭到怀疑。洪榜《戴震先生行状》载:戴震13岁读《大学》章句时,就怀疑朱熹如何知道2000年前孔子、孟子的微言大义。⑥ 在他的心目中,朱熹及其观点,已失去神圣的光环。他好究根问底,已不像他的前辈,包括其师江永在内那么盲目迷信。

---

① 戴震:《戴震文集》卷3《再与卢侍讲书》,中华书局1980年版。
② 支伟成:《清代朴学大师列传》卷6,岳麓书社1986年版。
③ 赵尔巽等:《清史稿》卷481《戴震传》,中华书局1977年版。
④ 余廷灿:《存吾文集》卷4《戴东原事略》,咸丰五年(1855年)刊本。
⑤ 钱大昕:《潜研堂文集》卷39《戴先生震传》,四部丛刊初编本。
⑥ 洪朴、洪榜:《二洪遗稿》之《初堂遗稿·戴先生行状》,民国二十年(1931年)通学斋影印本。

"每一字必求其义,塾师略举《传注》训解之",而戴震"意每不释然"。① 正是这种不满足于"知其然"、还要"知其所以然"的"求是"治学态度,使他最终成为"朱子之学"的反动者。

当时汉学家大多埋首于考据,而绝不开口谈义理。戴震则不然,他在17岁时,便"有志闻道"。② 嗣后,在《沈学子文集序》中又说:"凡学始乎离词,中乎辨言,终乎闻道。"③这就是说,学问的最终目的,乃是"闻道"。他批评当时"博雅能文章、善考覈者,皆未志乎闻道。徒株守先儒而信之笃"。④ 在"闻道"思想指导下,戴氏一生著有多部专谈性命义理的书,如《孟子字义疏证》《原善》《孟子私淑录》《读易系辞论性》《读孟子论性》等。他给弟子段玉裁信中称:《孟子字义疏证》一书,在于"正人心之要",为生平著述最大者。⑤ 可知,戴氏最自得处,在于讲义理,而不是考据。梁启超先生也称他前者的成就"超乎考据学之上"。⑥ 皖派经学在重考据的同时,也谈义理之学,无疑有着新安理学学术的印记。

不过,戴震谈"义理",与新安理学先儒谈"义理",有质的区别。前者已不再株守"朱子之学",而本着"求是"的态度,直接从《六经》、孔孟学说中寻求"道",从而得出了与"朱子之学"绝然相背的观点。

戴震远绍张载"气本论",认为宇宙的本体和动因都是"气",万物由"气"之分化而成。他疏证"理"之字义,乃是"察之而几微必区以别之名也,是故谓之分理;在物之质,曰肌理,曰腠理,曰文理;得其分则有条不紊,谓之条理"。⑦ 将"朱子之学"核心"理",放入平凡的物质界考察,从而否定以"理"为

---

① 洪朴、洪榜:《二洪遗稿》之《初堂遗稿·戴先生行状》,民国二十年(1931年)通学斋影印本。
② 戴震:《戴震文集》附录《戴东原先生年谱》,中华书局1980年版。
③ 戴震:《戴震文集》卷11《沈学子文集序》,中华书局1980年版。
④ 戴震:《戴震文集》卷9《答郑丈用牧书》,中华书局1980年版。
⑤ 戴震:《戴震文集》卷首《戴东原集序》,中华书局1980年版。
⑥ 梁启超:《中国近三百年学术史·清代学术变迁与政治影响》卷中,中华书局1936年版。
⑦ 戴震:《孟子字义疏证》卷上《理》,中华书局1982年版。

世界本原的学说。

在人性论上,否定"朱子之学"中"天地之性"与"气质之性"的差别。认为人性只有智愚之别,而无善恶之分。

在道德论上,否定"朱子之学"中"存天理,灭人欲"的理欲相斥观。他认为"欲,其物;理,其则也",①应该就人之情欲而求理。人人得到恰如其分的物质欲望的满足,就是"天理"。

戴震的思想,与新安理学宗旨"朱子之学"锋芒相对。他对朱熹学说指名道姓地抨击,不像江永等人游移于新安理学与皖派经学之间,而是明显地表现出两种不同学术之间质的区别。因此,戴震及其学说,是新安理学演变为皖派经学的转折点。

其次,戴震将新安学术风气,从空谈义理,导向侧重考证。

新安理学是朱熹的嫡传,后辈理学家视"朱子之学"为金科玉律,对之阐述,拘谨万分,从不敢逾越一步。因此,大多数新安理学家只是从义理上说义理,玄而又玄。明初,朱升举具体事物来阐明新安理学宗旨"朱子之学",可说是高出前人与同辈一筹。可惜,明中叶后,受王阳明"心学"影响,程文德、潘士藻等人又流于空谈,而且远甚于前代。戴震反对这种"空凭胸臆""凿空得之"的学风。②他认为:"经之至者,道也;所以明道者,其词也;所以成词者,字也。"这就是说,阐述义理必须先从文字入手,"由字以通其词,由词以通其道"。③戴震的学术起点,便是汉许慎的《说文解字》。洪榜《行状》称戴氏"大好其书,学之三年,尽得其节目",而后,"又取《尔雅》《方言》及汉儒《笺注》之存于今者,搜求考究。一字之义,必贯群经,本六书以为定诂。由是尽通前人所合集《十三经注疏》"。④可知,戴震通经,如他主张的那样,从"字义"入手。

---

① 戴震:《孟子字义疏证》卷上《理》,中华书局1982年版。
② 戴震:《戴震文集》卷11《题惠定宇先生授经图》,中华书局1980年版。
③ 戴震:《戴震文集》卷9《与是仲明论学书》,中华书局1980年版。
④ 洪朴、洪榜:《二洪遗稿》之《初堂遗稿·戴先生行状》,民国二十年(1931年)通学斋影印本。

那么,如何能通"字义"呢?关键在于精研小学。戴震认为,读书之始,必先小学。何谓"小学"?"小学者,六书之文是也",①大凡"载籍极博,统之不外文字,文字虽广,统之不越六书",所以说,六书是"文字之纲领,而治经之津涉也"。② 缘于此故,戴震专著《六书论》3卷,以指点学者治经之法。

戴震同时推重"古故训之书"《尔雅》,认为儒者治经,"宜自《尔雅》始"。③为什么呢?因为,"援《尔雅》附《经》而《经》明,证《尔雅》以《经》而《尔雅》明"。④ 这就是说,《尔雅》乃是晓明经典大义的必备工具书。"六艺之赖是以明也,所以通古今之异言,然后能讽诵乎章句,以求适于至道"。⑤ 只有从《尔雅》开始,明白古今异言的含义,才能读懂《六经》,求得其中的"至道"。

要明白古今字义的不同,仅有《尔雅》之类的"字书"还不行,尚需将"字书"与"韵书"结合起来,"字书主于故训,韵书主于音声",戴震认为两者"恒相因",即息息相关而不可分割。"音声有不随故训变者,则一音或数义。音声有随故训而变者,则一字或数音"。⑥ 因此,当从故训和音声两方面考察,才能得出正确的"字义"。

综上所述,戴震的治学方法,乃是以"小学"为基础,从音韵、字义、典章制度等方面阐明经典大义。这与新安理学家空谈义理的学风大相径庭。由此,在戴震身上,可以看出新安理学与皖派经学的明显界限。

再次,戴震培养了一批以"求是"为宗旨、以考据为学术特色的新安经学家。

戴震由"小学"入经学之门,深得江永《礼经》及推步、钟律、音声、文字之学大全。这在江氏门中,唯其一人而已。⑦ 近人支伟成称:"自戴震崛起安

---

① 戴震:《戴震文集》卷3《六书论序》,中华书局1980年版。
② 戴震:《戴震文集》卷3《六书论序》,中华书局1980年版。
③ 戴震:《戴震文集》卷3《尔雅文字考序》,中华书局1980年版。
④ 戴震:《戴震文集》卷3《尔雅注疏笺补序》,中华书局1980年版。
⑤ 戴震:《戴震文集》卷3《尔雅文字考序》,中华书局1980年版。
⑥ 戴震:《戴震文集》卷3《论韵书中字义答秦尚书蕙田》,中华书局1980年版。
⑦ 赵尔巽等:《清史稿》卷481《戴震传》,中华书局1977年版。

徽,皖派经师,头角崭露。"①新安众多经学名家,均出自戴震门下。

如金榜,字蕊中,一字辅之,晚更号檠斋,安徽歙县人。受学于江永暨戴震,"邃于经学,尤擅长'三礼'"。著有《礼笺》10卷。"大而天文、地域、田赋、学校、郊庙、明堂,下逮车、旗、器服之细,罔弗贯穿群言,折衷一是"。因金榜之出,后人感叹:"经学之盛在新安,良有以夫!"

洪榜,字汝登,一字初堂,安徽歙县人。"生平所学,服膺戴氏"。② 著《四声韵和表》5卷、《示儿切语》1卷,"其书宗江戴两家之说而加详焉"。另有《周易古义录》《书经释典》等书行世。

汪龙,字叔辰,安徽歙县人。与戴震弟子段玉裁交往,取段氏所注《说文》,补正自己早年著作《毛诗异议》,缮为定本。

凌廷堪,字仲子,又字次仲,歙县人。"究心经史,冀为其乡先辈江戴之学"。专攻礼学,著有《礼经释例》等书。

皮锡瑞在《经学历史》中说:"乾隆以后,许郑之学大明,治宋学者已鲜,说经皆主实证,不空谈义理。"③新安自戴震之后,大批"主实证"的经学大师出现,标志着空谈义理的新安理学已后继乏人。代之而起的,便是由这批经学大师所构成的皖派经学。

由朱熹到戴震,经历宋元明三朝的新安理学已被彻底否定;传统的空谈义理学风,为侧重于考据实证的方法替代;新安学者大多致力于音韵训诂、天文地理、典章制度的研究,形成了"皖派经学"。这表明,新安学术已经完成了从新安理学到皖派经学的转变,而戴震则是一个划时代的人物。

原载《安徽师范大学学报》1988年第4期

---

① 支伟成:《清代朴学大师列传》卷6《叙目》,岳麓书社1986年版。
② 支伟成:《清代朴学大师列传》卷6《洪榜》,岳麓书社1986年版。
③ 皮锡瑞:《经学历史》,中华书局1959年版。

新安理学与徽州宗族社会

宋代理学导源于周敦颐,分流于张载、邵雍和二程(颢、颐),而集大成于朱熹。朱熹以孔孟之道为本,援佛道入儒,综罗北宋理学诸家之说,将传统儒学提高到前所未有的哲理化高度,创建了一个完整而系统的理学体系,后世称之为"朱子学"。朱熹一生讲学不辍,门生弟子数千人,遍及闽中、两浙和江右等南方地区。他们同尊朱子,于朱子学的发明则各具特色、各有心得,形成了众多流派。其中徽州(旧称新安,今安徽黄山市)婺源系朱熹祖籍,徽州的朱门弟子以朱熹嫡传自誉,在诠释朱子学方面独树一帜,被称为新安理学。新安理学在南宋形成学派后,在元代得到进一步的发展,并于明初达到鼎盛阶段。一直到清朝中叶,因皖派经学的兴起,新安理学才结束了近700年的发展历史。其间,它始终有一以贯之的学术宗旨、一脉相传的理学家群和鲜明的学派特征,对12世纪以后中国哲学史和中国学术思想史的发展演变,产生了巨大的影响。[①] 同时,由于士人的宣扬和百姓顶礼膜拜,新安理学的思想和观念在徽州深入人心,渗透到社会生活的各个领域,深刻影响了南宋以后,特别是明清时期的徽州社会风尚。本文主要考察新安理学与徽州宗族社会的关系问题,所提出的看法如有不当之处,敬祈教正。

---

① 周晓光:《新安理学源流考》,载《中国文化研究》1997年夏之卷。

徽州是一个宗族社会,聚族而居及其严密的宗法制度,是徽州最典型的社会现象之一。清代徽州籍著名学者赵吉士在《寄园寄所寄》中说:"新安各姓聚族而居,绝无一杂姓搀入者,其风最为近古。出入齿让,姓各有宗祠统之,岁时伏腊,一姓村中千丁皆集,祭用朱文公家礼,彬彬合度。父老尝谓新安有数种风俗,胜于他邑:千年之冢,不动一抔;千丁之族,未尝散处;千载谱系,丝毫不紊。主仆之严,数十世不改,而宵小不敢肆焉。"[①]这里描述的是徽州作为宗族社会所体现的一系列突出特征和风尚。此类记载,在有关徽州的文献中,并不少见。比如明代嘉靖《徽州府志·风俗》称:"家乡故旧,自唐宋来数百年世系比比皆是。重宗义,讲世好,上下六亲之施,无不秩然有序。所在村落,家构祠宇,岁时俎豆。其间小民,亦安土怀生。即贫者不至卖鬻子女。婚配论门第,治褂裳装具,量家以为厚薄。其主仆名分尤极严肃而分别之。"康熙志在此条后附注:"此俗至今犹然。脱有稍紊主仆之分,则一人争之,一家争之,一族争之,并通国之人争之,不直不已。"这说明宗族与宗法在明清时期徽州社会中的重要地位和影响。迨及民国,这种状况依然没有改变。民国《歙县志·风俗》说:"邑俗重宗法,聚族而居,每村一姓或数姓,姓各有祠,支分派别复为支祠。"据近人陈去病《五石脂》书中称,徽州大族汪程二姓,支祠竟是"数以千计"。由此可见徽州宗族社会的基本风尚。

徽州形成宗族社会的原因,乃是多方面的。从其起源来看,当与北方世家大族在魏晋以来的南迁有直接的联系。这一点,在许多研究徽州宗族的学者的著作中,已屡有提及。不过,在研究这一问题时,特别应当注意的一个重要现象是,徽州宗族社会的重大发展在南宋以后,尤其是明清时期。作为宗族社会典型标志的祠堂、牌坊、族产、族谱、族规等,在徽州大多是南宋以后修建或修撰的。我们认为,这一重要现象的出现,或者说,徽州宗族社会的重大发展,应该主要归结于朱熹及其创导的新安理学的作用。

首先,新安理学所倡导的伦理观,是徽州宗族制定族规和祖训的理论

---

① 赵吉士:《寄园寄所寄》卷11《泛叶寄》,康熙刊本。

依据。

中国古代哲学中包含着非常丰富的伦理思想,各家各派对天人论、人性论、义利论、人伦论、人我论、治世论、观人论、修身论,以及祸福论和生死论等伦理问题,都曾提出了相近或相异的观点。朱熹及其创导的新安理学,也有一套比较系统的伦理观。尤其是在人伦观方面,朱熹与新安理学家们继承和发展了儒家传统的人伦思想和文化,特别强调建立适合中国宗法等级制的、以家庭(家族)为本位的人伦思想和人伦规范。其人伦观内容涉及夫妇之伦、父子之伦、君臣之伦、长幼之伦、朋友之伦等方面,而核心主张则是"三纲五常"、忠孝节义和森严的宗法等级制。朱熹曾说:"道即理也……其目则不出乎君臣、父子、兄弟、夫妇、朋友之间。"①他特别重视孟子的"五教"(父子有亲、君臣有义、夫妇有别、长幼有序、朋友有信),将其列入《白鹿洞书院揭示》中,作为学者相与讲明和立身行事的准则。在南宋新安理学家吴儆的伦理学说中,"忠、孝"被推为人们立身行事的根本。他说:"臣子之所以自立于世者,惟忠与孝。夫子以为事亲孝,故忠可移于君。"②他认为,"君亲一心,忠孝一事",忠与孝之品德在一个人身上可以做到有机的统一。在《读友于堂诗书其后》篇中,吴儆极力宣扬了"兄弟天伦也,夫妇人合也,孝友天性也"的观点。③ 元末新安理学名家郑玉在阐释"三纲五常"时强调:"五常为人伦之重,而不知三纲又为五常之重也。"④将"君为臣纲、父为子纲、夫为妻纲"摆在了人伦之道中最重要的位置上。在郑玉的学术思想中,最重要的内容之一就是"语子以孝,语臣以忠"。⑤ 上述观点,反映了各个时期新安理学在人伦观方面的基本倾向。

朱熹与新安理学家的基本观点和主张,成为南宋以后徽州宗族在制定族规和祖训时的最重要的理论依据;或者说,徽州宗族的族规和祖训,其实

---

① 朱熹:《朱子文集》卷44,商务印书馆1936年版。
② 吴儆:《竹洲集》附录《见蒋枢丐祠书》,四库全书本。
③ 吴儆:《竹洲集》卷14《读友于堂诗书其后》,四库全书本。
④ 郑玉:《师山遗文》卷3《与鲍仲安书》,四库全书本。
⑤ 周晓光:《论元末明初新安理学家朱升与郑玉》,《中国哲学史》1994年第2期。

就是朱熹与新安理学家们伦理思想的具体体现。兹以清代同治年间编撰的徽州《方氏宗谱》中所录族规为例,该族规就"洁祠堂""守祠产""修坟墓""崇祭祀""示家长""训子弟""孝父母""友兄弟""序长幼""别夫妇""严嫡妾""训诸妇""肃闺门""重婚姻""事舅姑""和妯娌""植贞节""防继庶""代父职""教子孙""谨言行""尚勤俭""节婚嫁""供赋役""择朋友""励士风""重斯文""临亲丧""慎丧葬""睦族里""息词讼""守家规"等事关人伦之大者,作了详尽的规定。其要者如下:

"凡为家长者,视听言动,爱憎取舍,一轨于正,斯足为子孙矜式。切无妄自尊大,以伤雍睦之风。尤不宜轻信妇女、奴隶之言,以取于家。惟公平正直,乃可以齐家耳。

父母犹天地也,为子者宜愉色婉容,养志承顺。平时饮食衣服竭力营,或遇疾病,朝夕依倚,汤药必亲尝,毋得轻委他人。如兄弟不尽心者,好言劝谕儆戒,不得反行仿效,以取不孝之罪。

兄弟犹手足也,毋得伤情失谊,以贻父母之忧。然阋墙之变有二:非听信乎枕边,即溺情于财产。夫争财之心生,足致败亡之祸;枕边之言入,顿起离间之端,家门之大不幸也。嗣后余族兄弟,当念同气连枝之重,思古人推梨让枣之义,勿启争端为外人笑。

长幼有一定名分,不可易也。宗族中尊卑相见,务要各尽分礼。揖则少者端拱而长者答之,行则长者先步而少者随之,在席则长者正坐而少者隅之,起则少者先立,出则少者徐行。称呼皆依行第正名,毋得简略失实。有行尊而年卑者,都宜加礼,以崇厚风。违者尊长面责之,三犯者议罚,五服内者,罚加一等。

夫妇宜唱随和谐,以全人伦之大。然必能各尽其道,而后克敦伉俪之谊。为夫者须正身齐家,不可使牝鸡司晨。为妇者当降心从夫,不可执一己之性。

妾嫡相处,自有定分。为嫡者必惠其妾,毋得怀妒而加虐。为妾者当敬其嫡,毋得僭分而专宠。

诸妇务要恪遵，内则孝事舅姑，敬顺丈夫，和睦娣姒，恩御奴婢。如有妒忌饶舌者，翁姑诲谕之；不改，则继之以怒；又不改，则声其罪，出之。倘有秽德污行，即宜屏逐不待教责也。

　　维正之供，乃庶民之职。吾族中凡遇征纳，必须及早输将，即家贫，亦必设计完纳，切不可拖欠，致受鞭笞，以贻祖宗羞。朱子云：国课早完，虽饔飧不继，亦有余欢。诚以急公奉法，固庶民之分宜然也。"①

于以上族规中的内容可见，它所阐释的伦理思想和规范，正是朱熹与新安理学家一贯倡导的基本思想，我们可以注意到，其中有的内容甚至还直接引用了朱熹之言以作佐证。在这里，通过洁祠堂、修坟墓、孝父母、序长幼、别夫妇、供贡赋、临亲丧、睦族里等规定，徽州宗族表现出维护森严的宗法等级制的核心思想和具体贯彻朱熹及其新安理学伦理观的实质。在保存至今的数量庞大的徽州族谱中，类似的内容十分常见。比如，徽州宗族族规对君臣之伦提出了"公而忘私，国而忘家"②"事君，则以忠……为大臣，当思舟楫霖雨之才；为小臣，当思奔走后先之用；为文臣，当展华国之谟；为武臣，当副干城之望"③等基本要求。大部分族谱中对族众应承担的国家义务都有明文规定和要求。比如，《武溪陈氏重修宗谱》中《家谱定规》规定："吾门粮差，各有定规，乃朝廷正务，不可慢也。"④关于父子之伦，徽州宗族族规强调"孝为百行之先"，⑤规定"人子于父母，不得不愉色婉容，以欢其情；承颜顺意，以适其志；或其惑于宠嬖，厚于庶孽，而情有不均，为之子者，但当逆来顺受而已，不敢于自较也"。⑥对夫妇之伦，徽州族规家训则大力提倡"妇人之道，从一

---

① 徽州《方氏宗谱》卷之首《族规》。
② 婺源《武口王氏统宗世谱》卷之首，清刊本。
③ 婺源《武口王氏统宗世谱》卷之首，清刊本。
④ 徽州《武溪陈氏重修宗谱》卷1，清刊本。
⑤ 徽州《金山洪氏家谱》卷1《家训》，清刊本。
⑥ 徽州《方氏族谱》卷7，清刊本。

而终,一与之齐,终身不改",①倘若"不幸寡居,则丹心铁石,白首冰霜",做一个"节孝贤妇"。② 关于上下、尊卑、长幼关系,所有的徽州宗族族规都严格规定了"名分",稍有越位,将受到严厉的处罚。这些族规中贯穿始终的理论指导思想,就是朱熹与新安理学家积极主张和宣传的伦理观。

其次,朱熹的《文公家礼》以及新安理学家的有关礼学著作,是徽州宗族活动的指南性经典。

一定形式的宗族活动,是宗族社会的基本特征,也是宗族文化的重要内容之一。而无论何种形式的宗族活动,都会遵循相应的规范,包括宗族活动的原则性规定和各种礼节的具体要求。宗族活动的规范,在宗族活动乃至宗族文化中占有举足轻重的地位。徽州的宗族活动,以朱熹的《文公家礼》和新安理学家的有关礼学著作为规范样本,其活动内容、程序和具体细节,严格遵循《文公家礼》等著作中的有关规定,因此,朱熹与新安理学家在徽州宗族活动的规范性建设方面,有着突出的贡献。

朱熹在其经学研究中,对礼经特别重视,一生写了相当数量的考礼、议礼的文章。其基本思想"大要有两端,一曰贵适时,不贵泥古。一曰礼文累积日繁,贵能通其大本"③。因此,朱熹的礼学著作有极强的应用性。现存录于《四库全书》中的朱氏礼类著作有两部:一为《仪礼经传通解》37卷、续29卷。该书以《仪礼》为经,取《礼记》和经史杂书中有关礼的内容,附于本经之下,并具列诸儒注疏之说编撰而成,是朱熹晚年所耗精力最大的一部著作。二为《家礼》5卷、附录1卷。主要篇目有《通礼》《冠礼》《昏(婚)礼》《丧礼》《祭礼》等。该书"自元明以来,流俗沿用",④在社会上产生了广泛而深刻的影响。此外,清代李光地所撰《朱子礼纂》5卷,也是汇集朱熹礼学思想的著述。朱熹之后,新安理学家中研究礼学之风经久不衰,有成就的学者和有建

---

① 徽州《明经胡氏龙井派宗谱》卷首《祠规》,清刊本。
② 休宁《宣仁王氏族谱》。
③ 钱穆:《朱子新学案》,巴蜀书社1986年版。
④ 永瑢等:《四库全书总目》卷22《经部·礼类》,中华书局1965年版。

树的著作不断出现。比如陈栎(休宁人)的《礼记集成》、胡炳文(婺源人)的《礼书纂述》、程荣秀(休宁人)的《翼礼》、吴霞举(歙县人)的《文公丧礼考异》、汪克宽(祁门人)的《经礼补逸》、江永(婺源人)的《礼经纲目》等。上述新安理学家的礼类著述,为徽州宗族开展宗族活动提供了规范的样本。特别是朱熹的《文公家礼》,因其主要内容与家祠、家祭等宗族活动的内容紧密关联,且朱熹又是在徽州人心目中具有崇高地位的"徽国文公",所以该书成为最受徽州宗族推崇的一部经典。《新安黄氏会通宗谱·集成会通谱叙》称:"盖人伦不明,宗法废弛,民俗颓弊甚矣。幸而皇宋诞膺景运,五星聚奎。于是吾郡朱夫子者出,阐六经之幽奥,开万古之群蒙,复祖三代之制,酌古准今,著为《家礼》,以扶植世教。其所以正名分,别尊卑,敬宗睦族之道,亲亲长长之义,灿然具载。"这一评价,代表了徽州宗族对《家礼》的普遍看法。

因此,在现存的徽州家谱、族谱中,不少族规、家训都明确规定必须按照朱熹的《家礼》开展宗族活动。如休宁《茗洲吴氏家典》中规定:"遵行《家礼》,率以为常。"①绩溪上庄明经胡氏《新定祠规二十四条》强调:"凡祭祀……一切仪节,谨遵朱子《家礼》。"②歙县潭渡黄氏《祠规》中要求族众"元旦谒祖、团拜及春秋二祭,悉遵朱子《家礼》"③等等。宋元明清时期,徽州宗族的各项活动,严格遵循了朱熹《家礼》中的原则性规定和具体要求。由此,徽州的宗族文化深深地烙上了朱熹和新安理学家思想的印记。比如,朱熹《家礼》卷1《通礼》部分首列了"祠堂"条。按照朱熹的解释:"此章本合在祭礼篇",为体现"报本反始之心,尊祖敬宗之意",所以"特著此冠于篇端,使览者知所以先立乎其大者"。④ 于此可见在朱熹宗族思想中,祠堂有着特殊的重要地位。在朱氏思想的影响下,徽州宗族普遍认为"举宗大事,莫最于祠。

---

① 吴清羽:(雍正)《茗洲吴氏家典》卷首《凡例》,雍正刊本。
② 绩溪《上川明经胡氏宗谱》卷下《新定祠规二十四条》,宣统刊本。
③ 歙县《潭渡黄氏族谱》卷6《大宗祠春秋祭文》,雍正刊本。
④ 朱熹:《家礼》卷1《通礼》,四库全书本。

无祠则无宗,无宗则无祖";①"崇本枝,萃涣散,莫大于建祠"。② 所以自南宋以后,徽州宗族开始兴修祠堂,并逐渐将其视为宗族最重要的活动之一。尤其是明清时期,在徽州商人强大的财力支持下,徽州宗族的祠堂建造规模达到了空前的程度。无论大姓、小姓,大宗、小宗,都建有宗祠、家祠,一些大姓还建有统宗祠。仅黟县西递村明经胡氏宗族,在明清两代就建造了宗祠、支祠 26 座。③ 而从整个徽州地区来看,用"祠堂林立"来说明该地区宗祠之多,一点不过分。这种社会现象的出现,与朱熹及其《家礼》对祠堂的重视有直接的关系。尤其值得注意的是,徽州祠堂追荐四代和神主排列的"寝室规制"以及祭祖礼仪等,几乎照搬了《家礼》中的有关规定。民国《歙县志·风土》说:"祭礼,俗守文公《家礼》,在昔小异大同。"这一记载,在许多徽州族谱中都可以得到具体印证。如《上川明经胡氏宗谱·新定祠规二十四条》规定:"凡祭祀,春以春分日举行,冬以冬至日举行,高、曾、祖、祢用牲,旁亲用庶馐,一切仪节,谨遵朱子《家礼》。"在《茗洲吴氏家典》的《家规》中也明确要求:"祭礼,并遵文公家式。"由此可见朱熹《家礼》在宗祠祭祀中的指导作用。

祠堂与祭祀之外,朱熹的《家礼》对祭田也是非常重视。其中特别规定:"初立祠堂,则计见田,每龛取其二十之一,以为祭田。亲尽则以为墓田。后凡正位祔者,皆仿此。宗子主之,以给祭用。上世初未置田,则合墓下子孙之田,计数而割之,皆立约闻官,不得典卖。"④于是徽州宗族视祭田的设置与经营为宗族活动的重要内容,认为"祠而弗祀,与无同;祀而无田,与无祀同",提倡和鼓励族众出资出力。⑤ 据有关史料表明,所有徽州的宗族,都有数量不等的祭田;而在明清时期,一些徽州大姓拥有的祭田有数百亩,这一数字在耕地紧张的徽州是相当可观的。有关统计表明,解放前在徽州土地

---

① 《程典》卷 12《本宗列传第二下》,明万历刊本。
② 歙县《新安歙西溪南吴氏世谱》卷首《续刻溪南吴氏世谱叙》。
③ 赵华富:《黟县西递明经胡氏宗族调查研究报告》,未刊稿。
④ 朱熹:《家礼》卷 1《通礼》,四库全书本。
⑤ 歙县《古歙城东许氏世谱》卷 7,清刊本。

占有者中,宗族为最大者,占有的数量占总数的1/3～1/2。① 毫无疑问,徽州宗族的此项活动,与朱熹《家礼》中的有关规定有着直接的关联。从总体来看,徽州宗族的各项活动及其具体展开,以朱熹《家礼》为指南。

最后,绝大部分的新安理学家热心于宗族活动,成为徽州发展为宗族社会的有力推动者。

新安理学家们不仅构建思想体系,为徽州宗族社会的形成提供理论依据;而且积极实践,热心于宗族活动,对徽州宗族社会风尚的出现起到了推波助澜的作用。他们的实践活动主要包括两个方面:一是以身作则,带头为各自宗族和里社提供物质支持。比如朱熹在《家礼》中强调了宗族祭田的重要性,为此,他还专门在绍兴二十年春第一次回婺源老家省墓时,赎归其父质田百亩,请族中父老主供祀事。理学家黄何,字景萧,休宁人,新安理学先哲吴儆、程大昌之弟子,他因见宗族所居之里"有青陂塘,溉田千余亩,久废不治",于是"捐赀筑之,岁所入皆倍,里社祀之"。② 通过积极捐赠以助宗族开展宗族活动,这样的事例在新安理学家中并不少见。二是组织和参加祭祀、修谱、联谊等各种宗族活动。关于这方面的情况,在新安理学家的著作中有比较突出的反映。特别是作为宗族中文化层次较高的人,不少新安理学家成为族谱或宗谱的主要编撰者。他们认为:"人之祖宗,莫不欲其子孙之盛大而昌炽。为子若孙,亦莫不欲其克承先志为务。然天运靡常,兴衰继踵,有莫之为而为者,有莫之致而致者。天与命与,故谱系者,所以承其天而委其命也。"在新安理学家看来,族谱对敬宗睦族具有重大的作用,"宗法废而后谱作,谱作而后族尊,族尊则一族之人殆有所统,孝敬之心油然而生,不致相视如途人,谱其有关于世教也大矣"。③ 因此,在族谱的编撰中,新安理学家积极参与,发挥了重要的作用。比如,元代新安理学家程龙纂修了《龙

---

① 皖南区党委农村工作部编:《农村情况与土地关系》;叶显恩先生著《明清徽州农村社会与佃仆制》等书。
② 程瞳:《新安学系录》卷8《黄寺丞传》,康熙三十五年(1696年)绿荫园重修本。
③ 徽州《武溪陈氏重修宗谱》卷1,清刊本。

陂程氏世谱》,明代休宁学者吴士信撰有《商山吴氏族谱》,歙县学者张琏撰有《新安张氏续修族谱》,休宁人戴昭撰有《新安名族志》,休宁人程尚芳撰有《新安休宁古城程氏宗谱》,休宁理学家苏大撰有《新安苏氏族谱》,休宁人吴应期撰《潢源吴氏族谱》,祁门人汪士宽有《汪氏统宗世谱》,休宁人程敏政撰有《休宁陪郭程氏本宗谱》,绩溪人戴祥编有《绩溪戴氏族谱》,休宁人范涞撰有《休宁范氏族谱》等等。元朝延祐三年(1316年),著名理学家陈栎还编撰了一部全面反映徽州大族情况的《新安大族志》。上述族谱、宗谱和大族志的出现,对强化徽州宗族社会风气起到了重要的作用。有些新安理学家虽未直接参与族谱或宗谱的编撰工作,但他们对修谱的热心,不亚于亲撰者。我们在新安理学家的有关著作中,读到了相当数量的《谱序》,它表明新安理学家对族谱修撰鼎力支持和积极参与的态度。比如朱熹就留下了《婺源茶院朱氏世谱序》,其中称:"因阅旧谱,感世次之易远,骨肉之易疏,而坟墓之不易保也,乃更为序次,定为婺源茶院朱氏世谱,并书其后,如此仍录一遍,以族人十一氏以下,来者未艾,徽建两族自今岁当以新收名数更相告语而附益之,庶千里之外两书如一,传之永远,有以不忘宗族之谊。"于此可见朱熹对续宗谱是何等重视和积极。明初新安理学家朱升撰写了《石门陈氏族谱序》《重修本宗族谱序》《苦竹朱氏族谱序》等谱序,极力宣扬"谱之不可以缓也"的观点。① 与朱升同时代的新安理学家程昆(字汝器,休宁人)曾为《休邑黄氏思本图》作序,对该书编纂者黄显仁等人力图促进宗族繁衍的行为大加赞赏。② 修撰族谱之外,新安理学家对徽州宗族的其他事务也非常关心。如明代中叶著名新安理学家程曈就是宗族活动的积极参与者。当时,徽州程氏家族有人写了一篇《集程氏十万公辨》文,程曈读后,针对《集程氏十万公辨》中的有关内容,写了《评集十万公辨》,对徽州巨姓程氏源流考辨再三,从中反映出程曈对宗族事务的热心和关注。据我们见到的康熙五十七年六月

---

① 朱升:《朱枫林集》卷4《重修本宗族谱序》,黄山书社1992年版。
② 黄显仁等:《休邑黄氏思本图》卷首《思本图序》,洪武二十二年(1389年)刻本,藏天津图书馆。

休宁富溪人程键抄录的程瞳部分信札来看,程瞳还因此事而遭到过族人非议,一度处于"或切齿怒目而欲以骂仆为事,或攘拳露臂而欲以殴仆为能,或唾手拔剑而欲以刺仆为快"的艰难境地。然而,这一处境丝毫不改程瞳对宗族事务的热心态度。至于新安理学家"周赡族人"、敬宗睦族之事,更是史不绝书。如朱熹就曾表彰过婺源理学家江介(字邦直)"事兄敬爱有过人者,自奉省约而周赡族姻甚厚"。① 南宋著名新安理学家滕德粹(溪斋)"在官时,哀州郡所馈,别贮之,及归里悉班诸亲故之贫者,一簪弗以自留。族姻有丧,劝其早治葬"。② 休宁理学家程格斋"用伊川先生宗会法,以合族人,举行吕氏乡约,而凡冠、婚、丧、祭,悉用朱氏礼,乡族化之"③等等。由此可见,新安理学家是徽州宗族活动的积极参与者和推动者。

从以上几方面来看,新安理学对南宋以后徽州发展成为宗族社会,起到了重要的作用。《休宁县志》称:"一姓也而千丁聚居,一抔也而千年永守,一世系也而千派莫紊,率皆通都名郡所不能有,此岂非谈道讲学,沐浴紫阳之所留遗欤?"④就是说,徽州宗族社会诸种现象的出现,乃是受到了朱熹及其新安理学的深刻影响。这一看法是有道理的。在《潭渡黄氏族谱》中也提到:"郡县内俗之近古者,惟新安最。其世家巨姓,多聚族而居,谨茔墓,修蒸尝,考谱牒,得追远之意、笃本之思。盖新安乃子朱子故里,流风遗教渐渍使然也。"⑤这里需要探讨的一个重要相关问题是:为什么朱熹及其新安理学对徽州宗族社会的形成和发展会产生如此大的影响?

我们认为,这一局面的出现,与朱熹的故乡情结以及徽州人对朱熹的顶礼膜拜是分不开的。朱熹的新安始祖朱涔在唐代因避兵乱移居歙县篁墩,唐天祐中朱瑰领兵三千戍婺源,是为婺源茶院朱氏之始。八传至朱熹父亲朱松,朱松曾在歙州(徽州)学宫读书,娶歙县祝确处士女为妻。22岁时朱松

---

① 程瞳:《新安学系录》卷5《江荆州墓志铭》,康熙三十五年(1696年)绿荫园重修本。
② 程瞳:《新安学系录》卷7《滕溪斋墓志铭》,康熙三十五年(1696年)绿荫园重修本。
③ 程瞳:《新安学系录》卷8《程格斋墓志铭》,康熙三十五年(1696年)绿荫园重修本。
④ (康熙)《休宁县志》卷1《风俗》。
⑤ 歙县《潭渡黄氏族谱》卷6《潭渡孝行里黄氏大宗祠碑论》,雍正刊本。

因仕入闽,在福建尤溪生朱熹。而朱熹虽从小生活在闽地,但对新安故乡眷恋至深。他在作书序、跋和论著中多署名"新安朱熹"。因新安有紫阳山,故亦常号"朱紫阳",以寓不忘桑梓之意。他曾在给新安人汪太初的信中表达了由衷的思乡之情:"其心未尝一日而忘父母之邦也。"①持着这种终身不衰的怀乡情绪,朱熹一生曾两次专程到婺源扫墓。第一次是绍兴二十年(1150年),朱熹初次回婺源祭扫祖墓,并拜会当地学者,切磋学问。第二次是淳熙三年(1176年),朱熹遍走山间祖墓,并写了《祭告远祖墓文》。这年朱熹47岁,业已成名。婺源县令张汉借此机会,率诸生请朱熹撰写了《藏书阁记》,朱熹并将程氏遗书、外书、文集、经说、司马氏书仪、高氏送终礼、吕氏乡仪乡约等书赠给县学。新安学者日执经请问,朱熹随其资质高下,诲诱不倦,历三月余始归。此后宋元明数百年间,徽州被称为"程朱阙里"。② 徽州人对朱熹及其学说情有独钟,认为:"我新安为朱子桑梓之邦,则宜读朱子之书,取朱子之教,秉朱子之礼,以邹鲁之风自待,而以邹鲁之风传之子若孙也。"③所以他们"一以郡先师子朱子为归,凡六经传注、诸子百氏之书,非经朱子论定者,父兄不以为教、子弟不以为学也。是以朱子之学虽行天下,而讲之熟、说之详、守之固,则惟新安之士为然"。④ 我们认为,正是由于朱熹的故乡情结以及徽州人对朱熹的顶礼膜拜,导致朱熹与新安理学在徽州受到广泛的重视;由此朱熹与新安理学对徽州宗族社会的重大发展产生了深刻的影响。

原载《安徽师范大学学报》2001年第1期

---

① 程敏政:《新安文献志》卷9《朱文公:答汪太初书》,弘治三年(1490年)刊本。
② 《程朱阙里志》:"篁墩为程子、朱子故里",该地原有程朱阙里坊和程朱三夫子祠。
③ 吴清羽:(雍正)《茗洲吴氏家典·序》,雍正刊本。
④ 赵汸:《东山存稿》卷4《商山书院学田记》,四库全书本。

徽州盐商个案研究:《二房赀产清簿》剖析

《二房赀产清簿》(手抄本)是清代徽州歙县盐商江仲馨家庭的资产清簿,主要包括《分赀产簿》《遗嘱》《另议各条》《阄书》等内容,具体是:一是江仲馨于咸丰八年十二月所立的资产清单和分家遗嘱,其中还涉及江氏家族经营和州(今安徽和县)盐业的大致经过。二是江仲馨之孙呈禧、屡禧和繁禧在正式分家前对所有资产清理的说明。三是分家阄书。本文选择江仲馨及《二房赀产清簿》作个案研究,基于如下考虑:首先,明清时期称雄于东南半壁的徽州商帮,以盐业为"龙头"行业;而在经营盐业的徽州商人中,以歙县盐商势力最大。民国《歙县志·舆地志》说:"邑中商业,以盐典茶木为最著。在昔盐业尤兴盛焉。两淮八总商,邑人恒占其四。"[1]根据方志记载,歙县盐商中尤为著名者是江村之江、丰溪之吴、潭塘之黄、岭山之程、稠墅潜口之汪、傅溪之余、郑村之郑、唐模之许、雄村之曹、上丰之宋、棠樾之鲍、蓝田之叶等姓。江仲馨正是其中的"江村之江"。因此,他家的事例,在徽州盐商中具有典型意义。其次,以往学术界关于徽州盐商的研究,多注意总商以及一些大盐商,而对构成徽州盐商主体中的中、小商人,殊少关注。这是徽州商帮研究尤其是徽州盐商研究中的一个薄弱环节。选择江仲馨作个案研

---

[1] (民国)《歙县志》卷1《舆地志》。

究,可以填补一个具有普遍意义的空白。第三,笔者最近在黄山市(原徽州地区)寻访徽商资料时,发现了《二房赀产清簿》(原件藏于农民私家)。它比较全面地记载了清代咸丰、同治年间歙县江村徽商江仲馨经营盐业活动的情况,反映了徽州盐商兴衰的轨迹,为我们的个案研究提供了第一手的资料。有鉴于此,我们试图通过江仲馨的个案研究,揭示徽州盐商在近代社会变迁及经济、政治环境中的兴衰历程及其根源。不当之处,请方家教正。

一、江仲馨与《二房赀产清簿》

江仲馨,歙县江村人。生于乾隆三十六年(公元1771年),卒于咸丰八年(公元1858年)十二月。据江仲馨在《二房赀产清簿》的《分赀产簿》部分中自叙:"余自二十一岁承先以来,代扬商领销和州引盐。"说明江家是一个盐商家庭,在和州经销淮盐,江仲馨是在乾隆五十六年(公元1791年)继承祖业涉足其事的。其后,他经历了道咸之际清廷的盐法变革和咸丰兵燹等重大社会变迁。乃孙呈禧、履禧和繁禧在《分赀产簿》中称道,"先大父承办鹾务以来,兢兢业业,未敢怠荒,百务皆躬亲纪理,数十年如一日,守成创业,在在敏劳"。道光十七年(公元1837年),江仲馨将和州盐业生意交付长子江秋舫和次子江小庄,本人返回歙县江村,以二年的时间着意营造了一处规模宏大的三进园林化住宅。此后,江仲馨再也没有重返和州,一直在江村颐养天年。咸丰八年十二月初一日,江仲馨时年87岁,自感时日无多,遂亲立分赀产簿。后数日而亡。

江仲馨生有二子:即长子江秋舫和次子江小庄。他们曾先后到和州协助乃父经营盐业,在江仲馨返回歙县江村后,两人主持了江家在和州的盐业生意。道光二十七年(公元1847年),次子江小庄的两个儿子夭折,他悲伤过度,忽患"失荣"之症,旬日猝死。其侧室七日后生下遗腹子江繁禧,是为二房一脉。长子江秋舫在咸丰三年(公元1853年)太平军攻下和州后,徒步逃回歙县江村,"终日饮食厌尝,时以酒解愁,药投罔效"。在惊吓之中过了二年多,于咸丰六年(公元1856年)二月病死,年届六十。江秋舫生有两个儿子呈禧和履禧,这是大房血脉。因此,在江仲馨去世时,财产的合法继承人是三个孙子,即大房的呈禧、履禧和二房的繁禧。

尽管有江仲馨亲立的"轻重必当,分派惟均"的分赀产簿和遗嘱,但其时正值战乱,江家财产又分布徽州与和州二地,所以对每项资产的清理十分困难。据《二房赀产清簿》中有关财产清理说明,同治元年(公元1862年)大房二孙履禧曾绕道到达和州,意在清理和州的资产,结果因太平军再次打入和州,只身逃回江村;二年,长孙呈禧绕道鄱阳湖一千余里到达和州,但"值疫气大行,人民离困,租息轻微,略为部署,旋即返徽";三年夏,呈禧再次去和州清理财产,因"兵燹之余,所剩屋宇庄田,焚毁荒芜,蹂躏过半",江家的实际财产与江仲馨去世前所立的分赀产簿和遗嘱中所开列的财产已有较大的变化。经过长时间的清理,大房与二房的正式分家已是同治十二年(公元1873年)时的事了。有关分家情况,请亲族作证,立为《赀产清簿》。该簿"一样两本",大房、二房"各执一本,永远存照大发"。我们所见当是二房所执之本,故蓝布面上有黄绫底正楷黑字《二房赀产清簿》字样。其中的内容和格式,与常见的资产簿相似,所不同的是因整个分家过程历十余年,所以财产的清理、调整部分内容占了较大篇幅。

二、江氏商业资本的来源

据有关徽商资料记载,徽州商人资本的来源有多种渠道。按照日本学者藤井宏先生的看法,最主要的资本形式有委托资本、婚姻资本、援助资本、遗产资本、官僚资本和劳动资本。[①] 这在有关徽商资料中确实都能找到有关案例。[②] 由于家庭及家族背景不同,所以,就单个徽州商人来说,其资本来源各有侧重:或以委托资本、婚姻资本为主,或以遗产资本、劳动资本为主,而官僚资本相对较少。不少学者认为,由于盐商经营商品的特殊性,加之经营颇受明清盐法的牵制,因此其资本的来源一般以遗产资本为主。那么,江仲馨的资本来源如何呢?

---

① (日)藤井宏:《新安商人研究》,载安徽省社会科学院编《徽商研究论文集》,安徽人民出版社1985年版。

② 张海鹏、王廷元主编:《明清徽商资料选编》,黄山书社1985年版。

据咸丰八年十二月初一日江仲馨所立《分赀产簿》中自叙,乾隆五十六年江氏开始"承先"代扬商(两淮盐商)领销和州引盐。这就是说,江仲馨在经营和州盐业之初,确实接受了部分遗产资本。这部分"承先"的资本究竟是什么?价值几何?从《二房赀产清簿》反映的情况来看,江仲馨当时继承的是祖传的和州"江馨泰号"713引盐的销售权,如果把这种销售权(物化的标志是"砝单")看作固定资本,按时价计,713引的"砝单"相当于银子9000多两。这就是江仲馨继承的全部遗产资本。这部分资本,与后来江仲馨创下的全部资产相比,不到三十分之一;在江氏所有的营运资本中,也占极小的比例。

另外,从江仲馨在《分赀产簿》中的自叙来看,当时除了"砝单"之外,别无其他流动资本,所以江仲馨被迫将家中的房产典给族人,以此作为运销713引盐的资金。这也为道光十七年江仲馨回徽州重造新屋埋下了伏笔。

江仲馨经营盐业的资本,最大部分是在营运过程中,几经商场波折,逐步积累起来的。《分赀产簿》中说:

> (乾隆末年)岸销壅滞,扬商禀铣庚辛两纲额引,无盐运岸,费累积重。同岸自运之许恒吉、巴长发、方诚发力不能支,先后翦歇,余店独存。总商吴孙茂出名认运,禀请运宪详奉院宪行知州宪,来岸立店,欲抹垫费,勒令我店闭歇。比因赴扬兴讼,经众运商调议,岸垫属实。按照售盐分别提还,公禀寝息。计提二十年之久,将次提清。吴归鲍益泰接顶运行。沧桑之变,恍如目前。余为扬商代庖,在岸辛勤四十余载,课完全璧,薄置店屋庄田,价买根窝,总滚江馨泰七百十三引,江裕泰总三千零六十四引,自运自售,日渐丰裕。

这里,我们首先可以看出,江仲馨的资本是在"辛勤四十余载"后,才达到"日渐丰裕"的程度。究竟资本增加幅度多少呢?尽管《二房赀产清簿》中没有明确记载江仲馨投入运营的资本数目,但有一个指标足以说明问题:最初江氏销售的食盐只有713引,而在接顶了同族"江裕泰"号3064引盐的业务后,运营规模达到了3777引。以当时每引毛重430斤计,约为150万斤食盐。换句话说,江仲馨的运营资本应该已达到最初的5.4倍。而这部分增加的资本,完全是在实际经营中逐步累加的。它构成了江仲馨经营盐业资本的主体。

其次,我们可以注意到,江仲馨在积累资本的过程中,几经商场波折。上述文字透露出来的一个信息是,当时的商业竞争异常激烈,而且带有浓厚的封建色彩。据《两淮盐法志》中的有关记载,乾隆末年,因课税日益加重、捐输愈益增多,两淮盐商的运营活动一度陷入困境。各地销售淮盐的中小商人因此无法生存,纷纷关门歇业。在和州与江仲馨同做盐业生意的许恒吉、巴长发、方诚发等人就在这种背景下,进入歇业的盐商行列。江仲馨幸能"冰兢自守",苦心经营而"独存"。一劫过后,再劫复至。时为两淮总商之一的吴孙茂出名认运,欲在和州自设销售淮盐的分号,并且通过各级衙门,借口江氏岸垫银虚设,勒令和州江姓两家盐店"江馨泰号"和"江裕泰号"歇业。这是典型的借助封建官府势力,采取"大鱼吃小鱼"的兼并方式,最后达到垄断经营目的的行为。江仲馨亲赴扬州诉讼,借助宗族的力量,在众运营商的"调议"下,赢得了这场官司。江家的和州盐业生意因而得以维持。后徽州盐商鲍益泰接顶了吴孙茂的总商位置,江仲馨因此获得了一个较好的发展机会,开始自运自售,资本的积累有了较大规模的增长。

从以上情况来看,江仲馨经营盐业生意的资本有三个来源:一是遗产资本,即713引盐的"砝单";二是典押房产所得资金,用作运营713引盐的流动资本;三是在经营过程中积累的资本,包括接顶"江裕泰号"3064引的费用及其运营资本。这部分资本可以视为藤井宏先生所说的"劳动资本"。其中,第三部分资本占全部资本的最大份额。因此,就江仲馨这样一个在徽州盐商中处于低层次的商人来说,固然由于盐业经营活动的特殊性,其原始资本中包含了部分的遗产资本,但其整个运营资本并不以此为主。我们认为,"小本起家"不仅是明清时期徽州商帮中经营其他行业商人的普遍现象,而且在徽州盐商中同样存在。

三、江氏商业利润的出路

经过四十余载的努力,江仲馨由一个资本薄弱、靠典押房产维持经营的小商人,成为年销引盐150万斤的中等商人。在不断获取高额商业利润的同时,江仲馨又为这些商业利润安排了怎样的出路呢?这是一个值得注意的问题。

《二房赀产清簿》中收录的江仲馨在咸丰八年的遗嘱以及同治十二年江氏分家阄书,为我们了解江仲馨商业利润的出路提供了基本情况。

《遗嘱》条款的主要内容是:(1)关于田产的分配。这些田产包括庆瑞庄田(额收麦稻租619石2斗5升)、长丰庄田(额收麦稻租802石5斗)、小尹庄田(额收麦稻租250石2斗5升)、小王庄田(额收麦稻租160石)、永盛圩田(额包麦稻租52石)、长春庄田(额收麦稻租422石9斗)、正丰庄田(额收麦稻租293石)、和丰庄田(额收麦稻租254石4斗)、玉丰庄田(额收麦稻租205石)、泰丰庄田(额收麦稻租120石)、寿丰庄田(额收麦稻租204石)、年丰庄田(额收麦稻租300石)等。(2)关于房产的分配。住宅春晖堂大厅、边厅、自怡轩、小园、大门墙圈、西门房存公。中进住宅上下堂房、楼厅、住房左边上下堂房、楼房二所、厨灶一所作一股;后进住宅比连上下堂房、楼房二所、厨房一所、右边通门房走巷一条作一股,日后或阄分或各认收执。柏枝园别业作客往来起坐之处,随大厅存公,遇事备有退步取用,并门前至塘基地,随此屋执管。余园一所、戏房空地一业、契买江定中住屋一所、柏枝亭山基地一方、菜鱼塘坪上屋一所作一股。外清塘塍住屋一所、郭姑山店屋一所作贴此股。买咏山粹中侄住屋一所后进、买江端本堂小屋改造五间一所、前面江静山住屋一所、界塘岭鲍姓小屋改造柴房一所又地一方作一股。(3)关于其他产业的分配。这些产业包括州城大西门街桂林坊店屋比连二所、对面书屋一所、大西门外长庆坊盐仓二所、大西门外街底砻碾坊屋二所(碾屋夏姓钞业,价浮于买,久不取赎)、大南门外横江坊新旧盐仓二所、姥下镇东西桥头店屋二所、梁山镇龙窝莫家巷盐仓二所、雍家镇钥匙湾盐仓一所、乌江镇惠政桥头盐仓一所、西铺东西街头店屋二所、百旺市典屋一所(汪姓钞业),以上店屋、盐仓等业,日后大、二孙鼎力清理,或存或卖,与繁禧照三股分受。(4)关于债务的说明,主要有付广裕代办运账结该存课、汪贞吉典券欠本、程霈纶翁券欠本足钱五百千、叶大顺、张祥源、存刘佃、吴晴皋券欠洋壹佰元、张贵欠等。

从以上遗嘱的条款内容来看,江仲馨商业利润的出路主要有四条:

一是购置土地。由于受"以末致财,用本守之"的传统观念影响,中国封建社会中的商人大多在获取商业利润后,热心于购置土地。这是一个普遍的现象。作为传统商人中的一个群体,徽州商人也不例外。不少史料表明,发家后的徽州商人常常将大部分的商业利润转化为土地资产,从而兼有商人和地主的双重身份。如明代天顺、嘉靖间徽商王友槩"商于庐……爱庐之风俗淳朴,买田千余亩,构屋数十楹"。① 清代徽州歙县商人吴积寿"晚年颇殷裕,置田园,恢室庐,拓土开基,创兴家业"。② 黟县商人汪源"奉亲归里,买田筑室"③等等。因此,江仲馨将商业利润投向地产,其中有传统的因素。它是江氏商业利润的主要出路。从遗嘱上看,江仲馨对土地的投资规模相当大,达到了年收租 3745 石以上,田产主要分布在经商地和州与家乡徽州两地(尤以和州为多)。这里有一个问题:江仲馨将商业利润投向地产,不足为怪,但何以达到如此规模呢?

以往学者们在探讨商人投资土地的问题时,多从观念的角度和土地的收益方面予以解释。我们认为,就盐商而言,像江仲馨如此大规模地购置土地,不仅仅是一个观念的问题,它与纲盐制下食盐的营销体制关系最为密切。

明清两朝食盐的销售实行纲盐制。在纲盐制下,盐商须取得"盐引"方可在指定的行盐区内销售一定量的食盐,因此,能否拥有"盐引",或拥有多少"盐引",就成为盐商经营活动的关键。而在事实上,"盐引"通常被少数大

---

① 歙县《泽富王氏宗谱》卷 4。
② 歙县《沙园吴氏宗谱·南冈公行状》。
③ (民国)《黟县四志》卷 14《汪赠君卓峰家传》。

商人长期垄断,甚至"子孙承为世业",由此导致一般的商人难以涉足其间;入此行业的中小商人因难以获得更多的"盐引"而无法扩大经营规模。学者们通过对徽州盐商的考察,指出徽州盐商在明代中期以后直至清中叶的兴盛,与这种制度及其捷足先登长期依附于这一制度有关。这种看法是有道理的。不过,从另一方面来看,销盐有额度,这种营销体制恰恰又是阻碍商人资本进一步发展的罪魁祸首。它限死了每个商人的市场份额,实际上取消了公平的自由竞争。盐商在盐业经营活动中积累起来的高额垄断利润,在本行业中难以找到扩大经营规模的出路。这对像江仲馨这样的中小盐商来说,更是如此。于是,在传统观念的支配下,购置田地,将商业利润转化为田产就成了盐商的普遍选择。这是徽州的大盐商为什么往往又是大地主的主要因素,也是江仲馨大规模购置田产的根本原因。

二是兴修住宅。据《分赀产簿》中江仲馨自叙,道光十七年春,江仲馨由和州返回徽州,开始"治造住宅"。兴修住宅的远因即如上述,是当年江氏去和州经营祖传的"江馨泰号"713引的食盐时,缺乏流动资金,遂将住宅典给了同族亲属;而近因则是"钞主催赎",急需解决这一遗留问题。道光十九年十一月初,新屋落成,江仲馨携全家搬入居住。

从《遗嘱》中反映的情况来看,新造住宅有相当的规模。住宅为三进徽派风格,前进有"春晖堂"大厅、边厅、"自怡轩"等,中进住宅有上下堂房、楼厅、楼房二所,后进住宅有上下堂房、楼房二所。另有厨灶、厨房二所。住宅边建有花园"柏枝园"。除了新造住宅以外,《遗嘱》中还说明了江仲馨在徽州购买了一些其他房产,包括契买江定中住屋一所、菜鱼塘垳上屋一所、外清堂塍住屋一所、买咏山粹中佺住屋一所后进、买江端本堂小屋改造五间一所、江静山住屋一所、界塘岭鲍姓小屋改造柴房一所等。兴修住宅以及购买房产的费用,成为江仲馨商业利润的又一重要出路。

史籍对徽州商人不惜工本、高规格兴修住宅以及添置房产历来颇多微词,认为这是徽商"奢侈"性消费的重要表现,并试图论证由于徽州商人的包括大规模兴修住宅在内的"奢侈"性消费,导致了其资本及利润向"非正常"

的渠道流失,最终影响了徽州商帮的发展。我们认为,这种看法有失偏颇。徽州商人在建筑方面投入一部分资金和利润之后,是否影响到他们的经营活动,应该具体问题具体分析,不能想当然认为这是一个肯定的结论。其实,到目前为止,还没有哪份材料证明,某个徽州商人因为兴修了住宅而导致经营无法维持的结局。从《二房货产清簿》来看,新落成的江仲馨住宅三进二层,包括花园在内的附属建筑有多所,确实可以视为"奢侈";但资料表明就在江氏回徽州"治造住宅"的同时,江仲馨的大小两个儿子在和州的盐业生意"承办咸宜",说明住宅的兴修,丝毫不影响正常的经营。这是我们在考察徽商奢侈性消费与商业经营关系时应充分重视的一点。

三是投入运营。江仲馨最初的遗产资本只有"江馨泰号"713引,后接顶了"江裕泰号"3064引的业务。有关接顶的费用以及为保证总共3777引食盐销售正常运作每年所需的资本,成为江仲馨商业利润的又一重要出路。从《遗嘱》来看,江仲馨投入运营的资本和利润还有一部分就是置买店屋和盐仓的费用。这些店屋与盐仓分布在和州州城及其周围的市镇,如州城大西门街桂林坊店屋比连二所、大西门外长庆坊盐仓二所、大西门外街底砻碾坊屋二所、大南门外横江坊新旧盐仓二所、姥下镇东西桥头店屋二所、梁山镇龙窝莫家巷盐仓二所、雍家镇钥匙湾盐仓一所、乌江镇惠政桥头盐仓一所、西铺东西街头店屋二所、百旺市典屋一所等。我们在上文分析纲盐制下食盐营销体制时说,由于商人运销食盐的市场份额相对固定,盐商在盐业活动中积累起来的高额垄断利润,在本行业中难以找到扩大经营规模的出路。所以,事实上江仲馨每年用于运营的资本和利润也有一个基本额度,随运营成本的变化,小幅升降。

四是放债营利。据《遗嘱》所载,计有"广裕号"借银1000两、汪贞吉借曹平宝纹2000两、程霈纶借钱500、叶大顺钱庄欠钱2000、张祥源钱庄欠钱1340、刘佃欠钱80、吴晴皋欠洋100元等。江仲馨商业利润的这一条出路,表明盐商在盐业经营领域之外,不断寻找着资本增值的新途径。至于其原因,自然是多方面的;而我们认为其中最重要的因素仍然是与纲盐制下食盐的营销体制导致盐商资本积压有着密切的关系。

从以上江仲馨盐业利润的四条基本出路来看,并不存在消费与经营之间的矛盾,也没有在商业经营与土地投资之间出现"畸轻畸重"的现象。以往,我们对传统封建商人,特别是对徽州商人在消费行为以及土地投资方面的"误解",应当作适当的"修正"。① 这是在分析江仲馨商业利润基本出路后的重要收获之一。

四、江氏商业衰落的原因分析

关于徽州商人的衰落问题,我们在《徽商研究》一书中曾作过比较综合的分析,认为"清政府的衰败、经济政策的变化、咸丰年间的兵燹,以及近代市场经济大潮的冲击、外国资本主义势力的入侵等等,无一不是封建性徽州商帮衰落的原因"。② 这是就徽州商帮衰落的总体情况而言的。其实,徽州商帮中不同行业的商人,其衰落因素不尽相同。比如,徽州茶商的衰落,最主要的因素是"外国资本主义势力的入侵",③徽州布商的衰落与近代市场经济大潮的冲击则有更大的关系。此外,在不同地区经营的商人,其衰落情况也不一样。《二房赀产清簿》所反映的江仲馨家族衰落的过程,为我们提供了清代咸同年间在长江流域经营盐业的徽州中小商人无可奈何走向衰败的具体情况。

这里,有两段文字至关重要:

其一曰:"咸丰元年,两江制宪陆建瀛奏改新章,给票行盐,不用碐单。数万价本,尽沈海底,千年根卷,一旦冰销。存岸仓盐,不待售竣;已请额引,

---

① 对徽州商人生活消费及土地投资较多"微词"的原因,主要是由于史籍对这方面有过多的夸张描述,而对商人经营活动方面的记载往往轻描淡写一笔带过,于是人们普遍将视线集中到了前者。随着封建商人的起落无常以及必然衰落结局的到来,人们"归罪"于徽州商人在资本与利润的出路上安排不当。我们认为,这是一种"错觉"。

② 张海鹏、王廷元主编:《徽商研究》第 11 章《徽商的衰落》,安徽人民出版社 1995 年版。

③ 周晓光等:《近代外国资本主义势力的入侵与徽州茶商的兴衰》,《江海学刊》1998 年第 6 期。

饬即改行。一时律令,无人不贩,无店不盐,实为滥觞。正欲收局,讵至三年正月二十六日,西兵由九江顺流而下,势如破竹,直入和城杀掳,土匪乘机抢夺,典铺绅富为之一空。余业亦被瓦解,大儿同伙远避山庄。数日金陵失守,和地冲途,不时蹂躏。信嘱严墙之下,奚可久立。四年腊月初三日,大儿同伙徒步归来。瞥见形疲力惫,虽强颜欢侍,终日饮食厌尝,时以酒解愁,药投罔效。徽地又复风鹤频惊,迁徙不啻再三。隐忧内损,六年二月初六日,猝然长逝,年届六旬……自兵兴以来,株守家园,囊无多金,除支用外,派分孙等收受,俾筹生计。余年八十有七,得以安闲。至所置和州庄田,递年租息,官局叠捐,西兵屡索,岁无余存。今将各庄开列派分,各执守待升平,自多乐利。所置州镇店屋仓库十有余所,亦须时和世泰,甫能清理,或修葺取用,或酌量变卖,临时裁办……"

其二:"……讵料世殊事易,时变境迁,兵燹之余,所剩屋宇庄田,焚毁、荒芜、蹂躏过半。"①

这两段文字比较集中地反映了导致江氏商业衰败的因素实际上主要有两点:一是清廷的盐法改革,二是咸丰兵燹。

关于清廷在道光年间的盐法改革,学术界已有不少文章论及。② 这一由陆建瀛首创、陶澍进一步推广的盐法改革措施,施行地区主要是两淮盐场。由于明清两朝的徽州商人经营盐业大多集中在两淮,故其所受盐法改制的影响最大。本文探讨的个案案主江仲馨即为该集团的成员之一,清廷盐法改革对他的打击可以说是致命的。就上述文字来看,这种致命的打击表现在两个方面:其一,原先在纲盐制下江仲馨所获得的盐业经营垄断地位因票盐制的实行已不复存在。在票盐制下,任何一位商人只要交纳一定量的盐税后,即可领票行盐,传统经营盐业的商人不再拥有垄断特权,故一时出现

---

① 江仲馨:《二房赀产清簿·分赀产簿》。
② 王思治、金成基:《清代前期两淮盐商的衰落》,《中国史研究》1981年第2期;王方仲:《清代前期的盐法、盐商与盐业生产》,《清史论丛》第4辑;朱宗庙、张棪:《清代道光年间两淮盐业的改纲为票》,《扬州师范学院学报》1982年第3、4期合刊。

江仲馨所说的"无人不贩,无店不盐"局面。从此,包括江仲馨在内的两淮盐商再难轻而易举获取高额垄断利润。其二,"新章"规定给票行盐,不用砣单。于是,原来江仲馨用来购买砣单的数万价本,"尽沈海底";存岸的仓盐,"不待售竣";已请额引,"饬即改行",这对江仲馨而言,无疑是一个惨重的损失。在此情形底下,江仲馨只有考虑"收局"了。由此看来,清廷的盐法改革,当是江氏商业衰落的一个重要因素。

咸丰兵燹对徽州商人的打击,史籍所载,比较零碎、笼统。我们曾收集有关资料,撰写了《十九世纪五十年代至六十年代中国社会的战乱与徽州商帮的衰落》一文,[1]对该问题进行了初步探讨。但当时苦于找不到典型的个案资料。《二房赀产清簿》的发现,则为我们加深对这一问题的认识,提供了第一手的具体资料。从上引文字来看,咸丰兵燹对商人的致命打击,主要在四个方面:一是资财的直接损失。江仲馨在战乱中损失的资产包括在和州及徽州的店业、田产、房产等项。尤其是和州的店业,因太平军的入城以及土匪乘机抢夺,导致"瓦解"的结局。二是从业人员的伤亡。从江家的情况来看,支撑其商业的主要成员是江仲馨及其长子。两人的死亡与咸丰兵燹都有或多或少的关系。特别是江秋舫之死,直接的死因就是他在战乱中逃回徽州后"形疲力惫,虽强颜欢侍,终日饮食厌尝,时以酒解愁,药投罔效。徽地又复风鹤频惊,迁徙不啻再三,隐忧内损",因而"猝然长逝"。三是清廷和太平军的需索。上引文字中,江仲馨哀叹:"官局叠捐,西兵屡索,岁无余存。"前者指清廷为镇压太平军,强迫商人赈饷和捐助团练;后者指太平军为募饷而对商人的需索。它使拥有年租 3745 石以上的江仲馨"岁无余存",可见其数额之巨。由此说明,史籍记载"当粤贼东下,徽人贾于四方者,尽挈其资以归,故令下而数百万金办""……用兵数年,六邑捐输数百千万""四境屡为贼扰,绅民皆数四输粟,而力已竭",[2]并不是夸大其词。江仲馨的情况,就是一个活生生的例子。四是经营环境的严重恶化,以致商人无法继续从事

---

[1] 文载中国商业史学会编《货殖》第 2 辑,中国财政经济出版社 1996 年版。
[2] 黄崇惺:《凤山笔记》卷上,《近代史资料》1963 年第 1 期。

商业活动。当时战乱危害最严重的地区长江流域,正是徽州商人尤其徽州盐商的主要活动区域。在恶劣的环境下,商人弃店业与经营于不顾,纷纷亡命。江仲馨长子江秋舫就是在此时被迫逃回徽州避难,由此江家在和州的盐业生意顷刻土崩瓦解。众所周知,任何商人或商帮,其生存和发展最重要的基本条件之一是进行商业活动。一旦商业经营活动停止或瘫痪,衰落乃至消亡就会接踵而至。上述四方面构成了对商人的致命打击。江家商业之衰,这是又一个重要的因素。它是咸丰兵燹时,在长江流域从事经营活动的商人群体的一个缩影。

江家商业衰落的过程,反映了道咸年间在长江流域从事经营活动的徽州盐商的基本情况,具有典型意义。

从以上对江仲馨的个案分析中,我们可以得出以下几个结论:

第一,徽州商人的资本来源有多种途径,而劳动资本是其资本的最主要构成部分,即使对具有垄断性质的盐商而言,也是如此。"小本起家"不仅是明清时期经营其他行业的徽商的普遍现象,也是徽州盐商中存在的一个基本事实。

第二,包括经营盐业的商人在内的徽州商人,其资本出路不外乎买地、筑室、投入运营和兼营其他行业等四条最基本的途径。就徽州盐商而言,其资本和利润的转移,既有传统的主观因素的影响,更是明清时期盐业经营体制下,盐商资本和利润在本行业中难以找到扩大经营规模之路所致。它不存在消费与经营之间的矛盾,也没有在商业经营与土地投资之间出现"畸轻畸重"的现象。

第三,徽州盐商在道咸年间的衰落,最主要有两大因素:一是盐业经营体制"改纲为票"的变化,二是咸丰兵燹的打击。它的衰落,是在近代社会变迁及其政治、经济环境中的一个必然结果。

原载《中国史研究》2001年第1期

清代徽商与茶叶贸易

茶叶贸易是徽州商帮在明代中叶形成以后最重要的经营活动之一。它与徽州商帮的兴衰相始终,并且其潮起潮落,又是徽州商帮起伏的典型标志。对徽商茶叶贸易的研究,将有助于我们更深入了解徽州商帮的经营活动情况,更全面考察其兴衰之迹和起伏之由。本文以清代为视角,根据近年来安徽师范大学徽学研究所收集的有关徽州茶商资料,结合其他文献记载,探讨清代徽商茶叶贸易发展的阶段、茶叶贸易的经营特色以及衰落原因等问题。

一、清代徽商茶叶贸易发展的几个阶段

徽商本土徽州(旧称新安,今黄山市)地处皖南及皖浙赣交界的重峦叠嶂之区。该地亚热带季风湿润的气候特征以及酸度适中、有机质高含量的土壤性质,特别适宜于茶树的生长。因此,自唐至明清,徽州一直是我国著名的产茶区。[①] 依托本地丰富的茶叶资源,明代成化、弘治(1465—1505年)

---

① 陆羽《茶经》:"歙州产茶,且素质好。"唐宣宗时杨华《膳夫经手录》:"婺源方茶,制置精好。"唐懿宗时张途《祁门县新修阊门溪记》记载:"邑山多而田少……山且植茗,高下无遗土。千里之内,业于茶者七八矣。由是给衣食、供赋役,悉恃此。祁之茗,色黄而香,贾客咸议:逾于诸方。每岁二三月,赍银缗缯素求市将货他郡者,摩肩接迹而至。"明清时期,"茶叶兴衰"竟成为徽州"全郡所系"(《治事丛谈》),"农民依茶为活"(《婺源乡土志》)。徽州历史上的名茶有宋"谢源茶"(《宋史》卷184)、明"松萝茶"(《西湖记述》《阅世编》)、清"祁红"和"屯绿"等。

年间徽州商帮形成之后,徽商即将茶叶贸易发展为最重要的经营内容之一。入清之后,茶叶贸易持续发展,并最终奠定了"徽郡商业,盐、茶、木、质铺四者为大宗"的行业格局。① 清代徽商茶叶贸易的发展并非一帆风顺,其兴衰至少经历了四个阶段:

第一阶段从顺治元年(1644年)到道光三十年(1850年)。这一阶段是清代徽商茶叶贸易从明末战乱中复苏并逐渐兴盛的时期。

据有关史籍记载,徽州商帮在明末战乱中曾遭到空前的巨创。大顺农民军在攻克北京后,"谓徽人多挟重赀,掠之尤酷,死者千人"。② 经历了明清之际动乱的徽州名士金声说:徽州商人"足迹常遍天下。天下有不幸遭受虔刘之处,则新安人必与俱。以故十年来天下大半残,新安人亦大半残"。③ 清初赵吉士也说:"明末徽最富厚,遭兵火之余,渐遂萧条,今乃不及前之十一矣。"④ 在明清之际这场兵火中,徽州茶商及其茶叶贸易遭到了沉重打击。顺治中叶以后,随着社会的安定、经济的恢复和发展,尤其是清廷采取了一系列"恤商裕课"的措施,以盐业为"龙头"的徽州商帮开始全面复苏,徽商的茶叶贸易也同时走出明末困境,进入一个全新的发展时期。清人许承尧在《歙事闲谭》中曾指出:"歙之巨商,业盐而外,惟茶北达燕京,南极广粤,获利颇赊。"⑤ 从有关资料来看,许氏所说的这种情况,在道光三十年以前最显著。且这不单是歙县如此,也是整个徽州地区的普遍现象。其时,徽州茶商因在北京和广州两大都会经营成功,徽州商帮的茶叶贸易出现了兴盛的高潮。据《歙事闲谭》第11册《北京歙县义庄》记载,当时徽州仅歙县商人在北京就经营着"茶行七家""茶号一百六十六家""小茶店数千"。由此可见徽州茶商在北京活动之盛。与此同时,徽州茶商的另一股主要流向是南下广州,俗称"漂广东"。《篯园文钞》及《婺源县志》中对当时徽州茶商在广州的活动情况

---

① 陈去病:《五石脂》,江苏古籍出版社1999年版。民国《歙县志》中也有相同记载。
② 彭孙贻:《流寇志》卷11,浙江人民出版社1983年版。
③ 金声:《金太史集》卷8《建阳令黄侯生祠碑记》,乾坤正气集本。
④ (康熙)《徽州府志》卷2《风俗》。
⑤ 许承尧:《歙事闲谭》第18册《歙风俗礼教考》。

均有记载。① 90年代中期,我们在徽州歙县坑口乡芳坑村发现清代该地江氏茶商的大量账册、文书、簿籍、书信及其他资料,其中有相当一部分内容反映道光三十年以前徽州茶商入粤贩茶的经营活动情况。② 与在北京做"京庄"茶生意的"内销"方式不同,徽州茶商经由江西,或通过海道入粤做"洋庄"茶生意,主要是"外销"。当时徽州茶商与外商交易,茶叶价格由徽州茶商报出,获利极厚,徽州人称之为"发洋财"。③ 从总体来看,道光三十年之前,清代徽商以北京和广州为中心,开拓了南北茶叶贸易的兴隆局面。

第二阶段从咸丰元年(1851年)到同治三年(1864年)。这是徽商茶叶贸易的低谷时期。

1851年1月11日(道光三十年十二月十日),爆发了太平天国农民起义。太平军与清军在广西境内进行了1年零8个月的战斗后,于1852年6月(咸丰二年四月)由广西攻入湖南,将主战场往北推移。1853年1月12日(咸丰二年十二月四日)太平军攻克武汉三镇,其后主战场又折而东移。同年3月19日,太平军占领了"虎踞龙盘"之地南京,并定都于此。此后长江中下游地区(主要是湖北、江西、安徽、江苏、浙江等省)成为清军与太平军之间拉锯战的主战场。从1853年(咸丰三年)到1864年(同治三年)的10余年间,太平军在西至武汉、东到上海的长江一线及其腹地,与清军展开了殊死的战斗。因此,包括鄂、赣、皖、苏、浙在内的长江中下游地区,成为当时中国社会战乱最严重的地区。该地区交通阻塞、社会动荡、商业萧条,史籍中通篇都是"兵戈载道,致关河阻塞,客商水陆不通"④"江路梗阻,商贾不通""邻氛不靖,客贩愈觉廖廖""长江虽系七省通衢,货船早经绝迹""自经兵灾,船稀商敝"⑤等记载。从徽州商帮发展的历史来看,这一地区正是该商帮传统的经营活动最主要的区域。因此,咸丰、同治年间持续在长江流域的战乱对

---

① 张锡麟:《絮园文钞》卷下;(光绪)《婺源县志》卷33《人物》。
② 有关资料现藏江氏茶商后裔处。
③ 王珍:《徽商与茶叶经营》,《徽州社会科学》1990年第4期。
④ 李汝昭:《镜山野史》,近代中国史料丛刊续编本。
⑤ 彭泽益:《中国近代手工业史资料》第2卷,三联书店1957年版。

徽州商帮的打击极为沉重。我们认为,在徽州商帮诸种贸易中,茶叶贸易所受的影响可谓最大。这里主要有两个原因:一是徽州茶商经销茶叶,主要收购安徽、江西两地名茶,内销以川、赣、皖、苏、浙、沪为重点,或经该地区转销北方,其产、运、销经营活动完全立足于长江流域。因此,长江流域的严重战乱,使徽州茶商的内销活动大受影响。二是徽州茶商从事茶叶的外销活动,多将茶叶经江西运至广州。而当战乱爆发后,这条徽茶最重要的外销路线被切断,由此导致徽州茶商在广州的经营活动日益艰难。当时业茶广州的徽州茶商江绍周在一封给其妾的信中说:"今年所做之茶,意想往广,公私两便。不料长毛扰阻,江西路途不通……所有婺源之茶,均皆不能来粤。"[1]张海鹏、王廷元先生主编的《明清徽商资料选编》有关章节中,也有不少资料反映了当时徽州茶商在广州经营活动的窘况。[2] 咸丰、同治年间,因受到战乱的打击,徽商茶叶贸易陷入了低谷。

第三阶段从同治四年(1865年)到光绪十年(1884年)。此为徽商茶叶贸易的"中兴"时期。

经历"咸同兵燹"后,徽州茶商再度走出绝境,出现"中兴"的盛况。《中西纪事》记载:"自五口既开,则(徽州)六县之民无不家家蓄艾,户户当垆,赢者既操三倍之贾,拙者亦集众腋之裘,较之壬寅(1840年)以前,何翅倍蓰耶!"[3]说明在第二次鸦片战争(1856—1860年)后,徽州茶叶贸易已恢复并超过1840年以前的水平。《安徽茶叶史略》在描述这一段历史时也说:"清初徽商曾遭挫折,以后经过恢复又超过了明代。同治年间,洋庄茶盛行时,经营洋庄的徽州茶商资本额较大者,有忆同昌等48家。在外地经营大茶号的徽商为数也不少,汉口、芜湖有,九江、上海也有。如九江即有仁德永等六家,上海有洪永源等七八家,营业一时还颇发达。有数家资本额还曾达四五

---

[1] 原件现藏江氏后裔处。
[2] 张海鹏、王廷元主编:《明清徽商资料选编》,黄山书社1985年版,第171页。
[3] 夏燮:《中西纪事》卷23《盐茶裕课》,同治年间刊本。

万两,其余亦在数千两。"①从有关史料来看,这里的"同治年间",确切地说,应是同治四年(1865年)战乱结束以后的时间。在有关方志及彭泽益先生《中国近代手工业史资料》、李文治先生《中国近代农业史资料》和《明清徽商资料选编》中,都不乏该时期徽商"中兴"的史料。90年代中期我们发现的徽州歙县坑口江氏茶商资料中,绝大部分内容也详细反映了徽州茶商在同治四年以后中兴的历史。在徽州商帮历史上,这一阶段是其茶叶贸易发展的又一"黄金时期"。徽商茶叶贸易在同治年间很快走出第二阶段的低谷而进入"中兴"时期,其原因是多方面的。我们认为,其中关键因素是:面对第二次鸦片战争后外国资本主义势力大规模入侵中国、国内市场和国际市场开始全面沟通的新形势,徽州茶商抓住机遇,在其经营活动过程中采取了相应的调整措施,由此导致了茶叶贸易的中兴。这些调整措施包括:(1)从"内销"为主到"外销"为主的变化。内销是徽州茶商传统的经销方式,也是道光以前徽商茶叶贸易的一大特色。在外国资本主义势力入侵后,随着中外贸易形势的发展,徽州茶商开始致力于茶叶的外销活动。据史籍记载,徽商茶叶贸易由内销为主向外销为主的转变,始于道光中叶,在第二次鸦片战争后加快了进度。歙县知县何润生在《茶务条陈》中估算,光绪年间外销茶在徽茶中的比例为80%～90%。②该比例说明当时徽州茶商已经最终完成了茶叶销售由内销为主到外销为主的转变。这一转变顺应了中外贸易发展的趋势,扩大了徽茶的销售市场,为徽商茶叶贸易的中兴奠定了基础。(2)从广州到上海的战略转移。道光中叶以前,因清廷限定广州为唯一外贸口岸,所以徽商外销茶叶,均集中在广州。道光二十三年(1843年)十一月《南京条约》签定后,原先以广州为唯一外贸口岸的局面被打破,变成"五口通商"(上海、广州、福州、厦门、宁波)的新格局。在这通商的"五口"中,上海因地理优势,很快取代广州成为"中外通商第一口岸"。③众多做茶叶生意的外商洋行

---

① 许正:《安徽茶叶史略》,《安徽史学》1960年第3期。
② 刘锦藻:《清朝续文献通考》卷42《榷茶》,商务印书馆十通本。
③ 吴馨等:(民国)《上海县续志》卷1《形胜》。

云集上海,使上海成为当时中国茶叶出口最重要的基地。针对上海开埠后外贸出现的新格局,徽州茶商在其经营洋庄茶的过程中,纷纷改"贩茶粤东"为"业茶上海",实现人员、资金从广州到上海的战略转移。徽州茶商江绍周在一封信中曾提到:"现因连年茶叶夷商通于上海,利虽微而生意快捷。予所代经理之茶叶年年均往上海脱售……上海之近,唯广东之远,贸易与广东一式,不能舍近而图远也。"①反映了徽州茶商从广州到上海战略转移时的普遍心态:一是顺应"连年茶叶夷商通于上海",该地成为中外茶叶贸易重要口岸的"时势";二是考虑徽州到上海的"地利"优势。②(3)从吸纳族人资金发展到借贷茶栈、洋行款。据史料记载,通过向亲属、族人借贷资金的方式来经营茶叶,这在徽州茶商中是一个非常普遍的现象。近代外国资本主义势力入侵后,徽州茶商更进一步拓展了借贷资金的来源渠道,一些经营规模较大的茶商纷纷通过茶栈向洋行贷款,利用茶栈和洋行的资金从事茶叶的收购、加工、运输和销售。据清代歙县坑口茶商江耀华留下的账簿统计,每年茶栈提供的贷款,一般占江耀华当年用于经营茶叶全部资金的50%以上。③资金来源渠道的拓展,有利于徽州茶商扩大经营规模,获取更丰厚的利润。徽州茶商所作的上述三方面调整措施,在徽商茶叶贸易"中兴"的过程中发挥了重要的作用。

第四阶段从光绪十一年(1885年)到清末民初。这一阶段是徽商茶叶贸易的衰落时期。

由于外国资本主义势力入侵后,徽州茶商抓住机遇,适时调整经营方针,所以徽茶贸易一度得以繁荣。然而,伴随着机遇的出现,挑战也同时来临。光绪中叶以后,依赖外销而营利的徽商茶叶贸易终于日暮途穷,走向衰落。光绪十一年五月初一,清朝大吏曾国荃在《请免加茶课疏》中说:"皖南

---

① 原件现藏江氏后裔处。
② 徽州茶商贩茶至广州,陆路雇佚,水路雇船,途程超过3000里,费时2个月以上。而由屯溪雇船沿新安江东下到上海,货物只在杭州中转一次,仅需20天左右时间。
③ 有关材料现藏江氏后裔处。

茶悉销外洋,从前沪价每引得银五六十两、三四十两不等,商人获利尚厚,是以同治二年复经续加捐项四钱,共银二两四钱八分。其茶价甚好,既沾利益,复获官阶,该商等尚无难色。近年引价骤跌,计多仅二十余两,少则十余两不等。加以商贩资本贷于洋商者多,洋人因其借本谋利,货难久延,辄多方挑剔,故意折磨,期入其彀。皖南茶销路仅一上海,业已到地,只得减价贱售,种种受制洋人,以致十商九困。"①说明在光绪十一年前后,经营皖南茶叶外销活动的茶商已出现"十商九困"的窘况。而这些从事皖南茶叶外销活动的商人,绝大多数就是徽州本土的茶商。光绪十四年二月,从徽州茶商经营外销茶最重要的基地上海传出消息:"上海茶叶公所将茶业近年情形开具节略……细核出口茶数,此四五年中,逐年减少;而外洋产茶之数,此四五年中,每年加至十余万箱。由于外洋所产之茶,其出口税如印度西伦全免完纳,日本之茶其出口税每百斤不过完洋一元,成本既轻,销场自广,遂至外洋茶市日有起色,中国茶业日见衰坏。"②反映了光绪中叶以后,中国茶叶外销已呈江河日下之势。徽商茶叶贸易在咸(丰)同(治)年间的中兴,主要就是依赖茶叶外销。因此,中国茶叶外销的"衰坏",对徽商茶叶贸易的影响最大。当时有人指出:"二十年来,以业茶起家者,十仅一二;以业茶破家者,十有八九。商贾日失志,市肆日减色……"③这正是光绪中叶以后徽商茶叶贸易的真实写照。迨至民国初年,勉强维持的徽商茶叶贸易已完全失去了往日的盛势,走向衰落。

  以上大致勾勒了清代徽商茶叶贸易的兴衰历程。从中可以看出,任何封建商人或商帮的经营活动,都不是一种单纯的经济现象,它同封建政治、社会变迁以及商业政策等都有密切的关系。尤其是清代商人,正处于近代中国的转型期,社会剧烈变迁既为其提供了发展的机遇,同时也带来了新的多方面的挑战,其经营活动更多地涉及经济以外的政治、军事、外交等因素。

---

① 曾国荃:《曾忠襄公奏议》卷25《请免加茶课疏》,近代中国史料丛刊本。
② 彭泽益:《中国近代手工业史资料》第2卷,三联书店1957年版,第308页。
③ 欧阳昱:《见闻琐录》后集卷2《胡雪岩》,岳麓书院1986年版。

所以,在近代历史环境中,他们有过昙花一现的盛况,但终究摆脱不了"无可奈何花落去"的历史命运。徽州茶商的兴衰历程,正是传统的中国封建商人在近代社会中的缩影。

二、清代徽商茶叶贸易的特色

徽商"其货无所不居",所经营的行业众多。由于各行各业具有自身的行业特点,并且因时代变迁而反映出时代的特征,所以在不同时期,徽商的各类经营活动也各有特色。那么,清代徽商茶叶贸易活动的特色有哪些呢?

第一,一体化的经营方式。

徽商从事茶叶贸易活动,多采取茶叶收购、加工、运输、销售一体化的经营方式。这种经营方式既有别于其他仅仅"贱买贵卖"的商品交易活动,也与各地一般的茶叶零售商人不同。它是徽商茶叶贸易最为重要的特色之一。

茶叶收购在徽商茶叶贸易中是第一个环节。清代徽州茶商收购茶叶,首选的最重要的茶区自然是徽州本土。《通商各关华洋贸易总册》卷下《光绪十七年九江华洋贸易情形论略》中说:"业此项绿茶生意者,系徽州婺源人居多,其茶亦俱由其本山所出……"①当然,徽商的收购活动并不局限在徽州一地。据《清史稿》中记载:清朝在江西发放茶引、征收茶课的事务,大部分都交由徽商办理。② 康熙时,歙县人李遴曾入川贩茶,后成为当地茶商首领,众商纳课办引之事也都由他操办。③ 徽州茶商从茶农手上收购到的茶叶称"毛茶"。所谓"毛茶",是指已经进行过初步加工的茶叶,这道工序由茶农完成,与茶商无涉。我们在歙县坑口江氏茶商资料中,曾发现一本手抄的《买茶节略》,④其中有关记载反映了徽州茶商在收购茶农毛茶时颇多讲究。首先要核算成本,计算出在茶叶贸易过程中所需的碳火、人工、箱罐、关税、厘

---

① 彭泽益:《中国近代手工业史资料》第 2 卷,三联书店 1957 年版,第 325 页。
② 赵尔巽等:《清史稿》卷 124《茶法》,中华书局 1977 年版。
③ 徐珂:《清稗类钞》第 5 册《农商类·西藏茶务》,中华书局 1984 年版。
④ 原件现藏江氏后裔处。

金、船钱等一切费用,然后才能依据成本,开出收购茶农毛茶的价格。其次要讲究质量,一般以细嫩、紧结者为高,而死茶、烂茶、断折、红蒂等现象较多的毛茶不可收购。第三须鉴别毛茶真伪,杜绝假冒。每年三月(农历)左右,徽州茶商在茶区水陆交通便捷之地开设"茶号",收购茶农的毛茶。规模较大的茶号,通常在各地设有数目不等的小茶庄,具体从事收购毛茶的业务。小茶庄的收茶资金多由茶号发放,其经理人员亦多系茶号老板之亲信。在小茶庄和茶农之间,还有为数众多的茶叶小贩,徽州人称之为"螺司"。① 茶农的毛茶,正是通过"螺司"转卖到小茶庄,再由小茶庄送至茶号中。茶农→螺司→小茶庄→茶号,这就是清代徽商毛茶收购的具体环节。

徽商茶叶贸易的第二个环节是茶叶加工。在茶叶出口兴盛以前,这一环节在徽商茶叶贸易中并不占居重要地位,因为内销茶叶一般由茶农"随采随制",徽商只是进行简单的加工、改装。而在清中叶以后,随着徽茶大量外销,"为迎合国外顾主心理",茶叶加工发展为徽商茶叶贸易中不可或缺的一个重要环节。这一环节通常也在徽商开设的茶号中完成。各茶号因资金多寡有别,规模有大有小。清末著名的徽州茶商歙县罗三爷、婺源孙三森、休宁汪燮昌等开设的茶号年制茶均在万箱以上。② 光绪年间,歙县坑口茶商江耀华的"谦顺昌"茶号,每年加工毛茶也都在 2 万斤以上,光绪二十三年(1897年)曾达到 68196 斤。③ 清代徽州茶商中,有如此加工能力者,并不在少数。由此也可见徽州茶商的经营规模。茶号中各类管理和辅助人员分工细致,而人数最多的是制茶工。制茶工中又有抖筛、拣茶、焙茶等区别。所加工的徽茶品种繁多,仅"洋庄"绿茶就有麻珠、针眉、宝熙等数十个品种。各种徽茶的制茶工艺极其复杂,从毛茶进号到出成品茶,一般要经过焙、筛、扇、拣等工序。据流传至今的徽州茶商《制茶节略》记载,徽茶加工的每道工

---

① 螺司,或称"螺丝"。
② 王珍:《徽商与茶叶经营》,《徽州社会科学》1990 年第 4 期。
③ 有关材料现藏江氏后裔处。

序都有严格的要求和规定。① 在茶叶出号之前,徽州茶商对成品茶叶还要进行包装。洋庄茶内用锡罐,外装彩画板箱,每箱可装细茶40余斤、粗茶30余斤。内销茶专以篓袋盛储,其中茶朴、茶梗、茶子居多。②

徽商茶叶贸易的第三个环节是茶叶运输。清代徽商的运茶路线,主要有三条:第一条是徽州至京津。徽州茶商出徽州地界后,经宁国府、句容县,在河口附近渡江到仪征,然后沿漕河北上,途经扬州、高邮、淮安、济宁、临清、静海等地,到达天津、北京。③ 第二条是徽州至广州。该路线以屯溪为起点,往西南行经休宁、祁门,在倒湖附近进入江西地界;途经景德镇、饶州等地,到达南昌府;再南行经樟树镇、万安、南康等县,在梅岭头入广东省界;复经南雄州、英德县、三水县,抵达广州。④ 第三条路线是徽州到上海。该路线有水陆两路可走,因旱路不便运输,所以徽州茶商多走水路。水路由屯溪出发,沿新安江东下,在杭州过塘,经过嘉兴、嘉善、松江、黄浦等地,到达上海。光绪年间,因清廷在杭州经嘉兴到上海的途中设卡收费,徽商一度也曾不经杭州,而改由绍兴内河,经余姚到宁波,换海轮运茶到上海。清中叶上海开埠后,洋庄茶盛行,第三条运输路线成为徽商最重要的运茶线路。一般来说,徽州茶商自己并不拥有车、船等运输工具。凡遇旱路,则雇夫肩挑背驮;若走水路,又临时雇船。力夫或船家将茶叶运到某一地点后,徽州茶商即付讫运输费用,途中遇盗或碰上船覆等不测事故,货物损失概由徽州茶商自己承担。道光中叶以后,徽州茶商在徽州至上海的运茶途中,开始采用"托运"的运输方式。从保留至今的有关"船契""船行票"⑤来看,这种托运方式具有如下特征:(1)运输费用一般分二次付清,雇船时先预付大部分款项,余款则在货运到埠后给付。(2)一次谈妥运价和其他费用后,途中不再给付其他任

---

① 原件现藏江氏后裔处。
② 刘锦藻:《清朝续文献通考》卷42《榷茶》,商务印书馆十通本。
③ 《天下水陆路程》卷5,山西人民出版社1992年版。
④ 据道光七年《徽州至广东路程》(手抄本),原件现藏江氏后裔处。
⑤ 安徽师范大学徽商研究所藏有多份清代徽州茶商托运茶叶的"船契""船行票"复印件。起讫地点分二类:一是徽州到杭州,一是杭州到上海。

何名目的运输费用。(3)运输过程中出现茶叶遭盗卖或缺少数目、上漏下湿,徽商可扣留原船,向船户索赔。(4)途中凡遇关卡,由徽州茶商自行纳税。具有这些特点的托运方式,较随行随雇的方式要安全、方便得多,因此深得徽商信赖,流行一时。

徽商茶叶贸易的第四个环节是茶叶销售。清代前期,徽商茶叶的销售市场以国内为主。《歙事闲谭》中关于徽茶"北达燕京,南极广粤,获利颇赊"的记载,反映了徽商茶叶销售国内市场之广阔。① 约在道光初年,徽商的茶叶销售逐渐形成了"内销"和"外销"两大体系。前者俗称"京庄",它在徽商传统的茶叶经销活动基础上发展而来,市场以京、津及北方地区为主,兼及长江流域和东南沿海地区。销售的茶叶品种以烘青、大方为主。后者俗称"洋庄",它是适应中外贸易形势发展而兴盛起来的徽茶最重要的销售渠道。光绪年间,外销茶在徽茶中的比例占80%~90%。初时徽商经营洋庄茶均往广州,而在"五口通商"之后,大多改道上海。茶叶运抵上海后,徽州茶商一般通过茶栈将茶叶卖与洋行。茶栈为徽商茶号代售茶叶,要收取一定的佣金和其他费用。光绪三十年(1904年)上海"谦顺安"茶栈为徽商"谦顺昌"茶号代售茶叶的一份《代沽单》表明,茶号通过茶栈销售茶叶的各项费用,约占售价的4.36%。其中包括洋行息、打包、修箱、茶楼、磅费、叨佣、码头捐、栈租、力驳、堆拆、出店、火险、各堂捐、律师、会馆、商务捐、膳金、息等18项内容。②

上述四个环节表明,徽商的茶叶贸易按照一体化的经营方式运作。茶叶采购、加工、运输、销售各环节既相对独立,又互相联系,构成了徽商茶叶贸易活动的整体。

第二,经营活动多呈季节性。

徽州茶商的经营活动,一般在每年的二三月份开始,到九十月份结束,全年的经营活动时间为7~8个月,呈现明显的季节性特征。

---

① 许承尧:《歙事闲谭》第18册《歙风俗礼教考》。
② 原件现藏江氏后裔处。

徽州茶叶贸易的季节性特征,早在唐朝即已见诸文字记载。唐懿宗时的歙州司马张途在《祁门县新修阊门溪记》中说:"每岁二三月,赍银缗缯素求市将货他郡者,摩肩接迹而至。"① 表明了徽州茶叶贸易在每年时间上的起点。明代中叶徽州商帮形成以后,这一"其来有自"的特征被承继,入清以后因茶商中行商的比例提高而尤显突出。清廷要员曾国荃对当时长江流域茶叶生产和销售的情况了解甚深。他在《茶厘酌减税捐片》中曾谈到包括徽州商人在内的皖南茶商"向来茶业各号,均于清明节前开设"。② 在一些重要的茶叶集散地,徽州商人一般也多在该季节开始茶叶的贸易活动。比如九江,"每值春夏之交,以茶商生意为大宗,城内外之开茶栈者共四十余家……"③ 其中就不乏徽商的踪迹。从歙县坑口江氏茶商留下的大量账簿、札记等资料来看,处于江氏家族茶叶贸易鼎盛时期的江耀华,每年也都是在二三月份于屯溪觅址设立总号,在徽州各地设置小茶号,从"螺司"(小贩)手中收购毛茶,然后加工转运各地销售。徽商在二三月份开始的茶叶收购、加工、运输、销售一体化的经营活动,一般到九十月份就要告一段落。其时茶号关闭,伙计辞退,家什封存,商人多回家以待来年二三月间重新开始茶叶经营活动。安徽师范大学徽学研究所收藏有一份光绪三十年(1904年)记载徽州茶商江耀华活动的《甲辰谦顺昌日记便登》,非常典型地反映了徽商茶叶贸易的季节性特点。据载,是年三月十六日至九月初六,江耀华均在屯溪茶号中经理茶叶收购、加工、运销等业务;九月初七从屯溪返歙县坑口家中稍作停留,十六日在坑口起航至深渡,然后沿新安江水路途经威坪、淳安、小汐滩、严郡、乌食滩、桐庐盐关、富阳,抵达杭州;二十六日过塘由城内石牌楼驳至拱宸桥,二十七日晚到达上海,住在茶栈中;十月二十一日往苏省;同年十一月中旬回坑口,结束了全年的茶叶贸易活动。据相关资料反映,江耀华在其他年份的茶叶经营活动时间,也大致在三月至十月之间。它表明,清代徽商的茶

---

① 《全唐文》卷802《祁门县新修阊门溪记》,中华书局1983年版。
② 曾国荃:《曾忠襄公奏议》卷29《茶厘酌减税捐片》,近代中国史料丛编本。
③ 光绪十年(1884年)三月二十八日《申报》。

叶贸易活动并非是一项全年性的活动,而具有明显的季节性。

形成清代徽商茶叶贸易活动季节性特点的原因,首先是自然条件的影响。在自然条件下,茶树"冬槁春荣",在每年清明节时次第萌芽,到谷雨时节,则叶片开始舒展。根据茶树的生长规律,徽州茶叶的采摘,一年分两季。采茶者以愈嫩为愈贵,倘若多延数日,则叶片已老,其价值就大跌了。所以,头茶采摘一般在清明节时就开始了,至迟也抢在谷雨节前后的三五日间。每年随着茶叶采摘的开始,徽州茶商也就开始了全年的茶叶贸易活动。徽州茶叶采摘除头茶外,四月底五月初为二茶,六月初为荷花,七月为秋露,均适宜做红茶。徽州茶商经营活动中的第一个环节茶叶收购与茶农的茶叶采摘同步,一般也在七月底结束,而全年的经营活动则一直延至十月以后。其次,清代徽州茶商中以行商为主流,这也是导致清代徽商茶叶贸易出现季节性特点的一个重要因素。如同其他行业的商人一样,清代徽州茶商也有"行商"与"坐贾"之分。一部分小本经营的坐贾,在各地开设小茶叶店,从事零售活动,经营的季节性特点并不突出。不过,在清代,这部分人并不足以代表徽州茶商的主流。尤其是在清中叶"洋庄"茶兴盛以后,徽茶十之八九外销,行商在徽州茶商中占据了绝对主导的位置,零售的地位更微。而行商的经营活动,则深受茶叶采摘季节的影响,体现了季节性特点。

第三,"兼营"的现象尤为普遍。

某一行业的商人在经营主业的同时,也从事其他行业的商贸活动,我们称之为兼营。这种情况,在徽州商帮中并不少见。比如,业盐于两淮的徽州盐商,常常在运盐湖广之后,船载当地的粮食、木材等货物,顺长江东下,销往东南沿海缺粮少木的地区。这里,盐商在经营盐业的同时,实际上就兼营了粮食业和木材业。歙县《程氏孟孙公支谱》中有一段记载比较典型地反映了徽州商人的兼营情况:"(程廷柱)国学生,自幼豁达,卓立有志,厚重少文饰。随父侧奔驰江广,佐理经营。父殁后,克绍箕裘,友爱诸弟。总理玉山栈事,增至田产;兰邑油业命二弟廷柏公督任之;命三弟廷梓公坐守杭州,分销售货;命四弟廷桓公往来江汉,贸迁有无。创立龙游典业、田庄,金华、兰溪两处盐务,游埠店业,吾乡丰口盐业,先绪恢而弥广焉。"①从中可见程氏商人经营的行业有盐业、典业、油业、店业等。至于四弟廷桓"往来江汉,贸迁有无",更是一项综合性的贸易活动。

从徽商几大行业的比较来看,徽州茶商中的"兼营"现象是最为突出的。一位熟悉徽州掌故者曾说:"茶号系季节性经营,然茶商并不闲。因他们多半经营其他行业。或开钱庄、布店、南货店,或为木材、粮油行商。茶季来临,资金重点投入茶叶,俟茶叶脱手,又在沪、杭采购各类商品回徽州贩卖。所以,在徽州,一般地说茶商多家大业大,根基牢固。"②这一看法是符合徽州文献记载和当时茶商实际的。我们认为,徽州茶商的"兼营"可以大致归纳为二类:一是在茶叶生意的淡季从事其他行业的经营活动。如绩溪《盘川王氏家谱》中记载:"我祖(王)泰邦公,作贾在吴中。设市周庄镇,居然端木风。春季市茶叶,秋季海货通。"③二是在保证每年以茶叶经营为主干的前提下,将部分资金常年投入其他行业的商贸活动之中。歙县坑口江氏茶商就是这种"兼营"类型的商人典型。据收藏于安徽师范大学徽学研究所的资料反映,早在乾隆年间,江氏茶商就有江起辉经营酒店10余年。嘉庆年间,江大棣又开张了大顺店业。作为江氏茶商顶峰人物的江耀华,曾在汉口投入资金1000两,与江元湞、江元溶合股开设怡丰裕洋货号;在上海永隆京广洋货号投资1000两,苏州信昌成投资1000两;又在苏州阊门附近投资500元,与人合伙开设恒大有油行,在阊门外吴邑水投资200元合股开设裕泰米铺;在徽州薛坑口投资300元开设吉祥杂货店;并独资开设江瑞茂糕点店;杭州的"最利转运公司"也有江耀华的股本。于此可见江氏茶商兼营的行业包括酒店、洋货店、油行、米铺、杂货店、糕点店及转运公司等。江氏茶商的这种"兼营",与部分徽州茶商的季节性兼营有明显的区别,代表了徽商茶叶贸易过程中兼营的又一类型。

---

① 《程氏孟孙公支谱》,道光抄本。
② 王珍:《徽商与茶叶经营》,《徽州社会科学》1990年第4期。
③ 绩溪《盘川王氏宗谱》卷4《文苑·颂泰邦公》,民国刊本。

我们认为,在徽州茶商中"兼营"现象较其他行业的商人更为普遍存在,是一个确凿的事实。而其原因,主要有二:一是由于茶叶经营活动具有季节性的特点,大部分的徽州茶商无须花费全年的时间用以经营茶叶业。因此,他们在茶叶生意的淡季,有足够的时间和精力从事其他行业的经营活动。二是清代徽州茶商的资本雄厚,他们平时用于修桥、筑路、济困、赈灾、修祠堂和买田地等方面的费用动辄成百上千金。同治年间,在上海、汉口、芜湖、九江等地"业茶"的徽州商人,资本额一般都有数千两,有的有四五万两。如何为这些资本寻找出路,使之不断增殖呢?徽州茶商一方面尽量扩大每年的茶叶营销规模,在茶叶业内部解决资金的增殖问题;另一方面则积极开拓新的财源,将茶叶业多余的资本投放到典、木、油、棉布等其他行业中去,遂使"兼营"的现象普遍存在。

第四,资本组合的多样性。

在茶叶贸易中,清代徽州商人采取了多种资本组合的方式,或自本经营,或合资经营,或贷资经营,资本的组合形式呈现多样性的特征。

自本经营是清代徽商茶叶贸易中一种基本的资本运作方式。按这种方式运作,经营茶叶贸易的资本全部由经营者本人提供。从有关史料记载来看,徽州茶商中自本经营者往往是一些小商人,其中以经营茶叶店的"坐贾"居多。乾隆年间在北京的数千家徽州小茶店、清末在上海的33家绩溪茶号,多属这类情况。而大部分"行商",尤其是经营"洋庄"茶的徽州商人,更多的是采取合资经营或贷资经营的方式。《通商各关洋贸易总册》卷下《光绪十七年九江华洋贸易情形论略》中说:"业此项绿茶生意者,系徽州婺源人居多,其茶亦俱由其本山所出,且多属合股而做,即有亏蚀之处,照股均分,亦不觉其过累。"[①]这里提到的徽商从事茶叶贸易"多属合股而做"的情况,在其他史料中亦不乏记载。比如,《婺源县志》中载:"程金广,字以成,长径人。国学生。自少任侠不羁。父与亲友合伙业茶,屡折阅,微有退志。时两兄守

---

① 彭泽益:《中国近代手工业史资料》第2卷,三联书店1957年版,第325页。

故业,一读一耕。广请肩父任,许之。经营有年,赀饶裕……"①这条史料记载了徽州茶商"与亲友合伙业茶"的现象。此外,还有"兄弟业茶"和"偕友合伙贩茶"的情况。如婺源程焕铨"尝与兄弟业茶,亏蚀,债负数千金,铨以己租抵偿,不累兄弟"。②又有婺源渔潭人程国远"性仁厚,尝偕友合伙贩茶至粤,公耗八百金。远念友赀无从措,独偿之"。③从这些材料中我们可以看出,徽州茶商"合资"经营的对象不一,既有兄弟、亲友之间的"合股",也有朋友之间的"合伙"。合资经营对徽州茶商而言,至少有两点好处:一是资本相对集中,便于扩大茶叶的营销规模;二是减少了亏赔的风险,如《九江华洋贸易情形论略》中所说:"即有亏蚀之处,照股均分,亦不觉其过累。"与合资经营同被徽州茶商重视的另一种资本组合形式是贷资经营。如婺源人程锡庚"尝在广东贷千金,回婺贩茶",④婺源人王锡燮,"有族某借银五百两,业茶进粤"。⑤有不少徽州茶商甚至与外国商人发生借贷关系。乾隆时,婺源人汪圣仪就曾"与番商洪任辉交结,借领资本,包运茶叶",借领的金额达10380两之多。在"洋庄"茶兴起以后,徽州茶商中多有通过茶栈向洋行贷款者。歙县坑口江氏茶商保存至今的账册中,每年都有一笔江耀华向洋行借贷的记录,其数目一般达到当年江耀华经营茶叶生意资本总额的50%。从上述情况可见,清代徽商的茶叶贸易在资本的组合方式上,呈现了多样性的特征。尤其值得注意的是,徽州茶商资本与外商资本的结合,这是在近代以前的徽州商帮中从未有过的新现象,也是同时期徽州商帮的其他行业中少见的现象。

综上所述,清代徽商茶叶贸易具有经营方式一体化、经营活动季节性、兼营现象普遍和资本组合多样性等突出的特点。形成这些特点,既有行业本身的原因,也有时代的因素。把握这些特点,将有助于我们深入了解清代

---

① (光绪)《婺源县志》卷35《人物》。
② 《婺源县采辑》,民国抄本。
③ (光绪)《婺源县志》卷34《人物》。
④ (光绪)《婺源县志》卷34《人物》。
⑤ (光绪)《婺源县志》卷34《人物》。

徽商的经营活动和认识近代封建商人的基本特征。

三、清代徽商茶叶贸易衰落原因分析

约在光绪十一年(1885年)以后,徽商的茶叶贸易就开始走下坡路,直至清末一蹶不振,最终衰落。徽商茶叶贸易的衰落,并不是偶然现象,而是当时内外诸多因素所使然。

首先,近代外国资本主义势力的入侵,予徽商茶叶贸易以重大打击。

众所周知,第二次鸦片战争(1856—1860年)之后,外国资本主义势力开始大规模涌入中国,对中国的政治、经济、军事、外交等各方面产生了重大影响。徽州茶商在外国资本主义势力入侵之初,曾调整经营方针,一度抓住茶叶外贸发展的机遇,出现"中兴"盛况。但在入侵的外国资本主义势力的压抑下,徽商的茶叶贸易很快出现危机,走向衰落。入侵的外国资本主义势力对徽州茶商的打击,主要有两种情形:其一,利用多种手段压低茶价。道光以前,茶叶外销只有广东一口,包括徽州茶商在内的华商将茶叶运抵广州后,由总商与外商洽谈,一般来说价格高下掌握在华商手中,"外洋不能挟持"。而且因当时"外洋不谙种茶之法,各国非向中国购食不可",所以"茶值甚昂,不论货之高低,牵匀计算,每担可售五六十两至七八十两不等"。① 而鸦片战争之后,五口通商,洋行商人利用华商不能"齐一"与之竞争的有利因素,不择手段,压抑中国茶价。柯泰来在《救国十议》中说:"中国商货,以丝、茶为最巨。其所以连年亏折者,以不能齐心协力耳。洋商则反能一气联络,如茶市,英商照会俄商,不许放价抢盘,俄商即允照办理……华商资本既薄,又放胆多做,揭借庄款,为息制缚。洋商抬价,则尽力多屯,一旦跌价,则又急思脱手。又有奸商作伪渗杂,故授洋人以口实,任意挑扬,颠之倒之,一任洋人之所为,播弄华商,血本不竭不止……"② 这里可以看出,洋行商人操纵茶价的手段包括"居奇垄断""一气联络""任意挑扬"等,有时还勾结个别华商,内外沆瀣一气,杀低茶价。徽州茶商在咸丰、同治年间的中兴,主要依赖

---

① 彭泽益:《中国近代手工业史资料》第2卷,三联书店1957年版,第309页。
② 《皇朝经济文编》卷45。

茶叶外销,因此,洋商在外销活动中对华商的种种压抑,对徽州茶商的影响最大。正如曾国荃在《请免加茶课疏》的附片中所言,由于"种种受制洋人",以至包括徽州茶商在内的皖南茶商在光绪中叶以后出现"十商九困"的情形。① 其二,洋商自往产茶之地办货,以便独操利柄。按照有关协议的规定,同是经销茶叶出口,在税金、运输等方面,洋商比华商具有更大的优势。光绪二十九年(1903年)九月初一日,载振等在《请旨通饬力行保商之政以顺商情折》中分析说,洋商贩运茶叶出口,只在海关完纳子口半税,该税远远低于华商运茶途中所交之税厘。而且在运输过程中,洋商有种种便利,而华商则"隐受亏损而无如之何"。② 利用自往产茶之地采办的优势,入侵的外国资本主义势力独操利柄,予包括徽州茶商在内的华商以致命的打击。时人指出:华商20年来以业茶起家者,十仅一二,以业茶破家者,十有八九,"问其故,皆曰利柄操于夷人,华商不能与之争所致"。③ 众多史料表明,在入侵的外国资本主义势力打击下,徽州茶商已是举步维艰,面临歇业停运的境地。

其次,国际市场上洋茶的冲击,导致徽州茶商的茶叶外销陷入困境。

道光中叶以前,因"外洋不谙种茶之法",所以在国际茶叶市场上,中国茶叶一枝独秀。但光绪年间,印度、锡兰等国大面积引种茶叶成功之后,中国茶叶在国际市场上受到了强烈冲击。詹事府詹事志锐在光绪十五年(1889年)时说:"近十年内,印茶销路之广,远过中茶。"④光绪二十八年(1902年),盛宣怀在《奏请减轻茶税》中曾详述了国际市场上洋茶对华茶冲击的情形。他说:"兹据该税司等先后查得该商董所呈,均系实情,并以中国运英茶叶,同治十年尚有一万三千九百万磅,锡兰茶仅一千五百万磅。至上年(光绪二十七年—引者注)中国茶只有一千八百万磅,锡兰茶则增为二万六千四百万磅……即以中国近三年出口茶数而论,光绪二十五年尚有一百一十四

---

① 曾国荃:《曾忠襄公奏议》卷25《请免加茶课疏》,近代中国史料丛刊本。
② 彭泽益:《中国近代手工业史资料》第2卷,三联书店1957年版,第304页。
③ 欧阳昱:《见闻琐录》后集卷2《胡雪岩》,岳麓书院1986年版。
④ 彭泽益:《中国近代手工业史资料》第2卷,三联书店1957年版,第304页。

万九千余担,二十六年只有一百零六万三千余担,二十七年则仅有八十五万四千余担,比例参观,是洋茶日盛,华茶日减……"①在洋茶的冲击下,中国茶叶的出口量逐年递减。因此,依赖外销茶叶而致富的徽州茶商,生意也是一年不如一年。尤其是光绪中叶以后,中国茶叶的出口跌至空前的最低点,徽州茶商失去了其最主要的营利途径。

那么,为什么徽州茶商经营的中国茶叶,在国际市场上竞争不过后来居上的印度、锡兰茶呢?我们认为,主要原因有三:(1)光绪年间中国出口的茶叶质量下降。其主要表现是"茶自摘取之后,距熏烤之时,旷日已远,且欠于炮制,则茶质不能耐久,茶力亦薄,茶味已失";"装箱之时,其残败之叶,不能捡去,致与茶叶同有污染之味,并茶末太多,又有他项之叶搀杂其内";"所用之箱,不能坚固"等等。② 质量是保证市场占有的最重要因素,中国出口茶叶质量下降,在与洋茶的竞争中失去了原有的优势。(2)中国茶叶制作工艺落后。光绪十四年(1888年)正月,浙海关税务司康发达申呈总税务司的报告中提到:"外国炒茶,及解箱板烫铅罐,俱用机器。中国则全借人工……"③中国茶叶生产始终处于作坊式的手工生产阶段,洋茶则采用近代化的机器生产,这里人工操作和机器生产之别,最终造成中外茶叶生产成本和质量相差悬殊。(3)中国出口茶税,远远高于洋茶。徽商从事茶叶外销活动,主要是收购徽州本地名茶,经加工后,贩运至上海出口。咸丰以前,徽州茶叶出山,皆归休邑屯溪办理,由休宁县派员查验给引,再由太厦司勘合切角放行,其税每引不过分厘。从咸丰三年到同治二年的10年中,徽州茶税由原来的每引9钱3分,大幅度提高到每引2两4钱8分,增长率为166.7%。同时茶叶出口还应完纳出口海关正税银每百斤2两5钱。这一高税率,到光绪中叶时,不仅没有回落,反而略有上升,每百斤又增加了2钱6分3厘。④ 因此,

---

① 彭泽益:《中国近代手工业史资料》第2卷,三联书店1957年版,第310页。
② 彭泽益:《中国近代手工业史资料》第2卷,三联书店1957年版,第289页。
③ 彭泽益:《中国近代手工业史资料》第2卷,三联书店1957年版,第289页。
④ 彭泽益:《中国近代手工业史资料》第2卷,三联书店1957年版,第307页。

光绪年间,徽商茶叶外销始终为高税率所累。而与清廷茶叶重税政策相反,生产"洋茶"的各国政府对本国茶叶出口均采取了鼓励与扶持的措施。清朝大吏盛宣怀指出:"迨印度锡兰出产红茶,日本出产绿茶,以后悉用机器制造,价本既轻,印度日本又免征税银,锡兰不特免征,每磅并津贴银三分五厘,约合每担津贴银四两之多,力使畅销推广。中国产茶业户,茶盘遂至逐年递减,渐成江河日下之势。"① 由于税率的原因,洋茶与中国茶叶在国际市场竞争中的高下非常明显。总之,光绪中叶以后,因茶叶质量下降,生产工艺落后以及中国茶叶出口税重,导致了中国茶叶出口量逐年递减,从而使得依赖茶叶外销而赢利的徽商茶叶贸易日暮途穷,呈江河日下之势。

第三,徽州茶商在非经营性消费方面,投入过多。这也是其贸易无法维持的一个重要因素。关于清代徽州茶商利用资本和利润进行非经营性消费的事例,史不绝书。比如,道光年间绩溪茶商章志乾(字象成)"命仲弟撑持家政,季弟同事京师,积十余年,运茶北上,始大构'彝德堂'新居。瘗暴骨,治道途,轸恤孤贫,挥金勿惜"。② 同治时婺源茶商汪庆澜(字位三)"生平好施与,重然诺。尝与乡人洪圣才同贾江右,才病革,以孤托澜抚养,婚教一如己子,至老弗衰。发逆扰乱,输金赈流民,有自贼中逃出者,皆给赀斧以归。镇河洪水骤涨,棺尸漂没,澜雇工沿河捞溺。有巨商叶某,被援佩德,谢洋五十元,固辞不受。货茶祁门,见道路棺骸暴露,捐洋二十元,属其乡之老成,雇工掩之。至若施米衣,修桥路,一切义举,难以缕陈"。③ 还有婺源茶商程国远"修宗祠、建义仓、兴赈会、施棺木",④朱文炽(字亮如)"道光年间两次襄助军需,蒙宪给奖。咸丰己未,又捐助徽防军饷数百金。生平雅爱彝鼎及金石文字,积盈箱箧",⑤等等。从中我们可以看出,徽州茶商的非经营性消费名目极其繁多,有造桥、修路、周族、恤贫、施棺、捐饷、助赈、筑室、买田、立

---

① 彭泽益:《中国近代手工业史资料》第2卷,三联书店1957年版,第309—310页。
② 绩溪《西关章氏族谱》卷24《家传》,宣统刊本。
③ (光绪)《婺源县志》卷35《人物》。
④ (光绪)《婺源县志》卷34《人物》。
⑤ (光绪)《婺源县志》卷34《人物》。

社、修祠、贷金、购书、藏画等项。此举大多被冠以"义举""善行"之名,载于册籍,传诸口碑。一些"家业饶裕"的徽州茶商为这些"荣誉"消耗了大量的资本和利润,严重影响了正常的商业活动,造成商力疲惫、元气大伤的恶果。甚至有不少徽州茶商因一生不懈追求"义名"而最终出现"家落"的结局。光绪《婺源县志》中有两则典型事例:"潘开祥,字希明,(婺源)和睦村人。五品衔。幼贫,业茶起家……孤侄负券数千金,慨然代偿。兵燹后,振合族文社,首捐租六百秤。课文资给,皆出其力。至若施棺助饷,周急济荒,难以缕述。晚际家落,人多愍焉。"①又"詹世鸾,字鸣和,(婺源)庐源人。资禀雄伟,见义勇为,佐父理旧业,偿夙逋千余金。壬午贾于粤东,关外遭回禄,茶商窘,不得归,多告贷,鸾慷慨欤助,不下万金。他如立文社,置祀田,建学宫,修会馆,多挥金不惜。殁之日,囊无余蓄,士林重之"。②

所谓"晚际家落,人多愍焉""殁之日,囊无余蓄"等,表明了徽州茶商资本和利润非经营性消费的结果。光绪中叶以后,徽商茶叶贸易由盛转衰,并最终走到"营运俱穷,空乏莫补"的境地,与徽州茶商一贯地在非经营性消费方面投入过多有密切关系。

综上所说,徽商茶叶贸易的衰落是光绪中叶以后多种因素综合影响的结果。其中既有国内政治、经济的原因,也有国际市场变化的原因。此外,与徽州茶商本身也有密切关系。从徽商茶叶贸易的衰落,可见在近代社会环境中,中国传统封建商人无法自主的历史命运。

原载《安徽师范大学学报》2000 年第 3 期

---

① (光绪)《婺源县志》卷 34《人物》。
② (光绪)《婺源县志》卷 35《人物》。

论道光中叶以后上海在徽茶贸易中的地位

茶叶贸易是明清徽州商帮的四大经营项目之一。① 以往研究者在探讨徽商茶叶贸易问题时,大多止于清代道光中叶。其实,道光中叶以后徽商的茶叶贸易还有一个发展高潮,这一高潮的形成,与上海有密切的关系,而其后果,则是将徽州商帮的衰落推迟到了光绪以后。本文根据部分新发掘的有关徽州茶商的原始资料,着重讨论徽商在道光中叶以后围绕上海而展开的一系列茶叶贸易活动,希望有助于学术界对明清徽州商帮的全面了解。

一、从广州到上海的战略转移

清代徽商茶叶贸易的主要类型有二种:

一是经营内销,俗称作"京庄"茶。它在徽州商帮传统的茶叶经销活动基础上发展而来。从有关资料记载来看,道光中叶以前,徽商经营内销茶,最主要的销售市场在北方,尤以北京为中心。据《歙事闲谭》记载:"北京歙县义庄,在永定门外五里许石榴庄,旧名下马社,规制甚宏,厅事高敞,周垣缭之,丛冢殆六七千,累累相次。盖亦经始于明嘉靖十四年(1535年),与创设会馆同时。……至清初则杨监正光先曾重加修整,其后世守之。曹、潘二

---

① 近人陈去病在《五石脂》中说:"徽郡商业,盐、茶、木、质铺四者为大宗。"(民国)《歙县志》卷1《舆地志·风土》也有同样的看法:"邑中商业,以盐、典、茶、木为最者。"

相俱曾资助。捐款则取于茶商为多。据黄记,则隆庆中歙人聚都下者,已以千万计。乾隆中则茶行七家,银行业之列名捐册者十七人,茶商各字号共一百六十六家、银楼六家、小茶店数十。其时商业之盛,约略可考……"①"茶行七家""茶号一百六十六家""小茶店数十",于此可见道光以前徽州茶商在北京活动之盛。而且,这仅指歙县一县之茶商,若加上徽州其他五县的在京茶商,则规模更大、人数更众。以北京为集散地,徽茶行销北方各大城市及中小市镇,甚至远到东北地区。道光中叶以前徽商经营内销茶,也兼及长江流域和东南沿海地区。在有关茶商的资料中,我们也能见到这一时期徽州茶商在上海经营内销茶的踪迹。譬如,始创于乾隆十九年(1754年)的徽宁会馆思恭堂,在嘉庆年间扩充以后,由婺源巨商胡炳南任董事,下设的多位司事中,有四人就是婺源茶商。② 不过,就徽商经营内销茶的大局而言,上海在其中的地位远逊于北京及其他一些城市。

　　二是经营外销,俗称作"洋庄"茶。它是适应中外贸易形势而兴盛起来的徽茶重要销售渠道。道光中叶以前,由于清政府限定广州为唯一外贸口岸,所以中国茶叶外销均集中在广州。其时,广州城内聚集了大批徽州茶商。如光绪《婺源县志》记载:"朱文炽,字亮如,官桥人。性古直,尝鬻茶珠江,踰市期,交易文契,炽必书'陈茶'两字,以示不欺。牙侩力劝更换,坚执不移。屯滞二十余载,亏耗数万金,卒无怨悔。在粤日久,而同乡族殁者,多不能归葬,爰邀同志捐资集会,立归原堂,限五年舁柩给赀,自是无枯骸弃外者。"③原籍婺源的我国近代著名铁路建筑工程师詹天佑之父詹世鸾,字鸣和,"佐父理旧业,偿夙逋千余金。壬午贾于粤东,关外遭回禄,茶商窘,不得归,多告贷,鸾慷慨欤助,不下万金"。④ 在张海鹏、王廷元先生主编的《明清

---

① 许承尧:《歙事闲谭》第11册《北京歙县义庄》。
② (日)根岸佶:《中国基尔特的研究》"上海徽宁思恭堂"。
③ (光绪)《婺源县志》卷34《人物》。
④ (光绪)《婺源县志》卷35《人物》。

徽商资料选编》中,集中收录了不少有关徽州茶商在广东经销茶叶的资料。①当时徽州茶商与外商交易,多在船上进行,茶叶价格由徽州茶商报出,获利极厚,徽州人称之为"发洋财"。② 随着中外贸易规模的不断扩大,外销茶在徽茶中的比例也越来越大。③ 因此,作为清政府唯一外贸口岸的广州,在徽商茶叶贸易中的地位也愈发突出。

因此,从清代徽商茶叶贸易的两种主要类型来看,道光中叶以前内销以北方为主,外销唯广州一地,上海在徽商茶叶贸易活动中的地位并不突出。

然而,道光中叶以后,尤其是经历了19世纪50年代至60年代的"咸同兵燹",上海异军突起,迅速取代广州在徽商茶叶贸易活动中的地位,成为徽茶出口的最重要口岸。《安徽茶叶史略》在描述这一段历史时说:"同治年间,洋庄茶盛行时,经营洋庄的徽州茶叶商,资本额较大者,有忆同昌等四十八家。在外地经营大茶号的徽商为数也不少,汉口、芜湖有,九江、上海也有。如九江即有仁德永等六家,上海有洪永源等七八家,营业一时还颇为发达。有数家资本额还曾有四五万两,其余亦在数千两。"④这时广州已如昨日黄花,道光中叶以前出口徽茶的盛况一去不复返了。而上海则悄然崛起,几乎垄断了徽茶对欧美等国的出口。据歙县知县何润生在光绪二十三年(1897年)《茶务条陈》中估算,"徽茶内销不及十分之一二",十分之八九均为外销。⑤ 在占徽茶总量80%～90%的外销茶中,绝大部分均经过上海口岸销往外洋。

为什么在道光中叶以后,上海得以取广州而代之,成为徽茶出口最重要

---

① 张海鹏、王廷元主编:《明清徽商资料选编》第3章《徽商经营的行业》第3节《茶叶业》,黄山书社1985年版。

② 商约大臣盛宣怀在光绪二十八年的《奏请减轻茶税》中说:"从前外洋不谙种茶之法,各国非向中国购食不可。彼时茶值甚昂,不论货之高低,牵匀计算,每担可售五六十两至七八十两不等。"茶商获取的利润数倍于资本的投入额。

③ 道光十二年由广州出口的茶叶总值是生丝出口总值的7倍,超过1500万元。而这些茶叶"向于福建武夷及江南徽州等处采办"。

④ 《安徽史学》1960年第3期。

⑤ 刘锦藻:《清朝续文献通考》卷42《榷茶》,商务印书馆十通本。

的口岸呢？我们认为，主要原因有两个：

其一，道光二十三年(1843年)上海开埠，外贸出现新格局。道光二十三年十一月十七日，根据《南京条约》中有关条款的规定，上海被辟为商埠。同时允准各国通商的城市还有广东之广州，福建之福州、厦门，浙江之宁波。于是原先以广州为唯一外贸口岸的局面被打破，变成"五口通商"的新格局。在这五口通商城市中，又以上海地位最重要。正如方志所说："中外通商，昔以广州为首冲，今以上海为首冲，缘长江各岸遍开商埠，而上海居长江入海之处，商轮由海入口，必于是焉始，是为江之关系。曩者外洋贸易，皆自印度洋而来，今则太平洋之贸易尤盛，而上海在太平洋西岸，南北适中之地，是为海之关系。故上海为中外通商第一口岸，亦形势使然云。"①一大批外国洋行纷至沓来，致上海"商业日形起色，于是郊外荒凉之地，一变为繁华热闹之场"。② 尤其是众多做茶叶生意的外商洋行云集上海，很快使上海成为当时中国茶叶出口的最重要基地。最早在上海做茶叶出口的洋行有英商怡和、仁记、天祥、锦隆，德商兴成，俄商新泰，后有英商协和、同孚、天裕、杜德、保昌、福时、英发，法商永兴，印度商富林、瑞昌、裕隆、谦义，美商慎昌，波商美昌、克昌、来发、源生等洋行。③ 从经上海出口的茶叶数量来看，道光二十四年上海始有茶叶出口，数量为1,149,000磅。以后逐年增长，道光二十六年内为12,460,000磅，道光二十九年为18,303,000磅，咸丰五年(1855)达到80,221,000磅，是最初上海茶叶出口数量的69倍。④ 有的学者将它同广州茶叶输出相比较，指出：1844年上海出口茶叶数量仅是广州茶叶出口数量的1/60，"但1852年以后，茶从广州出口的数量即迅速下降，而从上海出口的数量却急剧上升，致使1852年广州出口的数量(36,127,100磅)只及同年上海出口数量(57,675,000磅)的62.6%。1853—1860年，除1854年外，茶从

---

① 吴馨等：《上海县续志》卷1《形胜》。
② 李维清：《上海乡土历史志·五口通商》。
③ 民建上海市委、上海市工商联：《外商垄断下的华茶外销》，载《上海文史资料选辑》第56辑《旧上海的外商与买办》。
④ 马士：《中华帝国对外关系史》第1卷，三联书店1957年版。

上海出口的数量年年超过经由广州出口的数量;1855年(上海出口数量是80,221,000磅,广州出口数量是16,700,000磅)竟超出了近4倍"。① 这个根据马士《中华帝国对外关系史》提供的有关数据所统计出的结论,表明道光中叶以后在全国的茶叶外贸中,上海已取代了广州的地位。徽州茶商在其经销"洋庄"茶的过程中,舍广州而取上海,同当时上海开埠后外贸出现这种新格局是分不开的。

其二,徽州茶商舍广州而取道上海经营外销茶,还有"地利"方面的因素。徽州地处长江流域腹地,与广州有千川之阻,万山之隔,途程在3000里以上。从徽州运茶至广州,一般以屯溪为起点,往西南行经休宁、祁门,在倒湖附近进入江西地界,途经浮梁县、景德镇、狮子山、饶州府、竹鸡林、康山,抵达江西省城南昌府。由南昌府南行,经樟树镇、新淦县、峡江县、吉安府之卢陵县、泰和县、万安县、赣州府之赣县、南康县、南安府之大庾县,在梅岭头入广东省界。复经南雄州、韶州府、英德县、清远县、三水县,最终到达广东省城广州。② 据徽州茶商《道光二十五年江祥泰进广滕清账册》记载,徽商携茶前往,水路雇船,陆路雇夫,途中费时在2个月以上。③ 如此旷日持久的长途贩运,对茶叶这种十分讲究季节性的商品来说,是十分不利的。而且,这条跨越三省数十府县的徽茶出口运输路线,并不安全。光绪《婺源县志》中记载,茶商李登瀛(字亘千)"尝业茶往粤东,经赣被盗,办控究办,请示勒石于通衢,商旅以安。乐匪阻船需索,诉诸督抚各宪,河道肃清"。④ 李氏茶商所遇"被盗""需索"之事,其他徽州茶商也时常遭遇。因此,在手抄本《徽州至广东路程》中,有一些地名下徽州茶商小心翼翼地注上了"多盗"的字样,以示警惕。

然而,与徽州到广州的路程相比较,徽州至上海的路程则要便捷得多。

---

① 黄苇:《上海开埠初期对外贸易研究》第6章,上海人民出版社1961年版。
② 原件现藏歙县江氏茶商后裔处。
③ 原件现藏歙县江氏茶商后裔处。
④ (光绪)《婺源县志》卷34《人物》。

徽州茶商一般在屯溪雇船,沿新安江东下,直抵杭州。在杭州过塘,经嘉兴、嘉善、松江、黄浦等地,到达上海。途中货物只需在杭州中转一次,转输甚为方便。徽州茶商贩茶走完该路全程,约需20天。

从这两条路线来看,去广州需二个月以上的时间,且长途颠波,路不安全;而到上海只需20天左右,缩短了2/3时间,运输费用也大为减少。因此,在通商的"五口"中,徽州茶商自然会选择路途较近且外商洋行云集的上海作为茶叶输出的最佳口岸。正如我们新近发现的徽州茶商江绍周写给其妾秀兰的信中所言:"现因连年茶叶夷商通于上海,利虽微而生意快捷,予所代经理之茶叶,年年均往上海脱售……上海之近,惟广东之远,贸易与广东一式,不能舍近而求远也。"①江绍周的想法,正是大多数从事茶叶外销活动的徽州商人的共同心态。于是,当时徽州商人适应"洋庄"茶盛行,且多经上海出口这一新的外贸形势,纷纷将人员、资金由广州转移到上海,扩大经营规模。其中,婺源茶商程泰仁就是当时徽商业茶由粤转沪的典型之一。

据《婺源县志》卷三十四《人物·义行》记载,程泰仁原因"家食维艰,弃砚就商",随同乡贩茶至粤,"众举经理徽州会馆,六县商旅均服其才",成为粤东徽州茶商中的头面人物。其后,粤东生意难做,咸丰年间,程泰仁转而"业茶上海",获利巨大,曾经"独捐巨资修广福寺"。当时,有一大批徽州茶商改"贩茶粤东"为"业茶上海",完成了从广州到上海的战略转移。凭借"洋庄"茶盛行的市场有利条件以及茶叶外销多经上海出口的地理优势,清代徽商茶叶贸易在其他诸业渐趋衰疲之际,仍能再度中兴,并维持了相当长的一段时间,直到光绪以后才渐渐衰落。

二、从徽州到上海的茶叶运输

从徽州到上海有水旱二路可走。旱路由徽州府出发,经绩溪县、宁国县、广德州、回安镇、湖州府、吴江县、苏州,再到上海。在清代,因旱路不便运输,所以徽州茶商多走水路。

---

① 原件现藏歙县江氏茶商后裔处。

水路的行程是:在屯溪搭船,沿新安江东下,途经沧潭、深渡、山茶坪、街口、威坪、慈滩、淳安县、塔行、茶园、小溪滩、白沙埠、严州府、乌食滩、张村、钓台、桐庐县、柴埠、横梓关、程坟、当阳县、鱼浦口、毛家堰、范村,抵达杭州。这一程有《水程捷要歌》唱道:"一自渔梁坝,百里至街口。八十淳安县,茶园六十有。九十严州府,钓台桐庐守。横梓关富阳,三浙垅江口。徽郡至杭州,水程六百走。"①在杭州过塘,经过回坟、龙平山、长安坝、崇德县、皂林、嘉兴府、七里桥、嘉善县、泖桥、斜塘桥、松江府、黄浦,到达上海。据熟悉徽州掌故的当地耆老称,徽茶最重要的集散地屯溪,向有"无船三百只"之说,形容其水运的发达。清代,尤其是道光中叶以后,新安江的水运船户有严密的组织,徽州茶商在此雇船东下,十分方便。

徽商从徽州到上海的茶叶运输,采取了与别处不同的托运方式。因徽州茶商自己一般并不拥有车船等运输工具,故凡遇旱路,则雇夫肩挑背扛,若走水路,又临时雇船。远距离的长途贩运,一路上需不时更换运输方式。歙县坑口江氏茶商在《徽州至广东路程》中,②曾详细注明了由徽入粤,于何处雇夫、何处雇船的情况。力夫或船家将茶叶运到某一地点后,徽州茶商即付讫运输费用。途中遇盗或碰上船覆等不测变故,货物损失概由徽州茶商自己承担。如同治《祁门县志》记载:明代茶商邱启立(字见参)"偕侄联旺贩茶湖口,侄舟覆,启立急悬重赏救之。侄以货物尽失,生不如死,启立遂以己茶一船予之"。③说明船家并不赔偿因"舟覆"而损失的茶叶。道光中叶以后在徽州至上海的运输线上,徽商茶叶运输采取的托运方式,与上述情况有所区别。那么,这种托运方式究竟有何特色呢?安徽师范大学徽商研究中心收藏有多份同治、光绪年间徽州茶商托运茶叶的"船契"和"船行票"复印件。这些船契和船行票从起讫地点来分,主要有两类:一是徽州至杭州,二是杭州至上海。兹按原式举一例,以见徽商从徽州到上海茶叶运输托运方式之大概。

---

① 《天下路程图引》卷1,山西人民出版社1992年版。
② 原件现藏歙县江氏茶商后裔处。
③ (同治)《祁门县志》卷29《人物志》。

奉宪船契

　　今据本府歙县船户天魁、财宝、夏□、观永、春宝、灶寿、春发、观玉、得顺、大有、小昌、银泰、五十、金寿、百富、观来共船十六只运，今自己船在于歙县水南薛坑口埠头凭行揽到张芝源宝号客名下货。计开：

　　茶箱一千零五十八件。

　　包装送至义桥顶埠交卸。其货上船，注明船票以杜蒙混。倘船户盗卖客货并少数目、潜逃等情，扣留原船赔偿，理涉无辞。其行李照客单检收。如路无水盘滩体驳各色等项，船户包体，均概无贴，不得另生枝节。等情。恐口无凭，立此船契，顺行为照。

　　三面议定水脚船洋二百三十五元一角。凭行当付洋二百零三元一角。挂欠下找洋三十二元，至义给付。客用船膳每位（食）计钱　　文，食粥减半，神福一应在行付讫。　　客自膳无贴。

　　同治十一年六月三十一日部贴官牙张衡记行（章）船票

　　一路顺风　　　　　　　　福星载道

这里要说明的是，不同船行印制的船契，文字上有详略的区别。不过，不同的船契和船行票，内容基本相似。

从这些船契上，我们可以知道，徽州茶商在茶叶运输过程中采取的托运方式，具有如下特征：（1）运输费用一般分二次付清，雇船时先预付大部分款项，余款则在货运到埠时给付。除茶叶运费之外，"神福"以及商人在船上的伙食费用另计，并预先交付。（2）一次谈妥运价及其他费用后，途中不再给付其他任何名目的运输费用。即使遇到"路无水盘滩体驳"等需额外开支之事，均由船户负责，茶商不再补贴。（3）茶叶等货物遭盗卖或缺少数目、上漏下湿，茶商可扣留原船，向船户索贴。（4）船户包揽运输途中的一切事务（唯纳税除外）。船契规定了商人和船户双方的义务和权利，尤其是特别强调了船户的承诺。具有这些特色的托运方式比较起其他地区商人随行随雇的方式要安全、便捷得多。当轮船出现、保险业兴起之后，徽州茶商又是在这条运输线上最先享受其惠。安徽师范大学徽商研究中心收藏有多份徽州茶商托运货物的保险联单复印件。它表明徽茶运输到上海更加安全、快捷。道光中叶以后,徽州茶商多集中在上海从事茶叶外销活动,徽州至上海茶叶运输方式安全可靠也是重要原因之一。

为加强茶税的征收,清政府对徽州茶商由徽州至上海的茶叶运输采取了严格的管理措施。首先,徽州茶商贩运的每帮茶叶均须持有地方衙门所颁的"引票"(或"照验"),①以备关卡查验。道光以前,徽州茶叶出山,皆归休邑屯溪办理,由休宁县派员查验给引,再经太厦司切角放行。其方法是:"各商赴局报捐,局中必提出一箱,令其拆口去茶,秤验箱罐轻重,一箱若干斤,众箱准此为法,名曰去皮。凡过关卡均如斯。"②查验之后,徽州茶商便可纳银取得贩茶的引票。同治年间,清廷曾一度改变皖南茶叶税收办法,所有诸项茶叶税厘,均一次交清,由"督辕颁发三联引票、捐票、厘票,随时填给,不得于三票外多取分毫"。③三票就成了徽州茶商贩运茶叶的凭证。若茶商无"引票"而运茶,一经关卡查出,即遭严惩。其次,由徽州运茶至上海,途中须交纳除引银之外的各种捐税。不同年份,徽州茶商在途中所交捐税亦自不同。歙县知县何润生在《茶务条陈》中谈到了光绪二十五年前后的情况:"歙、休、黟之茶均由新安江运浙境之威坪,首卡每引抽厘捐三钱。光绪二十一年加抽八分,又另抽关锐银一钱,杭引课银三分四厘。再由威坪运绍兴,达宁波,逢卡验票,不复重抽。在宁波新关,每百斤完出口全税银二两五钱。设运至杭州,过塘由嘉兴至上海,每引须纳浙江塘工捐钱五钱……此洋庄茶完纳厘税之定章也。至内销,如茶朴、茶梗、茶子、茶末等不完落地税,惟逢卡抽厘,屯溪街口每百斤各抽钱百文,浙之威坪抽三百余文,严东馆抽百五十余文,杭属厘卡抽钱三百余文,嘉属抽钱百五十余文,此内销本地茶抽收

---

① "照验"是部引未颁之前,地方衙门签发给商人的运茶临时凭证。
② 刘锦藻:《清朝续文献通考》卷42《榷茶》,商务印书馆十通本。
③ (同治)《祁门县志》卷15《食货志》。

厘金之定章也。"①在徽州茶商所持的"船契"及"船行票"上，均印有醒目的"凡遇捐税，尊客自管""货船捐客管""遵示尊客，货凡遇关津，自投纳税"等字样。第三，在徽州至上海的水运途中，遍设关卡。关卡的作用有二：一是查验徽州茶商所持的"引票"或"照验"，并重复"去皮"的手续，以检查票与货是否相符。二是按章征收税厘。第四，设局严格控制船行和船户，防止船户不经船行私揽业务。在我们见到的一份同治八年（1869年）十二月初八日的《奉宪设立通商船契》上，有这样一段文字："……查得各路船行，经过客商，向由椊载经理，雇备船只装运货物，以通商贾。乃兵燹以来，商民裹足，聚市无从。兹已省垣克复，安堵如常，故出示招徕各行，仍于原基开设旧业船行，以便商人贩运往来，有所依据。从中恐有商客贤愚不齐，且有运货之船户优劣莫辨，因此设局严查，并谕饬各行认真办理，该商装运何货、发往何地销售注明船票，以杜蒙混。倘船户盗卖客货、潜逃等情，责成行家督同椊载追查确实，扣留原船赔偿，以昭诚信。船户如敢玩法不遵及私揽凑载情事，许该行指名送局究办，决不姑宽。"②通过对船行和船户的严格管理，清政府掌握了徽州茶商的一切贸易活动情况，包括运载货物多少、运至何处销售等。从上述四个方面来看，清政府对徽州茶商由徽州贩货至上海控制很严。其目的在于维持正常贸易秩序，防止茶叶税金的流失。

三、徽茶在上海的销售

通过新安江水运，外销徽茶于每年开春头茶出山后，源源不断运抵上海。光绪年间，外销茶在徽茶中比例为80％～90％，其中绝大部分通过上海口岸销往国外。运抵上海的外销茶，无论质量还是包装，都与销往北方的内销茶有明显的区别。首先，外销茶都是精选上等毛茶，经过焙、筛、扇、拣等工序制作而成，徽州茶商对每道工序都有严格的规定和要求。制成的茶叶分珠茶、雨前、熙春三大类数十个品种，分别包装。而内销茶质量远逊于外销茶，其中茶朴、茶梗、茶子、茶末居多。其次，外销茶包装内用锡罐，外装彩

---

① 刘锦藻：《清朝续文献通考》卷42《榷茶》，商务印书馆十通本。
② 原件现藏歙县江氏茶商后裔处。

画板箱。箱分三种:一是"二五双箱"(连罐计重十一斤有奇),二是"三七斤箱"(十二斤有奇),三是"大方箱"(十五斤有奇)。据光绪年间歙县知县何润生称:"每箱可装细茶四十余斤、粗茶三十余斤。"[①]而内销茶则专用篓袋盛储,包装远不如外销茶精美。

徽州茶商将外销茶运抵上海后,一般通过茶栈卖与洋行。道光中叶以后,大部分从事大宗茶叶外销的徽州茶商都固定与上海某一茶栈有业务往还。譬如,我们新近发现的清代徽州歙县坑口江氏茶商大量的账簿、信札等商务资料,其中反映了江氏茶商历年销外上海的茶叶,均通过谦顺安茶栈代售给洋行。谦顺安茶栈系广东帮茶叶巨子卓镜澄和唐尧卿等人合伙在上海开设的著名茶栈。何以徽州茶商会与上海较固定的茶栈之间有业务联系呢?这里熟悉底细、相互信任等人情关系固然是重要因素,不过,更为重要的原因还在经济利益方面。因为徽州茶商在每年开春设立茶号之前,往往要向茶栈借贷一部分资金,用于租用号址、添置工具、雇佣人手、收购毛茶及加工之需。茶栈提供给徽州茶商贷款,条件是徽州茶商必须将茶叶委托给该茶栈转售于洋行。自然,贷款要支付利息。我们在翻阅歙县坑口江氏茶商的账簿时发现,江耀华经营茶叶生意的资本中,每年都有一笔是向谦顺安茶栈借贷的,而且数目不小。譬如《光绪念六年谦顺昌号茶数银洋总登》中记载,当年该号共收资金谦顺昌股本九八规元4000两,江耀记股本九八规元1400两,谦顺昌汇用九八规元7800两,总共收九八规元13200两整。[②]这里,从谦顺安茶栈借贷的资金占到谦顺昌茶号当年所有本金的59%。这就是为什么江氏茶商历年销往上海的茶叶,均通过谦顺安茶栈代售给洋行的真正原因。有一些财力雄厚的徽州大茶商往往自己在上海开设茶栈,直接同洋行打交道。

上海各茶栈除向徽州茶商提供一部分贷款之外,还每年向徽州茶商通报有关茶叶贸易的情况。安徽师范大学徽商研究中心收藏两份上海谦顺安

---

① 刘锦藻:《清朝续文献通考》卷42《榷茶》,商务印书馆十通本。
② 原件现藏歙县江氏茶商后裔处。

茶栈在光绪三十一年、三十二年向徽州茶商提供的当年茶叶销售通报复印件,题为《红绿茶出口数及英美俄孟买等市销售情形略列》。其中内容包括:(1)本年度红、绿茶在欧美各国的销售数量,并指出与去年出口数相比增长或减少的数目。(2)分析出口数增长或减少的各种原因。(3)华茶在各国销售价格的涨跌和盈利与否的情况。(4)考察影响价格涨跌的各种因素。(5)提出来年茶叶生产应格外精选、按低山价、减轻成本、杜绝走样等希望。这类通报信息真实、分析透彻,对徽州茶商的茶叶采购、加工、销售起了重要的指导作用。

徽州茶商在上海委托茶栈代售茶叶,茶栈要收取一定的佣金和其他费用。在一份光绪三十年上海谦顺安茶栈为徽商谦顺昌茶号代售茶叶的"代沽单"中注明,各项费用名目有:洋行息、打包、修箱、茶楼、磅费、叨佣、码头捐、栈租、力驳、堆拆、出店、火险、各堂捐、律师、会馆、商务捐、膳金、息等十八项,共计一千零七十六两一钱五分。①谦顺昌运往上海的这批绿茶共一千四百零一件,售价为九八规元二万三千二百二十八两四钱八分。由此可知,茶栈收取的各项费用,约占茶叶售价的4.63%。

徽茶在上海的销售价格,内销零售相对比较稳定,外销则历年波动幅度较大。上海开埠之初,徽州茶商经上海外销茶叶,每年均有赢利,虽不及道光中叶以前经广州外销茶叶获利大,但转输方便,徽州茶商也乐意为之。就如江绍周的信中所言:"现因连年夷商通于上海,利虽微而生意快捷,予所代经理之茶叶年年均往上海脱售。"②这种年年稳操微利的状况,一直维持到了光绪中叶。其后,茶价开始大幅下滑,光绪十四年每百斤售三十余两者十居二三,售十余两至八九两者十居七八。③光绪二十八年徽州祁门最好的红茶、婺源最好的绿茶,售价每担四五十两,其次之各种低茶,售价不及二十

---

① 原件现藏歙县江氏茶商后裔处。
② 原件现藏歙县江氏茶商后裔处。
③ 彭泽益:《中国近代手工业史资料》第2卷,三联书店1957年版,第308页。

两。① 这时的茶价,同道光中叶以前经广州外销的茶叶平均每担可售五六十两至七八十两不等相比,已有天壤之别。扣除各种成本开支,徽州茶商的盈利就微乎其微了。倘或稍有疏忽,就可能出现"赔亏"的现象。茶叶价格在光绪中叶以后大幅度下跌,最主要的原因是受到洋茶的冲击和洋商的压抑。

综上所述,道光中叶"五口通商"之后,徽州茶商适应新的外贸形势,并利用徽州至上海较徽州至广州更为有利的地理条件,将人员、资金纷纷迁至上海,完成了茶叶贸易重心从广州到上海的战略转移。在徽州至上海的茶叶运输过程中,徽州茶商采用了安全、便捷的托运方式,将徽茶运至上海,并通过茶栈转售于洋行,从而获取利润。这一系列的贸易活动,都围绕近代上海这一城市而展开。其时徽州商帮所经营的诸业已渐趋衰疲,唯茶叶业因上海而得以中兴,并成为支撑徽州商帮残局的中坚力量。因此,探讨这一时期徽商茶叶贸易的状况对于我们全面了解徽州商帮的历史及其在近代社会的贸易经营方式,具有重要的意义。

原载《历史档案》1997 年第 1 期
(本文与张燕华合作)

---

① 彭泽益:《中国近代手工业史资料》第 2 卷,三联书店 1957 年版,第 310 页。

19世纪50年代至60年代中国社会的战乱与徽州商帮的衰落

徽州商帮从明朝中叶到清朝乾嘉近300年中,在商界"称雄"于东南半壁,道光以后则逐渐趋于衰落。"荣枯有数""盛衰有常"本是事物发展的法则,但任何事物,其盛也决非无由,其衰也自必有因。那么,徽州商帮在道咸以后衰落的原因何在呢?我们认为,徽州商帮的衰落是多种因素的综合结果,其中19世纪50年代至60年代发生的中国社会战乱,乃是加速徽州商帮衰落的重要因素之一。

一、19世纪50年代至60年代中国社会战乱最严重的地区,正是徽州商帮商业经营活动最主要的区域

19世纪50年代至60年代中国社会的战乱,主要指清朝封建政府和太平天国农民政权之间的战争。这场战争始于1851年1月11日(道光三十年十二月十日),基本结束于1864年7月19日(同治三年六月十六日),历时14年。如果将天京(南京)沦陷后,太平军与捻军的坚持抗清斗争计算在内,则这场战争一直延续到1868年8月16日(同治七年六月二十八日)西捻军在黄河、运河及徒骇河之间全军覆没为止,共计18年。其间战火蔓延了18个省的600余座城市及其周围地区。根据有关史料记载,这场战争的始发地是广西桂平金田地区,但由于战争形势的飞速发展,清军与太平军在广西境内的战事,仅仅进行了 1 年零 8 个月。1852 年 6 月(咸丰二年四月)太平军由广西攻入湖南,战争的主战场开始北移。1853 年 1 月 12 日(咸丰十二年十二月四日),太平军攻克武汉三镇,其后主战场又折而东移。同年 3 月 19 日,太平军占领了有"虎踞龙盘"之称的六朝古都南京,天王洪秀全宣布太平天国定都于此。此后长江中下游地区(主要是湖北、江西、安徽、江苏、浙江等省)成为清军与太平军之间拉锯战的主战场。从 1853 年(咸丰二年)到 1864 年(同治三年)的 10 余年间,太平军与清军在西至武汉、东到上海的长江一线及其腹地,展开了殊死的战斗。因此,包括鄂、赣、皖、苏、浙在内的长江中下游地区,成为 19 世纪 50 年代至 60 年代中国社会战乱最严重的地区。

从徽州商帮发展的历史来看,这一地区正是该商帮传统的商业经营活动最主要的区域。徽州商帮在明朝成化、弘治(1465—1505 年)年间形成以后,民间就流传着"钻天洞庭遍地徽"的谚语。康熙《休宁县志》也有徽商"走吴、越、楚、蜀、粤、闽、燕、齐之郊,甚则逾而边陲,险而海岛,足迹几遍寓内"①的记载。在明清二代的各省都会、大小城镇乃至边陲海岛,都有徽州商帮活动的踪迹。其活动范围之广,可谓"山陬海涯,无所不至"。不过,综合考察有关徽州商帮活动的史料,可以发现其商业经营活动主要集中在三大区域:

(1)长江中下游地区,包括湖北、江西、安徽、江苏、浙江等部分地区。

(2)京杭大运河两岸,包括浙江、江苏、山东、河北、北京等部分地区。

(3)赣江入岭南一线,包括安徽、江西、广东等部分地区。

其中最主要的区域是长江中下游地区。大量的史料表明,徽州商帮在该地区经营时间最长久、商业活动最活跃、行业类型最齐全。在长江中下游地区,不仅各大城市的许多重要行业部门往往操纵在徽州商人手中,如汉口的盐业、典当业、米业、木业、棉布业、药材业,南京的木业、米业、典当业、丝绸业,扬州的盐业、典当业以及苏杭的米业、布业、茶业、木业、丝绸业、颜料业等;而且,在新兴的工商业市镇中,徽州商人也极为活跃。如湖北黄陂县

---

① (康熙)《休宁县志》卷 1《风俗》。

"城内半徽民",①京山县则"日用所需,惟徽商操其缓急"。②安徽桐城的枞阳镇"徽宁商贾最多"。③浙江仁和县的塘栖镇,经营典当业、米业者,多为"徽杭大贾"。④ 平湖县的新带镇及江苏吴江县的盛泽镇、嘉定县的罗店、南翔二镇,也是徽人"汇集之处""徽商糜至"之地。为什么明清二代,长江中下游地区会成为徽州商帮商贸活动最主要的区域呢?我们认为,有两个重要因素值得考虑:其一,明清时期,长江中下游地区的商品经济较之其他地区,相对比较发达。无论行商坐贾、大商小贩,都可在此获得牟利生财的机会。其二,徽州处在长江中下游地区的中部,徽州商人在该地区从事商业经营活动,具有"地利"优势。

徽州商帮商业经营活动最主要的区域,在19世纪50年代至60年代成为中国社会战乱最严重的地区,这对徽州商帮意味着什么呢?

首先,徽州商帮传统的"吴楚贸易"几近中止。徽州商帮在长江中下游地区的商业经营活动中,相当重要的一项内容就是吴楚贸易。所谓吴楚贸易,是指徽商借助长江航运水系,往返于湖广与苏浙之间的商品长途贩运活动。据史籍记载,从明中叶开始,从事这一活动的徽州商人日渐增多。入清以后,随着商品经济的发展和各地区社会分工的扩大,徽州商帮的吴楚贸易规模也越来越大,成为其主要商贸活动之一。贩运的大宗商品有:

(1)盐,贩运路线是两淮盐场—湖广。

(2)粮,贩运路线是湖广—苏、浙、闽。

(3)布,贩运路线是苏杭—长江中上游地区。

(4)木,贩运路线是川、鄂、赣—南京上新河(中转)—苏浙及北方地区。⑤

从大宗商品的贩运路线来看,徽州商帮吴楚贸易得以大规模展开的关键,是利用了长江水运之便。然而,在19世纪50年代至60年代,长江中下

---

① 赵吉士:《寄园寄所寄》卷9《裂眦寄》,康熙刊本。
② (光绪)《京山县志》卷1《风俗》。
③ (道光)《桐城续修志》卷1《乡镇》。
④ (光绪)《塘栖志》卷18《事纪》。
⑤ 张海鹏、张海瀛主编:《中国十大商帮》第10章《徽州商帮》,黄山书社1993年版。

游地区长逾十年的战乱,实际上切断了长江航运。根据有关史料记载,当时该地区沿江省份的情形是:

【湖北】

"洞庭以下,江汉以上,数年来战舰横江,兵戈载道,致关河阻塞,客商水陆不通。有钱之处不得货到,出货之地不得钱来。"①

"频年以来,武汉屡为'贼'据,江路梗阻,商贾不通。"②

【江西】

"兹据署监督蔡锦青详称:江西两湖,向食淮盐。自淮运梗阻,江西先改食浙盐,继改食粤盐。湖广改食川盐,皆不由九江经过……木商自咸丰三年,长江被扰,均各歇业,历今十载有余,并未闻有贩运木排过关者。茶竹出产本少,近因邻氛不靖,客贩愈觉寥寥……萧索情形,已可概见。"③

【安徽】

"查芜关税课,全赖川楚江西货物,前赴浙江、江苏仪征、扬州清江浦等处,转行北五省销售。现因'逆匪'窜踞江陵,江路梗塞,南北商船,又被'贼'掳……长江虽系七省通衢,货船早经绝迹。"④

"查凤阳、芜湖二关,向以船料杂货为大宗,全赖巨舰大舟,往来贩运。自经'兵灾',船稀商敝,货物较昔仅止十之五六。"⑤

---

① 李汝昭:《镜山野史》,近代中国史料丛刊续编本。
② 清代钞档:《咸丰六年六月二十八日,官文奏》,转引自彭泽益:《中国近代手工业史资料》第1卷,三联书店1957年版,第592页。
③ 清代钞档:《同治二年三月二十九日,江西巡抚沈葆桢奏》,转引自彭泽益:《中国近代手工业史资料》第1卷,三联书店1957年版,第593—594页。
④ 清代钞档:《咸丰三年五月十八日,安徽巡抚革职留任李嘉端奏》,转引自彭泽益:《中国近代手工业史资料》第1卷,三联书店1957年版,第594页。
⑤ 清代钞档:《同治十三年十一月二十六日,安徽巡抚裕禄奏》,转引自彭泽益:《中国近代手工业史资料》第1卷,三联书店1957年版,第594页。

【江苏】

"查浒墅关全赖川楚及南北各省商货流通,税源方能丰旺。自'粤匪'窜入江境,商贾多有戒心,不敢贩运……又兼皖省庐州一带,'逆'焰方张,要道多有阻隔……"①

"自江省军兴以来,江路梗阻,川楚江皖等省,商贾率皆裹足,即使北省货物,或有赴苏销售者,皆因京口不通,绕道他走,是以大宗货载到(浒墅)关,甚属寥寥。"②

上述资料表明,由于清军与太平军在长江水系的军事对峙和相互攻击,造成了长江航运的中断。而且,这种中断并非是一时一地的突发事件。从时间上来说,"历经十载有余";从地域上来说,沿江各省处处"梗阻"。在长期的江路梗塞情况下,于是依赖长江航运而发展起来的徽州商帮吴楚贸易活动被迫中止了。吴楚贸易是徽州商帮赖以生存和发展的最重要商业活动之一,该项商业活动一旦中止,徽州商帮就失去了生存和发展的重要基础。

其次,徽州商帮在江南市镇中的商业活动陷于瘫痪。

徽州商帮中从事吴楚贸易者,大多是财雄资厚的"行商"。此外,在长江中下游地区从事商业活动者,还有分布于大中城市以及新兴市镇的"坐贾"。徽州商帮中的坐贾在该地区的商业活动有两个特点:(1)分布面广,几乎长江中下游地区所有的大中城市以及市镇乡村,都有其活动的足迹。(2)财力雄厚,往往控制了当地的重要行业和部门。因此,在长江中下游地区,尤其是江南一带,许久以来就有"无徽不成镇"③之谚。由此足见徽州商帮与长江中下游地区工商业市镇关系的密切。我们认为,这种密切关系具有双向性,它包含了两层含义:一方面,徽州商帮在江南市镇形成和发展过程中发挥了

---

① 清代钞档:《咸丰四年闰七月初三日,苏州织造文勋奏》,转引自彭泽益:《中国近代手工业史资料》第1卷,三联书店1957年版,第594页。
② 清代钞档《咸丰五年六月二十四日,苏州织造德毓奏》,转引自彭泽益:《中国近代手工业史资料》第1卷,三联书店1957年版,第594—595页。
③ (民国)《歙县志》卷1《风俗》。

巨大的推进作用；另一方面，江南市镇也为徽州商帮的发展和兴盛提供了商业活动的舞台。但是，在19世纪50年代至60年代中国社会的战乱中，这种相互依存的双向关系遭到了破坏。

丽纯先生在《太平天国军事史概述》一书中列有《太平天国克复退出城池日月表》。据此，我们可以明了长江中下游地区的湖北、江西、安徽、江苏四省在19世纪50年代至60年代中国社会的战乱中，大部分府县都遭到了战火的袭击。分布于该地区的重要工商业市镇，几乎无一能够幸免于战争的破坏。这种破坏的严重后果之一就是市镇中的工商业活动完全停顿。据清代官方钞档记载，咸丰二年（1853年）以后，长江流域南京上游各大镇"多被焚掳净尽，商本或早经收回，铺户又乏本歇业"，[1]商业极度萧条。而在南京下游的各城市以及市镇，其工商业更是遭到毁灭性的打击。如江苏吴江盛泽镇，据《徽宁会馆碑记》记载，曾经是徽商"尤汇集之处"。[2]咸丰三年（1853年）以后，则是"商旅裹足，机户失业"，[3]失去了往日的繁荣。浙江平湖新带镇，一度是"徽商縻至，贯铿纷货，出纳颇盛"[4]的商品集散之地，而在咸丰三年之后，却成为"商贾不通"[5]的荒凉小镇。至于曾经是徽商置业首选都市之一的南京，"商贾之迹绝矣"。[6]苏州，"商贾每多歇业"，[7]丝织业织机数战乱后较战乱前减少了54%。杭州，"大宗商贩裹足不前"，[8]机户"昔以万

---

[1] 清代钞档：《咸丰三年五月十八日，安徽巡抚革职留任李嘉端奏》，转引自彭泽益：《中国近代手工业史资料》第1卷，三联书店1957年版，第594页。

[2] 《明清苏州工商业碑刻集》，江苏人民出版社1981年版。

[3] （同治）《盛湖志》卷3《灾变》。

[4] （天启）《平湖县志》卷1《舆地》。

[5] （光绪）《当湖外志》卷8，光绪元年（1875年）刊本。

[6] 《通商各关华洋贸易总册》下卷《光绪二十五年南京口华洋贸易情形论略》，转引自彭泽益：《中国近代手工业史资料》第1卷，三联书店1957年版，第602页。

[7] 清代钞档：《咸丰十年 月 日薛焕奏》，转引自彭泽益：《中国近代手工业史资料》第1卷，三联书店1957年版，第595页。

[8] 清代钞档：《咸丰七年六月二十七日，杭州织造兼管北新关税务庆连奏》，转引自彭泽益：《中国近代手工业史资料》第1卷，三联书店1957年版，第595页。

计",战后"幸存者不过数家"。① 大量的史实反映出19世纪50年代至60年代中国社会的战乱,给长江中下游地区的工商业市镇带来了强烈的冲击。它实际上破坏了徽州商帮与江南市镇相互依存的双向关系。徽州商帮在江南市镇中的商业活动陷于瘫痪,失去了生存和发展的必要条件。

总之,战乱严重冲击了长江中下游地区的市镇及其工商业,破坏了徽州商帮发展和兴盛的商业活动"舞台",最终导致徽州商帮在江南市镇中的商业活动陷于瘫痪。任何商人或商帮,其生存和发展最重要的基本条件之一是进行商业经营活动,一旦商业经营活动停止或瘫痪,衰落乃至消亡就会接踵而至。19世纪50年代至60年代,以长江中下游地区为主要活动区域的徽州商帮,因战乱正处于这种无奈的衰落状况中。

第三,长江中下游地区的战乱严重打击了徽州商帮的支柱行业。

据史料记载,徽州商帮几乎是"无货不居",经营行业涉及了与国计民生相关的所有行业,如盐、粮、布、茶、木、典、药材、丝绸、颜料等。不过,正如研究者所指出的,"徽郡商业,盐、茶、木、质铺四者为大宗"。② 在明清二代徽州商帮的发展与鼎盛时期,盐业、茶业、木业、典当业始终是徽州商帮的支柱行业。

我们注意到徽州商帮四大支柱行业主要分布区域是长江中下游地区。以盐业而言,徽商主要集中在两淮盐场,尤以扬州为中心。从茶业来看,徽商主要收购安徽、江西二地名茶,内销以川、赣、皖、苏、浙、沪为重点,外销则经由江西内地运至广州。其产、运、销经营活动,立足于长江中下游地区。徽州商人经营木业,最早是砍伐徽州山区的杉木,利用长江支流青弋江和新安江的水力,运至芜湖或严州(浙江)销售。随着经营规模的扩大,徽商远赴江西、湖广、四川开拓新的货源,利用长江水运之便,将上游木材贩运至南京,然后分销苏浙和北方。南京的上新河是徽州木商经贸活动最重要的基

---

① 《杭州市经济调查·丝绸篇》,转引自彭泽益:《中国近代手工业史资料》第1卷,三联书店1957年版,第602页。
② 陈去病:《五石脂》,江苏古籍出版社1999年版。

地。典商相对于徽州商帮其他行业来说,分布范围较广。不过,诚如研究者所言:"当时徽人开设的典铺遍布全国,(但)江浙地区尤多。南京、扬州、泰兴、常熟、镇江、金坛、上海、嘉兴、秀水、平湖等处的典业几乎全都操于徽人之手。"①因此,资料表明徽州商帮的四大支柱行业,实际上集中在长江中下游地区。

我们从太平军与清军对峙的形势来看,四大行业所赖以存在的城市和地区,都是战乱的重灾区。譬如徽州盐商的大本营扬州,1853年4月1日(咸丰三年二月二十三日)被太平军攻克,半月之后清将琦善、胜保等即屯军扬州城外,称"江北大营",切断了扬州城内外的交通。它严重妨碍了扬州地区正常的生活秩序,更无论徽商从事商贸活动了。据记载,当时出现了"盐引停运"②的情况。1853年以后,清军与太平军在该城周围反复拉锯,扬州城几度易手。居徽州商帮"龙头"地位的徽州盐商或被迫抽回资本逃避战乱,或无奈偃旗息鼓停业坐观,徽商盐业遭到重大挫折和打击。徽州木商最重要的贸易基地是长江重镇南京。该城于1853年3月19日被太平军攻克后,即成为太平天国的都城——天京。太平天国实行"禁商"的政策:"天下农民米谷,商贾资本,皆天父所有,全应解归圣库。"③因此,南京的商贸活动几乎停止,徽州木商首当其冲。尽管后来太平天国放宽禁商条例,允许在城外设"买卖街""百般贸易俱可做,烟酒禁物莫私营"。④ 不过,在"买卖街"交易的商品,大多是粮食、油、盐、布匹、茶点、杂货等"肩挑及用小车"⑤载至的小商品,而绝少木材等大宗商品的贸易。而且,即使这种小商品的交易,也经常受到设在孝陵卫的江南大营的清军骚扰。史籍多处记载了清军"焚毁

---

① 张海鹏、张海瀛主编:《中国十大商帮》第10章《徽州商帮》,黄山书社1993年版。
② 雷以諴:《请推广厘捐助饷疏》,《皇朝道咸同光奏议》卷37《户政》。
③ 《贼情汇纂》卷3,近代中国史料丛刊续编本。
④ 《醒世文》,中国近代史料丛刊本。
⑤ 向荣:《咸丰四年八月十一日奏》,《忠武公会办发逆奏疏》钞本第7册,转引自彭泽益:《中国近代手工业史资料》第1卷,三联书店1957年版,第540页。

买卖街"、将商贩"悬首示众""就地枭示"的材料。① 事实表明,徽州木商已经失去了其货物中转的最重要基地。兼之长江中上游水运中断,大宗木材来源被堵,徽州商人所经营的木业只有萧条的结局了。徽州茶商和典当商以长江中下游地区的城市为主要经营场所,而这些城市的商业环境已恶劣到令徽州茶商和典当商纷纷歇业的程度。汤氏所辑《鳅闻日记》详细记载了当时常熟城内典当铺遭到抢掠的情祝。这些典当铺多为徽商所开。因兵荒马乱岁月中无法进行正常商业活动,常熟城中的"众朝奉"只得携资返家。这种"恐遭劫数,囊金回乡"的情况,在当时的徽州茶商和典当商中是一种普遍现象。由此徽商茶业和典当业的经营状况一落千丈。

总之,长江中下游地区的战乱,严重冲击了徽州商帮的经贸活动。其中首当其冲的是以该地区为主要活动区域的徽州商帮盐、典、茶、木四大支柱行业。该四大支柱行业的衰落,最终决定了徽州商帮无可挽回地走下坡路的趋势。

由于19世纪50年代至60年代中国社会战乱最严重的地区,与徽州商帮商业经营活动最主要的区域吻合,因此,从徽州商帮发展的历史来看,该时期徽商所处的经营环境是商帮形成以来最恶劣的时期之一。在徽商发展的历史上,总共有两次极为困难的时期:一是明末清初。从天启(1621—1627年)到崇祯(1628—1644年)的明末农民战争以及随之而来的明清之间的战争,导致了徽州商帮发展的顿挫。二是太平天国革命时期。两者相较,后者更甚。这是因为:第一,太平天国革命时期长江中下游的战乱持续时间10余年,而明末清初战争在江南相持的时间并不长。第二,经历明清之际的动荡后,徽州商帮在清初尚有盐商的崛起,从而再次开创了该商帮的辉煌时代。而经历了19世纪50年代至60年代的战乱后,徽州商帮再没有复苏的机会。

---

① 《太平天国占领区的商业情况·天京城郊》,转引自彭泽益:《中国近代手工业史资料》第1卷,三联书店1957年版,第540—541页。

二、19世纪50年代至60年代,中国社会的战乱对徽商本土的冲击

徽商的本土——徽州,地处皖南的丛山峻岭中。据文献记载,此地"世乱则洞壑、溪山之险,亦足以自保,水旱、兵戈所不能害",①历史上因"未婴兵祸"②而成为人们逃避战乱的"世外桃源"。然而在19世纪50年代至60年代的中国社会战乱中,徽州却成为清军与太平军交锋的最重要战场之一。据同治《祁门县志》卷三十六《杂志·纪兵》、光绪《安徽通志》卷一百零二《武备志·兵事四》以及黄崇惺《凤山笔记》等地方史料记载,太平军最早攻入徽州的时间是1854年2月20日(咸丰四年正月二十三日),"顶天侯"陈狮子率部占领祁门,杀县令唐君治,从此拉开了太平军与清军在徽州交战的序幕。双方在徽州的战争一直延续到1864年8月(同治三年七月),清军总兵刘明灯在歙南建口逮捕李秀成义子李世贵、在屯溪捕获王宗为止,前后12年徽州处在战乱之中。发生在徽州的战事有三大特征:(1)其延续时间之长几乎与太平天国在南京建国的时间相始终。(2)战火蔓延了徽州所辖的各县。(3)交战双方进出徽州城池相当频繁,表明战争的艰苦与激烈。黄崇惺在《凤山笔记》中说:"大抵浙江未陷之先,'贼'欲由徽以图窜浙之路,故徽之受害烈。浙江既陷后,'贼'欲扰徽以辍攻浙之师,故徽之战事尤烈。"③黄氏对19世纪50年代至60年代中国社会战乱中徽州战场形势的评论,是比较贴近事实的。

因为徽州成为清军与太平军交战的主战场之一,徽州以及徽州商帮受到了强烈的冲击。

首先,徽州财货以及徽商资本遭受巨大损失。

徽州向有"家蓄货财"④的风气。徽商在发财致富后,往往将其一部分金属货币收藏起来,以备将来之用。徽州被人视为东南首屈一指的"富郡",其

---

① 《重修古歙东门许氏宗谱》卷9《城东许氏重修族谱序》。
② 余本愚:《杂兵谣》,载胡在渭辑《徽难哀音》,《近代史资料》1963年第1期。
③ 黄崇惺:《凤山笔记》卷上,《近代史资料》1963年第1期。
④ 徐珂:《清稗类钞》第5册《婚姻类》,中华书局1984年版。

金属货币收藏之大,是重要的原因。19世纪50年代至60年代战乱爆发后,在长江中下游地区从事商业活动的徽州商人纷纷抽回流动资金,变卖固定资产而"窖藏"。如汤氏所辑《鳅闻日记》记载:"忆去秋徽商在常、昭,恐遭劫数,囊金回乡。"①他还具体记述了常熟城内开设典当铺的徽州"众朝奉"如何"携资回徽"的情况。其实,不仅常熟一地如此,在苏州、无锡、南京、扬州等徽商活动活跃的城市,也普遍出现这种情况。《凤山笔记》中说:"当粤贼东下,徽人贾于四方者尽挈资以归。"

徽商抽资返徽,目的是逃避战乱,保存资本。然而,随着军事形势的快速发展,徽州也很快陷入战乱之中。根据资料记载,入徽的军事力量主要有三种:一是以湘军为主的清朝政府军;二是太平天国的部队;三是地方团练武装。这三种军事力量无不对徽州百姓尤其是徽商财货进行搜括抢掠,结果导致徽商非但未能保存资本,反而变得一贫如洗。正如汤氏在《鳅闻日记》中所说:"后闻(众朝奉)携资返徽,仍遇贼匪,丧失罄尽。"②

以湘军为主的清朝政府军对徽州的搜刮情况,有关史籍中不乏记载。据陈去病《五石脂》说,湘军统帅曾国藩借清剿太平军之机,在徽州"纵兵大掠",致徽州"全郡窖藏"为之"一空"。清政府调入徽州的军队,除湘军一系外,还有"台勇""贵州勇"。这些兵勇在徽州也是极尽抢掠搜刮之能事,"颇为民患苦",③结果只有"皆遣去"了事。不过,在他们离开徽州时,已是私囊中饱了。太平军在徽州曾颁布过禁掳掠的命令。《凤山笔记》称:"五年(1855年)郡城之失,'贼'入城,即严启闭,禁其党四出掳掠。"④然而由于受到阶级觉悟的限制以及战时形势的影响,太平军在徽州掳掠富家的事也时常发生。《徽难哀音》中收录一首《重有感诗》,诗为绩溪文人周懋泰(阶平)所作,其中嗟叹:"'贼'势乘虚来,据城仅六日。如鹊得深巢,如蚊赴荒堼。

---

① 虞阳避难叟辑:《鳅闻日记》卷下,《近代史资料》1963年第1期。
② 虞阳避难叟辑:《鳅闻日记》卷下,《近代史资料》1963年第1期。
③ 黄崇惺:《凤山笔记》卷下,《近代史资料》1963年第1期。
④ 黄崇惺:《凤山笔记》卷下,《近代史资料》1963年第1期。

掳掠尽家有,不复遗余粒。逢人便搜囊,勒索金银亟。或以刀背敲,或以长绳絷。嗟哉彼何辜!惊魂时战栗。"①歙县人黄崇惺记其亲身经历时说:"盖自去年(咸丰十年,1860年)八月,郡城失守,据郡凡十阅月而始退。深山穷谷之中,几于无处不被其扰。其焚掠之惨,胁迫之苦,较他郡为尤烈。徽人向之累于捐输者,今且为'贼'掳胁,火其居,拘其身,而索其财矣。向之惮于迁徙者,今且无地可迁,无物可载。"②作为封建文人,他们所作记载不乏对太平军的怨恨之气,不过确实也反映了太平军在徽州的一些真实情况。对徽州士民以及徽商进行肆无忌惮搜刮者,还有地方团练武装。徽州地区"土风高坚,士气猛犷",③又多为大族聚居地区,因而历史上就多乡兵义勇的组织。在太平军打到长江流域后,在清政府的鼓励下,徽州成立了地方团练武装——"守险""守望"二局。以后规模渐次扩大,各村均有团练,其意在保卫乡梓。然而,众多史料表明,当团练兴起后,却是保境无能,搜刮有方。绩溪文人曹向辰(西山)的《团练难》,尖锐地反映了地方团练对徽州的祸害。诗曰:

"天下大患患不止,寇氛未近团练起。官和诸绅绅和官,动云奉宪更奉旨。富者出钱剐心肝,百计谋求犹未已。说不尽吸髓与敲肤,苛政真真猛虎耳。捐得白银果奚为,堆来如山用如水……耀武扬威括厘毫,可笑贼来善脱逃……噫吁嚱!团练难难难!未曾驱民害,反觉添民残。养兵千日养你抢,为勇即系为盗端……"④诗中描绘了一副团练搜刮钱财的活脱脱的强盗嘴脸。

在湘军、太平军和团练武装反复搜刮下,徽州的财富遭到巨大损失,尤其是相当多的徽商以锱铢计较积累起来的财富和资本被囊括一空,这对徽州商帮来说,不啻是灭顶之灾。许多商人因此而陷入破产的境地,甚至是

---

① 胡在渭辑:《徽难哀音》,《近代史资料》1963年第1期。
② 黄崇惺:《凤山笔记》卷上,《近代史资料》1963年第1期。
③ 钱谦益:《牧斋初学集》卷80《回金正希馆丈书》,上海古籍出版社1985年版。
④ 胡在渭辑:《徽难哀音》,《近代史资料》1963年第1期。

"日食之计,一无所出"。

其次,徽州士民以及徽商人员遭受重大伤亡。

徽州方志在记载这段历史时,通篇留下了"焚烧数百家,伤亡数十人""阖门尽忠""满门节义"的文字。① 在这些貌似"崇高"的文字背面,依稀让人看到一具具惨不忍睹的徽州士民的尸骨。有不少诗文记载了徽州生灵涂炭的惨象。如绩溪无名氏所作《咸丰庚申二月梁安被难纪略》八首,具体而真实地描绘了战乱时的情状。兹摘录一首,以见一斑:

"乡村鸡犬寂无声,屠尽生灵'贼'队行。少小蛾眉频受辱,许多貂尾任逃生。尸眠大地冤魂泣,怒震长天杀气横。岭上绝无余勇贾,练江孤掌独难鸣。"

在徽州死于战乱者,不少就是由各地携资返家的徽商,或者是徽商的子弟和亲属。据文献记载,有一些徽商冒死坚持商业活动,出入于太平军控制的地区,途遇清朝官兵的盘诘,常因心慌而口语支吾,竟被当成"奸细"而处死。② 清朝官员潘祖荫称:"凡自贼中逃出难民及各路商旅人等,一遇内地兵勇,则搜索之、劫掠之。"③其幸存者,则是历尽艰险,备极颠连。如史籍所记:"壮者不能挈其家,老者不能顾其子。其始奔窜山岭,惟畏贼至;其后则寒饿困殆,求一饱而不可得,不复能奔窜,亦不知贼之可畏矣。"④身心俱疲,困顿之状,无以复加。

战乱之后,徽州人口急剧减少。据《清稗类钞》第五册《婚姻类》记载,战后徽郡"男丁百无一二"。由于缺乏确切的统计数字,《清稗类钞》的这一说法尚无法证实。不过,徽州人口战乱前后大幅度下降的趋势则是事实。其原因有二:一是战乱中死于火与剑之下,二是战乱后亡于瘟疫和饥馑。黄崇惺《凤山笔记》记载:

---

① (光绪)《婺源县志》卷35《人物》。
② 《徽州善后叹》,胡在渭辑:《徽难哀音》,《近代史资料》1963年第1期。
③ 潘祖荫:《请免钱粮汰厘局严军律广中额疏》,载《潘文勤公奏疏》。
④ 黄崇惺:《凤山笔记》卷上,《近代史资料》1963年第1期。

"庚申之乱,徽人之见贼遇害者,才十之二三耳。而辛酉五月贼退之后,以疾疫亡之六七。盖去其家已十阅月,草间露处,虽大雨雪无所蔽。魂魄惊怖,无所得食。日夜奔走,而不得息。当是时家室流亡之苦,与夫屋庐残毁之痛,犹未暇计及也。比贼退,各还其家。惊悸之魂既定,顾视家中百物,乃无一存,而日食之计,一无所出。或骨肉见掠于贼,渺然不得其音问。愁苦之气郁于其中,而兵燹之情动于其外,于是恤然而病矣。又贼未退以前,乡村粮食已尽,往往掘野菜和土而食。贼既退,米价每斗至二千钱,肉每斛五六百钱,日不能具一食。绩溪近泾、太之乡村,有至于食人者。于是饥饿而毙者亦不可胜计……"

黄氏这段依亲身经历而记载的材料,告诉我们两个重要信息:其一,战后徽州曾发生过重大的疾疫和饥荒灾情。其二,因疾疫和饥饿而死亡的徽人占60%～70%,徽州在战乱前后人口锐减,同当时江南(尤其是江浙二省)户口减少的情况,完全一致。①

徽州人口的减少,对徽州商帮造成的影响至深至远。一方面死亡人口中包括了大量的商人及其子弟,他们经商积累的大量经验、智慧、经营方式乃至资本,随着肉体的死亡而不复存在,使徽州商帮遭受无法弥补的损失,商帮的阵容急剧萎缩。另一方面,徽州大量人口的死亡,使得徽州从商人员顿减,后继乏人。

第三,徽商的家园遭到毁灭性的破坏。

19世纪50年代至60年代的战乱冲击了徽商家园,徽州一府六属县呈现一片凋零的景象。绩溪文人周懋泰(阶平)在《重有感》一诗中泣叹:"乱后返乡园,蹂躏不堪述。"②可以想见徽州遭受残破程度之深。尽管许多人因伤心而"不堪述"其凋零之状,然而还是有相当多的文献记载了徽州战乱后的情形。同治三年(1864年)十二月二十七日曾国藩在《豁免皖省钱漕折》中通论安徽的一般情形时说:"惟安徽用兵十余年,通省沦陷,杀戮之重,焚掠之

---

① 彭泽益:《中国近代农业史资料》第1卷,三联书店1957年版。
② 胡在渭辑:《徽难哀音》,《近代史资料》1963年第1期。

惨,殆难言喻,实为非常之奇祸,不同偶遇之偏灾。纵有城池克复一两年者,田地荒芜,耕种无人,徒有招徕之方,殊乏来归之户……查安徽全省贼扰殆遍,创巨痛深。地方虽有已复名,而田亩多系不耕之土。其尤甚者,或终日不过行人,百里不见炊烟。"①

出于阶级立场和为湘军辩护的原因,曾国藩将战乱的后果全部算在所谓的"贼"(即太平军)账上,这是不公允的,有违历史史实。不过,他在奏折中反映的"田地荒芜""终日不过行人、百里不见炊烟"之状,可以视为"实录"。因为曾氏在皖省与太平军交战多年,奏折中的内容来自亲闻所见。在此奏之前,他还有《江西牙厘请照旧经收折》,具体谈到了皖南的情况。疏云:"即以民困而论,皖南及江宁各属,市人肉以相食,或数十里野无耕种,村无炊烟。"②奏折中的"皖南",即包括徽州在内。除乡村之外,徽州的商业城镇也是破败不堪,"颓垣碎瓦,填塞于河"。③ 以徽州最著名的商业集镇之一岩寺镇而言,经历了 19 世纪 50 年代至 60 年代的战乱,竟被焚烧掉一半店铺。

徽商家园遭到毁灭性破坏,许多商人家庭"萧条四壁,不复成家"。不少商人处在"兵荒之后,满目疮痍,何暇他计"的状态下。④ 他们放弃了恢复经商的努力,而不得不以"半生辛苦"得来的营业利润和商业资本重建家园。绩溪商人王元奎是其中的典型人物。据绩溪《盘川王氏宗谱》卷三《(王)元奎公家传》记载:

"公讳元奎,字世勋,清国子监生,后以捐振(赈)授布政司理问衔。生而明敏过人,遇事善谋能断,尤精会计。幼即偕其兄元烛随父经商于浙之淳安……厥后乱平归里,萧条四壁,不复成家,仰天大痛,幸以半生辛苦,营业大裕,组织家庭,尚非难事。"

---

① 曾国藩:《曾文正公全集·奏稿》卷 20,近代中国史料丛刊续编本。
② 曾国藩:《曾文正公全集·奏稿》卷 20,近代中国史料丛刊续编本。
③ (光绪)《婺源县志》卷 35《人物》。
④ 绩溪《盘川王氏宗谱》卷 3《锦椿公传》,民国刊本。

尽管王元奎善于经商,"半生辛苦"所获的利润和资本用来重新"组织家庭,尚非难事"。不过,这种非商业性的消耗,严重阻碍了徽商在战后的恢复经营和发展势力。更有一些小本经营的徽商,经历劫后余生,重建家园几乎消耗了全部经商的资本,徽商家园遭到毁灭性破坏,徽州商帮元气大伤,重振乏力,终于失去了往日的辉煌。

三、19世纪50年代至60年代的战乱对徽州商人及其商业资本的直接打击

徽州商人及其商业资本承受战乱的直接打击主要表现在三个方面:

(1)清政府大幅度增加茶业税和开征厘金。

徽州茶商是徽州商帮的中坚力量。他们经销的茶叶,主要是徽州本地所产的各种名茶。在战乱之前,徽州茶叶出山,皆归休邑屯溪办理,由休宁县派员查验给引,再由太厦司勘合切角放行,其税每引不过分厘。徽州茶商在清中叶以前得以迅速发展,同清政府这种相对低平的茶叶税收政策有关。然而战乱爆发后,从咸丰三年(1853年)筹办徽防开始,为筹措军饷,徽州茶税历年递增,每引分别须完纳厘银三钱、捐银六钱、公费银三分,同战乱前相比较,增加了数倍。同治元年(1862年)清政府就徽州茶税作出新的规定,大幅度提高税率,每引缴正项引银三钱,公费银三分,捐银八钱,厘银九钱五分,共缴银二两零八分。尽管清廷在执行上述税收标准时,强调"督辕颁发三联引票、捐票、厘票,随时填给,不得于三票外多取分毫",[1]看似规范了税收程序,其实高额税收已经令徽州商人难以承担。同治二年(1863年)五月一日起,每引又加捐库平银四钱,共缴银二两四钱八分。同治五年(1866年)再次重申了这一税率。清政府为筹措饷银而大幅度提高的茶叶税大量分流了茶商的商业利润,给予徽州茶商以沉重的打击。

如果说提高茶叶税率仅仅是对徽州商帮中茶商以沉重打击的话,那么清政府厘金的开征,则将打击面扩大到了整个徽州商帮。

---

[1] (同治)《祁门县志》卷15《食货志》。

厘金原是清地方官员为募集镇压太平天国军费而于咸丰三年(1853年)九月开征的一种新税,首创者为刑部侍郎帮办军务雷以諴。据雷氏称,此法"既不扰民,又不累商……商民两便,且细水长流,源远不竭,于军事实有裨益",①因此在咸丰四年(1854年)三月经咸丰帝上谕后,厘金由一个地方的筹饷方法渐变为全国性的税种。② 从咸丰三年到同治二年(1853－1862年),计有江苏、湖南、江西、湖北、四川、奉天、新疆、吉林、安徽、福建、直隶、河南、甘肃、广东、陕西、广西、山西、贵州、浙江等 20 省开征了厘金。厘金的税率,各省变通不一。以雷以諴在泰州仙女庙劝谕捐厘助饷税率来说,一种是从量税率,根据不同商货种类每单位征厘 20 文至 360 文不等。一种是从价税率,纸、药材、茶叶等不同商货种类,每千文钱均课厘 12 文。咸丰四年(1854年)五月初一日,规定泰州城乡各行铺捐厘助饷的税率,米行每担课厘 20 文,油行每担 40 文,酒行每担 24 文,糟房每百文课厘 1 文,各杂行每百文课厘 1 文。根据上述情况,我们知道:(1)从商人角度来说,无论是行商,还是坐贾,都要捐助厘金。(2)从商品角度来说,无论是手工业品,还是农产品,都在纳税范围之内。(3)从地域范围来说,涉及 20 省,尤其长江中下游地区徽商活动最活跃的湖北、江西、安徽、江苏 4 省均在其中。

清政府厘金的征收,果真如雷以諴所称的"既不扰民,又不累商"吗?其实不然。清廷官员尹耕云在一份奏折中指出:"抽厘之弊,尤不忍言。一石之粮、一担之薪,入市则卖户抽几文,买户抽几文。其船装而车运者,五里一卡,十里一局,层层剥削,亏折已多,商民焉得不裹足!百物焉得不涌贵乎!"③可见厘金造成的恶劣后果,是令"商民裹足,百物涌贵",并非如雷氏所说的那样无足轻重。厘金最重的地区是江浙一带。据目击者说,当地"商民由富而贫,由贫而至于赤贫,皆由厘金累之"。④ 根据史料记载,该地区的厘

---

① 雷以諴:《请推广厘捐助饷疏》,《皇朝道咸同光奏议》卷 37《户政》。
② 王先谦:《咸丰朝东华续录》卷 30,光绪年间刊本。
③ 尹耕云:《心白日斋集》卷 2《请查捐输积弊停止抽厘疏》,近代中国史料丛刊本。
④ 张廷骧:《不远复斋见闻杂志》卷 6《陶公三疏》,转引自李文治:《中国近代农业史资料》第 1 辑,三联书店 1957 年版,第 376 页。

金"半出于徽商"。① 可见厘金之累,其实主要是担在徽商身上。

清政府为筹集军饷而大幅度提高茶叶税以及开征厘金,对徽州商人及其商业资本与利润是直接的戕害。最终结果导致他们惨淡经营,举步维艰。

(2)徽商被迫赈饷和捐助团练。

据《歙事闲谭》第三十一册所载《徽郡难民公檄(咸丰十一年辛酉正月)》中说:"窃徽郡六邑,地当冲要,山险民稠,自军兴以来,助饷捐资,盈千累万。则钱粮一端,民间无不踊跃输将以饷项。"其中"助饷捐赀,盈千累万"者,主要就是徽州的商人。为了帮助清政府平息19世纪50年代至60年代这场大规模的中国社会的战乱,徽商被迫助饷捐赀的确切数目,如今已无从考证。不过,史籍中有关徽商捐资的例子,比比皆是,我们从中可以了解其一般的情形。

《凤山笔记》卷上:

"当粤贼东下,徽人贾于四方者尽挈其资以归,故令下而数百万金立办。"

"七年春,张公以军储不继为病,将复劝捐。至是户捐已一再举,素封之家力已不及,而故家大族有负豪名而盖藏实空者,以绅士董劝之严,亦未敢不从命。"

"……用兵数年,六邑捐输数百千万。"

"四境屡为贼扰,绅民皆数四输粟,而力已竭。"

(光绪)《婺源县志》卷三十四《人物·义行》:

"汪昭傅……家贫,贾于苏之甪直镇,积有余资……'发逆'扰攘,难民逃于甪直者数千人,捐粟二百余石以赈。"

(光绪)《婺源县志》卷三十五《人物·义行》:

"黄文,字乡云……少孤贫,采薪供养继母。比壮,业茶致丰

---

① 许承尧:《歙事闲谭》第31册《徽郡难民公檄(咸丰十一年辛酉正月日)》。

裕,好善乐施。道光年间,邑修城垣,捐金数百。'发逆'之变,皖南筹饷及本县设局团防,迭捐巨资。"

据此我们知道:(1)徽商赈饷和捐助,并非局限于徽州一地,而是本省外地处处皆有。如汪昭傅在甪直镇捐粟的例子。(2)徽商赈饷和捐助的数目惊人,以"数百千万"计。(3)赈饷和捐助大多是被迫行为,从"素封之家力已不及""绅民皆数四输粟,而力已竭"来看,其影响是巨大的。

赈饷及捐助是战乱给予徽州商帮直接打击的一个重要方面。它大量分流了徽商的商业资本和商业利润,不仅戕害一时,而且令徽商重振乏力,终至在历史经济舞台上的影响越来越微。

(3)商人颠沛流离,无心经商。

19世纪50年代至60年代中国社会的战乱,予徽州商人的身心以重创,他们携家颠沛流离于村野山谷以求生存,丧失了经商的信心。这也是战乱对徽州商人直接打击的一个重要方面。

相当多的史料已经表明,战乱在长江中下游地区蔓延后,徽商大多携资逃归故里,以冀躲过劫难。然而,徽州在当时亦非"世外桃源"。流传至今的《徽州义民歌》,有一段词描述了包括徽商在内的"殷实人"在当时流离颠连的惨状。词云:

> "没奈何,百姓们,纷纷逃避;觅山中,幽僻处,暂且安身。有一等,殷实人,山中租屋;带细软和妻小,星夜奔驰。谁知道,搬进山,羊入虎穴;那些人,见担重,便换良心。平日间,草鞋兵,时常谈论;若留他,吃碗饭,渐次添人。买柴火,不由人,自要多少;他一肩,彼一担,倾刻成城。柴又湿,价又高,明亏是小;或借钱,或借米,言语难闻。更有那,路途中,挑夫行窃;遗家的,粗物什,土匪搬空。"①

当时人都认为:"遇乱世,有家资,便是祸根。"有的徽商为了摆脱"祸

---

① 胡在渭辑:《徽难哀音》,《近代史资料》1963年第1期。

根",不仅无心经商,而且将多年惨淡经营积累的资本和利润,悉数花光。婺源商人程开纯便是一位典型人物。据光绪《婺源县志》卷三十四《人物·义行》记载:

> "程开纯,字颖川,(婺源)江岸人。职员,幼失怙,事孀母,能承欢。比长懋迁,稍获余赀。遇善举则倾囊伙助。咸丰间,'贼'据金陵,纯挈眷避吴门。所识穷乏者,必款留之,晨起炊米,非数斗不能周给。或曰'尔独不自为计乎?'笑曰:'贼至,身且不保,遑他顾耶!'"

尽管方志是从表彰程氏慈善的角度来记载他的事迹的,然而,程氏"不为身计"显然是因战乱而丧失了经商的信心。其实,有程开纯这种心态的徽州商人,在当时不在少数。这种情况,使得徽商的资金大量流失,用于非商业性的活动,对徽州商人及其资本是一个重大打击。

总之,19世纪50年代至60年代中国社会的战乱,不仅使徽商失去了正常的经营环境,而且商帮本身受到了直接的打击。它的资本和利润在清政府戡乱名义下的重税及"助饷"过程中,大量流失和耗尽。徽商流离颠沛,无心经营,一蹶不振已是势所必然。诚如(民国)《歙县志》所说:徽州商帮经历"咸丰之乱,百业衰替,人口凋减,生计迫蹙……"①可谓一幅衰落景象。

四、归纳上文,得出以下几点结论

(1)19世纪50年代至60年代中国社会战乱最严重的区域,正是徽州商帮商业经营活动的主要区域。徽州商帮在该地区的经营活动遭到了战乱的严重影响,其吴楚贸易大动脉被切断、在江南城镇的商业活动陷于瘫痪。其中特别是支撑徽州商帮这一庞大经营集团的盐、典、茶、木四大行业,所受影响更大。

(2)19世纪50年代至60年代中国社会的战乱,不仅使徽商经营活动的环境严重恶化,而且对徽商本土产生了巨大的破坏力,致使徽商大量金属货

---

① (民国)《歙县志》卷1《舆地志》。

币被掳掠一空，徽商从业人员遭到重大伤亡以及徽商家园受到严重破坏，给徽州商帮以致命的一击。

(3)19世纪50年代至60年代中国社会的战乱还直接戕害了徽商的身心。清政府以"戡乱"的名义，大幅度提高茶叶税率并开征厘金，同时强迫徽商"赈饷"和捐助团练，大量分流了徽商的商业资本和利润。

经历19世纪50年代至60年代的战乱，徽州商帮元气大伤，重振乏力，大大加快了衰落的步伐。

原载《货殖》第2辑(1996年)

收入《首届国际徽学学术讨论会文集》，安徽大学出版社1998年版。

徽商与明清两浙"商籍"

明清时期,两浙盐场①是仅次于两淮的全国重要产盐区,而在这一区域的盐业经营中,由于地理和历史原因,徽商占有极其重要的地位。本文主要考察徽商与两浙盐场商籍的相关问题,以期从一个侧面反映徽商在两浙的活动与影响。

一

关于两浙商籍,学界有不少研究。②《清史稿》中记载,"凡民之著籍,其

---

① 两浙,汉代亦作"两淛",为浙东和浙西的合称。唐肃宗时析江南东道为浙江东路和浙江西路,钱塘江以南简称浙东,以北简称浙西。宋代有两浙路。地辖今江苏省长江以南及浙江省全境。本文所述两浙与宋代两浙路略有不同,指的是明清时期两浙盐场的行盐区。《钦定重修两浙盐法志》卷一《疆域》载其所属地区"以省计者四,曰浙江,曰江苏,曰安徽,曰江西。以郡计者十七,其隶浙江者十一,曰杭州,曰嘉兴,曰湖州,曰宁波,曰绍兴,曰台州,曰金华,曰衢州,曰严州,曰温州,曰处州;隶江苏者四,曰苏州,曰松江,曰常州,曰镇江;隶安徽者一,曰徽州;隶江西者一,曰广信。以州计者曰太仓,隶江苏;曰广德,隶安徽"。

② 日本学者藤井宏在《新安商人的研究》(傅衣凌、黄焕焕译,载《徽商研究论文集》,安徽人民出版社 1985 年版)中具体考察了两浙商籍的产生,并对产生的原因进行了探讨。王振忠则在《明清徽商与淮扬社会变迁》(北京三联书店 1996 年版)中对其加以一定程度的修正,并论证了两淮商籍何以无徽商的问题。许敏在《试论清代前期铺商户籍问题》(《中国史研究》2000 年第 3 期)中总结了各方观点,并进一步论述了清朝的"商籍"问题。

别有四:曰民籍;曰军籍,亦称卫籍;曰商籍;曰灶籍"。① 按照《大清会典》的说法,"商人子弟,准附于行商省分,是为商籍"。② 根据这一定义,似乎凡是经商之人的子弟被批准于行商省份登记者,均为"商籍"。而实际情形,这项制度乃是朝廷专为盐商子弟应考而设,与其他行业商人无涉。至于所以立商籍的理由,《两浙盐法志》如是说:"自古鱼盐贩负之中杰士间出,而志乘所载,凡名流侨寓,采撷无遗。盖事因人以著,人附地而传……浙省素称才薮,其自安徽等属来浙业鹾者,贸迁既久,许其子弟附近就试,异地之才与土著无殊,此商籍所由立也!""盖念伊父兄挟资远来为国输将,所以隆优恤之典,广进取之阶。"③

这里涉及商籍设立有二个疑问:第一,朝廷是否仅仅是出于对经商于异地之才的珍视呢? 第二,携资远来的是否仅仅是盐商呢? 揆诸史实,其实不然。明清时期在各地从事商业经营的并非只有盐商,由于商品经济的繁荣,以典商、茶商和布商为主体的商人遍布全国。以徽州典业商人为例,万历三十五年(1607年)六月河南巡抚沈季文言:"今徽商开当,遍于江北,资数千金,课无十两,见在河南者,计汪充等二百十三家。"④河南一省即具如此规模。又如徽州茶业商人,"歙之巨商,业盐而外,惟茶北达燕京,南极广粤,获利颇赊"。⑤再如浙江木业商人,乾隆年间,仅以浙江候潮门外的徽商木业公所来看,在江扬言父子的努力下,公所面积"共计三千六百九十余亩"。⑥ 规模之大可见一斑。

由此可见,明清时期从事各种行业的商人数目极为庞大。而政府单单为盐商开设商籍,个中缘由,与盐作为商品的特殊性不无关系。封建社会的盐业经营,一直是官卖或半官卖性质的特殊行业。明清时期盐业由官方掌

---

① 赵尔巽等:《清史稿》卷120《户口》,中华书局1977年版。
② 《大清会典》卷11,嘉庆二十三年(1818年)刊本。
③ 《两浙盐法志》卷24《商籍》,续修四库全书本。
④ 《明神宗实录》卷454。
⑤ 许承尧:《歙事闲谭》第18册《歙风俗礼教考》。
⑥ 张海鹏、王廷元主编:《明清徽商资料选编》第536条,黄山书社1985年版。

握,食盐的经销权、具体的买卖,几乎由盐商垄断,政府收取盐税。盐税是朝廷财政收入的重要来源,因此,朝廷有赖盐商的巨大财力支持,而盐商们则望有官府的许可与庇护。他们之间相互依赖,互为表里,关系紧密。正是在这一背景下,产生了商籍这一特殊的户籍身份。

一般认为,明万历二十八年(1600年)两浙商籍在叶永盛的提倡下正式创立。但从史籍记载来看,两浙商籍出现时间最早可以追溯到嘉靖年间。据《两浙盐法志》记载:"明嘉靖四十年,两浙纲商蒋恩等为商人子弟有志上进比照河东运学事例具呈,巡盐都御史鄢懋卿批提学道议,允行,运司录送附民籍收考。"这是较早关于两浙商籍的记载。至万历二十八年(1600年),《两浙盐法志·商籍》已记载进士有3人、举人有10人(表1)。

表1:两浙商籍

年 份	姓 名	原 籍	附 籍	科 第
隆庆二年	黄金色	休宁人	仁和籍	进士
隆庆五年	汪彦冲	歙县人	仁和籍	进士
万历十一年	程朝京	休宁人	钱塘籍	进士
嘉靖三十七年	刘维藩	钱塘人		举人
隆庆元年	黄金色	休宁人	仁和籍	举人
隆庆元年	凌云鹏	休宁人	杭州籍	举人
隆庆四年	汪彦冲	歙县人	仁和籍	举人
万历元年	程朝京	休宁人	钱塘籍	举人
万历四年	程元瑜	歙县人		举人
万历七年	李万春	休宁人	浙江籍	举人
万历十六年	黄日升	歙县人	钱塘籍	举人
万历二十二年	汪有功	歙县人	钱塘籍	举人
万历二十五年	黄功敏	歙县人	昌化籍	举人

嘉庆《两浙盐法志》编修阮元,精于金石考据学,对于商籍的记载(尤其是商人籍贯的记载)也远较雍正年间李卫所编盐法志为详。表中所见的万历二十八年之前两浙商籍人员全部为徽人。[①] 表明了当时徽州商人在两浙

---

① 据《紫阳崇文会录》记载,表中刘维藩原籍系徽州歙县。

商籍中占据了重要位置,是两浙商籍的主体。清康熙、乾隆间休宁人汪由敦《松泉集》中有"徽人商杭者令甲别立商籍"①之说,卢文弨《抱经堂文集》中更称"盖鹾商多来自徽郡,实古之新安,其子弟又许其别编商籍,与土著者一体考试,故皆乐于顺上之指而不由于强勉",②均已关注到徽商在两浙商籍中的重要地位。

从明清两朝来看,两浙商籍中徽人一直占有较大的比例。据《两浙盐法志》商籍记载,明朝两浙商籍进士共12人,其中休宁8人,歙县4人,均为徽人;两浙商籍举人共35人,其中休宁14人,歙县13人,占总数的77%。清朝商籍进士共140人,徽人41人,其余主要是浙江仁和、钱塘两地之人;商籍举人489人,徽州籍贯94人。从上述统计结果看,徽人在明朝两浙商籍中占有绝对优势,而清朝时其比例有所下降,但人数仍不少。需要说明的是,《两浙盐法志》记载清朝两浙商籍中式举子时,关于其原籍疏漏之处甚多。安徽省博物馆藏清康熙刻本《紫阳崇文会录》,记载了明末清初80多年间徽州商籍生员1707人,许承尧于书首作如是介绍:"此明末清初吾徽在浙省诸人会文题名录,所谓商籍也,中如吴雯清、徐旭龄、汪溥勋、吴山涛、赵吉士俱颇知名。喜是孤本,足备参考。吾族有一支迁浙,录中亦见数人,可补宗乘之缺。"根据《紫阳崇文会录》的补正,《两浙盐法志》中记嘉靖三十七年中举的刘维藩(钱塘人)、天启元年中举的朱稷(山阴人)、崇祯六年中举的汪有道(仁和人)、顺治三年中进士的刘兆元(仁和人)等28人,均为徽人。

徽人不仅在两浙商籍中人数众多,且作为商籍人物,其影响亦广。《两浙盐法志》之《商籍·人物》,主要表彰和褒奖对于两浙盐业发展作出贡献的人。该篇共收录人物164人,其中注明籍贯为徽人者有94人,注明仁和、钱塘籍者有26人,其余未注籍贯者根据前后内容及相关资料,也基本可确定为徽人。这一方面彰显了两浙商籍人物中徽人的成就,另一方面也说明了徽商在两浙盐业发展中所发挥的巨大作用。

---

① 汪由敦:《松泉集·文集》卷首《原传》,四库全书本。
② 卢文弨:《抱经堂文集》卷25《重修紫阳书院碑记》,四部丛刊初编本。

徽人之所以在明清两浙商籍中可以具有如此重要的位置,我们认为最关键因素之一是徽商在两浙经营盐业的成功。

根据相关史籍记载,早在元代就有徽州商人在两浙经营盐业,元末明初曾发展到相当规模。及至明朝中期以后,徽州商人已在两浙盐业中占有重要地位。嘉(靖)万(历)时徽州人汪道昆著有《太函集》,书中对两浙盐业记载有丰富内容,从中可知嘉靖年间徽州人在两浙业盐已极为普遍,并具有雄厚的经济实力。这种状况,一直延续到清朝。究其原因,主要有两点,一是徽州属于两浙行盐区,食两浙盐,因而到两浙主要盐场进行盐业经营是符合常理的。二是徽州进入两浙盐主要产区的道路相对而言较近。两浙盐运司设在杭州,离徽州很近。而行盐之地也包括徽州或在其附近,陆路进入距离短,由水路进入杭州也极为方便。这点从几种商业书中均可见一斑。《天下水陆路程》中涉及徽州府地方路程十五条,其中有四条是由徽州府到杭州或苏州。《天下路程图引》中则有五条徽州府到两浙其他行盐地方路程。[①]《商贾便览》中亦有三条路程记载。[②] 这些水陆路程记载说明明清时期徽州和杭州之间交通的发达。《五石脂》中有"徽郡商业,盐、茶、木、质铺四者为大宗……而盐商咸萃于淮、浙"。两浙应为徽商从事盐业经营较早和集中的区域。正是因为徽商在两浙盐业经营中的成功,才出现明清两浙商籍徽人居多的盛况。

二

从两浙商籍设立和发展过程来看,业盐于两浙的徽商起到了开创和推动作用。这种作用主要表现在两个方面:

首先,积极倡言,力请盐运使与朝廷沟通,创设两浙商籍。

关于两浙商籍设立的最早记载,目前所知的是明嘉靖四十年(1561年),两浙纲商蒋恩等为商人子弟科考,呈请巡盐都御史鄢懋卿比照河东运学事

---

① 《天下水陆路程》,山西人民出版社1992年版。
② 《商贾便览》,清乾隆五十七年(1792年)坊刻本。

例,获得批准。① 关于蒋恩其人,史籍中未见明文记载。我们从当时中式人员均为徽人推断,蒋氏可能是业盐于两浙的徽州大盐商。

如果说,蒋氏的徽籍身份尚属推测,那么万历二十八年(1600年)两浙商籍在叶永盛的提倡下正式创立,其首发议者汪文演、吴云凤则是地道的徽州人。据《两浙盐法志》记载,万历时中官高时夏奏加浙江盐税,汪文演"上书御史叶永盛,得免岁征十五万。又与邑人吴云凤兴商籍如河东两淮例,岁收俊士如额"。叶永盛为安徽泾县人,万历二十八年至三十年任两浙巡盐御史。上任初,叶氏即上奏言:"淮扬、长芦等盐场行盐商人子弟俱附籍应试,取有额例,惟两浙商籍子弟岁科所取不过二三人而止,浙地濒海最迩,煮贩十倍他所,取数若少则遗珠可惜,回籍应试则阻隔为忧,伏乞圣慈广作人之化,悯旅寄之劳,敕令在浙行盐商人子弟凡岁科提学使者按临取士,照杭州府仁和、钱塘三学之数另占籍贯,立额存例。庶商籍广而世无迁业,赋有常经矣。"②此疏建议得到了朝廷允准,两浙商籍由此而立。此事汪文演、吴云凤等徽商的首议之功,不可没也。而叶永盛也因对两浙盐商的种种努力,使得商人将其奉为神明。叶永盛去官后,商人和商籍生员在崇文书院内为其建生祠,与紫阳朱子同样待遇加以祭祀。《紫阳崇文会录》中有相当篇幅记述了叶氏事迹,如《叶公德政碑记》《孤山叶祠德政碑记》《公举叶公入名宦祠呈》《三学生员结状》等。③ 类似汪文演、吴云凤等人积极倡言,上书盐运使以设立和维护两浙商籍制度者,在徽商中并非少数。如徽州商人吴宪,"自新安来钱塘,初试额未有商籍,业鹾之家艰于原籍应试,宪因与同邑汪文演力请台使设立商籍,上疏报可,至今岁科如民籍例科第不绝,皆宪之倡也"。④ 从相关史料记载来看,两浙商籍的确立,与徽州盐商的积极倡言,是紧密联系在一起的。

---

① 《两浙盐法志》卷24《商籍》,续修四库全书本。
② 《两浙盐法志》卷24《商籍》,续修四库全书本。
③ 《紫阳崇文会录》后卷,康熙刻本。
④ 《两浙盐法志》卷25《商籍》,续修四库全书本。

其次，慷慨捐资，兴修书院，培养商籍弟子。

徽商在两浙捐资助学、培养商籍子弟方面作了大量努力，并取得了显著的效果。两浙地区较为重要的商籍学校有4所，其中又以崇文书院和紫阳书院规模最大、影响最为深远。

万历三十年（1602年）任两浙巡盐御史的叶永盛去官，因其在任期间倡导设立商籍，"商士思之，就其地建书院"，①名崇文书院。由于"新安、武林一水相原委者，壤封错绣，风俗便安，或托业鹾政，与姻娅于兹邦，其子弟所籍，虽曰旅途，犹之乎土著也"。②故书院创建人吴云凤、汪文演、吴宪、程绍文、汪宗缙等，无一不是由徽至杭业盐的徽人。如《紫阳崇文会录》中记载的程绍文，"时鹾使叶永盛创立商籍，绍文偕汪文演、吴云凤等建崇文书院"；汪文演，"与邑人吴云凤兴浙江商籍，如河东两淮例，岁收俊士如额。建崇文书院以祀朱子"；汪宗缙，"众建崇文书院，捐资独先"。崇文书院可谓徽商一手促成。不过，崇文书院虽然得到政府认可，但不属于官学系统，经费方面主要由盐业官员和盐商自筹，故建立后屡次出现经费困难、墙垣倾圮及课程中断之窘况。史籍记载，修葺一般以盐业官员主持，而经费上盐商贡献当是重要部分。见于盐法志记载的几次规模较大之维修在崇祯七年（1634年）、雍正十一年（1733年）、乾隆三十八年（1773年）、乾隆五十八年（1793年），而屡次修葺都提及有徽州商人鼎助相力。③至于数次小规模维修，徽商更视为份内之事。④在书院维修同时，其日常运作徽商也义不容辞包揽巨细。⑤

徽商捐资助学的另一重要书院为紫阳书院。紫阳书院初名紫阳别墅，创建于清康熙四十二年（1703年）。据载，"鹾商汪鸣瑞（字旃来，号白史，安徽歙县人，清初随父来杭）与同业者，醵财以襄厥成。经营之费盖逾千金，汪氏独力任经常岁费，亦复千金。又有商人吴琦等，每年捐银四百两，佐膏火。

---

① 《紫阳崇文会录》后卷，康熙刻本。
② 《紫阳崇文会录》后卷，康熙刻本。
③ 《两浙盐法志》卷30《艺文》，续修四库全书本。
④ 《紫阳崇文会录》后卷，康熙刻本。
⑤ 《紫阳崇文会录》后卷，康熙刻本。

大抵鹾商多来自徽郡，为朱子之故乡，子弟别编商籍，得一体就近考试，即以斯院为会文即祀朱子处。故其父兄对于院款，皆自愿输将"。① 据相关材料记载，书院建后也经数次修补，其中徽商出力甚巨。

此外，和崇文书院同时建立的正学书院也是徽商所建或参与建造。"当是时叶公能使贾人子不死，不无功德在万万世。既去，民为置生祠樽俎于西湖之上，与苏白诸君子后先相望示媲美，而公让弗居属后来者，豫章尤公易两祠名两书院，曰崇文，曰正学"。② 锡山书院，为徽商子弟集中的另一重要地点。谢赐履记："既奉命督学于浙，徽人士之隶商籍而侨居于锡者咸来就试，拔其尤列弟子员，又惧其逐于声利而忘诗书之教，乃因元人溪山第一遗址鸠众庀葺，妥朱子神位其中而使夫弟子往肄业焉"。③ 徽商兴修书院，培养了大批商籍弟子。其中佼佼者，屡屡科考中式，仅《两浙盐法志》不完全记载，明清两朝两浙商籍就有进士152人，举人524人。而如此的科举教育与成就，对维护和巩固两浙商籍制度，无疑具有重大的意义。

那么，徽商在两浙商籍的设立和发展中，何以积极介入并最终能发挥重要影响呢？我们认为，主要因素有如下四端：

其一，切身利益使然。徽州盐商是两浙商籍的积极倡导者，同时也是该项制度的最大受益者。前文已揭，在两浙盐商中，徽州商人是最大的地域群体，明清两朝随其而来的徽籍弟子不啻成千上万。这项针对两浙行盐商人子弟的制度，无疑徽商受惠最大。《两浙盐法志》说："浙省素称才薮，其自安徽等属来浙业鹾者，贸迁既久，许其子弟附近就试，异地之才与土著无殊，此商籍所由立也。"④这里的安徽等属，指的即是安徽所属徽州府。"又覆准浙省商籍童生，多者六七百人，少亦不下五六百人，系引地一百二十余处，销引者数家至数十家不等，皆系徽商开设，携眷侨居，离徽窎远，此为配销商人子

---

① 《浙江紫阳书院掌故征存录》，载《浙江通志馆馆刊》1945年第1期。
② 《两浙盐法志》卷29，续修四库全书本。
③ 《两浙盐法志》卷30《艺文》，续修四库全书本。
④ 《两浙盐法志》卷24《商籍》，续修四库全书本。

弟"。① 此处"皆系徽商开设"一句,两浙商籍最大受惠者已是昭然。难怪乎俞樾在《九九销夏录》中认为"浙商多徽人,永盛亦徽人,其力争加课,自为公议,请许商人占籍,或亦维桑之私议乎?"②将"徽人"叶永盛始立商籍之举,视为谋取徽人利益。正是因为商籍关乎徽州商人的切身利益,故而其积极倡导,极力维护。

其二,传统观念影响。徽州处万山丛中,历史上"山多田少"一直是其自然环境的主要特点之一。南宋以后,随着人口的增加,徽人开始寻找生存的出路。其出路一般两条:一是经商维持生计,二是科考以求显达。尽管徽人有过"贾何后于士哉"③的感慨,认为经商与仕进同等重要。但传统"士农工商"的等级观念依然根深蒂固,"士"的情结始终萦绕于胸。因此徽商"虽为贾者,咸近士风",④形成了"贾而好儒"的特色。汪道昆在《太函集》中说:徽人"贾为厚利,儒为名高。夫人毕事儒不效,则弛儒而张贾;既侧身飨其利矣,及为子孙计,宁弛贾而张儒"。⑤大凡经商有所成就后,"为子孙计",仍然是回归"儒"。大多数人认为:"富而教不可缓也,徒积资财何益乎?"⑥在传统观念的影响下,两浙徽州盐商特别重视子弟的"业儒",如汪道昆所说的"临河程次公升、槐塘程次公与,与先司马并以盐策贾浙东西,命诸子悉归儒"的情况,在两浙徽州盐商中极为普遍。因此,徽商之争商籍、重教育也在情理之中了。

其三,雄厚财力支撑。明清时期的徽商,经营行业广泛,而以"盐、典、茶、木"四者为"大宗"。尤其是徽州盐商,不仅人数众多,且实力最为雄厚,资本动辄以数百万计,甚至有上千万两者。《五石脂》中称,徽州盐商"咸萃

---

① 《清盐法志》卷187《两浙》,民国九年(1920年)铅印本。
② 俞樾:《九九销夏录》卷10《浙江商籍》,中华书局1995版。
③ 《汪氏统宗谱》卷168,明刊本。
④ 戴震:《戴震文集》卷12《戴节妇家传》,中华书局1980年版。
⑤ 汪道昆:《太函集》卷52《海阳处士金仲翁配戴氏合葬墓志铭》,四库全书存目丛书本。
⑥ 《歙县新馆鲍氏著存堂支谱》卷2《柏庭鲍公传》,清刊本。

于淮、浙",两浙徽州盐商的规模虽然不及淮扬,但两浙仍是徽商的最主要活动区之一。该地徽商聚积了大量的财富,如汪道昆的"大父、先伯大父始用贾起家,至十弟始累巨万";①吴长公"挟千金徙浙",很快成为"盐策祭酒",积资巨万;②黟县人汪方锡"业浙鹾",经营十年,"积巨货",③等等。两浙徽州盐商结交官府、兴修书院、延师课子等,动辄费银数百上千。这方面的记载,在《两浙盐法志》等相关文献中,俯拾皆是。两浙商籍的确立及其发展,与两浙徽商雄厚财力的支撑,有莫大关系。

其四,官商关系"融洽"。明清时期,两浙盐运使与两浙盐商之间的关系,素称融洽。盐商或以学识相交,或以报效相结,拉近了双方之间的距离。以叶永盛为例,叶氏在两浙为盐运使数年,与两浙盐商交往甚多。当时矿税之议四起,盐业的利润也成为关注重点,"两淮河东搜括余盐之议纷起",高时夏等以"浙福余盐三十万奏以上",朝廷令"制册勒限如数解进",一时两浙商灶"皆响震失色,汹汹然有离散意"。④叶永盛先后五次上疏,多方斡旋,使得明廷最终将三十万之数减为三万七千,"普天下皆罹变乱,此地安然",甚至"浙储如故,金瓯无缺"。⑤后叶氏又首倡两浙立商籍,平时视鹾之余,集盐商子弟泛舟西湖,以舫课形式进行教学,与盐商及其子弟之间关系甚为融洽。而两浙盐商在叶永盛去官后,立生祠以报其恩。一来一往,可谓相得甚欢。康熙时,歙县人汪燧"中年贾于浙""以父老代治盐筴,鹾使者知其才,举为浙甲商"。⑥汪氏也是与盐运使相处非常融洽的典型。在《紫阳崇文会录》中,体现两浙盐商与盐运使关系密切的材料,处处可见。徽商得以在两浙商籍确立与发展中发挥重要作用,得益于与盐运使等官员的这种"交情"。

---

① 汪道昆:《太函集》卷17《寿十弟及耆序》,四库全书存目丛书本。
② 汪道昆:《太函副墨》卷1《先大父状》,四库全书存目丛书本。
③ (同治)《黟县三志》卷7《人物》。
④ 《浙鹾纪事》,四库全书存目丛书本。
⑤ 《紫阳崇文会录》,康熙刻本。
⑥ (民国)《歙县志》卷9《人物志》。

三

明清两浙"商籍"制度在徽州盐商子弟教育、江浙文教科举兴盛、商人地位提高、商业文化之发展等方面发挥了重要的历史作用。

两浙商籍确立,为在两浙业盐的徽州商人提供了子弟教育的极大便利。明清两朝,一批徽州盐商子弟入商籍,在当地接受教育,科举应试,由此顺利步入仕途。如休宁汪由敦就是比较典型的一例。汪氏,字师茗,休宁人,雍正甲辰科进士,官至吏部尚书,谥文端,所著《松泉集》诗26卷文20卷,被收入《四库全书》。在《先府君行述》中,汪由敦自言十一二岁时即被在杭州业盐的父亲汪青城携至毗陵游学,《原传》中亦有"徽人商杭者令甲别立商籍,由敦年十九游浙中,循例入试补钱塘县学附生"等语。两浙的商籍为其提供了极佳的受教育和考试机会,而杭州人文荟萃,更为其进一步发展提供了良好条件。正如由敦父亲告诫由敦:此地"英材辐聚,可以增长学识"。① 可以说汪由敦的成功与徽商在两浙争得的受教育机会有着密切关系。

大阜潘氏的成功和两浙商籍的实行同样有着不可分割的联系。大阜潘氏始于唐末,原居歙县篁墩,元末明初迁至歙县孝女乡大阜山南,称大阜潘氏。明末清初,潘仲兰在江淮间业盐,始侨寓苏州南濠。从居住到真正融入苏州社会,大阜潘氏经历了几代人的不懈努力,而在这一努力过程中,两浙商籍的作用无疑是极大的。要在文化发达的苏州立足,不仅需要经济实力,更需要文化和社会地位的提升,而商籍恰恰满足了这一需要。从乾隆三十四年(1769年)至六十年(1795年),仅据《两浙盐法志》记载,潘氏家族先后有潘奕隽、潘奕藻、潘世恩和潘世璜四人考中商籍进士。潘世恩更是高中状元,历事乾隆、嘉庆、道光、咸丰四朝,被称为"四朝元老"。一个家族,短时间内取得了极大科举成就,终于顺利融入苏州社会,成为苏州最显赫的缙绅大族之一。

两浙的商籍制度,对于提升徽州盐商子弟的文化素质,进一步凸显徽商

---

① 汪由敦:《松泉集·文集》卷19《先府君行述》,四库全书本。

"贾而好儒"的特色,有着重要的意义。而受过相当程度文化熏陶的商人后代具有财力优势,他们对于发展江浙文教事业起了进一步的推动作用,并强化了两浙地区的尚文风气。两浙徽州盐商鼎力襄助建立并维系的杭州崇文书院和紫阳书院,就是因商籍之故而成为两浙文化发展的标志性书院。雍正年间,崇文书院大修,"鹾业诸君罔不踊跃从事,一时祠宇堂舍焕然称巨丽观。公乃慎择经师,延进士施君学川为设绛帐,由是策杖负笈之徒蒸然云集,会而课者月至三四百人,校其文而甲乙之,公加以品题,优其奖赏,多士莫不举手加额曰:'而今乃知文之崇也!'"①崇文书院一直存在至光绪二十八年(1902年),改办为"钱塘县学堂"。而紫阳书院"延名师主讲席,日有课月有程,一秉鹿洞规则"。阿林保于乾隆五十八年(1793年)被任命为两浙江南都转盐运使司盐运使,因"睹两书院之久不治也,毅然动帑余若干金大为修葺"。②于是,"吾乡士大夫习礼于斯,兼课文艺,声华鹊起,科第蝉联,盖百数十年于兹矣"。商籍的确立,众多书院的兴建,既有利于商人子弟教育,也推动了两浙地区文教风气的兴盛。

徽州盐商文化素质的提高,不仅对于两浙文化事业有所促进,也对江南乃至明末清初文化事业发展大有裨益。清初修撰《四库全书》,江浙献书最多者有浙江鲍士恭、范懋柱、汪启淑、两淮马裕四家,其中除天一阁范氏为江浙世家外,其余都和徽州盐商有密切关系。汪启淑,字慎仪,歙县人,"家居棉潭,业盐筴,寓居钱塘"。由于"家素封",使得他可以做到"家有开万楼,藏书数千种"。乾隆三十七年(1772年),应诏献书500余种,极邀宸奖,赐《图书集成》一部,别于其所进《建康实录》《钱塘遗事》二书,赐题二诗,在当时可谓殊荣。同时,他还好古成癖,蓄藏古今文籍书画,美不胜纪。尤嗜印章,所集秦汉魏晋唐宋元明诸印至数万纽,著有《飞鸿堂印谱》《集古印存》《时贤印谱》《秋室印萃》等,为东南藏印之冠。③还有清代著名藏书家鲍廷博,《清稗

---

① (雍正)《浙江通志》卷25《学校》,四库全书本。
② 《两浙盐法志》卷30《艺文》,续修四库全书本。
③ 《皖志列传稿》卷4《汪启淑巴慰祖列传》,民国二十五年(1936年)刊本。

类钞》载:"本歙人,以商籍生员寄居杭州,后徙桐乡青镇之杨树湾,遂为桐乡人。"①由于其父鲍思诩喜欢读书,鲍廷博大力搜集购买前人的书籍,成为江浙首屈一指的藏书家。乾隆年间修《四库全书》采访天下遗书,鲍氏共献藏书六百余种,获乾隆嘉奖。阮元在浙时从其访问古籍,"凡某书美恶所在,意旨所在,见于某代某家目录,经几家收藏,几次钞刊,真伪若何,校误若何,无不矢口而出,问难不竭",盛赞之"古人云读书破万卷,君所读破者奚啻数万卷哉"!②鲍廷博还在利用所藏书籍基础上广借善本,多方校雠,编《知不足斋丛书》,其子继之,编成30集,收书207种。

一直以来,研究者大多认同徽商有两件事舍得使银子,即红绣鞋和乌纱帽。由于商人地位低微,更由于盐业经营的特殊性,徽商对仕途的向往比常人更甚。盐属于特殊商品,由于盐的利润殊巨和产地的集中,历史上很长时间都是由国家经营,即所谓的官营。相对于其他行业而言,与官结交或者子弟入仕显得更为重要。盐商通过将财富转化为权力,再将权力和经营结合,对于经济利益获取和政治地位提高无疑是极有利的。而商籍与乌纱帽直接相关,是身份转化的重要手段,所以一批徽州盐商子弟由商籍而入仕途,实际上也是提升了商人和商人家族的地位。

两浙商籍对徽州商人在两浙经营盐业、参加科举考试及推动两浙经济文化方面起到了重要的作用。但同时,商人后代及社会大环境对商业经营的轻视,商籍的扩大化,使大量优秀人才利用科举走入仕途,也在一定程度上抑制了商帮和商业的进一步发展。商人的地位要靠和文人结交,或走上仕途得以肯定、保障和提高,这也在很大程度了阻碍了商业和商品经济的发展,曾经一度辉煌的徽商走向没落与此也应有关系。

原载《安徽师范大学学报(人文社会科学版)》2011 年第 3 期

(本文与唐丽丽合作)

---

① 徐珂:《清稗类钞》第 9 册《鉴赏类》,中华书局 1984 年版。
② 阮元:《研经室集》卷 5《知不足斋鲍君传》,商务印书馆 1937 版。

明清徽商建筑文化的特色

明清时期,徽州商人致富后,曾不惜重金构造了大量的建筑物,包括住宅、祠堂、佛寺、道观、园林、牌楼等。这些建筑,在当时全国各地徽商足迹所到之处皆有,而在徽商的本土徽州相对比较集中。尽管历经数百年沧海桑田的变迁,至今在徽州仍保存了不少明清时期徽商建造的各类建筑。从文化角度审视这类建筑,可以发现明清徽商建筑文化具有比较鲜明的特色。

一、建筑类型的丰富多彩

明清徽商投资的建筑,按其功能划分,类型众多。其中最主要的部分当推住宅和别墅。早在明代中期,致富后的徽商就络绎不绝返乡建造住宅和别墅,或颐养天年,或奉养双亲。比如,明代正德、隆庆年间,休宁商人汪新"六岁而孤,十五客游淮扬",因善于经营而"赀益大起"。汪氏致富后,立即"撤故所居而新之,松萝之阳堂阿庭著奕奕弘敞矣"。[①] 嘉靖年间歙县商人许琠"客游淮扬徐泗之间",迨年四十,已是"资产益增"。随后许琠大兴土木,"堂构鼎新",营造了富丽而舒适的居住环境。[②] 众多史料表明,明中叶以后

---

① 休宁《西门汪氏大公房挥金公支谱》卷4《明威将军南昌卫指挥佥事新公墓志铭》,清刊本。
② 歙县《许氏世谱》第5册,转引自张海鹏、王廷元主编:《明清徽商资料选编》第2章第2节,黄山书社1985年版。

徽商营造住宅和别墅的风气已渐形成。随着徽州商人财力的增长,这种风气愈演愈烈,且宅第兴修之规格越来越高。从现存的徽州明清建筑中,如黟县的"履福堂""敬爱堂""承志堂",休宁的"三槐堂",屯溪的"程氏三宅",歙县的"司谏第"等,可以看出当年徽商之住宅何等堂皇和气派。徽商兴建住宅和别墅,并不局限于徽州一地。在其侨居的城镇,同样也构建了大量的"绝胜"住宅和别墅。比如,两淮盐业中心扬州,徽商曾在此以巨资修建各式住宅,其中有的宅第因独具特色而成为扬州一景。据《扬州画舫录》记载,业盐扬州的歙县商人汪氏,曾在扬州九座庵购得一块土地,遂兴建了"南园"别墅,其中有"深柳读书堂""谷雨轩""凤漪阁"诸胜。当时,在扬州的一些著名徽州大商人如江春、徐赞侯、鲍志道、黄履暹四兄弟等都拥有豪华宽敞的住宅和别墅,有的甚至拥有数处。

住宅和别墅之外,祠堂、家庙也是徽州商人投资兴修的主要建筑类型之一。众所周知,明清徽州社会的重要特征之一就是宗族组织严密。许承尧《歙事闲谭》中说:"徽俗士夫巨室,多处于乡,每一村落,聚族而居,不杂他姓,其间社则有屋,宗则有祠,支派有谱,源流难以混淆。"从明代嘉靖年间朝廷允许民间祭祀始祖之后,徽州祠堂大量出现。无论大姓、小姓、大宗、小宗,都建有宗祠、家祠,一些大姓还建有统宗祠。徽州的祠堂、家庙往往是一座规模宏大的建筑群,每个家族的商人在其兴修过程中均是极力襄助,出手毫不吝啬。比如,康熙年间的歙商章炜,"邑建文峰,族修家庙,皆首倡以董其成"。① 休宁盐商朱钟元"倾囊捐重赀建造祠宇"等等。② 光绪《婺源县志·人物·义行》篇中,更是集中记录了该县一些商人兴修祠堂、家庙的事迹。这类建筑一般都在徽州本土;但也有些徽州商人因长年侨居在外,为方便祭祖睦众,而在侨居地构建了"公祠"。《汪氏谱乘·叙》说:"吾汪氏支派,散衍天下,其由歙侨于扬、业鹾两淮者则尤甚焉。居扬族人,不能岁返故里,以修禴祀之典,于是建有公祠。凡值春露秋霜之候,令族姓陈俎豆、荐时食,而又

---

① 绩溪《西关章氏族谱》卷24《家传》,宣统刊本。
② (嘉庆)《休宁县志》卷15《人物》。

每岁分派族人专司其事。数十年来,人物既盛,而礼文器具未尝稍弛。"

徽州商人投资兴修的第三类建筑是桥梁、路亭等。因这类建筑具有公益性,所以方志、谱牒中往往不惜笔墨予以宣扬和倡导。据载,早在明代中期徽州商帮形成之初,徽州商人就开始投资兴修桥梁、路亭等公益性的建筑。比如,明正德间祁门商人汪琼就曾在家乡"捐金四千,伐石为梁",并疏通水道,方便往来行人和客商。① 歙县佘文义"构石梁以济病涉。同邑罗元孙……甃石箬岭,建梁以通往来"等等。② 清代徽商修桥梁、筑路亭等事例,更是比比皆是。例如,岩镇孙士铨曾到宛陵经商,居住在一处溪流附近。原先溪上有一座木桥通南北,后来水涨桥坏,人们只得借助渡船往来。时日一长,经常出现船覆人亡的事故。孙士铨见此情形,"捐四千缗独成石梁,列屋其上,行者息者皆便之"。③ 直至今日,在徽州地区还有不少明清徽商建造的路亭存在,供人歇脚休息。

徽商兴修的第四类建筑是佛寺、道观和牌楼。歙县练江南岸的西干山下长庆寺塔,始建于北宋重和二年(1119年)。明万历、天启时修缮,徽商出力甚多。清乾隆四十一年(1776年),塔顶被雷电击毁坠入练江中,商人程光国等人"相与出白金,鸠工召匠而经营之",在保持主体原貌的基础上,精心修葺,因而长庆寺塔至今仍是徽州一处重要的人文景观。据记载,歙县七里涂圣僧庵在万历四年(1576年)进行过一次较大规模的维修,全部款项也都由当时永丰乡清泰里和岩寺镇吴塘大社、永和二社的商人捐助。在徽州地区,道教建筑各县都有,而最集中之地是齐云山。齐云山位于休宁县境内,道观始建于宋宝庆二年(1226年)。明清时期,经过数百年的经营,齐云山出现了规模宏大的道教建筑群。这些建筑虽主要由历朝政府拨款兴修,但徽商捐助所建亦时而有之。据《齐云山志》记载,徽商曾出资兴修了梦真桥、石窟造像、石阶、凉亭等建筑,对齐云山发展成为江南道教中心出力甚大。此

---

① (万历)《祁门县志》卷3《民行》。
② (光绪)《重修安徽通志》卷249《义行》。
③ 佘瑞华:《岩镇志草》享集《义行传》,雍正十二年(1734年)刊本。

外,徽商对石坊、牌楼等纪念性建筑的兴修也是十分热心。明清两代,徽州府所属各县各乡,石坊、牌楼处处林立,有的竟至一二十座相距数十公尺排列,组成了蔚为壮观的牌坊群。这些牌坊多数是由商人或商人家族所建。比如,著名的歙县棠樾牌坊群,乃是盐商世家鲍氏所请建。其中,"矢贞全孝"坊旌表盐商鲍文龄妻汪氏、"节劲三冬"坊旌表鲍文渊妻吴氏、"义"字坊旌表盐商鲍淑芳。据说,鲍淑芳为请嘉靖皇帝赐建"义"字坊,积极报效朝廷,凡遇大工大役,无不捐输巨款,花费了数千万金。由此可见徽商对牌坊建筑的重视。

二、建筑的园林化意境

徽州商帮中的大多数商人都曾读过诗书,深受封建传统文化的熏陶。就文化素质而言,徽州商人要优于明清时期其他商帮的商人。基于这一因素,再加上强大经济力量的支撑,徽州商人在兴建别墅、住宅时,不仅追求富丽堂皇,而且十分讲究建筑的园林化格调。一般的商人住宅,盛行斗拱彩绘,饰有砖雕、木雕、石雕,优美雅致。作为住宅的有机组成部分,小庭院在商人住宅的设计与构造中十分常见。庭院的地面铺以青石板或彩色鹅卵石,庭院中假山、鱼池、花坛错落有致,摆放各式盆景,栽种名贵花木,营造出一种园林化的情调。一些经营有成的富商大贾,对建筑园林化的追求更是兴趣盎然。据吴吉祜《丰南志》记载,歙县吴鹤秋之宅第称"果园",相传是吴中才子祝枝山、唐伯虎所设计。园中"原有一大塘一小塘,树有柿、枇杷、花红、梨、枣、杨柳。花有芙蓉、蔷薇、梅、桔、石榴、牡丹、海棠、桂,惟白玉簪树高约三丈,此特别之花也。其景有六:仙人洞、观花台、石塔岩、牡丹台、仙人桥、芭蕉台"。园中水塘设一叶小舟,供人嬉水赏景。该村还有一处三进庭院式住宅,称"老屋角"。其右侧有近四百平方米的私家花园,花木茂盛;左侧为一方池塘,荷香雨欢。"老屋角"位于园池之中,意境清新,颇有品味。当时,著名的园林化建筑还有"砚子园""枣树园"等,而最负盛名的当推歙县唐模的檀干园。相传该园是在苏皖浙赣经营36家当铺的唐模许氏富商为其母娱老而建。院内模拟西湖风景,有"三潭印月""湖心亭""白堤""玉带桥"等名胜。

徽商不仅在家乡投资建筑,追求园林化意境;而且在经商之地也不惜投资,大规模兴修园林化的建筑。例如,在徽州盐商聚集的两淮盐场中心城市扬州,这种现象十分突出。《扬州画舫录》记载,歙籍郑氏盐商家族侨居扬州后,"兄弟以园林相竞矣"。其中郑侠如之"休园"最为著名。该园"宽五十亩,南向,在所居住宅后……先是住宅后有含英阁、植槐书屋、碧厂耽佳、止心楼诸胜。园中有空翠山亭、蕊栖、挹翠山房、琴啸、金鹅书屋、三峰草堂、语石樵、水墨池、湛华卫书轩、含清别墅、定舫、来鹤台、九英书坞、古香斋、逸圃、得月居、花屿、云径绕花源、玉照亭、不波航、枕流、城市山林、园隐、浮青诸胜。中多文震孟、徐文元、董香光真迹。止心楼下有美人石,楼后有五百年棕榈。墨池中有蟒。来鹤台下多产药草"。① 还有潭渡黄氏四兄弟,在扬州以业盐起家,俗称"四元宝"。他们"好构名园,尝以千金购得秘书一卷,为制造宫室之法,故每一造作,虽淹博之才,亦不能考其所从出"。② 至于"以布衣交天子"的歙县大盐商江春,在扬州拥有的私人园林、别墅更有七八处之多,而且"皆称名胜"。③ 扬州之外,其他徽商活动的城镇中,亦不乏徽商兴修的园林化建筑。如清江浦的徽商汪己山,"广结名流,筑观复斋,四方英彦毕至,投缟赠贮无虚日。与扬州之玲珑山馆、康山草堂,天津之水西庄,先后辉映"。④ 建筑的园林化倾向,反映了徽商的生活情趣和审美观念,对徽派建筑的形成起了重要的作用。

三、浓厚的迷信色彩

徽商对兴修住宅、构筑园林别墅之事,向来十分重视。久而久之,因传统迷信观念和风水学说的影响,徽商的建筑文化中迷信色彩就显得非常浓厚。从房屋的选址、朝向、结构到内部布局,徽商都有一套"成说"。

---

① 李斗:《扬州画舫录》卷 8《城西录》,中华书局 1960 年版。
② 李斗:《扬州画舫录》卷 12《桥东录》,中华书局 1960 年版。
③ 李斗:《扬州画舫录》卷 12《桥东录》,中华书局 1960 年版。
④ 徐珂:《清稗类钞》第 7 册《豪侈类》,中华书局 1984 年版。

选址是兴筑住宅、别墅的第一环节,也是最重要的一步。在徽商的观念中,宅基之好坏,不仅决定了个人的荣辱、生意的旺淡,甚至还关系到家族的盛衰和村落的兴败。所以,动工之先,徽商必出重金请风水先生察看地形,以定宅基。徽州境内多山,人们一般都是依山建屋。山形有吉凶,所谓"山厚人肥,山瘦人饥,山清人秀,山浊人迷,山驻人宁,山走人离,山勇人勇,山缩人痴,山顺人孝,山逆人亏"。徽商选的宅第,所依之山,力求"厚、清、顺、驻"。同时,风水学中有"东水西流,其地主富"之说,所以徽商选址时,既求"依山",也求"傍水",目的是避凶趋吉,保自己一生以及子孙后代富贵吉祥。

徽商请风水先生帮助选定宅基后,必依据黄历,择定"吉日",方才动土。宅第的主体要朝着吉方。徽商在徽州所建宅第之大门一般不朝南开,即使因受地基的局限,不得不朝南开设大门时,也要设法稍偏,开成一扇斜门。这是因为中国自古以来就有"商家门不宜南向,徽家门不宜北向"的说法。其依据是"商"属金,南方属火,火克金,所以商家门朝南开不吉利;徽为兵家,"兵"属火,北方属水,水克火,所以兵家门朝北开不吉利。徽商在兴筑宅第时,十分严格地遵循这一原则。至今我们所见的明清时期保存下来的上千幢徽州商人宅第,极少有大门南开的现象。

徽商在徽州构建的宅第,普遍都有"天井"。如是三间屋的结构,天井设在厅前;四合屋,天井设在厅中。在一幢完整的建筑中,设计天井,从客观因素来说,自然是方便通风、采光和绿化。但对徽州商人来说,开设天井还有另一层含义,这就是希望天降雨露和财气,落在房顶上之后,顺势从四面八方滚落到自家的"天井"中,不至于流落到别人家的地上,出现"肥水外流"的后果。这种设计,当地人称之为"肥水不外流",还有一个雅致的名字,叫"四水归堂"。徽商在徽州兴修的宅第,几乎清一色都是如此结构。

徽商不仅讲究宅第外观之气势,而且刻意追求室内的装饰。一座商人宅第,处处可见精美的砖雕、石雕、木雕饰品。"三雕"与宅第整体融为一体,整幢建筑就是一件艺术杰作。徽商选择的三雕图案,多为鱼、蝙蝠、鹿、水仙花、扇子、鹤、云彩、狮子、竹子等。这些图案,在徽商的观念中,都有一定的寓意。比如,鱼,谐音为"余",象征年年有余;蝙蝠,谐音为"福",象征美满幸福;扇子,谐音"善",象征积德行善;龟、鹤象征长寿,云彩象征祥瑞,竹子象征君子等等。从中不难看出徽州商人的祈福心态和迷信观念。

此外,徽商在建筑文化方面的迷信色彩还表现在宅第内部的陈设上。徽商宅第之厅堂,正面照壁上多悬挂福、禄、寿三星中堂,以象征吉祥如意。中堂之下,设有条案。条案厚约十公分,宽度同照壁相同。条案正中位置一般摆着自鸣钟,钟的两侧摆放瓷器帽筒,帽筒之左边摆有古瓷瓶,右边摆有精美的木雕底座镜子。这种"东瓶西镜"的摆设,取意为"瓶""镜"的谐音"平静"。徽州商人常年奔波在外,无论是商人本身还是其家属,都希望自己或亲人在外经商时能够风平浪静,所以家中摆设亦要图个吉利。从中也可见徽商的建筑文化中,迷信色彩十分浓厚。

四、穷奢极欲的消费心理

徽商建造房舍,极力追求外观之恢弘以及雕琢之精美,因此,房舍之造价,常常是靡费千万金,反映了徽商穷奢极欲的消费心理。

徽州商人投资的建筑,如祠堂、宅第等,一般都采用硕大无比的上等硬质木料梓、柏、株、椿、银杏等,既富实耐用,又气势宏大。一些特别讲究的徽商,甚至远从江西、浙江、福建、岭南采购楠木回乡构建别墅,所费十分惊人。建筑中用得最多的墙砖,徽商大多采用打磨过的清水砖,并在砖面上大事雕琢,人物、花鸟、鱼虫、风景栩栩如生,玲珑剔透。房屋的式样,每多楼上架楼。间架用九五之数,并盛行彩绘斗拱,远远超过了一般民居的规制。整座建筑中,处处镶嵌着精美的木雕、砖雕、石雕作品,这些都是徽州商人把一些远近闻名的能工巧匠长期雇佣在家,终年劳作的结果。《太函集》中说:"吾乡业贾者什家而七,赢者什家而三。第蒙故资,大都以奢溢而快一逞。"[1]徽州商人的这种奢侈性消费心理,在建筑方面的体现最为明显。

一些资财雄厚的富商大贾,更是把建筑别墅、住宅、私家花园视作炫耀

---

[1] 汪道昆:《太函集》卷16《兖山汪长公六十寿序》,四库全书存目丛书本。

财富的机会,将自己穷奢极欲的消费心理表达得淋漓尽致。例如,《歙事闲谭》中转引的《琐琐娘传》的一段记载,就颇具典型意义:"明嘉靖中,新安多富室,而吴天行亦以财雄于丰溪,所居之园林,侈台榭,充玩好声色于中。艳琐娘名,聘焉,后房女以百数,而琐娘独殊,姿性尤慧,因获专房宠。时号天行为百妾主人,主人亦自名其园曰'果园'。"吴氏不仅"广园林,侈台榭",而且要"充玩好声色"于中,奢靡之状,可以想见。从保存至今的徽州许多明清建筑上,也可以看出当年建造者奢侈的消费心理。比如现今仍保存完好的黟县宏村"承志堂"就是一例。承志堂系清末大盐商汪定贵于 1855 年前后建造的私家住宅,占地面积 2100 平方米,建筑面积 3000 平方米。据统计,屋内有 7 处楼层,9 间天井,60 余间厅堂,136 根木柱。这座庞大的宅第功能齐全,有外院、内院、前厅、后堂、东厢、西厢、花园、书房、小客厅、回廊、厨房、保镖房、佣人房、井台、地仓、储藏室、马厩等。甚至还专门设有用于搓麻将的"排山阁"、用于吸食鸦片的"吞云轩"。承志堂中徽州三雕精品随处可见,尤其是木雕,堪称一绝。据说,汪定贵在建造该房时,仅木雕表面的饰金就用去黄金百余两。徽商在建筑文化方面的奢侈性消费心理,于此可见一斑。

从丰富多彩的建筑类型、建筑的园林化意境、浓厚的迷信色彩以及穷奢极欲的消费心理来看,明清徽商的建筑文化具有丰富的内涵和鲜明的特色。显然,这些特色的形成,既有徽商这一特殊群体本身的原因,又受到了时代的影响。通过对徽商建筑文化的考察,有助于我们更全面了解徽州商帮的风貌,并进而把握明清时期商人的消费观、审美观和价值观。

原载《中国典籍与文化》2000 年第 2 期

略论明清徽商的"儒道"经营理念

商人的经营理念,是指商人在经商过程中所形成并持有的基本价值观念和经营之道。它一方面对商人的经营活动起着指导作用,另一方面也在一定程度上影响着商业经营活动的成败。明清时期的徽商,[①]执商界"牛耳"300多年,其成功的秘诀之一是形成并恪守了颇具个性的经营理念。这一经营理念,概而言之,即"以儒术饬贾事";换句话说,就是以儒道经营,按照儒家的道德规范从事商业经营活动。

歙县《潭渡黄氏族谱》中记载,明代嘉靖年间歙县商人黄长寿"以儒术饬贾事,远近慕悦。不数年,赀大起"。[②]他就是徽商中一个典型的具有"以儒道经营"理念的实践者。在徽州商人中,像黄氏这种"以儒术饬贾事"而致富者,非常普遍。[③]从有关史料记载来看,徽州商人"以儒道经营"的经营理念,主要包含以下几个方面的内容:

---

　　① 徽商指明清时期徽州府所属歙县、休宁、绩溪、黟县、祁门、婺源等六县商人所组成的松散型的商业集团。该商帮形成于明朝成化、弘治年间,在清代光绪以后逐渐衰落,活动时间几近300年。徽商中不少商人的资本在数十万两和数百万两之间,甚至有拥有上千万两的大商人。其经营行业众多,而足迹则"几遍宇内",是明清时期与晋商并称的两大商帮之一。
　　② 歙县《潭渡黄氏族谱》卷9《望云翁传》,雍正九年(1731年)刊本。
　　③ 张海鹏、王廷元主编:《明清徽商资料选编》第4章第3节,黄山书社1985年版。

首先是"以诚待人,崇尚信义"的经营原则。"诚"与"信"在儒家的思想体系中,是两个非常重要的范畴。曾在徽州流传近700年且对徽州社会产生了深刻影响的"新安理学",①在继承传统儒学并将其改造成新儒学的过程中,对"诚笃""诚意""至诚""存诚"以及"立信""笃信""言而有信""讲修信睦"等为学之道和道德规范尤为关注和重视。比如,新安理学的"开山宗师"朱熹曾强调:"诚者,真实无妄之谓,天理之本然。"②肯定了"诚"的重要性。南宋新安理学家程大昌在《考古编》中提出了人性修养的终极目标是"极乎高明博厚",而达到这一目标的途径与方法则是"不息而久"的"至诚"。③ 明代新安理学家程敏政在谈及养心复性时,最关注的重要范畴之一就是"诚"。他曾说:"大哉诚乎,原于天性,于人亘万古而不息,放四海而皆准。人伦舍是则无自而明,风俗舍是则无自而厚,养民舍是则无所恃而臻于富庶,御夷舍事则无所恃而致其咸宾。盖天下之理虽众,求其操之约、制之广,莫有过于诚之一言者。"④将诚视作修身、齐家、治国、平天下的法宝。徽州商人从小就生活在"比户习弦歌,乡人知礼让……人文辈出,鼎盛辐臻,理学经儒,在野不乏"⑤的皖南山区,在新安理学的熏陶下,徽商中的大多数人将"诚""信"作为立身行事的指南,特别是作为商业活动中处理买卖双方关系的基本准则。如明代休宁商人张洲,"少潜心举业,蜚声成均,数奇弗偶,抱玉未售。持心不苟,俭约起家,挟赀游禹航,以忠诚立质,长厚摄心,以礼接人,以义应事,故人乐与之游,而业日隆隆起也"。⑥ 这里可见,张洲在经营活动中贯彻

---

① 新安理学是朱子学的重要分支之一,主要由宋、元、明、清时期的徽州籍理学家为主干组成。因徽州旧称新安(今安徽黄山市),故名。在它近700年的发展演变过程中,大致经历了南宋形成时期、元代发展时期、明代鼎盛时期和清初终结时期四个阶段。它对12世纪以后中国哲学史和学术思想史的发展演变,以及徽州和周边地区社会生活的各个领域产生了巨大的影响。参见周晓光:《新安理学源流考》,载《中国文化研究》1997年夏之卷。
② 朱熹:《四书章句集注·中庸注》,中华书局1983年版。
③ 程大昌:《考古编》卷6《中庸论三》,丛书集成初编本。
④ 程敏政:《篁墩文集》卷9《制策》,四库全书本。
⑤ (道光)《徽州府志》卷首《重修徽州府志·序》。
⑥ 曹叔明:《休宁名族志》卷2《张》。

了诚信的原则;而他之所以能做到这一点,与其早年为考科举而潜心熟读朱熹等理学家的著述是分不开的。据《新安歙北许氏东支世谱》记载,明代嘉靖年间歙县商人许文才,也是一个在经营中注重"诚信"的典型人物。许氏长期经商于淮泗和徽州等地,以"信义服人"作为自己的信条,凡是"贸迁货居,市不二价",因诚实不欺赢得了顾客的信任,以致"人之适市,有不愿之他而愿之公者"。① 此外,如歙县商人鲍雯,自幼习儒,后业盐于两浙,"虽混迹廛市,一以书生之道行之。一切治生家智巧机利,悉屏不用,惟以至诚待人,人亦不君欺";②歙县江氏商人"历游吴越闽海诸地,以诚信交人,同事无少欺隐。后卒于浦城。病革,犹作书遗诸子,谆谆忠厚积善为训"等等,③他们都是在商业活动中能够贯彻"以诚待人,崇尚信义"这一原则的商人。类似的人和事,在徽州方志、族谱、宗谱中,不乏记载。其中,既有行商,也有坐贾;既有经营盐典茶木四大行业者,也有经营棉布百货等其他行业者;既有少年始出道者,也有搏击商海的老手。所谓做人要"忠厚积德",经商须"诚信待人",这在徽州商帮中已成共识。它成为徽州商人"以儒道经营"的经商理念的主要表现内容之一。

其次是"以义为利,义中取利"的经营之道。"义利之辩"是儒家思想中的一个重要的命题。《论语·子罕》篇言:"(孔)子罕言利。"孔子还说过:"君子喻于义,小人喻于利。"④将人们对待义利的不同态度,作为区分君子和小人的标准,并提出人们应当"见利思义""义然后取"。⑤《孟子·梁惠王上》也说:"王何必曰利,亦有仁义而已矣。"显然,儒家先哲勇于言义而羞于言利。包括新安理学家在内的宋明理学家们,对"义利之辩"更为关注。他们继承孔子和西汉董仲舒的重义轻利思想,反复阐述了义利之内涵及其相互关系。

---

① 《新安歙北许氏东支世谱》卷8《逸庵许公行状》。
② 歙县《新馆鲍氏著存堂宗谱》卷2《鲍解占先生墓志铭》,清刊本。
③ 歙县《济阳江氏族谱》卷9。
④ 《论语·里仁》。
⑤ 《论语·宪问》。

程颐曾说:"若其义顺正,其处卑巽,何处而不安?"①他还强调:"圣人以义为利,义安处便为利。"朱熹在这一问题上也是具有鲜明的态度,他曾把董仲舒的"正其谊(义)不谋其利,明其道不计其功"②作为白鹿洞书院的学规之一。不过,对商人来说,其经营的最终目的,从形式上看又不外乎一个"利"字,与先儒们一再强调的"义"似乎无缘。对这一矛盾的问题,同时代的其他商帮和商人并不太在意,而深受儒学影响的徽州商人看得很重。经过不断的思考和探索,徽州商人打出了"以义为利,利缘义取"的旗号,并将其贯彻到经商的实践活动中,由此突出反映了他们"以儒道经营"的理念。

徽州商人认为,"义"与"利"并不是截然对立的两端,在商业经营活动中,商人完全可以做到"义利双行"。清代黟县商人舒遵刚曾说:"圣人言:生财有大道,以义为利,不以利为利。国且如此,况身家乎?"③在舒遵刚看来,无须讳言"生财""求利",只要取之有道,就是符合了先圣的思想。那么,什么是"生财有大道"呢?按照舒氏的理解,就是要如圣人所说,"以义为利,不以利为利",将义利有机地统一起来。舒氏的这一套"义中取利"说,在徽州商人中是颇具代表性的。所谓"财自道生,利缘义取",是明清时期许多徽州商人的共同信条。商人经商而关注义利之辩,这也只是深受儒学影响的徽州商人身上才存在的现象,在明清时期的其他商帮和商人中是颇为罕见的。

基于以上认识,大多数徽州商人在经营中非常注重"以义为利,义中取利"。这方面的记载和事例,在有关史籍中俯拾即是。比如清代歙县商人凌晋,"生平敦厚诚一,能敬承先志,虽经营阛阓中而仁义气蔼如。与市人贸易,黠贩或蒙混其数以多取之,不屑屑较也;或讹于少与,觉则必如其数以偿焉。然生计于是益殖"。④这是典型的义中取利的事例。还有歙县商人江以深,"贾于天长铜城镇,生殖日饶,义中取利,人服其公";⑤休宁商人黄梅原,

---

① 程颐:《伊川易传》卷4,中华书局1981年版。
② 语见《汉书·董仲舒传》。
③ (同治)《黟县三志》卷15《舒君遵刚传》。
④ 凌应秋:《沙溪集略》卷4《文行》。
⑤ 歙县《济阳江氏族谱》卷9《明处士以深公传》。

"言信情忠,游江湖间,人莫不以为诚而任之。其规时合变,损盈益虚,巧而不贼,虽不衿于利,而贾大进,家用益富……"等等。① 张海鹏、王廷元先生等编撰的《明清徽商资料选编》中,专门辟有"商业道德"一节,其中大部分的史料即反映了徽商"以义为利、利缘义取"的事迹。② 关注义利之辩,并且打出了"以义为利、义中取利"的旗号,将其贯彻在商业经营活动中,这是徽州商人"以儒道经营"理念的重要内容之一。

第三是"广置田地,睦族敬宗"的价值取向。

商人经营活动中,其资本和利润的主要流向,比较鲜明地反映出商人的价值取向;而价值取向,则是经营理念的重要组成部分。

徽州商人的资本和利润,出路虽众,但主要途径还是比较明显的。我们曾在《中国十大商帮》中对徽商的资本流向问题作过概略的探讨,总结了四条主要途径:一是走"以末致财,用本守之"的老路,将大量的商业利润转向购置土地;二是奢侈性消耗,将惨淡经营积聚起来的巨额商业利润,挥霍于奢侈性的消费之中;三是建祠堂、修祖坟、叙族谱、购置族产和族田,为尊祖、敬宗、睦族耗费大量资本;四是将一部分资本和利润用于设义学、开办书院、建立试馆等。③ 其中,资本与利润最核心的出路又在投资土地、睦族敬宗。这方面的例子,可以说是不胜枚举。比如明代天顺、嘉靖间徽人王友榄"商于庐……爱庐之风俗淳朴,买田千余亩,购屋数十楹"、④婺源人江蓉东"家人为木客,贾吴楚,或数千章……然以无侈费,蓄滋羨。人操书致售田,必予善价,里中入租以石计,有定衡,独先生减二斤。故先生田日斥,而乐为先生田佣者惟虞不得"。⑤ 清代歙县商人吴积寿"晚年颇殷俗,置田园,恢室庐,拓土

---

① 王慎中:《遵岩先生文集》卷32《黄梅源翁传》,四库全书本。
② 张海鹏、王廷元主编:《明清徽商资料选编》第4章第3节,黄山书社1985年版。
③ 张海鹏、张海瀛等主编:《中国十大商帮》第10章《徽州商帮》第5节,黄山书社1993年版。
④ 歙县《泽富王氏宗谱》卷4。
⑤ 李维桢:《大泌山房集》卷72《江先生家传》,四库全书存目丛书本。

开基,创兴家业"、①黟县商人汪源"奉亲归里,买田筑室"等等,②都是较为典型的事例。笔者曾收集到一份清代歙县盐商江仲馨家庭的《二房赀产清簿》,其中详细记载了江氏大量田产的分布情况。③ 徽商在积累了资本和利润之后,对睦族敬宗也是乐此不疲,以致其成为商业资本的最主要出路之一。流传至今的明清徽州方志和和大量徽州族谱中,大多有关于徽州商人的这种"德行""义举"的记载。张海鹏等辑录的《明清徽商资料选编》中,也收录了百余条此方面的典型材料。④ 从中我们可以了解徽州商人睦族敬宗的大致情形。姑举数例,以见一斑:

康熙《徽州府志》卷一五《尚义》:"胡天禄,字慕峰,祁门胡村人。幼贫而孝,后操奇赢,家遂丰。先是族人失火焚居,天禄概为新之。又捐金寻址建第宅于城中,与其同祖者居焉。又输田三百亩为义田,使蒸尝无缺,塾教有赖,学成有资,族之婚嫁丧葬与嫠妇无依、穷而无告者,一一赈给。曾孙征献,又输田三十亩益之。"

民国《歙县志》卷九《人物志》:"郑鉴元,字允明,(歙县)岩镇人。居扬州。先世业盐,鉴元总司鹾事十余年。修洪桥、郑氏宗祠,又尝修族谱,举亲族中昏葬之不克举者,建亲乐堂于宅后,子姓以时奉祀。"

光绪《婺源县志》卷二八《人物》:"俞大霭,字元晖,(清婺源)太学生……旋商黔楚,获赢余,悉均诸兄弟,毫无私债……远近祖先,俱置墓田、隆祀典。没前三日,犹捐百余金,资贫族生计,人甚德之。"

由此可见,徽商之睦族敬宗,有着多方面的形式,建祠、修谱、捐田、赈贫等等均有涉焉。

徽州商人在经营活动中所表现出来的"广置田地、睦族敬宗"的价值取向,其实是"以儒道经营"理念的又一重要体现。在中国封建社会中,尽管商

---

① 歙县《沙园吴氏宗谱·南冈公行略》。
② (民国)《黟县四志》卷14《汪赠君卓峰家传》。
③ 周晓光:《徽州盐商个案研究:〈二房赀产清簿〉剖析》,载《中国史研究》2001年第1期。
④ 张海鹏、王廷元主编:《明清徽商资料选编》第4章第3节,黄山书社1985年版。

品经济的发达、商人的大量存在,是一个有目共睹的事实;但儒家强调的重农思想,在各个历史时期人们的脑海里一直根深蒂固。因此以农为"本业"、以商为"末业"几乎是全社会的共识。徽州商人通过广置田地,把商业资本转化为封建地权,事实上表明他们并不愿意做"纯粹"的商人,而希望能将商人、地主、缙绅融为一体。这正是徽商在商业活动过程中贯彻"儒道"的具体表现。同时,睦族敬宗也是儒家所一贯提倡的基本伦理。特别是朱熹及其创导的新安理学学派,一直致力于徽州宗族社会的建设和宗法体制的维持。他们继承和发展了儒家传统的人伦思想和文化,特别强调建立适合中国宗法等级制的、以家庭(家族)为本位的人伦思想和人伦规范,而其中对士民的基本要求之一就是要做到睦族敬宗。徽商以之作为自己经营活动的价值取向,反映的正是"以儒道经营"的理念。

第四是"治生为先,泽润亲友"的经营目的。

徽人经商的主要目的,是所谓的"治生",即维持生活。正如康熙《休宁县志》中所说:"徽州介万山之中,地狭人稠,耕获三不瞻一。即丰年亦仰食江楚,十居六七,勿论岁饥也。天下之民,寄命于农,徽民寄命于商。"[1]正是环境的压力,导致徽州人不得不四处经商,他们"非贩而求利也",[2]而是为维持生活。近人吴日法在《徽商便览》中指出:"吾徽居万山环绕中,川谷崎岖,峰峦掩映,山多而地少,遇山川平衍处,人民即聚族居之。以人口孳乳故,徽地所产之食料,不足供徽地所居之人口,于是经商之事业以起,牵车牛远服贾,今日徽商之足迹,殆将遍于国中。"[3]这一看法是有道理的。我们需要强调的是,徽人经商一方面是迫于生活的压力,另一方面也是深受宋明时期儒学发展的新形态——理学的影响,特别是明代中期以后在徽州流传的王阳明学说中的有关"治生"思想的影响。王学在相当程度上继承和发展了南宋陆九渊的"心学"思想,并在经济伦理方面提出了一系列新的看法,如"四民

---

[1] (康熙)《休宁县志》卷7《汪伟奏疏》。
[2] (康熙)《徽州府志》卷8《蠲赈》。
[3] 吴日法:《徽商便览·缘起》,民国八年(1919年)铅印本。

异业而同道""虽终日作买卖,不害其为圣为贤"等。不少徽商即是在陆王思想的影响下看待经商和"治生"的。比如明代歙县商人黄崇德,"初有志举业,(父)文裳公谓之曰:'象山之学以治生为先。'公喻父意,乃挟赀商于齐东。齐带山海,沃壤千里,人多文彩布帛。公商其间,法刁氏之任人,师周人之纤俭,效任氏之贵善,用国氏之富术,一岁中其息什一之,已而升倍之,为大贾矣。于是修猗顿业,治蹉淮海,治生之策,一如齐东,乃资累巨万矣"。① 这里我们可以看到,黄氏的"治生"行为,有"象山(陆九渊)之学"作为思想基础和推动力。也就是说,这种"治生为先"的经营目的,其实仍有深刻的儒学根源。

在徽商看来,经营的目的是"治生",是维持生计,这是符合圣人之学的;而维持生计,不仅仅是满足个人的生存需要,更应满足整个家庭和家族的生存需要。徽商的这一观点,与传统儒学所主张的孝悌思想,特别是宋明理学家反复宣扬的孝道是紧密联系在一起的。孔子曾说:"孝悌也者,其为仁之本欤。"朱熹对孝道则多有阐发,并曾著有《孝经刊误》一卷传世。② 大多数的新安理学家对孝悌也是非常重视,如在南宋吴儆的学术思想中,关于忠孝为本的道德伦理观念的阐释,就是重要的内容之一。③ 笔者认为,正是受此影响,徽商中的许多人常常将赡养父母、抚养兄弟子侄、遗爱族人当作自己经商的具体目的,从而践行了儒学一贯所宣扬的孝道。比如,明代休宁商人查杰弱冠之年即往芜湖,"运筹决策,吻拟然圭"。在谈到经商的目的时,查杰说:"吾诚不忍吾母失供养,故弃本而事末。"④ 清代婺源人潘觐光,初为太学生,18岁时因"念父经营劳瘁",于是"弃儒就贾"。⑤ 明末金声曾说,徽商大多"一家得业,不独一家食焉而已,其大者能活千家百家,下亦至数十家"。⑥

---

① 歙县《竦塘黄氏宗谱》卷5《明故金竺黄公崇德公行状》。
② 永瑢等:《四库全书总目》经部32《经部·孝经类》,中华书局1965年版。
③ 吴儆:《竹洲集》附录《见蒋枢丐祠书》,四库全书本。
④ 《休宁西门查氏祠记·查灵川公暨配汪孺人行状》。
⑤ (光绪)《婺源县志》卷30《人物》。
⑥ 金声:《金太史集》卷4,乾坤正气集本。

一家经商,举族受益,这在徽州商帮中是普遍的现象。从徽商的经营目的来看,儒学的色彩是非常鲜明的。

徽州商人经营理念的"儒道"特征,在上述经营原则、经营之道、价值取向和经营目的等方面都有非常明显的表现。这里,有一个相关的问题是,徽商为什么会形成这一经营理念?笔者认为,明清徽商"以儒道经营"的经营理念的出现,是多种因素导致的结果,其中徽州自南宋以降儒学之发达以及徽商"贾而好儒"是最重要的因素之一。

徽州古属越文化圈,歙县等地向有"山越古邑"之称。《越绝书》说:"锐兵任死,越之常性也。"表明越人具有尚武之风,性刚好强。据方志有关记载,徽州在唐宋以前,武劲之风甚盛,出现了许多因武艺、因捍卫乡里或因起义抗暴而著称的人物。唐朝中叶以后,北方大族不断迁入徽州,一方面逐步改变了当地居民的结构,导致外来人口数量超过了当地的"土著"人口数量;另一方面,也带来了中原的儒风,使得其"俗益向文雅",[1]出现了重儒的风尚。《歙事闲谭》说:"武劲之风,盛于梁、陈、隋间,如程忠壮、汪越国,皆以捍卫乡里显。若文艺则振兴于唐宋,如吴少微、舒雅诸前哲,悉著望一时。"[2]这就是说,唐宋时代,徽州的风尚已由崇武而转为重儒。明清时期,徽州的儒学与儒学教育极为兴盛和发达,因之而有"东南邹鲁"之称。在此氛围中成长起来的徽州商人,或"先贾后儒",或"先儒后贾",或"亦儒亦贾",不少人"蔼然有儒者气象"。如明代嘉靖时歙县商人黄玘芳"商名儒行",在清源经商,"一以诚御之";[3]嘉靖、万历间歙商郑子长,"虽游于贾,然峨冠长剑,袖然儒服,所至挟诗囊,从宾客登临啸咏,然若忘世虑者。著骚选近体诗若干首,若《吊屈子赋》《岳阳回雁》《君山吹台》诸作,皆有古意,称诗人矣"。[4] 江世鸾"恂恂雅饰,贾而儒者也"等等。[5] 因此,清代著名学者、徽州休宁人戴震在

---

[1] 罗愿:(淳熙)《新安志》卷1《风俗》。
[2] 许承尧:《歙事闲谭》第18册《歙风俗礼教考》。
[3] 歙县《竦塘黄氏宗谱》卷6《黄公玘芳传》。
[4] 歙县《双桥郑氏墓地图志·明故徕松郑处士墓志铭》。
[5] 歙县《济阳江氏族谱》卷9《明处士世鸾公传》。

《戴节妇家传》中说:"吾郡少平原旷野,依山为居,商贾东西行营于外,以就口食。……虽为贾者,咸近士风。"①戴氏在这里指出了徽州商人"贾而好儒"的基本特色。正是徽州商人所具有的儒商素养,奠定了他们"以儒道经营"的经营理念的基础。

原载台湾《孔孟月刊》第 42 卷第 5 期

---

① 戴震:《戴震文集》卷 12《戴节妇家传》,中华书局 1980 年版。

徽州:12—18世纪中国传统学术文化典范之区

——徽州传统学术文化地理研究刍议

徽州位于安徽南部,处皖、浙、赣三省结合部。三国时为新都郡,晋太康年间改置新安郡,隋开皇年间改为歙州。宋宣和三年(1121年)改歙州为徽州,治所在歙县。元升为路,明清置徽州府,下辖歙、休宁、黟、祁门、婺源(今属江西)、绩溪(今属宣城)等六县。这里曾孕育出颇具特色的"新安文明"或者说"徽州文化",当代学术界以之为研究对象而形成了一门新的学科——"徽(州)学"。作为地域文化的徽学,其内涵丰富,而徽州的传统学术文化因在徽学中的重要地位以及在中国学术文化史上的重要影响尤受瞩目。12—18世纪,徽州因传统学术文化之盛,成为中国传统学术文化的典范之区。而关于徽州传统学术文化地理研究,则因之具有重要的学术价值和理论意义。

一

中国学术文化之发展,先后经历了先秦儒学、两汉经学、魏晋玄学、隋唐佛学、宋明理学和清代朴学等几个主要时期。南宋以降,中国传统学术文化的发展,与徽州有着密切的关系。

首先,宋明理学和清代朴学中的重要人物,不少均出自徽州。徽州在南宋以后,素有"山川效灵,人文蔚起,几甲宇内"之称。① 明人唐皋谓:"新安自

---

① (民国)《歙县志》卷15《唐晖:歙志原序》。

朱子钟灵婺邑,绍统圣传,集诸儒之大成,而孔道赖之以不终晦。厥后郡之儒者,接踵而起,持守师说,羽翼圣经,莫不有裨于世。"①道光七年(1827年),程怀璟在《重修徽州府志序》中,亦称徽州"人文辈出,鼎盛辐臻,理学经儒,在野不乏"。②据相关史籍记载,12—18世纪,徽州涌现了一个庞大的学术文化人物群体。由明末清初著名思想家、学术史大师黄宗羲首纂、清代著名学者全祖望等最终完成的一部全面描述宋元学术发展轨迹的著作《宋元学案》,共著录包括理学家和理学系统以外的重要学派的学者2000余人,其中徽州学者即有75人。徽州一府学者所占3.75%的比例,大大高于全国府占人数的平均数。明代正德、嘉靖年间徽州休宁学者程曈(字启曈,号莪山)编撰了一部徽州区域学术史著作《新安学系录》,该书共收录了自宋朝至明朝前期徽州学者中在传统学术文化方面有突出贡献者112人。而道光《徽州府志》之《儒林传》及《儒林续编》,则收录了宋至清道光以前徽州学术文化代表人物210人。这些学术文化人物,或因讲学显,或以著述名,或因影响广泛称,均为各历史时期徽州学术文化代表人物中的佼佼者。其中如朱熹、程大昌、吴儆、汪莘、李缯、程永奇、吴昶、程若庸、胡方平、胡一桂、许月卿、陈栎、胡炳文、倪士毅、汪克宽、郑玉、朱升、赵汸、朱同、范准、程敏政、汪道昆、程文德、潘士藻、江永、戴震、程瑶田、金榜、洪榜、凌廷堪等,堪称宋明理学和清代朴学中尤为重要之人物。宋元明清徽州之传统学术文化代表人物,先后结成了"新安理学"③和"徽派朴学"④等学术流派,并深刻影响了12世纪以后中国学术文化发展的大势。

---

① (道光)《休宁县志》卷21《艺文纪述》。

② (道光)《徽州府志》卷首《程怀璟:重修徽州府志序》。

③ 新安理学为朱子学之分支之一,主要由徽州籍理学家为主干组成,奉朱熹为开山宗师,流传于徽州一带。该学派形成于南宋,发展于元代,全盛于明初,衰落于明季,终结于清初,对12世纪以后中国哲学史和学术思想史的发展演变,产生了巨大的影响。同时它也深刻影响了南宋以后,尤其是明清时期的徽州社会风尚。参见周晓光:《新安理学源流考》,载《中国文化研究》1997年夏之卷;周晓光《新安理学》,安徽人民出版社2005年版。

④ 徽派朴学由清乾隆、嘉庆年间婺源江永、休宁戴震等人开宗,以求是为治经宗旨,注重从音韵训诂、字义名物、典章制度等方面阐释经典大义,为乾嘉考据学派中与吴派并称的两大流派之一。参见洪湛侯:《徽派朴学》,安徽人民出版社2005年版。

其次，徽州学者之著述，不仅数量多，且对中国传统学术文化的发展影响深远。南宋以后的徽州，被称为"文献之邦"。《新安歙北许氏东支世谱》说，江南诸郡中，"以文献称者吾徽为最"。① 清乾隆年间编纂的《四库全书》，收录徽人重要著作有 210 种；而道光《徽州府志·艺文志》则著录徽人著述宋 504 种、元 288 种、明 1245 种、清（道光以前）1295 种，总数达 3332 种，分经史子集 4 大类，数十门类。据研究者估计，历史上徽州学者著述总数，超过 8000 种。② 这些著述中，有相当数量之作对中国传统学术文化传衍产生了重大的影响。最典型的例子是明初编纂《五经大全》，其中有四经皆采自徽州学者著述，即《春秋大全》系全部采自汪克宽的《春秋胡传附录纂疏》，《周易大全》采录了胡一桂的《周易本义附录纂疏》和胡炳文的《周易本义通释》，《书传大全》采录了陈栎的《尚书集注纂疏》，而《诗经大全》则以朱熹《诗经传》为主。此外，《四书大全》又多采自倪士毅的《重订四书辑释》。至于朱熹之《大学章句》《论语集注》《孟子集注》《中庸章句》等书，因在元代以后被列为科考之准绳，影响更为深远。朱氏《家礼》一书，"自宋以来，遵而用之"，③影响亦非一时一地。这些情况表明，徽州学者之著述，对于中国传统学术文化有着重要的影响。

第三，12－18 世纪徽州传统学术文化的演变，与中国学术文化之变迁同步，且前者对后者有引导之功。据笔者对 12－18 世纪徽州传统学术文化演变所作的梳理，其演变过程分四个阶段：一是南宋至明前期，为朱子学之一统时期；二是明代中后期，为朱子学与心学杂存时期；三是清初，为朱子学之复兴时期；四是清乾（隆）嘉（庆）道（光）时期，为朴学独盛期。而南宋以后，中国传统学术文化变迁之大势，亦大体经历了这几个阶段。二者比较，徽州传统学术文化的演变，与中国学术文化之变迁保持了同步。换句话说，在南

---

① 《新安歙北许氏东支世谱》卷 5《寿昌许公八秩序》。
② 胡益民：《徽州文献综录》，安徽大学徽学研究中心打印稿。
③ 永瑢等：《四库全书总目》卷 22《经部·礼类四》，中华书局 1965 年版。《家礼》一书是否为朱熹所作，有争议。

宋以降的600余年中,徽州传统学术文化之演变,即为中国学术文化变迁的一个缩影。尤其值得重视的是,徽州传统学术文化之演变,并非只是追随中国学术文化变迁大势之后;而是常反过来起引导和强化作用。比如,朱熹之后,"天下学士群起著书,一得一失,各立门户,争奇取异,附会缴绕,使朱子之说翳然以昏然"。① 因此,元代徽州学者以维护朱子之学纯洁性为目的,一方面"非仁义道德之说,尝论定于郡先师朱子者,不以教人",②极力抵排诸儒"异说";另一方面凡朱子之学中的微词隐义,引而申之,其所未备者,补而益之,力求朱子之学的正确阐发。这些工作,不仅延续了元代徽州传统学术文化由朱子之学一统的状态,亦强化了中国学术文化在此期的基本特色。又如清代乾嘉年间,传统学术文化由所谓的"宋学"转变为"汉学",出现了乾嘉考据学。中国学术文化此一风气的转变,得益于其时徽州传统学术文化代表人物江永、戴震等人的倡导,得益于徽派朴学的形成与传播,得益于徽州传统学术文化的率先转型。

由上观之,作为中国封建社会后期学术文化之重镇,12—18世纪的徽州在中国传统学术文化史上具有举足轻重的地位。徽州一府六县之域,可称中国传统学术文化典范之区。因此,对该区域传统学术文化的研究,无疑具有重要的理论意义和学术价值。通过此项研究,可以具体而微地解剖徽州传统学术文化的内涵和特色,并由此观照中国传统学术文化之特征;可以据徽州区域传统学术文化的历史变迁而见中国学术文化演进历程;可以由徽州传统学术文化区的形成与变迁而察中国传统学术文化之区域差异;可以从徽州传统学术文化的空间传播和影响而把握中国学术文化之区域联系。总之,透过徽州区域传统学术文化的研究,折射的是中国学术文化的相关重要问题。这是徽州作为传统学术文化典范区考察的意义所在。

此外,就徽州文化而言,它是中国封建社会后期最具典型意义的区域文化之一。这一看法已是研究者的共识。徽州文化包含了诸多以"徽"或"新

---

① 程曈:《新安学系录》卷12《陈定宇墓志铭》,康熙三十五年(1696年)绿荫园重修本。
② 程曈:《新安学系录》卷14《倪道川墓志》,康熙三十五年(1696年)绿荫园重修本。

安"冠名的文化现象,其中以新安理学和徽派朴学为核心的徽州传统学术文化,是最能反映和体现徽州文化特质的文化现象之一。它既是徽州文化的核心内容,同时也对徽州文化的其他方面产生了深刻的影响。因此,关于徽州传统学术文化之研究,成为考察徽州文化的关键。学术界目前对徽州传统学术文化的研究,大多停留在单个人物的研究方面;而对区域传统学术文化的整体研究,很少涉及。特别是从整体角度,关于徽州学术文化区的形成与变迁、徽州学术文化产生的地理环境、徽州传统学术文化的历史变迁和区域表征、徽州传统学术文化的传播与影响以及中心地等一系列重要问题的探讨,尚付阙如。故从整体和空间的角度研究徽州传统学术文化,既填补了相关研究领域的空白,也有助于更深入和全面解读徽州文化,推进目前方兴未艾的"徽学"研究。

二

关于徽州传统学术文化地理的研究,是一个全新的视角,其具体研究内容,在传统的学术文化史研究中常常被忽略,因此目前学术界尚无直接的研究成果问世。不过,由于徽州传统学术文化的地位和影响,以往学者对此不乏关注,故学界有一批相关的研究成果存在。这些成果为徽州传统学术文化地理研究奠定了良好的基础。

其一,关于徽州传统学术文化人物的研究。

此方面的研究,起步较早,成果丰富,涉及的徽州传统学术文化人物包括朱熹、程大昌、吴儆、郑玉、朱升、赵汸、程瞳、程敏政、金声、江永、戴震、程瑶田、凌廷堪、程晋芳、汪莱、胡秉虔、胡匡衷、俞正燮等人。1913—1914年,熊鱼山在《神州丛报》(1913年第1卷第1期、1914年第1卷第2期)发表《金正希先生年谱》,1916年古欢在《进步杂志》(第9卷第2期)发表《金正希与基督教》,二文首开20世纪学界关于徽州传统学术文化人物研究之先河。30—40年代,有关徽州传统学术文化人物的研究,有进一步的拓展,所涉人物渐多。除1935年吴景贤在安徽省图书馆主办之《学风》月刊发表《金正希之学术》(第 5 卷第 8 期)、《金正希之思想》(第 5 卷第 9 期),1944 年陈垣在《真理杂志》(第 1 卷第 4 期)发表《休宁金声传》,继续关注金声学术思想之外,另有多位徽州传统学术文化人物进入研究者视野。1933 年蒋元卿在《学风》月刊先后发表《黟县著述人物考略》(第 3 卷第 9 期)、《休宁县著述人物考略》(第 3 卷第 10 期)二文,对黟县和休宁县学术人物群体作了勾勒。1935 年孙忏绮发表的《俞理初先生年谱摘误》(《晨报》1935 年 9 月 17 日)、1942—1943 年柳雨生在《真知学报》(1942 年第 2 卷第 3 期、1943 年第 3 卷第 1 期)发表的《黟县俞理初先生年谱》,为该时期关于俞正燮学术思想研究的重要成果。关于绩溪"礼学三胡",王集成在《浙江省图书馆馆刊》(1935 年第 4 卷第 6 期)发表了《绩溪经学三胡先生传》、沈筱瑜在《中日文化》(1943 年第 3 卷第 8、9、10 期)发表了《绩溪三胡氏学通论》,二文较为全面评述了"礼学三胡"的学术特色和贡献。1938 年商承祚发表的《程瑶田桃氏为剑考补正》(《金陵学报》1938 年第 8 卷 1、2 合刊)、1943 年朱芳圃的《程瑶田年谱初稿》(《河南大学学术丛刊》1943 年第 1 期)二文,则是关于徽派朴学名家程瑶田的研究力作。20 世纪 50 年代至 70 年代,关于徽州传统学术文化人物的研究,出现相对停滞的状态,除关于朱熹与戴震的研究之外,为数不多的论文集中在金声、程瑶田等少数几个著名人物身上。① 20 世纪 80 年代以来,随着"徽学"的勃兴,关于徽州传统学术文化人物研究的成果激增,所涉及的人物也较以往更广。关于程大昌的研究,笔者在 1994 年发表了《论新安理学家程大昌》(《安徽师范大学学报》1994 年第 3 期)一文,就程大昌的学术思想及其在新安理学发展史上的作用和地位作了系统评述。关于朱升的研究,张海鹏发表了《朱升和〈朱枫林集〉评议》(《中国古代史论丛》1982 年第 2 辑)、《朱升的从政与退隐》(《安徽史学》1984 年第 4 期)二文,率先对朱升的学术思想以及从政活动作了全面的考察。另有王春瑜的《论朱升》(《学术月刊》1980 年第 9 期)、张健的《朱升及其〈朱枫林集〉》(《合肥学院学报》2004 年第

---

① 周绍泉、赵亚光辑:《徽学研究系年》,载张脉贤主编:《徽学研究论文集》(一),皖内部图书 94—058 号。

1期)分别论述了朱升的政治生涯和文献学成就。笔者1994年在《中国哲学史》第2期上发表了《论新安理学家朱升与郑玉》一文,系统考察了朱升与郑玉的学术思想的内容、特色以及在徽州传统学术文化史上的地位。关于郑玉,唐宇元在《元代的朱陆合流与元代的理学家》(《文史哲》1982年第3期)一文中,对郑玉"和会朱陆"的思想亦有评述。此外刘桂林《郑玉教育思想新探》(《安徽教育学院学报》1994年第2期)专门论述了郑玉的教育思想内容和特色。关于赵汸的研究,笔者在《孔子研究》2000年第2期发表了《论元末明初新安理学家赵汸》一文,讨论了赵汸治经的指导思想、学术思想特点以及在中国学术史上的地位诸问题;另《论新安理学家赵汸的〈春秋〉学说》(《安徽师范大学学报》1998年第4期)一文,集中讨论了赵氏的春秋学说。关于程敏政的研究,陈寒鸣《程敏政与弘治己未会试"鬻题"案探析》(《中国社会科学院研究生院学报》1998年第4期)、陈寒鸣《程敏政的朱陆"早异晚同"论及其历史意义》(《哲学研究》1999年第7期)、解光宇《程敏政"和会朱陆"思想及其影响》(《孔子研究》2002年第2期)、解光宇《程敏政、程曈关于"朱陆异同"的对立及其影响》、张健《论明代徽州文献学家程敏政》(《安徽师范大学学报》2003年第5期)等系列文章,集中讨论了程敏政"和会朱陆"的思想以及其政治生涯和文献学成就。笔者2003年在《古籍研究》第4期发表了《程敏政〈道一编〉评议》一文,就程氏关于朱陆"早异晚同"之思想的力作《道一编》作了全面分析。关于江永之研究,戴敬标《江永简论》(《徽学》1986年第1期)是较早关于江永的系统研究之文。杨应芹《戴震与江永》(《安徽大学学报》1995年第4期)则对戴震与江永学术思想作了述评。关于吴儆的研究,孙成岗《论新安理学家吴儆的社会政治学说》(《安徽师范大学学报》2000年第3期)一文论述了吴氏社会政治思想的主要内容和特色。此外,关于程瑶田、凌廷堪、程晋芳、汪莱、胡秉虔、胡匡衷、俞正燮等人,20世纪80年代后学界均有相关著述问世。

除了上述人物的研究之外,在徽州传统学术文化人物研究中,学界于朱熹与戴震关注最多,成果亦极为丰富。1992年,台北文津出版社出版了林庆彰主编的《朱子学研究书目》,著录了1900年至1991年关于朱熹与朱子学研究的相关成果;2000年蔡方鹿据此编撰了1949年以来中国大陆、香港、台湾以及海外日本等地学者相关研究论著索引,其中专著(包括文集)46种,论文(包括综述等)139篇。① 这些代表性的论著,是从数百种、上千篇朱熹研究著作和论文中精选出来的,于此可见关于朱熹研究成果之丰硕。与朱熹研究相比,关于戴震研究的成果,亦毫不逊色。1949年以后,戴震研究主要专著有王茂《戴震哲学思想研究》(安徽人民出版社1980年版)、冒怀辛《孟子字义疏证全译》(巴蜀书社1992年版)、李开《戴震评传》(南京大学出版社1992年版)、[日]树濑裕也《戴震哲学——唯物主义和道德价值》、许苏民《戴震与中国文化》(贵州人民出版社2000年版);方利山等《戴学纵横》(中国文联出版社1999年版);戴学研究会《戴震学术思想论稿》(安徽人民出版社1987年版)、戴震研究会《戴学新探》(南京大学学报编辑部1991年版)等10余种,论文千余篇。② 目前学术界在徽州学术人物的研究方面存在的不足是,研究者所选择的研究对象只是集中在少数大家如朱熹、朱升、程敏政、戴震、江永、程瑶田等人身上,而对其他学者的研究相对比较薄弱甚至未及关注。从总体来看,有关徽州传统学术文化代表人物的研究,虽非徽州传统学术文化地理研究的直接成果,但对其研究有重要的奠基作用。

其二,关于新安理学的研究。

新安理学是徽州传统学术文化的核心内容。学术界关于新安理学的研究,由来已久。历史上的徽州学者如赵汸、程曈、赵吉士等人,对新安理学进行过较为全面的考察,并在其著述(赵汸《东山存稿》、程曈《新安学系录》、赵吉士《寄园寄所寄》)中反映了他们的研究成果。近代以来,从学派角度研究新安理学一直是个空白,直到20世纪80年代张海鹏在《中国古代史论

---

① 蔡方鹿:《朱熹与中国文化》附录一,贵州人民出版社2000年版。
② 参见许苏民:《戴震与中国文化》附录一《关于戴震研究的主要论著索引》(贵州人民出版社2000年版);方利山等:《戴学纵横·戴震研究述略》(中国文联出版社1999年版);李红英:《近十五年戴学研究综述》(《安徽史学》2002年第2期)。

丛》(1982年)上发表《朱升和〈朱枫林集〉评议》一文,才重开新安理学研究的先河。在其后的10年左右时间里,学术界逐渐重视新安理学学派的研究,先后有10余篇相关论文发表。笔者从20世纪80年代中期以后,致力于新安理学的研究,先后发表了《宋元明清时期的新安理学》(《中国典籍与文化》1993年第4期)、《论新安理学向皖派经学的转变》(《安徽师范大学学报》1988年第4期)、《南宋新安理学略论》(《徽州社会科学》1989年第4期)、《宋元之交与元代的新安理学》(《徽州社会科学》1991年第3期)、《论元末明初新安理学家朱升与郑玉》(《中国哲学史》1994年第2期)、《论程大昌的理学思想》(《安徽师范大学学报》1994年第3期)、《新安理学源流考》(《中国文化研究》1997年夏之卷)、《论新安理学家赵汸的春秋学说》(《安徽师范大学学报》1998年第4期)、《郑玉调和朱陆》(《学术百家》,安徽人民出版社1999年8月版)、《论新安理学家赵汸》(《孔子研究》2000年第2期)、《新安理学与徽州宗族社会》(《安徽师范大学学报》2001年第1期)、《明代中后期心学在徽州的传播和影响》(《安徽史学》2003年第5期)、《明人程敏政〈道一编〉评议》(《古籍研究》2003年第4期)、《南宋徽州人文环境的变迁与新安理学的形成》(《江淮论坛》2003年第5期)、《试论新安理学长盛之因》(《孔孟月刊》第42卷第11期)、《朱熹在徽州的理学教育活动及其影响》(《华东师范大学学报(教科版)》2004年第3期)、《徽州学术文化理念的历史变迁》(《安徽师范大学学报》2005年第3期)等近20篇相关论文,对新安理学进行了较为系统的梳理。近年来,中国哲学史界对新安理学学派的研究更为关注,《中国哲学史》和《光明日报》先后开辟专栏,发表相关研究成果,有力推动了新安理学研究的深入。

其三,关于徽派朴学的研究。

此方面的研究最早可以追溯到清乾隆中叶,当时论者涉及的徽派朴学主要有两个问题,一是吴皖两家的异同,二是徽派朴学在清代学术上的地位。讨论者中不少就是吴皖学术阵营中的人物,包括戴震、王鸣盛、汪中、江藩、凌廷堪等。20世纪30—40年代,学界出版了的一批清代学术研究专著,如梁启超《清代学术概论》《中国近三百年学术史》、钱穆《中国近三百年学术史》、刘师培《近代学术统系论》《近代汉学变迁论》、支伟成《清代朴学大师列传》等,其中有不少内容涉及徽派朴学。50—70年代,关于徽派朴学的研究进一步深入,余英时、陆宝千、张舜徽、侯外庐、杨向奎等学者就吴皖学派的分野等问题进行了深入的研究。80年代至今,陈祖武、王俊义、漆永祥、王茂、王爱平、汪世清等一批学者,发表了大量论文,从不同层面对徽派朴学作了剔抉勾画,取得了较大的成绩。

总的来看,学术界对徽州传统学术文化的研究已有很好的基础,但研究现状也存在多方面的不足。它主要表现在两方面,一是研究比较零碎,缺乏对徽州传统学术文化的整体思考,因此影响了人们对徽州学术文化的全面把握;二是纵向的研究较多,而空间的研究缺乏,由此妨碍了人们对徽州学术文化传播、影响乃至其在中国学术文化史上地位的认识。

笔者提出对徽州传统学术文化地理作研究,正是希望弥补以往传统学术史研究的缺陷。目前在历史地理学界,关于学术文化地理的研究,较之其他分支的研究而言,尚显薄弱;不过,已有的有关历史文化与地理的一系列研究成果,仍为徽州传统学术文化地理研究提供了理论上的依据和方法论上的借鉴。其重要代表作有梁启超《地理与文明之关系》、谭其骧《中国文化的时代差异与地区差异》、严耕望《战国学术地理与人才分布》、何佑森《两宋学风之地理分布》、何炳棣《科举和社会流动的地域差异》、邹逸麟等《中国历史人文地理》、周振鹤《中国历史文化区域研究》、王会昌《中国文化地理》、卢云《汉晋文化地理》、张伟然《湖南历史文化地理研究》《湖北历史文化地理研究》、徐少华《周代南土历史地理与文化》、程民生《宋代地域文化》、王子今《秦汉区域文化研究》、林拓《文化的地理过程分析——福建文化的地域性考察》、张晓虹《文化区域的分异与整合——陕西历史地理文化研究》等。

三

关于徽州传统学术文化地理的研究,不同于一般的学术史的研究。其区别主要体现在关注问题的角度不同和解决问题的方法有差异,两者也因此体现了不同的学术价值和理论意义。从空间角度讨论徽州传统学术文化,主要关注以下问题:

一是徽州传统学术文化区的形成与变迁。相关联的主要问题有三,即徽州学术文化区形成的标志及其地理环境、徽州学术文化区变迁的历史考察、徽州学术文化区的基本特征。目前国内学术界对历史时期文化区的划分虽标志不一,方法各异,但毕竟做了许多工作,出现了一系列有影响的著作。而对传统学术文化区的划分工作,则尚未深入进行。笔者认为,历史时期传统学术文化的区域分异的存在是个客观事实,以往因地而命名的学术流派,如"濂学""洛学""关学""闽学"等,在一定意义上反映了传统学术文化的区域差异,而并不只是标明学术流派创始人的籍贯不同。依据恰当的标准对传统学术文化区进行划分是完全可行的。徽州在南宋时期形成了有别于其他区域的学术文化,在此区域内,其学术文化特征是同质的。徽州传统学术文化区的形成,与该区域相对封闭、完整、独立的自然环境有关,更与南宋徽州人文环境发生重大变迁密切相联。这种变迁主要包括徽州从越文化圈到汉文化重心区的演变、从崇武到尚文的风尚变迁、从鄙野到富州的经济地位的变化等。徽州传统学术文化区在南宋形成后,历元明至清前期,有其历史的变迁。对徽州学术文化区在不同历史时期伸缩、盈亏变迁的考察,将有助于人们更清晰地认识12世纪以后中国学术文化发展的历史。作为均质性的文化区域,徽州学术文化区具有基本的特征,这也是徽州传统学术文化地理研究中应当关注的问题。

二是徽州区域传统学术文化的历史变迁。讨论的问题包括宋元明时期的理学及其区域特色、明代中后期心学在徽州的流传与影响、清代徽派朴学及其特点等。徽州区域学术文化在12世纪至18世纪的近700年中,先后经历了三个发展时期。南宋徽州形成的"新安理学"学派,作为朱子学的重要分支之一,独尊于徽州学术文化区内。该状态一直延续至明代前期,其后因湛若水、王阳明"心学"的传入和影响,徽州区域传统学术始出现变化,徽州传统学术文化出现朱子之学与心学杂陈的格局。徽州朱子学与心学相互影响、并存的局面延至清初,因徽派朴学的出现而再变。徽州区域传统学术文化的历史变迁,其实是12世纪以后中国学术文化发展、演变的一个缩影。

三是徽州学术文化的区域表征。尽管从徽州学术文化区的内部考察,徽州学术文化在近700年间有过二变而呈现三大不同形态,且各形态有其时代特征;但这并不影响从整体上分析和比较徽州学术文化与其他区域学术文化之间的差异,从而得出徽州传统学术文化的总体区域表征。这些区域表征包括阶段性与延续性的统一、兼容性与独立性的统一、学术性与社会性的统一等。

四是徽州学术文化的空间传播及其影响。考察的问题主要有徽州学术文化中心地的类型和分布、学术文化的传播及其影响、学术文化空间传播的特点等。徽州学术文化的中心地依托徽州的书院、府县学、社学、讲堂等呈三级点状分布,点状密集区又构成了学术文化的中心区。徽州传统学术文化的空间传播,在徽文化区内和区外传播途径不同,而传播方式有同有异。前者导致徽州区域内传统学术文化的整合,徽州学术文化在不同历史时期有不同的一体化现象;后者是徽州学术文化向其他区域的扩张,并由此深刻影响了中国封建社会后期传统学术文化的发展风貌。徽州传统学术文化空间传播,具有传播方式的多样性、传播空间的不平衡性、传播强弱程度的时段性等特点。

五是徽州传统学术文化景观。在徽州传统学术文化的影响下,徽州出现了丰富的物质文化景观和非物质文化景观。前者如牌坊、书院、楹联、丘墓等,后者如宗族观念、节烈之风等。

上述问题是徽州传统学术文化地理研究的主要内容。

四

关于徽州传统学术文化地理的研究,应当注意以下几个方面的问题:

首先,注意学术文化地理与学术史的区别。学术文化地理与学术史是两个既有密切关系、又各自独立成科的研究领域。区分两者在研究对象、研究内容以及研究方法等方面的异同，对研究者而言，意义重大。周振鹤先生在《中国历史文化区域研究·序论》中曾就文化史与文化地理的区别说："文化的发展既有时代的变迁，又有地域的差异。一般而言，研究文化的发生、发展、消亡的历史以及研究文化的传承与变异的原因和规律是文化史的范畴。而探索文化的分布与扩散的格局则是文化地理的任务。"这一看法同样适用于我们区分传统学术文化地理与传统学术史。由于关于徽州学术文化的研究以往都是从学术史研究角度切入的，所以在开展徽州学术文化地理研究时，明了两者之间的区别就尤显重要。

其次注意时空范围以及传统学术文化的界定。对徽州传统学术文化地理的研究，注意时间段和空间范围相当重要。笔者主张将 12 世纪至 18 世纪作为研究的主要时段，是因为考虑到徽州传统学术文化在此时段内有比较完整的兴衰过程。12 世纪以前，徽州学术文化尚未形成，所谓有个性特征的学术文化区更无从谈起；18 世纪以后，作为徽州传统学术文化第三发展时期核心内容的徽派朴学，因内部治学理念的改弦更张以及外部今文经学兴起和宋学反动等诸种原因，渐次衰落和"易帜"，由此徽州之传统学术文化告一段落。徽州学术文化发展进入近代，在性质上发生了变化，并不适宜纳入此前的考察内容中。因此笔者主张将研究框定在 12 世纪至 18 世纪时间段内。当然，在具体问题的研讨中，根据讨论的内容，有些地方仍有适当上下延伸。关于空间范围，笔者主张应包括历史上比较固定的徽州一府六县范围，虽然婺源今属江西，绩溪划归宣城，已不在今黄山市的行政区划内。因为作为徽文化区，它是历史上长期形成和存在的，并没有随着现今行政区划的变化而改变。此外，对于传统学术文化的概念，也应有一个明确的界说。目前学术界对于文化的定义众说纷纭，关于传统学术文化的概念也是界说不一。笔者在这里所指的传统学术文化，主要指传统儒学和经学。所谓徽州传统学术文化，是 12 世纪中叶以后在徽州区域内出现的以新安理学和徽派朴学为主要内容的学术文化体系。

第三注意文献资料和文书资料的结合。徽州旧有"文献之邦"的美称，因此研究徽州的传统学术文化地理，有丰富的文献资料作依托。这些文献资料包括大量的徽人文集与笔记、徽州方志、徽州谱牒与碑刻、徽人传记资料等。20世纪80年代以后，徽州文书资料受到学界高度重视。在迄今发现的数十万件徽州文书资料中，有关徽州传统学术文化的资料不在少数。其中如笔者所见的湛若水在祁门讲学留下的相关文书、正德年间程瞳的书信等，都是研究徽州传统学术文化弥足珍贵的资料。因此，在徽州传统学术文化地理的研究过程中，尽可能注意徽州文书资料的收集、运用，将其与徽州传世文献资料结合起来，以裨研究的深入。

原载《黄山学院学报》2006年第1期

试论徽州学术文化区形成的地理基础

中国传统学术文化源远流长,自先秦迄晚清,逾 2000 年。期间,地域差异的存在,是其贯穿始终的最重要特征和现象之一。这种差异主要表现在各地学术文化具有不同的主流形式,学界对此已多有具体阐述。① 在地域差异的基础上,形成了不同的学术文化区。

所谓学术文化区,简而言之,是指具有特定的地理位置和同一学术文化特色的地区。② 它是基于学术文化差异所形成的不同地域单元,是学术文化的空间表现形式。笔者认为,中国学术文化区具有四个基本特征:一是时段性,即它有自身的形成和兴衰过程,是历史时期的产物;二是层次性,即根据对学术文化的不同定义、按照不同的划分指标,可以划分层次不同的学术文化区域;三是均质性,即区域之内按照某一指标衡量,学术文化的特色具有

---

① 参见傅斯年:《战国子家叙论》卷六《战国子家之地方性》;钱穆:《秦汉史》第一章(台湾三民书局有限公司 1969 年版);任继愈:《中国古代哲学发展的地区性》(载《中华学术论文集》,中华书局 1981 年版);严耕望:《战国学术地理与人才分布》(载《中国史学论文选集》第三辑,台北幼狮文化事业公司 1983 年版)等有关中国传统学术文化地域性研究的著述。

② 此处关于区域的表述,系依据哈特向(R. Hartshorne)《地理学性质的透视》(1959 年)一书的观点。H. J. 德伯里:《人文地理——文化社会与空间》(王民等译,北京师范大学出版社 1988 年版)一书在引用此观点时,进一步补充认为:"一个区域可能有同一环境特色,也可能有同一文化特色。"

同一性；四是客观性，即尽管划分区域的标志是人为的，但划分出的每个区域客观上存在着特征的分异。本文所讨论的徽州（旧称新安，今安徽黄山市，历史上辖歙、黟、休宁、祁门、绩溪、婺源等六县）学术文化区，约形成于12世纪中叶，具有单一的儒学文化特色，是中国封建社会后期最典型的学术文化区之一。考察其形成的地理基础，对历史上中国学术文化区的研究，具有重要的意义。

地理环境对于文化之影响，前人早已有了关注。先秦儒家典籍《礼记·王制》曰："凡居民材，必因天地寒暖燥湿。广谷大川异制，民生其间者异俗；刚柔、轻重、迟速异齐；五味异和；器械异制；衣服异宜。"作者还就天下之民因地理环境不同而出现的文化差异作进一步阐述："中国戎夷五方之民，皆有性也，不可推移。东方曰夷，被发文身，有不火食者矣。南方曰蛮，雕题交趾，有不火食者矣。西方曰戎，被发衣皮，有不粒食者矣。北方曰狄，衣羽毛穴居，有不粒食者矣。中国夷蛮戎狄，皆有安居、和味、宜服、利用、备器。"①《汉书·地理志》之《风俗篇》，亦是基于地理环境之不同而述各地风俗文化之差异。② 此后历代《地理志》中，多有据地理环境之别而论各地文化之异者。学术文化作为文化的重要组成部分，其受地理环境影响，也是人们的共识。学术史上多以地域名而称宋人学派，非惟缘于学者之郡望，其实亦关注到了立学各家所处的地理环境。黄宗羲所撰学术史著述《明儒学案》及继之而起的《宋元学案》，也是以学术地理作分类标准。研究者认为："这种分类方法久用不衰，恰好反映了地理因素，以及由此生发出来的经济、政治、风俗等因素对学术发展、学派形成的深刻而久远的客观影响。"③梁启超《中国地理大势论》亦说："孔墨之在北，老庄之在南，商韩之在西，管邹之在东，或重实行，或毗理想，或主峻刻，或崇虚无，其现象与地理一一相应。"④章太炎在

---

① 《礼记·王制第五》。
② 班固：《汉书》卷28《地理志》，中华书局1962年版。
③ 冯天瑜等：《中华文化史》第41页，上海人民出版社1990年版。
④ 梁启超：《饮冰室专集》第9册《中国地理大势论》，台湾中华书局1973年版。

剖析中国学术流派之成因时说："视天之郁苍苍,立学术者无所因。各因地齐、政俗、材性发舒,而名一家。"①此"地齐"谓自然地理环境,而"政俗"等则指人文地理环境。徽州学术文化区所受地理环境之影响,亦不外乎此二者。

就自然地理环境而言,徽州具有三大特点:

一是群山环抱,中为盆地,境内地貌多样,水系发达,形成了一个相对独立的地理单元。其境内的主要山脉有五条:黄山山脉主干沿北东向南西展布,东接皖浙交界的天目山,北与九华山相连,西南蜿蜒至江西境内;天目山位于东北部绩溪县、歙县与浙江临安县的交界处,呈带状由北东向南西展布;白际山脉由北东向南西延伸,东北端在歙县与天目山交会,西南抵休宁县与五龙山相接;五龙山脉西接黄山山脉于祁门县,东至休宁县、婺源县、浙江开化县交接处与白际山交会,主脊中枢呈东西走向;九华山脉位于徽州之北,支脉延至境内,主脊呈南北向展布。五大山脉及其支脉构成了徽州四境天然的屏障。故旧史常称"本府万山中"、②"郡处万山"、③"徽州介万山之中"、④"吾徽居万山环绕中,川谷崎岖,峰峦掩映,山多而地少"。⑤ 境内广泛分布着山地、丘陵和山间谷地(盆地),腹地为新安江谷地;水系主要有流向东南钱塘江流域的新安江水系、流向西南鄱阳湖流域的阊江水系和乐安江水系,以及直接流入长江的水阳江、青弋江、秋浦河、黄盆河水系。徽州周高中底的盆地地形特点,使之与外界处于相对"隔绝"的状态。这种因地形而产生的"隔绝机制",对徽州学术文化区的影响至深至远。其一,环抱的山脉形成一个相对独立的地理单元,这一单元成为徽州学术文化区赖以存在的地理基础。其二,徽州山地作为地理单元的自然分界线,同时也成为学术文化区的边界。一般认为,山地对文化传播和扩散具有阻隔作用,其作用大小与山地高度、延伸、体量成正比。徽州四境的群山,在一定程度上阻隔了徽

---

① 章太炎:《原学》,《訄书》重订本。
② (弘治)《徽州府志》卷2《食货一》。
③ (康熙)《徽州府志》卷8《蠲赈》。
④ (康熙)《休宁县志》卷7《汪伟奏疏》。
⑤ 吴日法:《徽商便览·缘起》,民国八年(1919年)铅印本。

州学术文化特色向境外的蔓延，从而形成了学术文化区的边界。其三，盆地地形的向心结构和相对封闭性，易使人们产生一种特殊的环境感应心理，研究者习惯称之为"盆地心理"。① 这种心理促使具有盆地地形特点的区域，其文化具有内聚性。徽州学术文化亦因"盆地心理"而呈内聚性，因内聚性而出现趋同的学术文化理念，并进而形成学术文化区。其四，境内纵横的水系，为学术文化区域内人员、物资、信息之交流提供了有利的条件，也有利于区域学术一体化的进程。

二是地貌以山地、丘陵为主，山间谷地面积不大。山地丘陵占总面积的80％以上。因此，历史上"山多田少"一直是徽州自然环境的主要特点之一。宋罗愿《新安志》中就提到了徽州"土狭"的情况。② 明汪道昆《太函集》说："新都故为瘠土，岩谷数倍土田。"③这种状况，徽州所属六县皆然。如歙县"地隘斗绝，厥土骍刚而不化……大山之所落，多垦为田，层累而上，指至十余级，不盈一亩"。④ 休宁"山多田少，粒米是急，日仰给东西二江"。⑤ 祁门"厥田高亢，依山而垦，数级不盈一亩"。⑥ 黟县"为山邑，田少于山，土地瘠确"。⑦ 南宋以后，徽州耕地渐渐不堪承载人口增长的压力，徽人开始寻找生存的出路。其出路一般是两条：或经商维持生计，或科考以求显达。前者造就了在中国经济史上辉煌一时的徽州商帮，而后者则对徽州学术文化的发展、延续产生巨大影响。元明清三代，徽州应考的举子，因考试内容的规定，平时大多是"读朱子之书"。它为徽州学术文化区学术特色的维系提供了深厚的士人基础。

三是"万山回环，郡称四塞"封闭式的自然环境。徽州四境的山地，海拔

---

① 张岩等：《浅论文化地域性》，《青年地理学家》1989年第4期。
② 罗愿：(淳熙)《新安志》卷10《人事》。
③ 汪道昆：《太函集》卷7《新都太守济南高公奏最序》，四库全书存目丛书本。
④ （康熙）《歙县志》卷1《风俗》。
⑤ （康熙）《休宁县志》卷1《风俗》。
⑥ （同治）《祁门县志》卷5《风俗》。
⑦ 《黟县乡土地理·物产》。

千米以上的山峰林立。如黄山山脉、天目—白际山脉、九华山脉、五龙山脉等,海拔均在 1000 米以上,相对高度也超过了 800 米。这些山脉的岩石构成,主要有两大类型:一是结晶岩,二是浅变质岩。因其处于新构造运动剧烈隆起区,地面径流长期沿节理、断层强烈切割,故整个地表呈山高谷深的特征。海拔 500~1000 米的山地,是徽州分布最广的一种山地类型。这些山地经过多次节奏性抬升,山体尤显陡峻,坡度多在 25°以上。① 因此,处于山地回环中的徽州,旧时"皆鸟道萦纡,两旁峭壁,仅通单车"。② 其自然交通以"四塞"来称,可谓贴切。这种自然交通状况,虽然在相当程度上阻碍了徽州与外界的往来交流,但也导致该地在历史上成为一个"无兵燹之虞"③"世不中兵革"④"从来无兵戈燹略之惨"⑤的"世外桃园",成为北方大族南迁躲避战乱的首选之地。据明人程尚宽《新安名族志》记载,最早迁入徽州的名族在汉代,有吴、方、汪三姓。其中方氏南迁为避"王莽篡乱",汪氏则"因中原大乱,南渡江",其迁徙皆与躲避中原战乱有关。⑥ 其后北方大族入迁徽州,有过三次高潮:一是西晋"永嘉之乱"以后,入徽之名族有程、鲍、俞、余、黄、谢、詹、胡、郑等 9 姓。二是中唐的"安史之乱"和唐末的黄巢起义之后,迁居徽州的大族有陆、程、叶、孙、洪、罗、舒、姚、赵、戴、康、施、冯、夏、李、朱、潘、刘、曹、毕、王、江、许、廖等 24 姓。三是宋"靖康之难"以后,迁徽的大族有柯、宋、张、周、阮、杨、蒋、刘、饶、马、滕、孔、徐、吕、韩等 15 姓。故徽州方志称:新安大族"半皆由北南迁,略举其时,则晋宋两南渡及唐末避黄巢之乱,此三期为最盛"。⑦ 徽州大族入迁的三次高潮,与中国历史上北方人口三次

---

① 安徽省徽州地区地方志编纂委员会编:《徽州地区简志·地理》,黄山书社 1989 年版。
② 罗愿:(淳熙)《新安志》卷 10《人事》。
③ 休宁《戴氏族谱·序休宁戴氏族谱》。
④ 王世贞:《弇州山人四部稿》卷 61《赠程君五十叙》,万历刻本。
⑤ (万历)《休宁县志》卷首《重修休宁县志序》。
⑥ 戴廷明、程尚宽等:《新安名族志》前卷,黄山书社 2004 年版。
⑦ (民国)《歙县志》卷 1《舆地志·风土》。

大规模南徙的态势一致。① 而每次高潮之触发,皆因北方战乱;以徽州为定居地,则缘于该地地形复杂,自然交通闭塞,险阻天成。一如《重修古歙东门许氏宗谱》所说,徽州"世乱则洞壑、溪山之险,亦足以自保,水、旱、兵戈所不能害,固宜有强宗巨姓雄峙于其间"。② 大族之进入,对徽州学术文化区的形成,产生了重要的影响。首先,入迁大族带来了以儒家文化为主体的中原汉文化。明人汪道昆在《太函集》中描述徽州习俗时说:"新安自昔礼仪之国,习于人伦,即布衣编氓,途巷相遇,无论期功强近,尊卑少长以齿。此其遗俗醇厚,而揖让之风行,故以久特闻贤于四方。"③ 张海鹏先生认为,徽州文化中"读书、礼教、文章、五伦、六经"等儒家文化"精粹",本为中原"旧物";其崇礼教、习人伦、重诗书之"醇厚"的"遗俗",正是"遗"自古代的中原。④ 此说甚是。而携带此等"旧物"到徽州的主要是迁入徽州的中原大族。在某种意义上说,徽州在南宋以后已经成为中原儒家文化的一个重要移植区。徽州学术文化区的形成及其基本特色的出现,正是依托了入徽大族携带而至的中原"旧物"。其次,开启了徽州读经的风气。有关谱牒和文献记载显示,入徽大族,多重读经。其中如歙县罗氏、休宁陈氏、婺源朱氏和胡氏、歙县程氏、祁门倪氏等,均有源远流长的读经传统和遐迩闻名的学术成就。以婺源考水明经胡氏宗族为例,自始迁祖胡昌翼避难徽州,于后唐同光三年(925年)以明经登第后,世以经学传家,宋元时期先后出现了"七哲名家",即胡伸(号环谷)、胡方平(号玉斋)、胡斗元(号勉斋)、胡次焱(号梅岩)、胡一桂(号双湖)、胡炳文(号云峰)、胡默(号石邱)。类此经学传家、代有才人的现象,在

---

① 关于中国历史上因北方战乱而致人口大规模南迁的问题,学术界已有深入讨论。其中代表性的著述有:谭其骧《晋永嘉丧乱之民族迁徙》(收入《长水集》,人民出版社1987年版)、周振鹤《唐代安史之乱与北方人民的南迁》(载《中华文史论丛》1987年第2—3期)、张家驹《两宋经济重心的南移》(湖北人民出版社1957年版)、吴松弟《北方移民与南宋社会变迁》(台北文津出版社1993年版)、葛剑雄主编《中国移民史》(福建人民出版社1997年版)等。
② 《重修古歙东门许氏宗谱》卷9《城东许氏重修族谱序》。
③ 汪道昆:《太函集》卷1《黄氏建友千堂序》,四库全书存目丛书本。
④ 张海鹏:《徽学漫议》,《光明日报》2000年3月24日。

迁徽名族中普遍存在。由于这些大族的导引，徽州的读经之风甚盛，出现了虽"十家之村，不废诵读"的淳厚风尚。① 而此等风尚，正是徽州学术文化区形成的重要基础。第三，奠定了徽州儒学人才的基础。大族之于徽州儒学人才出现的贡献，是两方面的：一是入徽大族中，博学鸿儒不在少数，他们自身成为徽州儒学人才的重要组成部分。比如吴姓宗祖吴少微、任族始迁祖任昉、王族始迁祖王希羽、洪族始迁祖洪经纶等，或"词本经学，雄迈高雅"，②或为"士友所宗"，③或"词艺优博"，④各领一时之风骚，是徽州儒学的重要学者。二是迁徽之宿儒往往积极施教，传播学术，培养儒学人才。如柯氏于宋隆兴二年迁居歙县，"任徽州教授，诸生薰其德"；⑤倪氏由山东数迁至休宁，传至良弼，"世以经学教授乡里，子士毅，世承家学，潜心求道，师朱敬与陈定宇，教授于黟下卓廿有三年，黟人化之"，⑥等等。徽州儒学人才之勃兴，入徽大族功不可没。这里，我们可以发现由地理环境引发的一连串的因果关系：徽州"万山回环，郡称四塞"的自然交通，吸引了北方大族避居其地；大族之迁居徽州，又导致了儒家文化的移入、读经风气的盛行以及儒学人才的涌现；而这些儒学化的文化现象，最终奠定了徽州学术文化区形成的基础。

徽州学术文化区的形成，一方面受到了徽州自然地理环境的影响，另一方面则深受徽州人文地理环境的影响。二者之作用，同时并在。从相关文献记载来看，唐宋以后徽州人文地理环境的变迁，是徽州学术文化区形成的重要因素之一。具体而言，其变迁主要表现在三个方面：

第一，从越文化圈到汉文化重心区的演变。

就中国文明的起源而言，多元并发的特点已为考古资料和文献记载所

---

① （民国）《婺源县志》卷4《风俗》。
② 罗愿：（淳熙）《新安志》卷6《吴御史》。
③ 程敏政：《新安文献志》卷11《罗汝楫：梁新安太守任公祠堂记》，弘治三年（1490年）刊本。
④ 罗愿：（淳熙）《新安志》卷6《王校正》。
⑤ 戴廷明、程尚宽等：《新安名族志》前卷，黄山书社2004年版。
⑥ 曹叔明：《休宁名族志》卷4。

证实,亦被学界普遍认同。不过,在南宋以前,汉文化的中心在黄河流域,同样是不争的事实。徽州古属越文化圈,歙县等地向有"山越古邑"之称,与汉文化的内在联系并不密切。所谓山越,按照胡三省的说法,是"越民依阻山险而居者",①"本亦越人,依阻山险,不纳王赋,故曰山越"。② 笔者认同目前学界的一般看法,即山越是由两部分族源不同的人群汇聚于江南山区相互融合而成的一个新的群体。此两部分族源不同之人,一是秦汉以降为躲避赋役而逃亡入山的越地之人,其中大部分为汉人;二是原本就居住在山中并有别于汉族的各种越族之人。山越文化与汉文化在风尚习俗、经济生活以及社会形态等方面,有明显的不同表现。约在三国以后,徽州开始了从越文化圈到汉文化重心区的演变过程,此一过程的完成,历时 1000 多年。考之史实,其演变在两个方面展开:一是徽州山越及其文化逐渐消亡。据文献记载,山越人在历史上的活动可以追溯到公元 2 世纪中叶,③汉末三国之际,其活动臻于鼎盛。④ 其时徽州成为山越文化的中心地区。东吴政权在江东崛起后,对包括徽州在内的各地山越实施大规模、不间断的讨伐。《三国志》和《资治通鉴》中,记载此段历史甚详。当时二三十万皖南山越人被"徙出外县",其中"强者为兵,羸者补户",⑤渐渐失去其山越文化的特性。晋以后,绝大多数皖南山越人融入了汉族,徽州山越文化的色彩已然褪去。二是汉文化重心逐渐南移。在中国历史上,黄河流域既是早期经济、政治和文化中心,也是历代兵戈扰攘之地。两晋之际、唐末及五代十国,北方战乱频仍,中原衣冠大族纷纷南避,促进了南方汉文化的发展。北宋建立后,南方诸郡利

---

① 司马光:《资治通鉴》卷 62《汉纪》,中华书局 1976 年版。
② 司马光:《资治通鉴》卷 56《汉纪》,中华书局 1976 年版。
③ 《后汉书·灵帝纪》记载,建宁二年(公元 169 年)九月,"丹阳山越贼围太守陈寅,寅击破之"。丹阳郡治所在宛陵(今安徽宣州),辖境相当于今皖南全部及苏南、浙西部分地区。
④ 《三国志》卷 56《吴书·朱桓传》言:其时江南"山贼蜂起,攻没城郭,杀略长吏,处处屯聚"。
⑤ 陈寿:《三国志》卷 58《吴书·陆逊传》,中华书局 1959 年版。

用其优越的地理条件和自然环境,赢得了"东南诸郡,饶实繁盛"①和"今之沃壤,莫如吴越闽蜀"②的称誉。徽州当时属于江南东路,汉文化向南发展,该地正当其冲。因此,从徽州历史发展来看,此期其文化取得了长足的进步。类如学者涌现、书院建立、著述激增、儒风盛行等诸种文化昌盛现象,徽州方志等有关文献中多有记载。靖康之难,金兵横扫北方,"中原之祸,自书契以来,未之有也"。③ 由此引发了北方"衣冠奔踣于道者相继"的现象,④史籍称他们"皆抱孙长息于东南"。⑤ 南宋立国后,随着北方人口大规模南移,南方成为"人才的渊薮",⑥汉文化的重心移到了南方。地处江南的徽州,"自南迁后,人物之多,文学之盛,称于天下",⑦成为汉文化的重心区。在徽州山越及其文化逐渐消亡、汉文化重心渐次南移的历史变迁过程中,徽州完成了从越文化圈到汉文化重心区的演变。这一人文环境的变化,成为影响徽州学术文化区形成的重要因素之一。

第二,从"崇武"到"尚文"的风尚变迁。

解决徽州风尚原生形态和特征的问题,是考察徽州风尚变迁的一个基础。这种复原工作,因文献无征而比较困难。不过,从相关文献的片言只字中透露出的信息,我们还是可以把握徽州早期"崇武"的基本风尚特征。《越绝书》称:"锐兵任死,越之常性也。"作为古越文化圈的一部分,徽州早期原住民"山越"被描述为"断发文身""依山阻险,不纳王租""勇捍尚武""民多果劲""俗好武习战,高尚力气"的"蛮越"。唐以前,徽州的崇武之风劲吹。其突出表现是出现了一批因武艺或抗暴而名世的人物。如在中国武术史上被称为"太极拳原始"的歙县篁墩人程灵洗,早年以勇力闻名乡里,后因战功屡

---

① 脱脱等:《宋史》卷304《范正辞传》,中华书局1985年版。
② 王应麟:《玉海》卷17引秦观语。
③ 庄绰:《鸡肋编》卷中,中华书局1997年版。
④ 脱脱等:《宋史》卷453《赵俊传》,中华书局1985年版。
⑤ 陈亮:《龙川文集》卷1《上孝宗皇帝第一书》,中华书局1985年《丛书集成初编》本。
⑥ 张家驹:《两宋经济重心的南移》第3节,湖北人民出版社1957年版。
⑦ (嘉庆)《休宁县志》卷1《风俗》。

迁至安西将军,卒后谥忠壮,配享武帝庙庭;以飞镖独步天下的歙县登源人汪华,隋末起兵,组织10万武装攻占新安、宣州、杭州、睦州、婺州和饶州等地,入唐后被封为上柱国越国公,曾执掌禁军,位尊一时;歙人许宣平,以太极拳三十七势传世,在徽州文献中被描述成一位传奇性的人物,等等。因此,宋人罗愿在《新安志》中指出:"其人自昔特多以材力保捍乡土为称。"①许承尧在《歙事闲谭》中则说:"武劲之风,盛于梁、陈、隋间,如程忠壮、汪越国,皆以捍卫乡里显。"②"崇武"当是唐以前徽州的基本风尚。

此种风尚的转变,始于唐朝,完成于南宋;而转变之方向,则是"尚文"。其主要表现,一是以"武"扬名的徽州人物,自唐以后不复多见,而南宋之后以"文"名世者大增。嘉庆《休宁县志》之《风俗》称,徽州"自南迁后,人物之多,文学之盛,称于天下",③此说即总结了这一现象。新编《徽州地区简志·人物简介篇》,胪列清以前重要历史人物49人,其中因"武"而入选者有程灵洗、汪华、方清、方腊、程冲斗、金声等6人,4人在南宋以前,仅2人在此后。49人中,大多数是唐(特别是南宋)以后因"文"而入围者。④ 它反映了徽州历史上文武名人分布转化的基本态势,从一个侧面说明了徽州风尚在唐宋前后由"武"转"文"的变迁情形。二是徽州读书风气在唐以后开始盛行。有关徽州的方志和文献中,对唐以前该地的文风,殊少涉及,其原因一方面是唐以前徽州文献阙如,但更重要的另一方面则是其时徽州文风未盛。而唐宋以后,徽州读书风气之盛,在文献记载中处处可见。宋人洪适《休宁县建学记》曾记载当时情形:"休宁之人,益以乡校为先务,早夜弦诵,洋洋秩秩,有洙泗之风。"⑤此风一直延续到清代。康熙《休宁县志》说:"四方谓新安为

---

① 罗愿:(淳熙)《新安志》卷1《风俗》。
② 许承尧:《歙事闲谭》第18册《歙风俗礼教考》。
③ (嘉庆)《休宁县志》卷1《风俗》。
④ 安徽省徽州地区地方志编纂委员会:《徽州地区简志》14《人物简介》,黄山书社1989年版。
⑤ (嘉庆)《休宁县志》卷21《艺文纪述》。

'东南邹鲁',休宁之学特盛。"①休宁县如此,徽州其他诸县亦相似。《婺源乡土志》记载婺源风俗时称:"婺人喜读书,虽十家村落,亦有讽诵之声。"②《绩溪县志》谓:"学校者,化民成俗之本也。州县立学,始自宋之庆历。而南渡后,徽为朱子阙里,彬彬多文学之士,其风埒于邹鲁。"③读书风气盛行,是唐宋以后徽州突出的风俗现象之一。伴随这一现象,南宋以后徽州书院大量出现、名家讲学活动频繁、出版印刷业发展迅速。于此可见徽州"尚文"之风气。三是唐宋以后,徽州向学业儒之人大增。《休宁县志》记载,绍兴六年(1136年)南兰陵人陈之茂任官休宁,"邑人争从讲学,户内人满,每坐户外"。④朱熹二度回徽州省墓并讲学,"乡人子弟愿学者众",⑤他们"日执经请问",⑥向学之心昭然。徽州理学名家吴儆与其兄吴俯讲学授徒于乡,从其游者,"岁常数百"。⑦南宋绍兴年间,仅休宁一县参加科考者,"常过八百人"。⑧这种盛况,南宋以降历元明而不衰。如宋末元初,婺源人许月卿在故里"杜门著书,号泉田子,游从者屦满门外,当时翕然师尊之"。⑨祁门人汪克宽在元泰定三年(1326年)中浙江乡试后,与其弟汪时中以经学教授徽州一带,有不少徽州士子入其门下。⑩明清二代,徽州讲学之风极盛,在每年八九月紫阳书院的公开讲学活动时,"衣冠毕集,自当事以暨齐民,群然听讲",⑪"师儒弦诵,常数百人",⑫可见当时六县业儒从学者之众。由上述三个方面,我们可以得出一个结论,即唐宋以后的徽州风尚已是以"尚文"为主要特征。徽

---

① (康熙)《休宁县志》卷1《风俗》。
② (光绪)《婺源乡土志》第6章《婺源风俗》。
③ (乾隆)《绩溪县志》卷3《学校》。
④ (嘉庆)《休宁县志》卷7《职官》。
⑤ 朱熹:《晦庵集》卷78《徽州婺源县学藏书阁记》,四库全书本。
⑥ 王懋竑:《朱子年谱》,粤雅堂丛书本。
⑦ 吴儆:《竹洲集》卷首《竹洲集原序》,四库全书本。
⑧ (嘉庆)《休宁县志》卷21《艺文纪述》。
⑨ 程曈:《新安学系录》卷9《许山屋行状》,康熙三十五年(1696年)绿荫园重修本。
⑩ 黄宗羲原著、全祖望补修:《宋元学案》卷83《双峰学案》,中华书局1986年版。
⑪ 赵吉士:《寄园寄所寄》卷11《泛叶寄》,康熙刊本。
⑫ 全德:《紫阳书院记》,道光《徽州府志》卷3《书院》。

州风尚从"崇武"到"尚文"的变迁,与地域相近的吴文化区的情况,有着非常相似的过程。① 不过,二者变迁原因不尽相同。在吴文化区风尚变迁中,南北士族之争的政治因素、经济重心南移导致的社会价值系统和思维方式变迁的因素等,成为其风尚变迁的重要原因。而就徽州风尚变迁来说,主要原因不外乎三:其一,中原大族迁入徽州,带来了中原的儒风。正如罗愿在《新安志》中所说:"黄巢之乱,中原衣冠避地保于此,后或去或留,俗益向文雅。宋兴则名臣辈出。"② 其二,得益于一批学者薪火相传,以讲学授徒为己任。吴天骥《休宁进士题名记》说:"自南渡来,师友渊源,得所从受。"③ 在徽州方志和谱牒等文献中,不乏此类具体记载。正是他们的倡导和力行,维系了徽州"尚文"的风气。其三,依赖于重视文教的氛围。南渡后的徽州,号称"自井邑田野以至远山深谷、民居之处,莫不有学、有师、有书史之藏"。④ 这种氛围之下,"尚文"之风焉能不至!唐宋以来风尚变迁的结果,改变了徽州的人文环境,促进了徽州学术文化区的形成。

第三,从"鄙野"到"富州"的经济地位的变化。

经济因素是人文环境的重要构成部分。学术文化区的形成依托于一定的区域人文环境,与其中的经济因素有着密切的关系。徽州在唐宋以后从山区鄙乡一跃而为富郡大州,为学术文化区的形成奠定了物质基础。

徽州地介万山丛中,虽开发甚早,但经济相对较为落后。尽管晋时北方大族开始有规模地迁入,徽州开发颇见起色,然而论及当时天下富庶之郡,徽州尚不逮焉。徽州经济的跨越性进步,始于唐代。其时以坝、碣为主的各类水利工程得到兴修,一年两季的水稻种植得到推广,以银、铅开采为主的矿业和以布、丝为主的纺织业以及以"文房四宝"为主的制造业得到飞速发展。尤其是经济作物茶叶的种植、加工和销售,使徽州成为当时最重要和最

---

① 张森材、马砾:《江苏区域文化研究》,江苏古籍出版社2002年版。
② 罗愿:(淳熙)《新安志》卷1《风俗》。
③ (嘉庆)《休宁县志》卷1《风俗》。
④ 赵汸:《东山存稿》卷4《商山书院学田记》,四库全书本。

著名的产茶区之一。张途《祁门县新修阊门溪记》载:"邑之编籍民五千四百余户,其疆境亦不为小。山多而田少,水清而地沃,山且植茗,高下无遗土。千里之内,业于茶者七八矣。由是给衣食,供赋役,悉恃此。祁之茗,色黄而香,贾客咸议,愈于诸方。每岁二三月,赍银缗缯素求市,将货他郡者,摩肩接迹而至。"①刘津在《婺源诸县都制置新城记》中说:"婺源、浮梁、祁门、德兴四县,茶货实多,兵甲且众,甚殷户口,素是奥区。"②可见徽州以茶叶贸易为主的商品经济的繁荣。总体而言,唐代徽州经济出现了历史性的发展。《唐会要》称,当时"每岁县赋入倚办,止于浙西、浙东、宣歙、淮南、江西、鄂岳、福建、湖南等道"。③将宣歙列为中唐以后支撑唐王朝财政大厦的江南八镇之一。韩愈在《送陆歙州诗序》中则说:"当今赋出于天下,江南居十九。宣使之所察,歙为富州。"④宋代徽州经济在唐代发展基础上,更进一步提升。尽管其时徽州延续了与五代江南同一的高课税率,这在宋人沈括和程泌的著述中,言之凿凿;⑤然而徽州户口依然保持了高增长率。⑥ 就这一现象,日本学者斯波义信提出:"一方面存在着高率课税和耕地的紧缺,另一方面又有与这种行政组织背离的人口变动,令人能间接推测徽州非农产业就业的多样性和劳动密集化所达到的高度。"⑦他认为,宋嘉祐四年(1059年)9月,诏令规定徽州与齐、密、登、华、邠、耀、鄜、绛、润、婺、海、宿、饶、吉、建、汀、潮州同为"民事繁剧"的大州;熙宁三年(1070年)11月,又诏陕府、江宁府、郓、青、齐、杭、越、苏、婺、宿、寿、宣、歙、虔、洪、吉、潭、广、福、建等州同为"繁难去处"的大州,与徽州的社会经济背景有关。这一判断是有道理的。笔者认

---

① 《文苑英华》卷813《张途:祁门县新修阊门溪记》。
② 《全唐文》卷871《刘津:婺源诸县都制置新城记》。
③ 《唐会要》卷84《杂录》。
④ 韩愈:《韩昌黎集》卷19《送陆歙州诗序》,商务印书馆四部丛刊本。
⑤ 沈括:《梦溪笔谈》卷11《官政》;程泌:《洺水集》卷10《休宁县减折帛军布钱记》。
⑥ 参见梁方仲:《中国历代人口、田地、田赋统计》,上海人民出版社1980年版。
⑦ (日)斯波义信:《宋代江南经济史研究》前篇5《局部地区事例》。方键、何忠礼译,江苏人民出版社2001年版。

为,非农产业就业的多样性和高度的劳动密集化以及因此被视为"民事繁剧"的大州,反映了宋代徽州经济发展质的提升,尤其是其中商品经济的飞速发展。①

区域经济的发展,对学术文化区的形成产生了重要的影响。这种影响主要体现在三方面:一是为区域内的文化学者提供了生存的空间和条件,二是为区域学术文化的发展提供了学术活动场所(书院)、学术交流媒介(书籍)等物质基础,三是区域内经济交流的加强,推动了区域学术文化一体化的进程,有助于统一的学术文化理念的形成。

综上言之,唐宋以来徽州人文地理环境发生了重大变迁,这些变迁涉及文化的、风尚的和经济的诸多方面。南宋徽州学术文化区的形成,除了依托其自然地理环境之外,亦建立在变迁后的人文地理环境基础之上。

原载《历史地理》第 22 辑,上海人民出版社 2007 年版

---

① 关于徽州商人和商业的问题,笔者认为,徽商作为一个封建性的商帮,正式形成于明代成化、弘治年间;而其形成,有着早期的积累。宋代徽州商人和商业,已经发展到相当的程度。因限于篇幅和论题,此处不赘。

清代徽州传统学术文化中心地类型分析

学术文化的空间传播,是由中心地开始的一种文化扩散过程。所谓学术文化中心地,按照笔者的理解,是指有具体地理位置、存在一定时间、对周边地区产生一定影响的学术文化聚散地。它是学术文化人才的中心,是学术文化研究的中心,也是学术文化交流和传播的中心。

徽州(旧称新安,历史上长期辖歙、休宁、黟、祁门、婺源、绩溪六县)位于安徽南部,处皖、浙、赣三省结合部。12—18世纪,该区域内先后出现了新安理学和皖派朴学等学术流派,因传统学术文化之盛而被视为中国传统学术文化的典范之区。考察该区域内传统学术文化中心地的情况,对于了解徽州传统学术文化的生成和传布,并进而解读徽州文化区的形成,有着重要的意义。本文以清代为视角,着重探讨徽州传统学术文化中心地的类型,不当之处,敬请教正。

一

据徽州相关文献记载,清代该区域内传统学术文化的中心地并非仅限一二处。按照中心地存在时间、人才凝聚力以及学术影响力等因素综合考量,笔者认为,清代徽州传统学术文化中心地存在三种类型。

第一种类型:以紫阳书院和不疏园为代表的影响整个徽州传统学术文

化发展趋向的中心地。

徽州紫阳书院始建于南宋淳祐六年(1246年),位在歙县城南,理宗赐额。明正德十四年(1519年),郡守张芹迁书院于紫阳山(徽州府治歙县城南五里),兹后紫阳书院虽有兴废,而地不复迁。① 清代乾隆五十五年(1790年),两淮徽州盐商曾捐资复建书院于县学后,名"古紫阳书院",规模一时称盛。本文所指紫阳书院,包括位于紫阳山之紫阳书院和歙县城内之"古紫阳书院"二处。②

以紫阳书院为清代徽州第一类型、也是最高层次的传统学术文化中心地,笔者基于以下因素考虑:

首先,紫阳书院存在时间之长,几与徽州传统学术文化兴衰相始终。而有清一代,紫阳书院之学脉仍一直保持未坠。徽州最早的书院是绩溪龙井之桂枝书院,始建于北宋景德丁未(1007年);兹后至南宋淳祐六年之前,见于史籍记载的书院有多所,如婺源之龙川书院(北宋天禧年间建)、绩溪之乐山书院(北宋政和年间建)、休宁之西山书院(南宋绍兴、庆元年间建)等。因此,紫阳书院在徽州并非是最早建立的书院之一。但在南宋徽州学术文化区显形之后,紫阳书院即正式建立,从徽州书院近千年的发展史来看,它是属于较早建立的书院之一。与徽州其他书院不同的是,紫阳书院在建立之后,虽如记载所云"兵燹屡变,迁置靡常",③但它始终延续着学脉。入清之后,早在顺治及康熙年间,地方官员与学者即屡屡修葺书院堂室,延儒讲

---

① 历代《紫阳书院记》或《重修紫阳书院记》对其兴废沿革均有记载。详见施璜《紫阳书院志》卷18《艺文》。紫阳书院所以得名,因徽州有紫阳山以及朱松、朱熹父子以紫阳为堂名、为别号之故。书院建迁变化,有三个阶段:一是淳祐六年之前,徽州有晦庵祠堂,此为紫阳书院之前身;二是淳祐六年因太守韩补之请,正式建书院于城南,理宗赐额曰"紫阳书院",此为紫阳书院之肇始;三是正德十四年(1519年)郡守张芹迁书院于紫阳山,书院与名山合一。作为"尊儒重道、栖徒讲学之地",紫阳书院在历代屡有修葺,学脉未断。

② 紫阳山之紫阳书院,"经理于官,以府教授司其出纳";城中之古紫阳书院,"经理于绅商,以县教谕司其申报",两者皆"肄业讲学之地",笔者认为,其实际上是同根一脉而二处也。

③ 施璜:《紫阳书院志》卷18《唐皋:紫阳书院记》,雍正三年(1725年)刊本。

学。① 此后,类似之举,史不绝书。一直到清光绪三十二年(1906年)改办紫阳师范学堂,紫阳书院方始告别历史舞台,延续时间长达660年。期间,它与徽州传统学术文化之兴衰相始终,伴有清一代起而止。存在时间如此之长,清代徽州其他书院,均难望其项背。

其次,就规模而言,清代的紫阳书院仍处于徽州书院之首。徽州自宋代以后,虽书院数量众多,但普遍为私人讲学场所,大多兴废有时,规模有限。而紫阳书院自建立时起,就以规模宏大雄称一方。② 清代迭经修缮,成为一片气势恢弘的建筑群。故历史上有徽州"书院之盛,胜于他郡,尤以紫阳为大"之说。城内的"古紫阳书院",其"正殿供奉子朱子,后殿供奉韦斋先生,道原堂、东西号舍,以及生童肄业之房,庖厨、湢浴之所,无一不备。门外崇正、仰高两坊,进山石路,周围墙垣,整齐宏敞,视昔有加"。③ 清代紫阳书院中,不仅就读的学子人数多,且任教和讲学的学术名家亦众。《紫阳书院志》中所载清代出任山长,或讲学于此者,如汪德元(字正叔)、杨泗祥(字瑞呈)、江名恒(字于常)、汪知默(字闻增)、陈二典(字书始)、汪佑(字启我)、谢天达(字兼善)、吴苑(字楞香)、吴曰慎(字徽仲)、施璜(字虹玉)、江永(字慎修)等,都是徽州学术文化一时之代表人物。学术名家或主持、或讲学于紫阳书院,奠定了紫阳书院在徽州众多书院中的学术地位。

再次,清代紫阳书院在徽州具有巨大的学术辐射力,体现了学术文化中心地的基本功能。从有关徽州文献记载来看,紫阳书院对徽州的学术辐射,主要通过"讲会"等学术活动进行。讲会是学者聚集一处,"或证所得,或质所疑",④ 相互切磋交流学术心得的活动。其起源甚早,而在明清时期逐步衍化为书院的一项重要制度。徽州的讲会,一般是以朱熹在宋宁宗庆元

---

① 施璜:《紫阳书院志》卷18《汪佑:紫阳书院建迁源流记》,雍正三年(1725年)刊本。
② 施璜:《紫阳书院志》卷18《艺文》所载历代《紫阳书院记》或《重修紫阳书院记》。
③ (道光)《徽州府志》卷3《营建志·学校》。
④ 施璜:《紫阳书院志》卷15《紫阳规约》,雍正三年(1725年)刊本。

二年(1196年)讲学于郡城天宁山房为始。① 入清之后,徽州书院之讲会制度更趋严密,所谓"会有统、会有期、会有仪、会有图、会有辅、会有指、会有录、会有论、会有程、会有章、会有戒",讲会从形式到内容,都有规范化的要求。而作为"六邑学者会讲之堂"②的紫阳书院,在徽州讲会活动和学术传播中发挥了愈益重要的作用。紫阳书院先后制订了《紫阳讲堂会约》《紫阳规约》等讲会条规,其中就讲会宗旨、入会者资格和方式、会讲组织、会讲日期、会讲仪式和程序等,作出了详细规定。③ 这些规定成为当时徽州其他书院仿效的样本。紫阳书院每月有二会,"以初八、二十三为期,已而集,申而散"。大会则定期在每年九月,"以十三日开讲,十五日为文公生旦,黎明释菜,是日仍会讲终日,十六日散"。④ 其时"六邑之宿儒醵资袖米,集讲于书院三日,彼此折衷经旨,阐扬书义,讲求身心性命之学"。⑤ 地方官亦经常"亲率僚属官师,岁及朱子诞生之辰,诣祠讲学,与诸生布衣周旋,揖让肆筵,授餐不倦。在会之士及观者千余人,皆蒸蒸心向"。⑥ 于此可见紫阳书院讲会规模之盛、影响之大。它展示了一域之内,学术文化中心地的风采。

时间长、规模大、名家聚集以及巨大的学术辐射力,奠定了紫阳书院在清代徽州学术文化区中不可动摇的学术中心地位。这一地位,在徽州文化区内无一处学术机构可与其相颉颃。因此,笔者以其为第一类型、也是最高层次的学术文化中心地。

紫阳书院之所以成为清代徽州传统学术文化的中心地,有多种客观因素:一是它得"地利"之便。书院最早建立在歙县城南,其后数迁,位置均在歙县城内或附近不过数里处,因歙县在唐朝以后一直是徽州府治所在地,故

---

① 朱熹在庆元二年是否回到徽州,学术史上存疑。不少徽州文献记载确有其事,而江永等部分学者则力辩其非。
② 施璜:《紫阳书院志》卷18《吴曰慎:道原堂记》,雍正三年(1725年)刊本。
③ 施璜:《紫阳书院志》卷15《会规》,雍正三年(1725年)刊本。
④ 施璜:《紫阳书院志》卷15《崇实会约》,雍正三年(1725年)刊本。
⑤ 施璜:《紫阳书院志》卷14《曹鼎望:书院讲学示》,雍正三年(1725年)刊本。
⑥ 施璜:《紫阳书院志》卷18《施润章:寄曹冠五太守书》,雍正三年(1725年)刊本。

紫阳书院无论如何迁移，其实始终依附于徽州政治中心。这是它成为学术文化中心的地利之便。清代也概莫能外。二是它有"人和"之利。所谓人和，包含三层含义，其一是它与朱松、朱熹父子有不解之缘。因朱熹在南宋以后中国学术文化史上的崇高地位，故书院亦因人而重，成为徽州士人追逐的中心。其二是历史上它三度得到皇帝眷顾。南宋淳祐六年紫阳书院始建时，即请得理宗御书"紫阳书院"四字；后又有清康熙皇帝御赐"学达性天"匾和乾隆皇帝御赐"百世经师"匾、"道脉薪传"匾。有这等"恩宠"的书院，不仅徽州绝无仅有，在其他地区也不多见。而结果是"山野人士，见圣主尊崇紫阳如此其至，由是肄业于书堂者日益众"。① 其三是清代徽州官员对其青睐有加。从徽州方志以及《紫阳书院志》等徽州文献记载来看，官员们不仅在营建、修葺书院方面尽责尽力，对课徒讲学、阐扬学术，亦是乐此不疲。紫阳书院具有的"人和"因素，是其成为传统学术文化中心地的重要砝码。三是它有一定的财力支撑。紫阳书院院产除屋舍之外，学田是最主要的部分。作为徽州最大的书院，其拥有的学田数也是最多的一家。除官府、官员予书院以资助之外，富商大户也时常捐资紫阳书院，助教兴学。徽州有关文献中关于此方面的记载，不胜枚举。上述三方面的因素，推动紫阳书院发展成为清代徽州区域传统学术文化最重要的中心地之一。

与紫阳书院并列为清代徽州区域传统学术文化中心地的另一处是不疏园。

位于歙县西溪的不疏园由汪泰安（1699—1761年）创办，历乾隆至咸丰时园毁。该园也是徽州学术名流汪梧凤（汪泰安之子）的故斋。据汪中《大清故贡生汪君墓志铭》记载："迨乾隆初纪，老师略尽，而处士江慎修崛起于婺源，休宁戴东原继之，经籍之道复明。始此两人自奋于末流，常为乡俗所怪，又孤介少所合，而地僻陋，无以得书。是时歙西汪君独礼而致诸其家，饮食供具惟所欲，又斥千金置书，益招好学之士日夜诵习讲贯其中。久者十数

---

① 施璜：《紫阳书院志》卷18《许汝霖：重建紫阳书院记》，雍正三年（1725年）刊本。

年,近者七八年、四五年,业成散去……"①汪中所说的歙西汪君,指汪梧凤,而"其家"则是不疏园。

之所以将不疏园列为清代徽州传统学术文化至关重要的中心地,笔者主要从二方面考虑:

其一,徽州之学术文化,在南宋兴起后,形成了以朱熹为开山宗师、以朱子之学为学术宗旨的理学流派——新安理学。作为朱子之学的重要分支之一,该流派在其传承过程中,始终有一以贯之的学术宗旨、一脉相传的理学家群和鲜明的学派特色。它"历元明而其传弥广",对12世纪以后中国哲学史和学术思想史的发展演变,产生了巨大的影响。② 入清之后,因新安理学阵容的萎缩和分化,以及受学界"汉学"取代"宋学"潮流的影响,徽州之传统学术文化发生重大转变,新安理学逐渐为徽派朴学所取代。因此,考察清代徽州传统学术文化中心地,尤当重视朴学的发祥和流传地,因为朴学是清代徽州传统学术文化的主流。

其二,不疏园是徽派朴学最重要的发源地及人才聚集地。众所周知,徽派朴学的"开宗"乃是徽州婺源人江永和休宁人戴震。有师生之谊的江、戴二氏,倡导以"求是"为治经宗旨,讥薄宋儒讲求义理乃是凿空之言,侧重于音韵、天文、地理、名物、典章制度的训诂、考证,由此开了徽派朴学"风气之先"。按照汪中的描述,"两人自奋于末流,常为乡俗所怪,又孤介少所合,而地僻陋,无以得书",正是不疏园主汪梧凤"礼而致诸其家,饮食供具惟所欲,又斥千金置书,益招好学之士日夜诵习讲贯其中",才成就了江戴二氏的学术之隆。江永的《算学》(原名《翼梅》)、《乡党图考》《律吕阐微》和《古韵标准》等四种重要著作都是在"不疏园"期间完成的。而戴震在十年中两次到"不疏园",汪梧凤之子汪灼在《四先生合传》中评说戴震"名成于征聘,而学之成源于两馆余家",乃是真实写照。先后在不疏园中受江永之教者,除戴震外,还有"江门七子"中的其他六人郑牧、汪肇龙、汪梧凤、程瑶田、方矩、金

---

① 《述学·别录》,四部丛刊初编本。
② 周晓光:《新安理学》,安徽人民出版社2005年版。

榜和后来改习词章之学的吴绍泽。[①] 可以说,早期徽派朴学的精英悉数萃于此,他们"诵习有诗书,切磋有师友",对徽派朴学的形成起着至关重要的作用。由此,不疏园成为徽派朴学的发源地,成为一时徽州传统学术文化的重要中心地。

上述紫阳书院和不疏园二地,是影响整个徽州传统学术文化发展趋向的中心地。因此,笔者将其列为第一类型、也是最高层次的学术文化中心地。

第二种类型:以府、县学为代表的影响徽州某一区域的中心地。

徽州立学,自唐代始,其址在郡城(歙县)东北隅。南宋绍兴十一年(1141年),知州汪藻于唐原址重建,中设知新堂,左为先师庙,右为学宫,专门辟殖斋、懋斋、益斋、裕斋、毓斋、定斋、觉斋、浩斋等八斋以处学者,奠定了后世徽州府学的基础。其后历代不断修葺、扩建,府学规模日大,先后增建的重要建筑有风雩亭、先贤阁、文公祠、景濂亭、大成殿、讲堂、乐台、观德亭、奎光楼、号舍、馔堂、启圣祠、敬一亭、尊经阁、东南邹鲁坊、崇圣祠、乡贤祠、教授廨、训导廨等。明代徽州府学一度成为"南畿诸学之冠",[②] 而清代则是"庙之殿庑厨所、门栏桥池,学之堂舍斋阁、祠廨射圃,咸备无阙"。[③] 徽州府学设有学田,保证了府学的经济来源。清代一度"历年各家捐入学产计二十户,每岁教授、训导收租以为薪水之费"。[④] 是为徽州府学之大概情形。

府学之外,清代徽州六县皆有县学。

歙县学始建于南唐保大八年(950年),原在县南,后毁。宋淳祐以前,县内入学生员就读于府学。淳祐十年(1250年),州守谢堂创建于县治东,置学田2顷有奇。元明清三代,几经修建,至清末在问政山麓形成了一片规模宏大的建筑群。民国《歙县志》详细记载了学宫的建筑规模。[⑤]

---

① 汪梧凤:《松溪文集·送刘海峰先生归桐城序》,乾隆不疏园自刻本。
② (道光)《徽州府志》卷3《营建志·学校》。
③ (道光)《徽州府志》卷3《营建志·学校》。
④ (道光)《徽州府志》卷3《营建志·学校》。
⑤ (民国)《歙县志》卷2《营建志》。

休宁县学初建于宋仁宗庆历年间(1041—1048年),位于县治东街。当时仅"为屋数椽以奉先圣先贤之祀而已"。绍兴六年(1136年),锡山陈之茂为县尉,"迁于南门之左,扩以五十楹,有讲堂、斋舍、庖廪"。元末倾废。明初重建,至万历时"复辟地九之一,宫室拓三之一。巨丽甲于他邑"。清代规模更大,嘉庆《休宁县志》亦详载其建筑情形。①

黟县学宋代以前无考。宋初在县南。淳熙十六年(1189年),知县叶崧、县尉鲍叔源等修建后,历任官员屡修之。元代多次扩建,明初重建大成殿、讲堂等建筑,"制度备矣"。正德九年(1514年),学址自城南迁至城隍山;清乾隆十五年(1750年),因城南旧址"山环水聚,地形佳胜""明于堪舆之术"的知县陈侗仪复将学宫迁回城南旧址,先后建有大成殿、崇圣祠、名宦祠、乡贤祠、尊经阁、教谕署、训导署等建筑。②

祁门县学始建于唐永泰二年(766年),位于城北。宋端拱元年(988年)知县张式重建学宫于城南,"规模略备"。元至元十七年(1280年),县尹张希浚移学宫于县治西南,元及明清二代先后修葺30余次,形成了一个规模壮观的建筑群,中有龙门坊、泮池、棂星门、明伦堂、义斋楼、庖圃、训导廨等重要建筑。③

婺源县学始建于北宋庆历四年(1044年),其年仁宗有诏,令天下郡县建学。初址在县治东。熙宁三年(1070年),县令刘定迁县治西;乾道四年(1168年),县令彭烜再迁于县东,并先后建藏书阁、周程三先生祠。端平元年(1234年)县令许应龙复迁于县治西旧址,至是"始定基址不移"。元明清数十修,建筑规模宏大。④

绩溪县学始于宋,元至元十三年(1276年)毁于兵。教谕胡遂孙等买民屋,迁学宫于县治之西,后学基由此始。元及明清屡增扩,有讲堂、会馔堂、

---

① (嘉庆)《休宁县志》卷3《学校》。
② (道光)《徽州府志》卷3《学校》;(嘉庆)《黟县志》卷10《学校》。
③ (同治)《祁门县志》卷17《学校志》。
④ (民国)《重修婺源县志》卷6《学校》。

斋舍、文昌殿等建筑数百间。①

以上概述府、县学建迁与规模,旨在反映清代徽州府学与县学具有独立的地理位置和空间,这是作为学术文化中心地的首要条件。此外,笔者视其为徽州传统学术文化中心地,基于以下因素:

其一,徽州府、县学是一地学术文化人才的聚集中心。入府、县学就读者,大多是一府或一县传统学术文化之重要传承者。宋元时,府县学"生徒来学,不限多寡"。② 其中聚集了一批当地致力于儒学的秀异者,他们中不少人是地方上的学术"精英"。明清二朝,"科举必由学校",③府县学生员开始有定额。清代府学定额100人,其中廪膳生员40人、增广生员40人、武生20名。附学生员遇学政岁科两试,每次由所属州县拨入25名。六县县学生员名额不一,其中歙县、休宁、婺源、黟县清代时廪膳生员20人、增广生员20人,附学生员不限额,遇提学岁科两试,每次入学20人,武生15名;祁门、绩溪清代时廪膳生员20人、增广生员20人,附学生员不限额,遇提学岁科两试,每次入学16人,武生12名。上述名额只是就常规而言,不同时期略有变化。④ 清朝学校与科举的紧密结合,一方面导致徽州府、县学教学之重,在于应试教育,且入府县学就读名额有限;另一方面进学校成为科考的必由之路,也使徽州传统学术文化代表人物先后尽聚学校。因此,徽州府、县学自创立始,其实就是一地传统学术文化人才的聚集中心。

其二,徽州府、县学是一地传统学术文化研究、传播的中心。府县学系官学,其教官均由朝廷委派。清代徽州府学教官,设教谕、训导各1人。教官之选任,由朝廷委派,一般都是有功名者。比如,歙县清代历任教谕33人中,举人出生有22人。教官本人需通经义,他们讲授的内容,亦多为传统学术文化。清代徽州府、县学均有藏书,从其书目可见他们平时教学的基本内

---

① (嘉庆)《绩溪县志》卷5《学宫》。
② (道光)《徽州府志》卷3《学校》。
③ 张廷玉等:《明史》卷69《选举志一》,中华书局1974年版。
④ (道光)《徽州府志》卷3《学校》。

容。兹以道光《徽州府志》所列徽州府学藏书38种为例:《圣谕广训》《周易述义》《御纂周易折中》《诗义折中》《钦定书经传说汇纂》《春秋直解》《钦定诗经传说汇纂》《唐宋诗醇》《钦定春秋传说汇纂》《十三经注疏》《钦定三礼义疏》《二十二史》《御纂性理精义》《朱子全书》《御纂资治通鉴纲目》《学政全书》《御制乐善堂全集》《乡会墨选》《钦定四书文》《平定金川碑文》《御制日知荟说》《吏部则例》《御制驳吕留良四书讲义》《礼部则例》《御制诗初集》《国子监则例》《御制诗二集》《十一经旁注读本》《南巡盛典》《新增科场条例》《御制文庙碑文》《部颁续纂条例》《武英殿聚珍版书》《科场磨勘则例》《大清续纂条例》《六部条例》《文庙乐章》《文武相见仪注》等。① 各县藏书亦大同小异,以传统学术文化典籍为主。② 教官之外,也有其他身份的官员或学者在府、县学传播学术文化。由此观之,徽州府、县学乃是一地传统学术文化研讨和传播的中心。清代大学士曹振镛在《鲍氏重修府学记》中说:"新安于宋太师徽国文公为桑梓地。文公之化,衣被天下,自宋元明迄今数百年,江以南士之私淑文公、能于学校中自表见者,必推我新安。"③说明徽州府、县学并非仅是科考之渊薮,亦为传统学术文化阐扬之地。

因上言之,笔者认为,清代徽州一府六县之学,乃是传统学术文化中心地。不过,其地虽有七处,但每处尤其是六县县学,影响所及仅在县域之内。其影响力以及涉及面,较之紫阳书院犹有不逮,故置为第二层次学术文化中心地。

第三种类型:以还古书院为代表的影响一时或一地传统学术文化的中心地。

清人赵续序《还古书院志藏板记》曰:"吾郡自朱子讲学天宁以来,书院后先相望。其与紫阳并称者,惟休宁之还古。"④还古书院在休宁万安山,明朝万历壬辰(二十年,1592年)由知县祝世禄、邑人邵庶倡建,为讲学之所。清顺治间,徽州学术名家赵吉士复倡修。康熙三十一年(1692年),邑绅汪晋

---

① (道光)《徽州府志》卷3《学校》。
② 详见(民国)《歙县志》卷2《营建志》;(嘉庆)《休宁县志》卷3《学校》;(嘉庆)《黟县志》卷10《学校》;(同治)《祁门县志》卷17《学校志》;(民国)《重修婺源县志》卷6《学校》等。
③ (道光)《徽州府志》卷3《学校》。
④ 施璜:《还古书院志》卷首《还古书院志藏板记》,道光二十三年(1843年)刊本。

征倡议祀朱子于书院之怀仁堂。嗣后至嘉庆十八年（1813年），还古书院又5次修葺，规模不减前期。① 还古书院创建之后，此处成为一地传统学术文化的中心。清代休宁儒学教谕陈嵒鉴言："海阳理学之盛，自子朱子统继尼山，师友相承，延绵如缕。邑东十里有古城山，清流激湍，襟带左右，林壑幽邃，岩石耸秀。山之麓有敬业乐群之地，堂宇巍焕，户牖森严，颜之曰'还古书院'。盖以人心世道，必期与古比隆云。爰考厥初创，自邑侯石林祝先生肇于万历壬辰，嗣后此邦人士承先生之遗爱，每岁春秋，遐迩咸集……阖邑诸前贤，习礼歌诗、问难质疑者三日。今百有余载，久而弥光。"②《还古书院志》所载历年《会纪》，从一个侧面反映了清代还古书院作为一地传统学术文化中心的盛况。③ 徽州境内外先后来此讲学或书信交流的学术文化名流有吴巘（字少游）、吴汝遴（字慎先）、汪佑（字启我）、杨侃如（字景陶）、汪浚（字泰茹）、施璜（字虹玉）、汪赏（字功懋）、汪佐（字岩瞻）、邵兆元（字佶宣）、汪宗鉴（字晦叔）、金维嘉（字伊人）、杨湄（字文在）、汪三省（字师曾）、吴维佐（字咨亮）、叶蘅（字梓芳）等。④

清代类此成为一时一地传统学术文化中心地的书院，徽属六县所在皆有。兹以区域分，举其荦荦大者：歙县有斗山书院、崇正书院、南山书院、天都书院、道存书院、问政书院、竹山书院、西畴书院、岩溪书院、飞布书院、东文会所、师山书院、松鳞别墅、阜山文会；婺源有明经书院、霞源书院、福山书院、富教堂、紫阳书院、双彬书院、心远书院、太白精舍、蒋公书院、开文书院、湖山书院、西乡书院、教忠书院、玉林书院、天衢书院、崇报书院、水口精舍、碧山精舍、翀峰精舍、骐阳书院⑤；休宁有海阳书院、练江精舍、天泉书院、率溪书院；祁门有东山书院、曙戒书院、蛟潭书院、白石讲堂；绩溪有颖滨书院、

---

① （道光）《徽州府志》卷3《学校》。
② 施璜：《还古书院志》卷14《陈嵒鉴：重修还古书院记》，道光二十三年（1843年）刊本。
③ 施璜：《还古书院志》卷11、12《会纪》，道光二十三年（1843年）刊本。
④ 施璜：《还古书院志》卷11、12《会纪》，卷7、8、9《传》。
⑤ 骐阳书院在婺源县西南丹阳乡云亭里中云村，系清乾隆年间王在文倡建，为族人讲学会文所。

二峨书院、嵋公书院(后改建敬业书院)、东山书院、濂溪书院、鹏南书屋、清泉书屋、丹山书屋、怀古书屋、爱莲书屋、涵清书屋;黟县有碧阳书院、金竹庵、莲塘精舍、松云书院、集成书院。

以上书院、书屋,分别辑录自徽州新、旧方志。① 它们并非清代徽州书院之全部,而是为府志所载、有代表性的书院(或与书院异名而实同的精舍、书屋、文会、庵、堂等)。这些书院之间,在规模、存在时间以及影响力方面,也同样存在明显差异。如歙县问政书院、斗山书院、天都书院,休宁还古书院、海阳书院,黟县碧阳书院、集成书院、中天书院,祁门东山书院,婺源紫阳书院、明经书院、福山书院,绩溪东山书院等,或有官府襄助,或有富绅出力,或有名儒主持,不仅规模较大,学田甚多,有清一代屡圮屡建,有相当长的存在时间;且来学者众,影响的范围和程度亦广而深。而一般的精舍、书屋、文会、庵、堂等,无论规模、存在时间还是影响力,都与上述书院有相当的差距。不过,尽管存在差异,但它们有一个共同点,即在一段时间内对一定地域的一定人群产生过学术影响,因而可以视之为或大或小的传统学术文化中心地。当然,这样的中心,即使是大如还古书院、东山书院、斗山书院、海阳书院等,既无法与存在时间长、有完备教育体系的府、县学相比,更不能与影响涉及全徽州的歙县紫阳书院相比,因此,笔者将其归为第三类型的中心地。

上述三类中心地,构成了徽州传统学术文化中心地的层级网络。该层级网络的基本特征是,每一层级的中心地数量,从最高层级往下依次递增;而每个中心地的影响力,则由最高层级往下依次递减。

从清代徽州传统学术文化中心地的空间分布来看,呈现以下几个特征:

首先是分布位置的广泛性,即徽州所属六县均有影响力或大或小的传统学术文化中心地。第一层级的中心地仅紫阳书院一处,姑且不论;第二层

---

① 所据新、旧方志包括(道光)《徽州府志》、(民国)《歙县志》、(光绪)《婺源县志》、(嘉庆)《休宁县志》、(光绪)《祁门县志》、(嘉庆)《绩溪县志》、(嘉庆)《黟县志》、《歙县志》(中华书局1995年版)、《婺源县志》(档案出版社1993年版)、《休宁县志》(安徽教育出版社1990年版)、《祁门县志》(安徽人民出版社1990年版)、《绩溪县志》(黄山书社1998年版)、《黟县志》(光明日报出版社1988年版)。

级的中心地则是六县皆有,除歙县多一处府学外,其他五县各自拥有一处;第三层级的中心地在徽州六县亦均有分布,上列六县有代表性的书院分布之状,即可见其大概。六县均有自己的传统学术文化中心地,表明清代徽州传统学术文化中心地分布位置的广泛性。同时,这种广泛性也体现在一县之内。以歙县为例,道光《徽州府志》和民国《歙县志》中提及的书院,除府城之外,尚及一都、五都、十六都、十九都、二十都、二十二都、二十三都、二十五都、二十六都、二十八都、三十一都、三十五都等地,在一县之内,分布甚广。

其次是分布数量的差异性,即传统学术文化中心地在六县的分布数量不均衡。其中,歙县高层次的中心地分布最多,它拥有清代徽州第一层级的学术文化中心地紫阳书院和不疏园2处,在第二层级的7处中心地中,歙县又独得2处。其他五县,虽拥有的第二层级中心地相同,但第三层级的中心地数量有明显差异。清代有代表性的书院,婺源20所、歙县14所、绩溪11所、休宁5所、黟县5所、祁门4所。于此可见各县拥有第三层级中心地数量的明显差异。这种差异,反映了以县域为单位的学术文化区的发达程度。

再次是分布格局的时代性,即清代徽州传统学术文化中心地分布格局与前代有明显差异。某一区域内的中心地在不同时期通常会发生变化。徽州作为传统社会后期具有典型意义的文化区,在清代其区域内的传统学术文化中心地也显现了时代特色。具体而言,一是清代徽州区域内传统学术文化中心地的层级网络现象更为明显。徽州区域内传统学术文化中心地具有层级网络的现象,始自南宋紫阳书院建立之后。此后元明两朝,该现象一直存在。不过,某些时期,在层级之间,也常有界分不明的情况。比如,明代中后期,在心学的传播过程中,第三层级的个别中心地发挥了重要的作用,体现了异常的影响力。清儒汪佑在《紫阳书院会讲序》中说:"夫六邑人士岁讲轮集,莫盛于新安;高悬皋比,礼聘名硕,尤莫盛于新安……嘉靖丁酉,甘泉湛先生主教于斗山,庚戌东廓邹先生联会于三院。阙后,心斋王、绪山钱、龙溪王、师泉刘诸先生,递主齐盟,或主教于歙斗山,或缔盟于休天泉、还古,或振铎于婺福山、虹东以及祁东山、黟中天诸书院,亦既莅止,未有一赴紫阳者。岂紫阳固不可会讲与？抑主教诸先生阐扬道术,皆尊其师说,往往以紫阳为口实,既以紫阳为口实,则登其堂而哆侈之,扬簸之,饮其醇而索其瘢,操吾戈以入其室,诚有所不便也。"①这里,汪氏描述了明代中后期心学在徽州的传播,以歙县斗山书院、休宁天泉书院、还古书院、婺源福山书院、虹东书院以及黟县中天书院为据点,而不涉紫阳书院,并解释了其中的原因。换句话说,其时在徽州,在传播心学方面,第三层级的中心地比第二层级的府、县学,乃至第一层级的紫阳书院发挥了更大的影响力。而终清一代,我们注意到,几个层级之间的界分非常明显,各自发挥了其级别的作用,层级网络体系完备。二是清代徽州第一层级的中心地出现两处,且其中一处尚包括两支。南宋以降,徽州学术文化的第一层级中心地以存在时间长短、规模大小和影响力强弱评判,一直只有紫阳书院堪当,而别无与之并论者;及至清代,因不疏园在徽州学术史上的特殊地位和空前影响力,成为与紫阳书院并称的第一层级中心地。这在前代是未见的。而在乾隆年间,于紫阳山之紫阳书院外,歙县城内唐时旧址处又建"古紫阳书院",两者并时共生,亦前所未有。由此,可见清代徽州传统学术文化中心地的时代特征。

综上言之,清代徽州传统学术文化中心地包括三种不同层次的类型,即第一类型紫阳书院、不疏园所在地,第二类型府、县学所在地,第三类型其他书院所在地。它们在存在时间、人才凝聚力和学术影响力等方面,有明显的差异。三类中心地共同构成了徽州传统学术文化中心地的层级网络,该网络具有每一层级的中心地数量,从最高层级往下依次递增;而每个中心地的影响力,则由最高层级往下依次递减的基本特征。就徽州传统学术文化中心地空间分布而言,它具有广泛性、差异性以及分布格局的时代性等特征。

原载《安徽史学》2010 年第 5 期

---

① 施璜:《紫阳书院志》卷 18《艺文》,雍正三年(1725 年)刊本。

明清徽州家谱与徽州社会风俗

徽州地区有多种社会风俗,是学者历来论述的重点,也是认识徽州地区社会面貌的重要方面。徽州地区社会风俗的形成固然是多方面因素共同作用的结果,但明清徽州家谱在其中所起的作用是不可低估的。

一、家谱——"其有益于人也大矣哉"

关于徽州风俗,赵吉士曾说:"新安各姓,聚族而居,绝无一杂姓搀入者。其风最为近古。出入齿让,姓各有宗祠统之,岁时伏腊,一姓村中千丁皆集,祭用文公家礼,彬彬合度。父老尝谓新安有数种风俗胜于他邑:千年之冢,不动一抔;千丁之族,未尝散处;千载谱系,丝毫不紊。"[1]已对徽州风俗与徽州明清家谱之关系作了强调,正是"千载谱系"的存在,才使"新安各姓聚族而居"成为可能,使"千年之冢,不动一抔;千丁之族,未尝散处"得以实现,从而出现"徽州有数种风俗胜于他邑"的情景。

徽州特殊的社会风俗出现,原因是多方面的,是在历史上逐步形成的。对其探讨也是历代学者较为关注的,如万历四十三年(1615年)徽州知府洪有助就说:"顷者畀命来守是藩,民物丰阜,政绩悠闲,登临览胜,不无遐想,

---

[1] 赵吉士辑撰,周晓光、刘道胜点校:《寄园寄所寄》卷11《泛叶寄·故老杂记》,黄山书社2008年版,第872页。

黄岳钟灵,往昔白云何在?紫阳发秀,先世黄壤犹存。寓目驰神,辄兴仰止。"①在这位地方官看来,徽州的民风是与朱熹的影响相关联的。关于徽州地区风俗之形成,专家多有论及,不再赘述。此处将探讨明清家谱对徽州社会风俗之影响。

关于家谱对社会风俗的作用,休宁《商山吴氏族谱》所载《吴氏续谱序》称:"族之有谱,自昔然也。三代圣王,封建诸侯,而立宗法,所以统族属,别亲疏,明宗叙,厚风化者也。太史掌其籍,司徒掌其教,而必曰孝、曰友、曰睦,其不孝、不睦、不弟者刑之。是故喜则庆,忧则吊,患难相救,贫乏相周,服属虽远,而恩礼尚存,世代虽更,而分义不泯,此所以支派繁而本源固,民俗厚而教化行。越自后王,降德之典,不下于民,法弛教衰,风漓俗变,于是贵不与贱齿,富不与贫叙,争夺之端,多于异姓,忮忍之害,憯于他人。呜呼!其亦可哀也哉!则凡世家大族士夫君子,有感于人伦风化,得不思所以捄之欤!"②从以上论述来看,谱序作者认为明清家谱与社会风俗关系十分密切,特别是对家族而言,可以"喜则庆,忧则吊,患难相救,贫乏相周,服属虽远,而恩礼尚存,世代虽更,而分义不泯,此所以支派繁而本源固,民俗厚而教化行",能够起到维持宗族内部秩序,保持社会安定的作用。

如果说吴氏谱序仅针对一姓一族而言,那么万历年间的舒孔昭则探讨了家谱与家族、乡党、天下、朝廷的关系。他说:"故曰:谱牒之作,君子所以联属乎人心,敦崇乎仁孝者也。用是而观,则是谱之修也,在朝廷则为善政,在天下则为善俗,在乡党则为望族,在舒氏则为世家,其有益于人也大矣哉!抑予犹有申戒于吾族人焉。昔人有云,意合则胡越为昆弟,不合则骨肉为仇仇,是谱既修之后,凡吊庆相往来,患难相救护,职业相劝勉,有无相周济,毋以尊而凌卑,毋以富而欺贫,毋以强而欺弱,毋以下而犯上,大都之事毋若越人视秦人之肥瘠,则是谱之修也,诚有益于人也大矣。"③在舒孔昭看来,明清

---

① 休宁《江村洪氏宗谱·重刻家刺史逊斋公题宗谱序》,雍正八年(1730年)刊本。
② 休宁《商山吴氏重修族谱》卷1,崇祯十六年(1643年)刊本。
③ 绩溪《华阳舒氏统宗谱·舒孔昭序》,同治九年(1870年)刊本。

家谱对于社会风俗而言,不仅关涉一个家族的事情,而是"在朝廷则为善政,在天下则为善俗,在乡党则为望族,在舒氏则为世家,其有益于人也大矣",对社会、国家都能起到厘定风俗的作用。当然这一切首先是从家族内部做起的,是通过"凡吊庆相往来,患难相救护,职业相劝勉,有无相周济,毋以尊而凌卑,毋以富而欺贫,毋以强而欺弱,毋以下而犯上"来实现的。可以说这几个方面,既是一种手段,同时也是社会风俗的反映。

关于明清家谱对社会风俗之影响,论述较为典型的还有:绩溪《柳川绩邑胡氏宗谱》所载《吴庚枚序》云:"今又与其族之贤达者亟亟从事于谱,其笃于亲亲之谊者,坐而言庶几起而行乎。且夫家乘者,国史之资也,郡国得乡间族姓之所积也。余既于胡氏之谱乐观其成,将见父诏其子,兄勉其弟,亲亲长长,风俗成焉。洞洞属属,禋祀修焉。勤耕凿而赋役以供,谨盖藏而灾祲有备,户口厘而邪慝无所藏,塾学兴而俊彦得所养,凡所为以谱法济宗法之穷,修于家而俾于国者,将于是乎。"①强调家谱对家族、对社会、对国家之风俗大有裨益,不仅是"风俗成焉",且"济宗法之穷""修于家而俾于国者"。总之,家谱对良好风俗的形成起到积极的促进作用。休宁《江村洪氏宗谱》所载《洪昌自序》云:"我江村洪氏之始祖卜居以来,虽历朝久远,有宗谱以统其全矣。予生也后,既弗及见文献之前模,而志广力微,又弗克集群宗之大汇,今者幸际圣天子治跻唐虞,文运日新而日炽,乃坐令宗族之谱乘述芜荒略不克一为修葺,岂非盛世士大夫家一阙事乎?"②洪昌不仅将撰修洪氏宗谱当作本宗族的事,更是将其作为国家繁盛时一种文化表现形式,正是从这个角度,洪昌表现出了较强的使命感,将撰修江村洪氏宗谱作为一件对宗族和国家都有利的事情看待。

从伦理思想、宗法观念出发对家谱如何作用于社会风俗作出较深入探讨的是明万历四十五年(1617年)的胡笃卿,他在《蓝湖彭田李氏谱序》中说:"谱也者,谱也。凡以谱吾之心以普诸后也,非徒为文具已也。谱必有始亦

---

① 绩溪《柳川绩邑胡氏宗族·吴庚枚序》,民国三十五年(1946年)刊本。
② 休宁《江村洪氏宗谱·洪昌自序》,雍正八年(1730年)刊本。

必有委,明其始之一而敬心自生,别其委之分而爱心自生,是故自太公之始者,观之以至吾身之祖父伯叔兄弟焉,一气矣。又观夫始,始以至于无穷,如三田之共蒂焉,宁有异乎!皆吾一气,则皆吾所当敬矣。自太公之委者观之,以至吾身之子孙,与夫伯叔兄弟之子孙焉,一气矣。又观乎委,委以至于无穷,如三田之共派焉,宁有异乎!皆吾一气,则皆所当爱矣。合爱之谓仁,合敬之谓孝,仁孝著而后民行兴,民行兴而风俗美,风俗美而后上下理,王道成矣。皆本乎此心,故曰此礼义之所由起也。"①该序言从家谱中体现的"一气"观出发,论述了"一气"观与仁孝之间的关系,最终确立了"仁孝著而后民行兴,民行兴而风俗美,风俗美而后上下理,王道成矣"结论。以"一气"观来论述家谱与社会风俗的关系,使这一论述具有较强的思辨色彩,也更富有理论深度。

从上面这些宗族家谱中反映的情况来看,他们都有一种共同的认识,就是家谱对社会风俗起到重要影响,不仅关系到家族的风气,也对一个地区、一个国家的风俗起到重要的推动作用。

当然明清徽州家谱对当地社会产生积极作用的同时,家谱中宣扬的一些思想也会产生一些负面影响。如明宣德九年(1434年)田游为《江村洪氏谱》作谱序时说:"迄由黄石迁于江村之祖曰邦应,则有中孚之谱表,宣和之诰敕,直述其实,千百年来寻流溯源,何其核而明,详而有章,真而不妄耶。虽然江南自东晋以来尚门第,由隋唐以后夸番庶。夫尚门第则骄而侈,夸番庶则萃而争,其由来渐矣,可不惧乎?"②田游所说的江南宗族的一些弊端,显然也包括徽州地区在内,利用家谱来"尚门第""夸番庶"的情况当是普遍存在的,其对社会风俗的影响就是"骄而侈"及"萃而争"。尤其是"萃而争"的情况在徽州地区确实是时有发生,如程氏家谱对程敏政《新安程氏统宗世谱》的批评,实际上就是对其"统宗"行为的不满,是典型的"萃而争"的表现。

上面是一些学者和明清家谱编修者对家谱与徽州风俗关系总的认识,

---

① 婺源《三田李氏宗谱·蓝湖彭田李氏谱序》,万历刊本。
② 休宁《江村洪氏宗谱·重刻田主政题家谱序》,雍正八年(1730年)刊本。

下面将重点探讨与明清家谱密切相关的一些社会风俗。

二、明清徽州家谱与徽州"仁让"之风

在徽州地区的诸种社会风俗中,"仁让"之风是许多学者所称道与公认的。对于这一社会风俗的总结,程光显在《新安名族志》序言中说得最清楚明白。他说:

> 名族志,志名族也。志云何?述先德也,而迪后之机寓焉。迪后之机活,则夫兴于仁让者益久而不替矣。仁让之风旁以流,而新安之望加重于天下矣。新安,紫阳夫子乡也,以仁让教天下者,紫阳夫子之学也。兹欲执其机,溥其化,以推其教于无穷,此则生紫阳之乡者皆与有责焉。是故斯志也,虽所以续定宇陈氏之编,亦所以翼紫阳夫子之教于万一也。何也?夫合分殊而示以一本之义,广亲亲也。亲亲则爱自我立,而仁昭矣。揭其人而考其当世之实,广贤贤也。贤贤则敬自我立,而让行矣。亲亲贤贤,孰无是心哉!吾知天下山川异域,刚柔异质,虽习尚靡齐,然而仁让之道根诸所性者,未尝异也,顾夫所以鼓舞之者何如耳。况国家砺世导俗,有典有则,凡采之太史者,无非本之民风者也。即斯志也,进而采之太史焉,观风者朝野,师师亲亲贤贤之化,殆不止于新安,机动而化自神,沛然溢乎四海,而天下平矣,新安之望,顾不加重耶?夫子曰:"一家仁,一国兴仁;一家让,一国兴让。"谓不有明征也哉!此盖孔门授受要道,而朱子平生所愿学莫先焉者也。故曰,斯志也,所以翼其教也。①

程光显的这篇序言说得十分清楚,仁让是朱熹所倡导的思想,是儒家思想的重要组成部分。而作为"紫阳夫子之乡"的徽州,"以仁让教天下",以推行朱熹之学,就是"生紫阳夫子之乡者皆与有责焉"。正是在这种强烈的责任感与朱子之学的影响下,"仁让"之风成为徽州地区的重要风俗之一。而

---

① 程尚宽:《新安名族志·程光显序》,黄山书社 2004 年版。

且在程光显看来,徽州不仅"仁让"之风盛行,徽州还肩负着引导社会、引导国家风俗的重任,就是"仁让之风旁以流,而新安之望加重于天下矣",也诚如夫子所言"一家仁,一国兴仁;一家让,一国兴让",如此则"殆不止于新安,机动而化自神,沛然溢乎四海,则天下平矣"。因此在程光显的观念中就出现了从朱熹"仁让"之学,到徽州地区"仁让"之风,再到"天下平"这样一个过程。在这个过程中,"仁让"是一切的出发点,是核心,但"仁让"究竟是如何体现出来的?实际上就是《新安名族志》之主旨,"仁让"之风就是《新安名族志》所宣扬和表彰的内容。

程光显的贡献不仅是将徽州地区的风俗总结出来了,更重要的是他认为《新安名族志》所要表彰的也是"仁让"之风。众所周知,《新安名族志》是徽州地区各家族谱牒的综合汇编,这实际上也就是说家谱承担着宣扬、传承"仁让"之风的任务,换言之,家谱对徽州"仁让"之风的形成起着不可低估的作用。正如《新安名族志》的编者所言,"观者于此不惟见新安礼乐文物之盛,抑以彰国家化民成俗之意,相与庆甄陶之有自,以自保乐利于无涯者,不为无助也"。①

如果说《新安名族志》以一种地方族谱汇编的形式,从整体上概括了徽州地区"仁让"之风的社会风俗,那么歙县《临溪吴氏族谱》则从吴氏家族出发总结了"仁让"的社会风俗。崇祯时,毕懋良在《临溪吴氏族谱首序》中说:吴氏族谱"本末赅畅,经纬有章,烺烺乎自成一家言,谱称良矣。而予因感于谱者之意殆有深于是者。吴自泰伯挈仲雍而逊,孔子称其三以天下让,施及延陵季子,犹有伯仲之遗风焉。太史公世家首吴即姬吕縻得而班,季子不立传而附泰伯者,非明其让足多欤。繇斯以观,让也者,实吴宗之家法,而尤收族之善物也。顾吴之聚族匪啻数十千指而众著于让,谭胡容易。惟让本于礼,礼重于名,有谱以正名,秩分则礼达,而让崇矣。大夫之有事兹谱也,无亦彰既往,厉方来,使族之子姓率乃祖攸行,世世兴让焉尔。虽然非兴让之

---

① 程尚宽:《新安名族志·凡例》,黄山书社2004年版。

难,教让之难也。非教让之难,躬自为让之难也。往大夫专城为政以卓异最滇南,两台荐剡方腾而顾,务急流勇退,所称禀禀德让君子,非助躬行足风矣,匪徒以谱风也,则何难施有政于族而有不闻风兴起者乎?"①这里毕懋良从历史的角度总结了"让"是吴氏家族的优秀传统,同时他也意识到族谱与礼让之间的关系,就是"惟让本于礼,礼重于名,有谱以正名,秩分则礼达,而让崇矣",也就是通过族谱以正名,在此基础上推行"礼让"之风。

三、明清徽州家谱与徽州重血缘关系的社会风俗

如赵吉士所言,徽州地区"千载谱系,丝毫不紊",从明清徽州家谱发展过程看,这一时期的徽州家谱在保持谱系的完整、维持血缘的纯洁性方面不断地努力,并形成了重亲缘、重血缘纯洁性的社会风俗。而这种社会风俗的形成与保持,主要是由家谱来承担的。

要保持家族血缘的纯洁性,首先是如何对待继子问题。继子对宗族而言,最大的隐患是其可能导致"乱宗"局面的出现,因此一般宗族都对此严加防范。如婺源《萧江复七公房支谱·凡例》就规定:"本人无子养异姓为子者必书,防乱宗也。本宗出绍异姓为子者得书,慎婚姻也。以婿为子补代者必削,重伦常也。"②对异姓继子、赘婿为子都作了明确说明,可以较好地保证宗族血缘的纯正。

婺源《庆源詹氏族谱·凡例》规定:"继子注于所生父下,例图于所后父下,以服属隆于继父而杀于生父。外姓来继者,则曰觅某氏为子。出继外姓者,则曰出继某氏,直书不隐,庶后世无婚姻紊乱之失。从释老者直书,明不孝也。"③于此可见,庆源詹氏的相关规定比较宽松,其对外姓来继还能记入族谱,对出继者也要注明,并且对这样做的目的作了说明,是为"庶后世无婚姻紊乱之失",应该说也是较合乎情理的。另外对从释老者予以直书,多少也遵循了"据事直书"的书法传统。

---

① 歙县《临溪吴氏族谱·临溪吴氏族谱首序》,崇祯十四年(1641年)刻本。
② 婺源《萧江复七公房支谱·凡例》,宣统二年(1910年)刊本。
③ 婺源《庆源詹氏宗谱·凡例》,乾隆五十年(1785年)刊本。

为何要对继子作出明确规定,对此徽州家谱中有较明确的论述。其理由主要有二:

其一,"气脉相承"是继子规定的血缘基础。为何要立继,这在明嘉靖《新安休宁岭南张氏会通谱·凡例》中有说明:"继子之设,所以绍先世、续后嗣也。古人继嗣,大宗无子则以族人之子续之,取其一气脉相为感通,可以嗣续无间,此至正大公之举。圣人所以不讳,后世理义不明,人家以无嗣为讳,不显立同宗之子乃潜养异姓之儿,阳若有继而阴已绝矣。故立嗣必须择近亲有来历分明者立之,则一气所感,伦序不失。"①这对理解何以立继,且以同宗立继为要求的规定提供了重要的理论论据,这一规定也符合传统的伦理观点与宗法思想,显然"一气脉相为感通"是最为合理的根据。岭南张氏家谱中的规定较好地解决了关于继子规定的伦理层面的原因,但还有一方面的理论基础需要人们进一步构建,那就是继嗣问题有无物质层面方面的原因。对于这一问题的解释,星源张氏宗族作出了回应。

其二,基业继承是继子规定的物质根源。婺源《星源张氏宗谱·凡例》规定:"继绍之条为典甚重,至近日而紊乱滋多,或以叔祖及叔并弟为子,或以侄孙及曾孙为子,伦叙不等,名称不顺,比比而是。昔明正统己巳用道公会编曾请府宪批示,基业当与绍承,名分宜从改正,兹悉照旧例改正无异。至异姓入绍,本乖律纪,但于中奉祀已久,受产有年,若一概削除,大启事端,且必多隐讳,不得已分别而书。凡本宗承祀,注曰继子,明可以继续也。其异姓者阴刻养觅字样,有姓者详其姓,注曰养子,无姓者注姓未详,曰觅子。又恐数传而后同异无别,每于一六起世复加识记于旁,使泾渭不混。有以本宗出继外姓者,书曰出为某姓后,亦不许其能继也。"②从上述规定中可以得出如下结论:一是当时"继绍"较为混乱,以致编者认为这种情况比比皆是;二是编者说出了继祀规定的根本原因,就是对"基业"的绍承。本宗承祀可

---

① 《新安休宁岭南张氏会通谱·凡例》,转引自(日)多贺秋五郎:《宗谱の研究》,东洋文库1960年版,第841页。

② 婺源《星源张氏宗谱·凡例》,乾隆刊本。

以保证族产在内部的使用与继承。本宗出继他姓者,会导致族产的外流。异姓承祀本宗"受产有年"者也要注明,实际上依然是担心日后会引起族产纠纷。对于这一问题的论述,揭示了保持血缘的纯洁性的深层原因,这也是各家族在编修族谱时都对继子作出规定的共因。

正是由于伦理层面与物质层面都获得了较合理的解释,家谱之中关于继子问题的规定也就成为可以理解的了。

此外,对"赘婿为子"和"招夫养子"也有明确规定。婺源《庆源詹氏族谱·凡例》规定:"俗以赘婿为子及夫殁招夫养子者,俱属败坏宗规,应黜不书。"[1]强调要保持宗族血缘的纯洁性,因为赘婿、养子与宗族没有任何血缘关系,一旦他们在家族中的地位得以确立,同样也会对家族的财产构成威胁,当然不能书写入族谱。

要保持家族血缘的纯洁性,其次是对记载迁徙支派的规定。辗转迁徙,往往会使许多支派失去联系,或是联系不紧密,会导致家族内部的疏远。更有甚者,一些其他家族特别是同姓不同宗的家族可能会有意无意利用这种疏远情况,借以扰乱宗族秩序。如歙县《义成朱氏宗谱·凡例》规定:"源流世系及旁支迁徙各郡邑派,悉附注明。使开卷了然,便□稽考。一本宗转迁他处者,悉为注明,其迁后支丁复经访悉□,一律修叙,余则阙之,以俟续查。"[2]可见朱氏家族对保持家族支派明白无误是很自觉的。

对于迁居在外的支派,在记载时也有一些规定。歙县《韶铿徐氏宗谱·旧谱凡例》规定:"迁居在外者,须全注某郡邑及地方土名,由某祖始迁及某子某孙又转分迁于某处,庶下届续修易于往访。"[3]明确支派迁徙情况,目的是为了保持宗族世系的纯洁。

要保持家族血缘的纯洁性,再次就是对无后者的正确书写,以免引起误解,或是为他人有意冒乱提供可乘之机。如绩溪《泉塘葛氏宗谱·凡例》规

---

① 婺源《庆源詹氏宗谱·凡例》,乾隆五十年(1785年)刊本。
② 歙县《义成朱氏宗谱·凡例》,宣统二年(1910年)刊本。
③ 歙县《韶铿徐氏宗谱·旧谱凡例》,民国刊本。

定:"无后者于其名下书无传二字,未娶而卒者曰早世,未满十五岁而卒者曰幼殇,立继未定者曰无子、曰待继,概不悬名以免混淆""无传者必查知确实,若代远难稽止书无考。"①

总之,在徽州家谱中对于血缘关系记载十分重视,这对促成徽州地区重视血缘的社会风俗起了重要作用。

四、明清徽州家谱与徽州重婚姻的风俗

从明清徽州家谱记载看,家谱重婚姻的功能十分突出。王讽在《新安名族志序》中说:"历考前古,上自黄帝,下至于今,厥族由名,莫不实然。固不特周人重世官,汉人重世家,而至今新安相沿而为古俗,如所谓婚姻之相严、谱牒之相辨、乔木之相保而已也。"很明显,在王讽眼中"婚姻之相严"在徽州是一种重要的社会风俗。

歙县《潭渡黄氏族谱》所载《家训》云:"婚姻乃人道之本,必须良贱有辨,慎选礼仪不愆、温良醇厚有家法者。"②从中可见,黄氏家族在婚姻方面强调"良贱有辨"。绩溪《华阳邵氏宗谱·新增祠规》规定:"婚姻嫁娶,须择阀阅相当者,不可下配匪伦,致辱祖先,违者不得入祠。"③可以看出,邵氏强调婚姻要"阀阅相当",而且对违反者提出了"不得入祠"的惩罚措施。在有些家谱中对婚姻则规定得更为严厉,说理也更为详细,如《庆源詹氏宗谱·凡例》规定:"良贱不婚,律有明条,倘有不顾名分,甘心下配及下嫁者,伤风败俗,于斯极矣,应即鸣公削丁,除谱出族,永不许复入。"④这里不仅搬出了法律,还强调了社会风俗,处罚措施也更多样具体。

明清徽州地区重婚姻的风俗与家谱之间有着密切的联系。其一,重婚姻是魏晋家谱传统遗风的继续,两者之间有承继关系,明清家谱这一传统对徽州社会风俗是有影响的。其二,在徽州婚姻风俗中所称的阀阅之家并不

---

① 绩溪《泉塘葛氏宗谱·凡例》,宣统三年(1911年)刊本。
② 歙县《潭渡黄氏族谱》卷4《潭渡孝里黄氏家训》,雍正九年(1731年)刊本。
③ 绩溪《华阳邵氏宗谱·新增祠规》,民国三十六年(1947年)稿本。
④ 婺源《庆源詹氏宗谱·凡例》,乾隆五十年(1785年)刊本。

是随意认定的,是各种因素综合作用的结果,其中家谱就是一项重要的因素,如《新安名族志》中规定的"名族"的历史多是由各族自己的家谱所载的家族史,因此,家谱也就成为衡量家族能否成为名族,或是否属于阀阅之门的重要指征。

在明清徽州家谱中也时常可见,许多宗族利用家族婚姻这种关系,相互声援,以达到互相之间共同发展。如康熙三十二年(1693年),朱熹十六世嫡孙朱坤在论述徽州程氏、朱氏家族关系时说:"我新安名族莫有能出其右者,而元谭公二十八世唐工部尚书湘公分迁婺源,六传清源派翔公则我晦庵祖之祖母程氏所自出。故程朱为理学相传,因以桑梓而世联瓜葛。"①从朱坤的话中可知,程朱两家是世为婚姻的。下面一事例,也可直观反映徽州重婚姻这一风俗。咸丰六年(1856年)王氏家族所立《同心合文契》记载说:"《王氏统宗谱》载明:义子异姓不得紊乱宗支,婚姻不缔于不重之门。祖规森严,谁敢逆犯……至缔婚于不重之门,前圣玑结婚于汤姓,众心未服,遭(造)成人命,累死数人,祖祀神会败尽,前车可鉴。况合都四村公立合文,杜禁结婚于不重之门。今我族际旸等各自数家恃强不遵,复娶于张汤二姓,以致大众议论旸等诣祠削除,不载入谱,固是美举。身等诚恐伊等狼心莫测,事后生波,凡我同人不得不预立章程。伊等如朋恃强逞凶等事,大家俱要入局,不得退缩。"②从中可见,王氏家族"杜禁结婚于不重之门"的态度是十分坚定的。

徽州地区一些特有的社会风俗的形成,固非成于一时,也非某一单一原因促成,但明清徽州家谱的发达在其中所起的作用是不可低估的。从明清徽州家谱的角度去认识当地的社会风俗,可以进一步加深对明清徽州家谱功能的认识,更好地理解明清徽州家谱与地方社会之间的互动关系。

原载《安徽史学》2011年第6期
(本文与徐彬合作)

---

① 徽州《新安程氏统宗补正图纂·朱坤序》,康熙二十四年(1685年)刊本。
② 安徽师范大学图书馆藏《同心合文契》。

论明代崇祯年间的宦官

明代宦官在社会政治、经济、军事、文化等领域中,都产生过极为深远的影响,然而,学者论明代宦官中,大多"始于王振,卒于魏忠贤"。魏氏败亡后,崇祯十七年中的宦官活动情况,则语焉不详。本文拟详细考察这一时期的宦官活动,并据以论述宦官在历史上的作用与性质,不当之处,请同志们教正。

一

《明史·魏忠贤传》称:天启时,"内外大权一归忠贤"。① 论者多将魏氏视为明代宦官干政的巅峰。崇祯改元后,虽然"阉氛迅埽",② 通过钦定逆案而将魏氏集团一网打尽,但这次打击的目标,显然只是魏党,而不是宦官。通过对崇祯二年(1629年)三月颁布的钦定逆案名单作一简单统计,就可以得出这一结论。

据谈迁《国榷》卷十九崇祯二年三月乙亥日条,列入钦定逆案名单者共260人。其中大臣223人,占85.77%;宦官36人,占13.85%;其他(乳媪客

---

① 张廷玉等:《明史》卷305《魏忠贤传》,中华书局1974年版。
② 王介锡:《明朝百家小传》崇祯朝,《陈明卿传》,天津古籍出版社1986年版。

氏)1人,占0.38％。该统计数字表明,崇祯打击的侧重点,在大臣身上,而其意并不在清除宦官。因此,魏忠贤的倒台,并没有导致宦官的销声匿迹。相反,随着局势的变化,他们仍然作为一支不可忽视的政治力量活跃在崇祯年间的历史舞台上。

首先,从宦官人数上来看,崇祯年间继续呈现增长的趋势。明太祖初年,"鉴前代之失,置宦者不及百人"。明中叶,宦官人数约增至1万人。崇祯在位17年,宦官人数继续大幅度增长。"宫中增万人,每月米增七万二千石,每年靴料银增五万两"。① 可见崇祯一朝宦官之盛,比之前代,有过之而无不及。《甲申朝事小纪》记载,李自成农民军入京,"中珰七万人皆喧哗走"。② 有学者认为,宫中7万宦官,加上分散各地的则不下10万。③ 这一估计是符合历史史实的。清代康熙皇帝曾从明朝老太监处了解到,明末"内监至十万人"。④ 表明崇祯初年在清除魏党势力后,宦官的数量有增无减。

其次,崇祯朝宦官势力渗透到了政府各个部门。崇祯即位,在打击魏党集团的同时,曾于天启七年(1627年)十一月颁布了"撤各镇内臣"之谕,⑤ 以抑制宦官在天启年间已经形成的势力。但监镇之外,前朝宦官所司的一些重要之职,并未被剥夺。譬如,大臣章奏进览,仍需经会极门宦官把关。⑥ 在公布钦定逆案的当月,内承运库太监车天祥被遣提督南京织造。⑦ 谈迁《国榷》记载崇祯二年七月至十一月的宦官事例有:曹化淳提督东厂;王应朝监视行营;冯元升等先行覈军,然后始下户部发饷;吕直劳军等等。⑧ 这一切,距颁布钦定逆案仅仅相隔7个月。可见,崇祯一方面打击阉党,同时仍然任

---

① 杨士聪:《甲申核真略·凡论》,浙江古籍出版社1985年版。
② 抱阳生:《甲申朝事小纪》卷10《崇祯宫词(下)》,书目文献出版社1983年版。
③ 冯天瑜:《明代宦官干政考略》,载《武汉师范学院学报》1979年第3期。
④ 余金:《熙朝新语》卷4,嘉庆二十三年(1818年)鸣盛堂刻本。
⑤ 谈迁:《国榷》卷89,中华书局1958年版。
⑥ 谈迁:《国榷》卷89,中华书局1958年版。
⑦ 谈迁:《国榷》卷90,中华书局1958年版。
⑧ 谈迁:《国榷》卷90,中华书局1958年版。

用宦官参与政府各部门的事务。为此,顺天府尹刘宗周在崇祯二年十一月上奏,要求崇祯"以亲内臣之心亲外臣",①反映了当时崇祯对宦官的宠信,已超过了对大臣的信任。崇祯二年以后,宦官的势力在各部门中已是无所不及。关于崇祯 17 年历史的官方、私家史籍,还留下了宦官出使邻国、传命王府、率群臣习仪的记载。这都表明,崇祯年间的宦官,其势力已渗透到政府的各个部门。

第三,崇祯一朝,宦官监军曾几撤几遣。论者普遍都以之衡量崇祯朝宦官势力的起落、消长。固然,监军作为明代宦官权力的一个重要方面,其遣其撤,可以视为宦官权力伸缩和大小的标志,但监军不是明代宦官权力的全部。因此,关于宦官势力的起落和消长,不能仅仅以监军的遣撤来衡量。我们认为,崇祯年间宦官势力几经反复的消长起落,是客观存在的。其消长的阶段,则应根据宦官在政府各部门中的活动情况来确定。下面,我们依据综合衡量的原则,将崇祯年间宦官势力消长大致分为六个阶段。表如下:

表:崇祯年间宦官势力的消长

阶　段	起止年月	重点事例
第一阶段 (下落时期)	天启七年十月起,崇祯二年六月止。	天启七年十一月,魏忠贤自杀于客驿,颁布撤各边内臣诏。 崇祯元年正月,命内臣俱入值,非受命不许出禁门;二月,戒廷臣交结内侍;五月,内官王国兴擅到海上,下狱论死。 崇祯二年三月,颁布钦定逆案。
第二阶段 (上升时期)	崇祯二年七月起,崇祯八年六月止。	崇祯二年七月,司礼太监曹化淳提督东厂;十一月,乾清宫太监王应朝监视行营;十二月,司礼太监沈良佐等提督九门。 崇祯四年九月,太监张彝宪总理户工二部钱粮,唐文征提督京营戎政,王坤等往各府监视兵饷;十月,命太监王应朝等监军;十一月,李奇茂监视陕西苑马茶商,吴直监视登岛兵饷。 崇祯五年三月,曹化淳提督京营戎政;七月,郑良瀚等提督京营戎政。 崇祯六年六月,太监高起潜监视锦、宁等处;十月,司礼太监郑之惠总督东厂。 崇祯七年十二月,司礼太监李承芳总督东厂。

---

① 谈迁:《国榷》卷 90,中华书局 1958 年版。

续表

阶　段	起止年月	重点事例
第三阶段（下落时期）	崇祯八年七月起,崇祯九年七月止。	崇祯八年七月,罢各镇监视太监。 崇祯九年六月,命司礼太监曹化淳同法司录囚;勇卫营太监孙维武等出防。
第四阶段（上升时期）	崇祯九年八月起,崇祯十二年十二月止。	崇祯九年八月,司礼太监卢维宁总督天津等地;十一月,御马太监陈贵等总监大同山西等地。 崇祯十年正月,御马太监李名臣提督京城巡捕;二月,司礼太监曹化淳提督东厂;八月,司礼太监王之心提督东厂,工部员外郎骆方玺以"媚内"罢斥;十一月,司礼署印太监曹化淳提督京营;十二月,太监谢文举分守昌平宣府。 崇祯十二年二月,司礼太监崔琳清理两浙盐课各项赋税;六月,御马太监赵本政总监真定等地;七月,司礼太监王裕民总督京营;九月,内官监太监杜秩亨提督九门。
第五阶段（下落时期）	崇祯十三年正月起,崇祯十六年三月止。	崇祯十三年正月,内臣尹希诏娶妇,下狱戍边;三月,诏撤各镇内臣。 崇祯十四年二月,内官太监阴象坤提督太和山;八月,司礼太监王德化率群臣习仪太学;十月,复遣太监卢九德率京营兵入豫;十一月,禁朝臣私探内阁通内臣;十二月,谕停内操。 崇祯十五年正月,罢提督京营内臣;七月,司礼太监齐本正提督东厂,王承恩提督勇卫营;十月,诛司礼太监刘元斌。
第六阶段（上升时期）	崇祯十六年四月起,崇祯十七年三月止。	崇祯十六年四月,遣太监李国辅谕援剿总兵左良玉;五月,内官监太监王之俊提督京城巡捕练兵;六月,太监车大任仍提督南京织造;七月,戒廷臣私谒内臣;八月,太监王承恩提督京营戎政。 崇祯十七年正月,太监卢九德协剿张献忠;二月,太监阎国辅等分饷蓟辽,命内臣兼制各镇,命太监王坤督盐两淮;三月,命内臣分守九门,太监谢文举监视山西,太监司马理驰赴大同,督兵援剿。

(据《国榷》《崇祯实录》《明史纪事本末》编制)

表详细反映了明代崇祯年间宦官的活动情况。从中可见,崇祯年间宦官势力消长的阶段性是比较明显的。宦官势力处于下落时期是 73 个月,而处于上升时期是 125 个月。以崇祯实际在位 198 个月计,前者只占 36.87%,而后者占了 63.13%。这一统计结果表明,虽然崇祯年间宦官势力有阶段性的起落和消长,但宦官活动活跃的时期接近 2/3,远远超过其受抑制的时期。此外,即使宦官势力处于下落的阶段中,宦官活动也未完全停止。如表中所示,崇祯八年至崇祯九年下落时期中,仍有不断使用宦官的记录。

据上所论,崇祯即位、魏忠贤败亡后,宦官在明末历史舞台上仍是一支不可忽视的政治力量。崇祯年间,虽然没有出现像前代王振、刘瑾、魏忠贤等权倾朝野的大宦官,但这一时期仍是明代宦官活动最为活跃的时期之一。

二

崇祯对魏忠贤的淫威,曾有深切体会。《崇祯实录》《烈皇小识》等书都记载了崇祯初入宫,深感"自危",乃至"不敢食宫中物"。① 他对宦官参政导致的恶果,也有较深的感受。然而,崇祯在其当政 17 年中,仍然信用宦官参与朝廷各项事务,其中究竟是什么原因呢?我们认为,主要有以下三方面:

第一,崇祯明知其害而仍然任用宦官,是与他对大臣态度的变化紧紧联系在一起的。崇祯在位期间,对大臣的态度有一个从亲到疏、由疏而怨的变化过程。其即位之初,"尽撤诸方镇守中官,委任大臣",②将朝廷大事"俱归于外庭",③并且起用了一批在魏忠贤专权时遭贬斥的官员。这是崇祯与大臣关系处于亲近的时期。但不久崇祯倚重的大臣如温体仁等因牵涉党争而先后致疑,以五年之期平息辽东战事的边臣袁崇焕又失信于朝廷,崇祯认为大臣、边臣都不足倚任,从而出现了从亲到疏的变化。此后,崇祯对大臣的不信任感与日俱增,并且采取重典政策以整肃官场。崇祯十四年(1641 年),大学士范复粹言:"狱中文武蠹臣至百四十有奇。"④但重典政策,仍未改变崇祯对大臣的不良印象。十七年(1644 年),崇祯在罪己诏中检讨自己用人时说:"任大臣而不法,用小臣而不廉,言官首鼠而议不清,武将骄懦而功不奏。"⑤最后在煤山自缢时留下了"诸臣之误朕"的遗诏。⑥ 可见崇祯对大臣耿耿于怀,怨气满腹。正是这种对大臣态度由亲而疏、由疏而怨的变化,认为

---

① 文秉:《烈皇小识》卷 1,上海书店 1982 年版。
② 张廷玉等:《明史》卷 305《宦官二》,中华书局 1974 年版。
③ 文秉:《烈皇小识·序》,上海书店 1982 年版。
④ 张廷玉等:《明史》卷 94《刑法》,中华书局 1974 年版。
⑤ 计六奇:《明季北略》卷 20《十一颁罪己诏》,中华书局 1984 年版。
⑥ 谈迁:《国榷》卷 100,中华书局 1958 年版。

"外廷皆不足恃",①才一改倚任大臣的初衷,开始一意信用宦官。我们可以注意到,崇祯年间宦官势力渐大、影响渐广,同崇祯对大臣态度的这种变化是同步的。

第二,崇祯倚用宦官,与崇祯朝大臣无所作为有关。六年(1633年)二月,崇祯曾说:"文武各臣,朕未尝不用,因其蒙狥,勉用内臣耳。"②虽然这一点不能看作崇祯信用宦官的全部因素,但其中称大臣"蒙狥",也是实情。有人评说明代崇祯年间"将相无才,御寇无术。兼以贪懦成风,诞谩相习,封疆之外,以欺罔为故套;朝端之上,以调停为忠厚"。③面对艰难国事,崇祯每次召对,"大僚但称待罪,庶臣多默然",以致崇祯有"举朝无人"之感而"未尝不痛哭回宫"。④相反,宦官则显得振作得力。崇祯九年(1636年)八月,以张元佐为兵部右侍郎镇守昌平,而以宦官提督天寿山。结果令发当日宦官即往任,而侍郎则三日未出。崇祯因此对阁臣说:"内臣即日行道,而侍郎三日未出,何怪朕用内臣耶!"⑤说明崇祯用官,与大臣敷衍不力有很大关系。

第三,宦官依靠了他们本身的才干,在崇祯年间广泛参与朝廷事务。不少人认为,宦官乃是不学无术之辈,以其奸诈而玩弄权术。其实对此不能一概而论。尤其是明代的宦官,自明宣宗设内书堂,选小内侍读书习字而成定制后,多有通文墨而才华出众者。崇祯对宦官才能的培养,尤为重视,以翰林五品官为内书堂之师。⑥有的宦官则出自地方才杰之士门下。如"兼行堪舆之术,尤精于天文"的江西吉水县刘贡士,往来京师授徒二十年,"秉笔内臣出其门下者颇多"。⑦崇祯元年(1628年)冬,崇祯曾亲自主考宦官,首出"事君能致其身"题,考中宦官郑之惠、曹化淳,"皆升随堂",⑧客观上起到了

---

① 文秉:《烈皇小识·序》,上海书店1982年版。
② 谈迁:《国榷》卷92,中华书局1958年版。
③ 抱阳生:《甲申朝事小纪》初编卷1《庄烈帝殉国·按》,书目文献出版社1983年版。
④ 计六奇:《明季北略》卷21上《殉难文臣》,中华书局1984年版。
⑤ 《崇祯实录》卷9。
⑥ 抱阳生:《甲申朝事小纪》初编卷10《禁御秘闻》,书目文献出版社1983年版。
⑦ 杨士聪:《李闯小史》第4卷,浙江古籍出版社1985年版。
⑧ 李清:《三垣笔记·崇祯》,中华书局1982年版。

鼓励宦官读书的作用。对参与朝廷事务的司礼监等宦官二十四衙门中的重要部门,所选用宦官,把关尤严。因此,崇祯一朝出了不少有经世能力的宦官。可见,崇祯年间的宦官,并非纯以奸巧行事,而是确有"兼务博综"的才干,能够订正"阁部台省讹舛",才为崇祯所欣赏倚用。而阁臣多"假手深年中书,浅学庸流,葫芦依样,一命改票,模揣周张,故为上多轻,致无煖席"。①宦官所具的各方面才干,是其广泛参与政事的必要条件之一。

总之,崇祯年间的宦官能够活跃在历史舞台上,涉及崇祯、大臣、宦官三方面的因素及其相互关系的变化。

从制度的角度考察,崇祯年间宦官参与政事,主要有两方面的作用。

第一是监察作用。崇祯年间的宦官,虽然有规模齐备的二十四衙门和数目庞大的十万之众,在朝廷各重要部门都有他们的活动,但崇祯使用宦官,并没有取消原有政府机构及其职能。宦官的作用,主要是监察。六年二月,崇祯曾对朝廷再次表示,"遣用内臣,原非得已",其使用宦官,可以使朝廷"未便作弊"。②这里反映了崇祯以宦官督查廷臣,而不是以宦官取代廷臣的意图和看法。他派遣宦官监纪、监军、监镇,明确规定其职责是"纪功过,催粮饷"。③因此,宦官虽然遍布北方各镇及内地一些重要地区,但都不领亲兵,也无剿御之责。它说明,在崇祯年间将吏"贪懦成风,诞谩相习"的情形下,宦官的这种监察作用,应予肯定的评价。

第二是强化作用。这一点也是针对官僚机构而言的。崇祯继位后,先是着意于廷臣。但不久,廷臣的懈怠和机构的瘫痪,致使国事毫无起色。崇祯元年(1628年)九月,顺天府尹刘宗周上言,称当时"辽事"与"理财"两件大事,前者"竭天下之力以养饥军,而军愈骄;聚天下之军以冀一战,而战无日",后者"有司以掊克为循良,而抚字之政绝;上官以催征为考课,而黜陟之

---

① 李清:《三垣笔记·崇祯》,中华书局1982年版。
② 谈迁:《国榷》卷92,中华书局1958年版。
③ 计六奇:《明季北略》卷9《内官监纪》,中华书局1984年版。

法亡",乃至虽然"自执政以下,坐重典者十余人,然贪风不尽息"。① 显然,在解决当时的两件头等大事上,朝廷及官僚机构表现出了无能为力。为此,崇祯开始任用宦官参与边事及清理赋税,意在强化官僚机构,使之有效运转。崇祯四年(1631年)九月,令宦官张彝宪总理户、工二部钱粮,并为之另设公署,钱粮等事则到都验核,与户、工两部大臣"会同料理"。② 这里,张彝宪的职责已不仅是监察,而是参与其中。此外,在清军入围京城之后,崇祯又任命宦官提督京营、九门,也是为了强化现有的军事机构。宦官这种直接介入官僚机构的强化作用,对于推动其正常运转,有一定的效果。十三年(1640)三月,崇祯在诏撤内臣诏中表示:宦官"察饬已久,兵马钱粮器械等项稍有改观"。③ 可见宦官强化官僚机构,在一定程度上有利于其正常运行。

从崇祯年间宦官的监察和强化作用来看,宦官参与政事,不能一概否定。尽管在宦官的活动中,也出现一些腐败消极现象,但是,正如我们不能因州官、县官的腐败,来否定明朝的州县制度一样,我们也不能因为宦官在其活动中出现的腐败现象,而全盘否定宦官制度。古今论宦官,几乎众口一词,认为宦官参与政事,乃是越职干政。其实,从明朝宦官制度的演变来看,明代中后期的宦官之职,早已越出了所谓"扫除之役",而具有更加广泛的权责。将这种更为广泛的权责,视为"越职干政",这一看法并没有从宦官制度的演变发展角度来考察。我们认为,宦官参与政事,是明代宦官制度发展后出现的新的职能,不能以"越职干政"名之。评价它的这种职能,只能依据其在历史上所产生的作用作具体分析,而不能因为执行这种职能的人是宦官,一概加以否定。

在历史上的一些时期,宦官参与政事削弱并限制了皇权。如东汉及唐代后期,一些皇帝的去留,乃至性命都掌握在宦官手中。因此,有人将宦官参政视为皇权的"异化物"。那么,崇祯年间的宦官参政,其性质究竟是什么

---

① 计六奇:《明季北略》卷4《刘宗周论近功小利》,中华书局1984年版。
② 谈迁:《国榷》卷92,中华书局1958年版。
③ 谈迁:《国榷》卷97,中华书局1958年版。

呢？我们认为，崇祯年间的宦官广泛参与政事，恰恰是巩固并加强了皇权。

首先，尽管宦官从大臣手中分享了广泛的权力，有时甚至凌驾于将吏之上，但崇祯朝的宦官始终没有威胁到皇权，而是受制于崇祯。崇祯元年正月规定，宦官非受命，不许出禁门。① 这就是说，没有皇帝的旨令，宦官是不可能参与政事的。反面的材料也足以证明这一点。同年五月，有宦官王国兴擅到海上，被御史告发后下狱论死。② 以宦官监军而言，撤遣之权也完全一决于崇祯。崇祯年间宦官势力的伸缩和权力的大小，完全受控于崇祯本人。

其次，不仅宦官势力的消长，始终控制在崇祯手中，而且崇祯利用宦官作为抑制大臣的工具，巩固并加强了皇帝的权力。崇祯朝宦官参政的一个明显后果，就是削弱了大臣的权力。关于这一点，在当时人的奏疏中屡有提及。如工部右侍郎刘宗周称，因"总理之外，复设监纪"，以致大臣"权愈分"。③ 说明宦官参政限制了大臣的权力。明末清初史学家谈迁也有相同的看法。他在评论工部右侍郎高弘图削籍之事时说：宦官"衔命四遣，特据公卿之上"。④ 崇祯七年二月，山西提学佥事袁继咸上言，称崇祯是以"内臣绳外臣"，⑤表明崇祯朝宦官参与政事，有效遏制了大臣的权力膨胀。因此，最终结果是崇祯"太阿独操"，进一步巩固并加强了皇权。

总之，崇祯在位17年，始终控制了宦官势力的消长，并以宦官参政来抑勒大臣，限制大臣权力的膨胀，最终达到巩固和加强皇权的目的。

三

崇祯一方面大规模使用宦官参与政事，同时又有效地控制了宦官的势力，使之为皇权服务，因此并未造成如前代宦官擅权的后果。总结崇祯朝宦官用事而不专权的原因，大致有四：

---

① 谈迁：《国榷》卷89，中华书局1958年版。
② 谈迁：《国榷》卷89，中华书局1958年版。
③ 文秉：《烈皇小识》卷4，上海书店1982年版。
④ 谈迁：《国榷》卷92，中华书局1958年版。
⑤ 谈迁：《国榷》卷93，中华书局1958年版。

第一，严禁宦官与大臣结党。在此之前，就有人指出宦官与大臣交结之弊。天顺八年（1464年）十一月，两京六科给事中王徽等上言，认为"内官之祸起矣"的原因，是"外官与内官交结"。① 崇祯在总结魏忠贤专权的教训时也认为，"忠贤一人在内，苟非外廷逢迎，何遽至此"。② 因此，在位期间，崇祯再三申谕，严禁廷臣与宦官交结。凡有大臣"通内"，一般都将受到严惩。时人称"通内一事，为上所最忌"。③ 从崇祯在处理有关案件中的态度来看，斯言诚乎不谬。

第二，严厉驾驭宦官。崇祯一方面赋予宦官参与政事的权力，并且屡荫宦官弟子。但凡遇宦官触犯刑律，崇祯处分极严，最具典型意义是事例是，崇祯对宦官刘元斌的严惩。《豫变纪略》称刘元斌率禁旅在河南"屯兵于归德之东门者四十余日，劫掠数十里，与贼无异"，且"索赂甚急，声言欲攻城"，最后"士大夫无可奈何，醵金赂之，乃去"。④ 刘元斌"盗恣焚掠"事发后，于十五年为崇祯诛杀。上述情况表明，崇祯在驾驭宦官时，对宦官犯纪犯过者，处分严厉。尽管在整个明王朝彻底腐败的情况下，严惩措施并不能完全防止宦官的腐败。但是这些措施对宦官具有约束和威慑作用。在崇祯的严厉驾驭之下，宦官并不敢有恃无恐，任意专权，玩弄朝纲。

第三，崇祯朝宦官未能形成专权的局面，与崇祯朝大臣耻与宦官交往有很大关系。正如通常认识的那样，宦官专权的必要条件是有一批廷臣投靠，以结成政治性集团。而崇祯朝大臣对宦官普遍是耻于交往。崇祯五年（1632年）三月，工部右侍郎高弘图因不肯同总理户、工二部钱粮的宦官张彝宪共职，七上疏"引疾求去"。⑤ 弘图的言行在崇祯朝的大臣中，是有代表性的。崇祯年间大臣论宦官参政之弊，或告宦官不法行为的奏疏，比比皆是。一旦有大臣"媚内"，与宦官交通，必遭群臣攻击，"媚内"大臣也多未有善果。

---

① 顾炎武：《日知录集释》卷9《宦官》，上海古籍出版社1985年版。
② 夏完淳：《幸存录》，商务印书馆万有文库本。
③ 文秉：《烈皇小识》卷8，上海书店1982年版。
④ 郑廉：《豫变纪略》卷3，浙江古籍出版社1984年版。
⑤ 谈迁：《国榷》卷92，中华书局1958年版。

正因为崇祯朝大臣中极少有甘心卖身投靠宦官之属,因此,宦官的势力,不能发展成一个有核心的内外勾结的政治集团,从而也就没有左右朝政、擅专国事的能力。

最后,崇祯不只是利用宦官作为工具来抑制大臣,同时也利用大臣来抑制宦官,防止宦官尾大不掉而成擅权的局面。如刘元斌率京兵在河南"纵兵害民"之事传出后,崇祯即命御史"按视其军"。① 试御史王孙蕃因首发元斌之罪,崇祯亲自召集百官,宣布对王孙蕃"加职一级"。② 一般情况下,宦官疏参大臣乃是"率妄"行为,③而大臣则可奏告宦官。这些措施,有效防止了宦官的擅权。

四

综合上文,概括一下几点结论:

一、崇祯即位初年,在清除阉党势力后,宦官仍然是历史舞台上一支重要的政治力量。其人数继续增长,影响日渐扩大,活动时间之长与崇祯一朝相始终。

二、崇祯对大臣态度由亲而疏、由疏而怨的转变,是他利用宦官参与政事的重要原因。同时,崇祯朝宦官广泛参与政事,也同大臣办事不得力及宦官所具备的才能有密切的关系。

三、崇祯年间宦官参与政事,作为一种制度,具有监督官员和强化官僚机构的作用。这种作用,从当时的历史环境中考察,应予肯定的评价。此外,从个人的角度来说,宦官参政也不免出现腐败现象。

四、崇祯年间的宦官虽然广泛参与政事,但并没有形成擅权的局面。它最终巩固并加强了皇权。崇祯严禁宦官与大臣结党、严厉驾驭宦官、利用大臣限制宦官以及大臣耻与宦官交往,是崇祯朝宦官并未擅权的主要原因。

原载《学术月刊》1992 年第 1 期

---

① 彭孙贻:《流寇志》卷 5,浙江人民出版社 1983 年版。
② 彭孙贻:《流寇志》卷 6,浙江人民出版社 1983 年版。
③ 谈迁:《国榷》卷 92,中华书局 1958 年版。

明代归有光《三吴水利录》述评

唐宋以后，随着经济重心的南移，东南太湖流域成为我国最主要的产粮区和漕粮输出地。元明清三朝，虽政治中心在北方，但经济命脉系于东南。所谓"江浙钱粮，数倍各省，取办之本，多出农田"，反映了这一态势。① 据史籍记载，历史时期太湖流域的水灾比较频繁，尤其是宋以后更为严重，有"水患为东南之大害"之说。② 因经济重心南移之后太湖流域农业在国计民生中的重要地位，故历代朝廷以及有识之士对该地的水害和水利问题十分关注，或寻根究治，或建言献策，留下了一批有关太湖流域水利问题的文献和著述。其中明代归有光的《三吴水利录》是一部颇具特色且影响较大的著作。

归有光（1506—1571年），字熙甫，别号震川，明苏州府昆山人。嘉靖十九年（1540年）举乡试，八上春闱不第，徙居嘉定。四十四年成进士，历官长兴知县、顺德通判、南京太仆丞等职。除《三吴水利录》外，另著有《复古堂稿》《大雅堂集》《史记录》《震川经义》及文集等。归氏素以文名及经术名著

---

① 归有光：《三吴水利录》卷3《周文英书》，四库全书本。
② 邹逸麟：《太湖水利与太湖水利著作（提要）》，未刊打印稿。

称,①而其经世实学,尤其是关于水利的思想,一直鲜为人重视。从文献记载来看,南宋以降,关于三吴②的水利问题,归氏之见当是值得重视的一说。近人钱邦彦在《三吴水利今说》中称:"自来言吴中水利者,自宋迄明,不下数十家,而得其要领者,惟震川氏最为近之。"③这一评价虽为钱氏一家之言,但却是反映了归有光对吴中水利问题有独到之见。归有光有《寄王太守书》,其中言:"尝访求故家野老,得书数种,独取郏氏二三家,断以为专门之学,遂汇录成书。非能特有所见也,唯以三吴之水潴于太湖,太湖之水,泄于松江,古今之论,无易此者。故著论以畅前人之旨。"④归氏这里提到的所汇录之书,即《三吴水利录》。

该书共四卷,篇目分别为:卷一郏亶书二篇、郏乔书一篇;卷二苏轼奏疏、单锷书一篇;卷三周文英书一篇、附金藻论;卷四水利论二篇、禹贡三江图、叙说、淞江下三江口图、叙说、淞江南北岸浦、元大德开工丈尺、天顺开工丈尺。其中《水利书序》《水利论》《水利后论》《三江图序说》《江下三江图序说》诸篇,分别见载于归有光之孙归庄所编订的《震川集》中,但文字略有出入。《四库全书·史部》著录的《三吴水利录》,后有《三吴水利录续增》,收录归有光的《奉熊分司水利集并论今年水灾事宜书》《寄王太守书》二信,其中内容与归氏《水利论》二篇可互为表里。⑤《明经世文编》收录了部分篇目,文字与《三吴水利录》亦略有出入。⑥

---

① 《明史》卷287《归有光传》评曰:"有光为古文,原本经术,好太史公书,得其神理。"明万历四年(1576年)刊周世昌撰《重修昆山县志》卷6《归有光传》称:"其为文,不事雕琢而议论奇特,气雄辞健,远近宗之。"

② 历史上"三吴"所指不一。《水经注》指吴郡、吴兴、会稽,《通典》和《元和郡县志》指吴郡、吴兴、丹阳,宋税安礼《历代地理指掌图》指苏、常、湖三州,明周祁《名义考》指苏州、润州和湖州。归有光所称三吴,与其时吴中、浙西概念相当,泛指太湖流域。

③ 连德英、李传元等:《昆新两县续补合志》卷18《集文》,光绪刊本。

④ 归有光:《震川集》卷8《寄王太守书》,四库全书本。

⑤ 比较遗憾的是,《续增》未收录归有光的《论三区赋役水利书》(《震川集》卷8)和《光禄署丞孟君浚河记》(《震川集》卷16)。该二篇文字亦多涉归氏关于吴中水利的看法。

⑥ 《明经世文编》收录的篇目是《水利议》2篇、《奉熊分司》《寄王太守书》以及《三吴水利录》未录的《光禄署丞孟君浚河记》。

在南宋以降有关太湖流域的水利著作中,《三吴水利录》有其特色和价值:

首先,该书比较全面地记载了此前有关太湖流域水利的诸家之说。

归有光在《三吴水利录》卷首说:"司马迁作河渠书,班固志沟洫,于东南之水略矣。自唐而后,漕挽仰给,天下经费所出,宜有经营疏凿利害之论,前史轶之。宋元以来,始有言水事者,然多命官遣吏苟且集事奏复之文,滥引途说,非较然之见。今取其颛学二三家,著于篇。"在归有光看来,言太湖流域的水利,不可不知前人的有关论说。而前人之说,唐以前虽有《史记·河渠书》和《汉书·沟洫志》言及东南之水,但失之简略;唐宋之间,史籍又复缺载;直到宋元之后,方始见诸文献。尽管归氏对宋元以来"言水事者"评价甚低,认为"多命官遣吏苟且集事奏复之文,滥引途说",但他还是选择了郏亶、郏乔、苏轼、单锷、周文英、金藻等人的论东南水利之文,分列三卷,作为《三吴水利录》的主要构成部分。

归有光选择的人物及其论说,基本上反映了此前关于太湖流域水利问题的主要观点。

比如郏亶书二篇,系北宋时关于太湖流域水利的重要文献。郏亶,字正夫,宋神宗(1048－1085年)时昆山人。曾上书论吴中水利,"王安石善之。(熙宁)五年授司农寺丞,提举兴修两浙水利"。[①] 后因触犯地方豪族利益,被罢归。范成大《吴郡志·水利》载其事甚详。亶书第一篇专讲吴中水利自唐末以来的"六失六得",主张"去六失行六得";第二篇分析"治田利害""一论古人治低田高田之法,二论后世废低田高田之法,三论自来议者只知决水不知治田,四论今来以治田为先,决水为后,五论乞循古人遗迹治田,六论若先往两浙相度,则议论难合,七论先诣司农寺陈白,则利害易明"。亶书二篇虽终未施行,但其中议论予时人及后人影响很大,范成大称之"论议措画之说最祥""考订地里塘浦所在,至为纤悉"。[②] 因此,叙录吴中水利之说,郏亶书

---

① 连德英、李传元等:《昆新两县续补合志》卷22《郏亶传》,光绪刊本。
② 范成大:《吴郡志》卷19《水利上》,四库全书本。

二篇乃是不可或缺的。

郏乔书一篇,分析吴中水患之因在于五代钱镠时的塘浦水利系统遭到破坏以及太湖水入海之道吴淞江淤塞,主张疏浚吴淞江,并将吴中西北来水导入大江入海,以解决太湖流域的水患问题。郏乔①系郏亶之子,其说承父学而有所张大,历来也被视为讨论太湖流域水利问题的重要一家。

苏轼是北宋名臣,曾出知江南,对太湖流域水利之状比较熟悉。他曾论太湖流域水灾之因:"自庆历以来,松江始大筑挽路,建长桥,植千柱水中,宜不甚碍,而夏秋涨水时,桥上水常高尺余,况数十里积石壅土,筑为挽路乎!自长桥挽路之成,公私漕运,使之日葺不已,而松江始艰噎不快。江水不快,软缓而无力,则海之泥沙,随潮而上,日积不已,故海口湮灭,而吴中多水患。"②此论成为吴中水利学说史上的重要一说。

单锷书一篇,又名《吴中水利书》,最早由苏轼上《疏》时抄呈朝廷。单锷为嘉祐四年(1059年)进士,得第之后不就官,独乘小舟考察吴中沟渎源流、地形水势30余年。他分析吴中水灾之因一是吴江石桥,二是五堰废,三是百渎不浚,并提出了疏浚江尾菱芦之地、减少西面入太湖之水等治水措施。其说不仅对苏轼影响甚大,亦成为此后论吴中水利者多所关注的观点。《四库全书》馆臣称:"永乐中,夏原吉疏吴江水门,濬宜兴百渎,正统中周忱修筑溧阳二坝,皆用锷说。"③

金藻是明成化年间上海县人,他对"有大功劳于江南"④的永乐时治水名臣夏原吉开黄浦江持有异议,认为"黄浦不独北为淞江之害,而南又为东江之害",⑤同时就东南水利提出了治水六事,即探本源、顺形势、正纲领、循次第、均财力、勤省视。

从传世水利文献来看,以上归有光收录的诸家之说,基本上反映了宋元

---

① "乔",《吴郡志》、万历《重修昆山县志》、光绪《昆新两县续修合志》均作"侨"。
② 苏轼:《苏东坡集》卷59《进单锷吴中水利状》,四库全书本。
③ 永瑢等:《四库全书总目》卷69《史部·地理类二》,中华书局1965年版。
④ 何良俊:《四友斋丛说》卷16,中华书局1959年版。
⑤ 归有光:《三吴水利录》卷3《金藻论治水六事》,四库全书本。

以来关于太湖流域水利问题的主要观点。因此,就编纂体系和收录内容而言,该书在某种意义上是一部太湖流域的水利学说史著作。它对于我们了解宋元以来有关太湖流域水利之议以及水利建设,分析其得失成败,大有裨益。此前,元任仁发《浙西水利议答》卷六和卷七,也辑录过宋范仲淹以来苏轼、郏氏父子、单锷等人的论说,但较之归氏《三吴水利录》为简,且任书内容庞杂,尚看不出全书作为太湖流域水利学说史的特征。① 就整理太湖流域水利学说的角度来论,《三吴水利录》可称第一部此类著述。

其次,对诸家的观点有清晰的点评。

在归有光看来,前人论太湖流域水利,"其说多可行",但"未尽其理"。② 诸家究竟有哪些不合理的观点呢?归氏在《三吴水利录》中有明确的点评。尽管这些点评并非处处切要,但它对我们把握历史时期太湖流域的水利问题,颇具启发性。

比如,单锷《吴中水利书》在分析太湖流域水灾成因时,特别强调五堰废坏带来的严重影响,主张修复五堰以减西入太湖之水。归有光评曰:"宜兴单锷著书,为苏子瞻所称。然欲修五堰,开夹苧干渎,绝西来之水不入太湖,殊不知扬州薮泽,天所以潴东南之水也。今以人力遏之,夫水为民之害,亦为民之利,就使太湖干枯,于民岂为利哉!"③他在《奉熊分司水利集并论今年水灾事宜书》中进一步指出:"扬州薮泽曰具区,其川三江。盖泽不患其不潴,而川患其不流也。今不专力于松江而欲涸其源,是犹恶腹之胀,不求其通利,徒闭其口而夺之食,岂理也哉!"④归氏的这一看法是值得重视的,毕竟东南之水汇于太湖入海,乃是地势使然。邹逸麟先生指出:"太湖是由河网交错的低平洼地,而在不断下沉情况下逐渐形成并扩大的。东汉魏晋时期太湖地区出现了不少小湖泊,如游湖、莫湖、贡湖、胥湖、菱湖、射贵湖……等

---

① 任仁发:《浙西水利议答》,四库全书存目丛书本。
② 归有光:《三吴水利录》卷4,四库全书本。
③ 归有光:《三吴水利录》卷4《水利论》,四库全书本。
④ 归有光:《震川集》卷8《奉熊分司水利集并论今年水灾事宜书》,四库全书本。

等,都在今常州、无锡、苏州、江阴一带,先出现不少小湖,以后合并扩大,形成浩淼巨浸的大湖……以吴江为中心的东太湖、澄湖、淀山湖为沉降的中心,直至宋代尚在下沉。"①历史时期形成的太湖地区这种地势,诚所谓"天所以潴东南之水也"。前人即或不知太湖下沉之理,但治水当因势利导,这是需遵循的基本原则。单氏欲强使水路格局变化,实有矫枉过正之嫌。

　　五代钱镠吴越时,太湖水利有塘浦系统和圩田系统,该水利系统使得"钱氏百年间,岁多丰稔"。②但到北宋中叶,横塘已多"隳坏"。后之论吴中水利者,不少人主张恢复其旧,如郏亶就有复昔日"五里七里而为一纵浦,又七里十里而为一横塘"盛况的想法。其子郏乔又把吴中水害归结于塘浦水利系统遭到破坏。归有光对此亦多评论:"盖自宋扬州刺史王浚以松江沪渎壅噎不利,从武康紵溪为渠涇直达于海,穿凿之端自此始。夫以江之湮塞,宜从其湮塞而治之,不此之务而别求他道,所以治之愈力而失之愈远也……嗟夫!后世之论徒区区于三十六浦,间或有及于松江,亦不过浚蟠龙白鹤汇,未见能旷然修禹之迹者。"③全盘否定塘浦之修,自然有失全面,但归氏主张从根本上把握吴中水利,也是有道理的。

　　诸家论吴中水利,多引《禹贡》"三江入海,震泽底定"之说。④ 不少人认为,昔太湖入海之水仰三江通泄,今失其二,唯吴淞江尚存,而仅此一江,无法独泄太湖之水,因此需别寻治理太湖水患门径。归有光对此辨正说:"或曰《禹贡》'三江既入,震泽底定',震泽所以入海明非一江也。曰此顾夷张守节妄注地里之误。其说云:太湖一江西南上为松江,一江东南上至白蚬湖为东江,一江东北下曰娄江。不知二水皆松江之所分流,《水经》所谓长渎历河口,东则松江出焉,江水奇分,谓之三江口者也,而非《禹贡》之三江。"归有光认为,《禹贡》所谓"三江",并非指太湖之水入海有三条;其"三江"者,"特纪

---

① 邹逸麟:《太湖水利与太湖水利著作(提要)》,未刊打印稿。
② 范成大:《吴郡志》卷19《水利上》,四库全书本。
③ 归有光:《三吴水利录》卷4《水利论》,四库全书本。
④ 震泽系太湖别称。

扬州之水",为"今之扬子江、松江、钱塘江"。①他还专门绘制《禹贡三江图》及《淞江下三江口图》,并分别作《叙说》以辨明之。②基于此见,归氏认为,自古以来松江就是"独承太湖之水",治理太湖流域水患,治松江即可复《禹贡》旧迹。《禹贡》三江究竟何指,归氏之论,可别存一说。

总之,在《吴中水利录》中,归有光不仅收录了诸家关于吴中水利之说,且对其中的一些观点作了辨析,这对我们了解历史上吴中水利学说的得失仁智,有重要的参考价值。

第三,分析了太湖流域水灾的成因。

太湖流域自宋代以来灾害频繁,言水利者对成灾原因作了多方面的考察,其说各有侧重,亦多切中要害。不过,在诸多成灾原因中,既有各时期相同的自然方面的因素,也有某一时期新出现的问题。因此,前人的分析,可资后人参考,但并不能代替后人的思考。归有光《吴中水利录》在前人对太湖流域水患原因探讨的基础上,分析了明中期的基本情况,其结论颇切当时实际。

归有光《三吴水利录》卷四《水利论》曰:"吴地瘠下,水之所都,为民利害尤剧。治之者皆莫得其源委。禹之故迹,其废久矣。吴东北边境,环以江海,中潴太湖,自湖州诸溪从天目山,西北宣州诸山溪水所奔注,而从吴江过甫里,经华亭入青龙江以入海。盖太湖之广三万六千顷,入海之道独有一路,所谓吴淞江者。顾江自湖口距海不远,有潮泥填淤反土之患。湖田膏腴,往往为民所围占而与水争尺寸之利,所以松江日隘。议者不循其本,沿流逐末,取目前之小快,别浚浦港以求一时之利,而松江之势日失,所以沿至今日,仅与支流无辨,或至指大于股,海口遂至湮塞。此岂非治水之过与!"此段文字,比较集中反映了归有光对当时太湖流域水害成灾原因的看法。细细分析,归氏之论有四端:其一,"吴地瘠下",东北边境环以江海,周围诸山溪水汇聚于此,此一地理因素是导致吴中水患尤剧的根本原因。其二,太

---

① 归有光:《三吴水利录》卷4《水利论》,四库全书本。
② 归有光:《三吴水利录》卷4,四库全书本。

湖水域广阔,但入海之道惟赖吴淞江一路。因海水顶托,潮泥淤积,吴淞江日渐束狭,太湖排水不畅,致吴中水患频发。其三,湖田乃膏腴之地,豪民围占而与水争地,加剧了作为太湖唯一入海通道的吴淞江"日隘"的程度。其四,议吴中水利者,大多关注别"浚浦港以求一时之利",而忽视了吴淞江的问题。结果治标不治本,吴中水患仍然日益严重。归氏所论明中叶太湖水患四大原因,包含了自然和人为二方面因素,而核心则在乎吴淞江。

将太湖地区水患与吴淞江联系起来考察,其来有自。《宋书·始兴王浚传》就有"松江沪渎壅噎不利,故处处涌溢,浸渍成灾"之说。① 北宋郏乔、苏轼等均有相关之论。元代,太湖流域水患愈趋严重,《元史·河渠志》也归因于吴淞江"湮塞不通"。元朝著名水利专家任仁发在《浙西水利议答》中,更是极论吴淞江与太湖水患之间的直接关系。② 因此,归有光关于太湖流域水灾原因的分析和把握,实际上与前人的观点在诸多方面是一致的。他的成灾原因分析的贡献,不仅仅在于重新论证和强调了吴淞江对太湖流域水患的直接对应影响,更体现在两个方面:一是说明了吴淞江问题直至明代中期不仅没有解决,相反愈益严重。据称"古者江狭处犹广二里",归有光居安亭时,"问之百岁老人云,往时(吴淞江)南北渡,一日往来仅一二回,可知古江之广也"。但在明中叶,吴淞江已是"仅与支流无辨",无复昔日水势洪壮之貌了。二是指出了明代中期导致吴淞江因束狭而泄水不畅的关键在于江口淤塞和豪民占据湖田。他说:"湖水自西而下,而海之潮自东而上,清流不能胜浊泥之滓……今自下驾以来,(吴淞江)仅仅如线,而茭蒲葭菼生其中,下流入海之跄口不复通矣。"③在豪民占据湖田的问题上,归有光在《寄王太守书》中说:"旁江之民积占茭芦,皆以告佃为名,所纳斗升之税,所占即百顷之江……昔宋时围田皆有禁约,今奸民豪右占江以遏水道,更经二三年,无吴

---

① 沈约:《宋书》卷99《列传》,中华书局2000年版。
② 任仁发:《浙西水利议答》,四库全书存目丛书本。
③ 归有光:《震川集》卷8《光祠署丞孟君浚河记》,四库全书本。

淞江矣。"①归氏认为,在此问题上官府也有不可推卸的责任。他说:"议者不究其本因,见沿江种芦苇之利,反从而规取其税,自甪直浦、索路港诸地,悉为豪民之所占。向也私占而已,今取其税,是教之塞江之道也。"②总的来看,归有光关于太湖流域水灾原因的分析,中心突出,基本把握了问题的关键,也符合明中叶的实际情形。

第四,提出了治理太湖流域水患的基本思路和具体措施。

在分析太湖流域水灾原因的基础上,归有光提出了自己的治水主张。他在《水利论》中说:"禹治四海之水,而独以河为务,此所谓执其利势者。故余以为治吴之水,宜专力于松江;松江既治,则太湖之水东下,而余水不劳余力矣……独治松江,则吴中必无白水之患,而从其旁钩引以溉,田无不治之田矣。然治松江必令阔深,水势洪壮与扬子江相埒,而后可以言复禹之迹也。"就是说,在归有光看来,治理太湖流域水患的重点应该是专治吴淞江,保证它有阔深的水道和洪壮的水势。这一看法,在其多篇论及吴中水利的文章中,被反复提到。如《奉熊分司水利集并论今年水灾事宜书》中曰:"以一江泄太湖之水,力全则势壮,故水驶而常流,力分则势弱,故水缓而易淤,此禹时之江所以能使震泽底定,而后世之江所以屡开而屡塞也。松江源本洪大,故别出而为娄江、东江。今江既细微,则东江之迹灭没不见,无足怪者。故当复松江之形势,而不必求东江之古道也。"在《论三区赋役水利书》中,归氏又言:"吴淞江为三吴水道之咽喉,此而不治,为吾民之害,未有已也。先时言水利者,不知本原,苟徇目前,修一港一浦以塞责而已。必欲自原而委,非开吴淞江不可。"③

归有光的治水主张,以疏浚吴淞江为核心,这与归氏关于吴中水患原因的分析是一致的。以往,并不是没有人提出并实施疏浚吴淞江以解吴中水患,但如归氏视之为唯一要务的人,尚为少见。在疏浚吴淞江的具体措施

---

① 归有光:《震川集》卷8《寄王太守书》,四库全书本。
② 归有光:《震川集》卷8《论三区赋役水利书》,四库全书本。
③ 归有光:《震川集》卷8《论三区赋役水利书》,四库全书本。

上,归有光也提出过一些切实可行的意见,如"责所占之人,免追花利,止令随在开挑,以复旧迹,则官不费而奸有所惩矣",①"用前人之法,召募饥民浚导松江,姑且略循近世之迹,开去两岸茭芦",②等等。

归有光在其《三吴水利录》中提出的治水思路,后人评价甚高。《四库全书》馆臣曰:"有光居安亭,正在松江之上,故所论形势,脉络最为明晰。其所云宜从其湮塞而治之,不可别求其他道者,亦确中要害。言苏松水利者,是书固未尝不可备考核也。"③近人钱邦彦更有"自来言吴中水利者……惟震川氏最为近之"之誉。隆庆三年(1569年),海瑞巡抚应天十府,采纳归有光治水思路,疏浚吴淞江,大见成效。④丁元正《修复震川先生墓记》说:"其所著《三江》《水利》等篇,南海海公用其言,全活江省生灵数十万。"说明归有光的治水主张的合理性,在实践中也有过检验。

综上言之,归有光《三吴水利录》在南宋以降有关太湖流域的水利著作中,是一部有自己特色和价值并值得关注的作品。归氏在书中提出的治水主张,不仅在历史时期发挥过作用,对我们今天太湖流域的水利工作,亦多借鉴之处。

原载《安徽师范大学学报(自然科学版)》2008 年第 1 期
(本文与唐萌萌合作)

---

① 归有光:《震川集》卷 8《寄王太守书》,四库全书本。
② 归有光:《震川集》卷 8《奉熊分司水利集并论今年水灾事宜书》,四库全书本。
③ 永瑢等:《四库全书总目》卷 69《史部·地理类二》,中华书局 1965 年版。
④ 连德英、李传元等:《昆新两县续补合志》卷 26《归有光传》,光绪刊本。

从控制论看明代的通货膨胀

洪武八年(1375年)明政府正式发行大明宝钞后,数年之间钞法"已渐坏不行"。① 从洪武到宣德,宝钞币值下跌惊人,与金银的官定比价一落千丈,以致"钞滞不行"。② 此后,"银日盛而钞日微",③至弘治、正德间,宝钞终于退出流通领域。明代钞值跌落和钞法废止过程,也是通货膨胀的过程。本文试从控制论的角度,探讨明代的通货膨胀。

经济控制论对经济问题的分析和研究,从建立模型的目的出发并以所建模型解释和解决各种经济问题为终结。

经济控制论系统的模型各种各样。其中系统框图是系统功能模拟方法之一。建立系统框图首先必须明确系统的边界。它是根据不同研究对象而将其与周围环境划开的假想线。所建框图包含的系统元素,并非是系统所具的全部元素,只是选择其中对系统结构和功能起比较重要作用的元素。

下图试建立明代纸币流通系统框图。

---

① 顾炎武:《日知录集释》卷11《钞》,上海古籍出版社1985年版。
② 张廷玉等:《明史》卷81《食货》,中华书局1974年版。
③ 顾炎武:《日知录集释》卷11《钞》,上海古籍出版社1985年版。

图例：

M：环境　K：干扰　S：被控系统　X：系统原来状态中的货币量

R：控制器　Q：调节器　J：反应器　X1：输入变量　Y：输出变量

Z：对被控系统直接产生影响的随机因素　△X：控制器输出变量

V：欲达到目的　U：调节器输出变量　――――：系统边界

M指环境。它是与纸币系统存在着一定耦合的介质的集合。譬如政治体制、军事制度、地理疆域、风俗习惯等。它们对纸币流通系统的作用，可以是对其中一个元素施加一个力的形式，也可能是对整个系统的作用。同时，系统对环境介质也起着作用。因明代纸币流通系统与环境存在着耦合，故此系统为开放系统。

S是被控系统，指大明宝钞的流通量及其与需求量的平衡。它受纸币的发行量R的控制。控制器R输出变量△X，△X为控制器发行的纸币量。它与系统原来的纸币量叠加后（用符号⊕表示），向S输入变量X1，X1为纸币的实际流通量。通过S的变换，输出变量Y，Y指大明宝钞流通量与需求量不平衡程度。这种不平衡程度高低，主要是货币发行量大小的问题。它是通货膨胀的终结原因所在。

被控系统S同时又受到随机因素Z的影响。这种随机因素包括大明宝钞的自然毁坏和各种情形下（如水灾等）宝钞的销毁。正统九年（1444年）五月山西巡抚吉庆奏："司库官钞六十余万朽烂成灰，乞差官查理追究。"[1]皇帝

---

[1] 王圻：《续文献通考》卷10《钞》，商务印书馆1936年版。

就令巡抚于谦整理。明年谦奏所贮钞自洪武间积聚到今,以致毁坏。① 倒钞法的出现,实际就是为了避免这种随机因素。总的说来,它对流通量影响不大。

Y被反应器J显示。反应器J产生表纪被控量Y大小的信号,具体是指钞价(大明宝钞与金、银、铜钱等金属货币的比价)和物价(钞计商品价格)。同时J又可作为控制过程有效性的判据。J输出的信号,输入调节器Q。在明代纸币流通系统中,国家直接充当了调节器。调节器收到信号中,既有反映被控量Y大小的信号,又有各种干扰K带来的噪声。调节器Q根据收到的信号,又参据所欲达到目的值V,将不协调情况的情报信息,校正为控制信息,输出变量U。U是国家一系列决策和要求,其中包含有信息Y的情况。控制器收到调节器信号U后,通过变换,再输出变量△X,与X叠加。如此循环,形成一个闭环反馈的控制论系统。这就是明代纸币流通系统的控制过程。

纸币流通的过程,实际是调节和控制的过程。对于闭环反馈的控制论系统而言,调节和控制是否成功,主要依赖于信息的传输。明代纸币流通系统失控,出现通货膨胀的第一原因是干扰过大和信息传输失真。

其系统干扰来自四个方面:系统外部干扰、系统本身干扰、控制干扰和自然干扰。系统外部干扰主要是指环境介质的影响。比较重要的介质有:(1)战争。明初军事行动极为频繁。对辽东纳哈出的战争旷日持久。云南直至洪武十四年(1381年)方由沐英、蓝玉等攻下,此后"西南夷屡叛,用兵无虚岁"。② 成祖"四征北虏,三下南交舟车之地"。③ 在此赫赫武功背后,是军费的大量靡费。另有对国内敌对者反抗的镇压。如"麓川之役,大费财力,骚动半天下。比再出兵,亦复虚耗"。④ (2)土木工程。朱元璋建国甫定,寺

---

① 王圻:《续文献通考》卷10《钱币四》,商务印书馆1936年版。
② 郑晓:《今言》卷3,中华书局1984年版。
③ 王世贞:《弇山堂别集》卷1《成祖功德》,中华书局1985年版。
④ 郑晓:《今言》卷4,中华书局1984年版。

观、官署等屡有兴作。① 永乐间的土木工程,规模浩大,耗资极巨。如营建北京,大青一斤需支二万贯钞,而所用不足以供一柱一椽之费。② 前后近廿年建筑,不知耗财多少。(3)皇帝的巡幸。永乐帝好武,经常出巡各地。每次巡行,大赏随从。沿途供应,费钞甚众。③ (4)还有各地因多种原因,常发生水、旱灾和饥荒。明廷通常采取赈济的应急措施,发放大明宝钞。因为赈济可以显示皇恩浩荡,是以史书对此记载较为详备。因备荒而出钞籴粮,也属于这种干扰。(5)政府机构的日益庞大。随着争雄战争的结束,1368年建立了一个机构庞大的明帝国。在这过程中,政府机构日渐完善。朱元璋通过征召、科举等途径,培养了庞大的官僚集团。明初规定,官俸米钞兼支。④ 皇室对官吏的赏赐亦大多用钞。僧道人数日增,增加了国家的财政负担。⑤ 成为系统的外部干扰之一。

明中央政府为应付如上的开支,在入不敷出的情况下被迫作财政性纸币发行。这种单纯从财政角度出发的措施,对控制纸币发行和流通起严重的干扰作用。无限制的投放纸币,以致流通中钞价锐跌,出现通货膨胀。如上数点,也是系统所具的约束条件。这种约束,即是指纸币流通系统所达到某种状态所受的限制。

影响一个系统的干扰,不仅来自系统外部,也来自系统内部。

根据控制论的观点,明代纸币流通系统的控制方式可视为信息反馈控制。系统框图表明了这一观点。充当调节器的国家政权(Q)和作为控制器的纸币发行(R)共同组成的控制部分,吸收了受控部分(S)的实际行为信息Y,从而补充原先的控制程序的输入($X1=\triangle X+X$)。这种控制方式即为信息反馈控制。

---

① 单士元、王璧文:《明代建筑大事年表》,中国营造学社1937年版。
② 《御选明臣奏议》卷2《邹缉:三殿灾请修时政疏》,民国聚珍版丛书;又见《西园闻见录》卷92《工部六·工作》。
③ 王世贞:《弇山堂别集》卷16《巡幸考》,中华书局1985年版。
④ 张廷玉等:《明史》卷82《食货·俸饷》,中华书局1974年版。
⑤ 郑晓:《今言》卷3,中华书局1984年版。

利用信息反馈进行的控制，比起硬性控制大大增加了系统的稳定性，提高了控制的有效性。但它要求在处理信息过程中，既要保证静态上的准确性，又要保证动态上的准确性。否则，沿着信道传输的信息，可能失真，甚至面目全非。信息的失真必然影响到控制的功能，严重的将使系统失控。

来自明代纸币流通系统的内部干扰首先是信息系统编码上的差误大。明代疆域广阔，各地自然条件殊异，生产力发展很不平衡。北京地区"水陆之所产，卓荦繁盛"，①湖广地区则出现"溪山胶结，而居民稀少"②的景象。明人谢肇淛谓北方田地收入"视之江南，十不能及一也"。③ 自然条件和生产力发展程度的差异，使各地物价地区性倾向明显。而且各地区所受自然灾害不同，地方官对此的应变能力也不同。在此情况下，各地方零星上报的物价很难全面体现国内市场大明宝钞的实际流通量。

即使地方官偶尔零星地将宝钞流通情况和物价上报中央，朝廷也经常采取不闻不问的态度。如前引邹缉奏疏，便未引起注意。这属于译码中的误差。

明纸币流通系统的信息传输能力很低。信道狭窄，无严格的物价上报制度，只是在地方官的奏疏中偶尔提到。奏疏是物价信息的唯一载体，而在中央部门又缺乏相应的技术手段作综合考察。向朝廷进奏者，需一定的品位。这些品官又是从低级官吏报告中得到信息。物价的层层上报，使传输物价的信道串联多，从而失误亦大。

明纸币流通系统的信息传输，由于其有上述编译码中的错失及信道单一狭窄、传输能力低，所以信息传输失真严重。有效的控制必须依靠反馈信息，其传输效率是控制至关紧要的问题。严重的信息失真，导致了明代纸币流通系统的失控。由此钞值锐跌，出现严重的通货膨胀。

另外，作为反应器(J)的钞价，不能完整反映钞的流通量，对控制系统的

---

① 孙承泽：《天府广记》卷41《明翰林李时勉北都赋》，北京古籍出版社1984年版。
② 朱国祯：《涌幢小品》卷15《编户》，中华书局1959年版。
③ 谢肇淛：《五杂俎》卷4《地部》，中华书局1959年版。

控制造成障碍。

一方面,从钞价看,钞发行过多,以致钞价低落,呈现通货膨胀的局面。另一方面,军吏支俸等又不够钞。弘治十五年(1502年)马文升提请在西安城四门设关收钞,备"官军折色俸粮支用"。① 正统九年(1444年)因钞不敷支用,军饷有以粮银折支的。② 而此时钞价仍在下跌。

系统的第三种干扰是控制干扰。它包括:(1)交通不便。明人吕坤曾描述过行路之难。③ 明疆域广阔,借助于畜力往返很是不易。明初空印案之起,客观原因由于交通不便。④ 朝廷的决策因地方信息上输缓慢而受到干扰。(2)行政效率低,政府机构运行不灵。亭林指斥明政府人浮于事现象说:"以文册言之,一事必报衙门,往复驳勘必数次。"⑤ 一般的官员,知事不可为,采取应敷的态度。明成祖时,御史邝埜疏通钞法事,表明君臣上下心照不宣,互相敷衍。⑥ 政府机构这种状况成为控制干扰之一。无严格的物价上报制度和缺乏收集、整理、储存及分析信息的技术手段。物价及钞价唯一的上报通道是臣下的奏疏。它既零星、不全面,又因并非专报物价和钞价,只是用来佐证自己的观点,难免有不同程度的失实。

系统的第四种干扰是自然干扰。它表现为:(1)官吏的舞弊行为。如官吏借新旧钞差价渔利,致"钞法益滞不行"。⑦ 势要之家、权贵宠臣又借卖钞猎利。正德时钱宁至浙江卖钞三万,被左布政使方良永弹劾。⑧ 尽管政府三令五申,并施以重刑,⑨但卖钞渔利事不能根绝。官吏的舞弊行为,影响了货币流通系统的正常控制。(2)地方官不敢说真话,不愿戮力办事。黄绾指责

---

① 《御选明臣奏议》卷10《巡抚事宜疏》,聚珍版丛书本。
② 王圻:《续文献通考》卷10《钱币四》,商务印书馆1936年版。
③ 吕坤:《实政录》卷4《治民之道》,四库全书本。
④ 明人郑士利言空印事(《明史》卷139《郑士利传》)。
⑤ 顾炎武:《顾亭林诗文集》卷1《郡县论六》,中华书局1959年版。
⑥ 傅维麟:《明书》卷81《钞法》,丛书集成初编本。
⑦ 王圻:《续文献通考》卷10《钱币四》,商务印书馆1936年版。
⑧ 张廷玉等:《明史》卷201《方良永传》,中华书局1974年版。
⑨ 《大明会典》卷31《钞法》。

明守令"皆为名利所驱"。① 洪武十八年(1385年)朝廷对天下布、按二司及府、州、县朝觐官凡四千一百十七人考核政绩,结果称职的仅占20%强。② 前引邝埜出查事,同样表明了官吏的态度。这种情况使地方信息难以传达中央,影响了政府的控制效果。(3)官定价格使物价难以准确反映纸币流通情况。明政府为稳定钞值,曾几次硬性规定物价。这就使发出信号(物价)与接收信号(钞的流通情况)出现差异,控制论中称之为"信号畸变"。不明察这种情况,或受其蒙骗,就会产生钞量正常的错觉,干扰了对系统的控制。

明代纸币流通系统失控的第二原因是有效性控制手段不足。

由于明初即造成严重通货膨胀,因此明代纸币流通系统控制目标的实现,已不单纯只是一个稳定性的问题。它必须用负反馈以使已经偏差的系统达到平衡。但明政府的所有措施,最多只是使控制系统稳定在某一特定水平上,并未意识到偏差的存在。于是出现这种情况:有时控制结果趋近于平衡状态Y,而Y与所欲值V并不相同,甚至相差很远。系统已达的稳定水平与标准水平之差,用字母∑表示,∑叫作"系统的静态偏差"(∑=Y-V)。这时系统所要处理的问题是某种一定程度的"系统误差"。修正误差有两种可能:(1)纠正输入量;(2)改造控制部分。

要改造由专制国家直接充当调节器的控制部分,是不可能的。明政府也根本未在此作过努力。因此修正"静态偏差"只有改变输入量。

事实上,明政府的控制措施也未从此入手。

第一,禁金、银、铜钱之用。它有利于加强钞的流通,但非长久之计。因为钞法不行,由于钞发行无度,而不在金属货币币值的上涨。强制性禁令,并没有解决钞量的问题,无法挽回钞价下跌及进而导致的通货膨胀的后果。反而出现两种情况:(1)民间私以金银交易,使刑狱繁滋。③ (2)使民间实际交易退回到物物交换。它妨碍了正常的经济生活和商品经济的发展。

---

① 黄绾:《明道编》卷4,中华书局1959年版。
② 《明太祖实录》洪武十八年正月条。
③ 顾炎武:《日知录集释》卷11《钞》,上海古籍出版社1985年版。

第二，户口食盐法。它对加快钞的流通和在一定程度上收缩通货起着作用。但它收钞后并未控制投放量。因而这种措施仍然无法从根本上纠正"静态偏差"。正统时，令民自买食盐于商，而盐钞不除。后条编法行，编入正赋。① 户口食盐法致此成为收刮之举。

第三，赎罪罚钞法。它增加了纸币的回收渠道，但仍未从改变输入量入手。于是出现钞价锐跌，赎罪钞数直线上升的现象。

第四，倒钞法。它是纸币流通的必要措施之一。但它不涉及输入量，弊端同上例。而且至万历时已"莫可究结"，②使钞法进一步阻滞。

第五，商税钞关法。其确为敛钞方法之一，目的也在钞法疏通。但它同样不能控制投放渠道，没有真正起到收缩通货的作用。明代多有指责其害商病民者。③

综上明政府五项主要控制手段看，均从敛钞角度出发。固然"钞之弊在多"，④控制钞量第一步须敛钞。在明代纸币流通系统中充当调节器的国家政权，利用其地位敛钞，对系统的控制起了一定的调节作用。但敛钞而不控制投放渠道，不能有效控制纸币的实际流通量。明纸币控制系统出现的"静态偏差"需从改变输入量纠正。五项措施均不涉及此，最后出现失控的局面。因发行无度而不可避免地宝钞贬值，导致通货膨胀，影响了商品流通，终于使钞法"不可行而止"。

原载《社会科学家》1986 年创刊号

---

① 何孟春：《余冬序录摘抄》4《外篇》，丛书集成初编本。
② 《神庙留中奏疏汇要》卷 1《户部尚书李汝华疏》。
③ 孙承泽：《天府广记》卷 13《钞关》；顾炎武：《日知录》卷 11《钞》。
④ 丘濬：《大学衍义补》卷 26《铜楮之币》，四库全书本。

明初"工部造钞屡不就"考

傅维麟《明书》卷八十一《钞法》云：洪武初年，"工部造钞屡不就"。考之《明太祖实录》，明政府于洪武七年九月辛未(1374年10月14日)即设宝钞提举司，下辖钞纸、印钞二局，专司"大明宝钞"之印造。而直到洪武八年三月辛酉(1375年4月2日)始立钞法，发行六等大明宝钞，耽搁时日颇久。因此，傅氏"造钞屡不就"之说，实有据而发。

就明初造纸、雕版、印刷水平而言，印造大明宝钞并不存在技术方面的障碍。从现存有关大明宝钞的资料分析，其"屡造不就"的真正原因，是当时"钞料"的匮乏。

据《金史·食货志》《元史·食货志》记载，金交钞、元钞均以"桑穰"为料。《天工开物》卷中《杀青》云："又桑皮造者曰桑穰纸，极其敦厚。"其坚韧耐磨的特性，适宜于纸币的周转流通。大明宝钞亦同。《明太祖实录》卷九十八"洪武八年三月条"称："辛酉朔，诏造大明宝钞……取桑穰为钞料。"虽然，《明史》卷七十八《食货》称，明太祖朱元璋立国伊始，即提倡百姓种桑。因此，工部采办桑皮当非难事。但桑皮之采办，受到了季节性的限制。据《艺文类聚》卷八十《桑》，又《事类赋》卷二十五注引，桑皮之剥取须在春末夏初。明政府于洪武七年九月设宝钞提举司，印造大明宝钞，恰非取桑皮之时。实际上，宝钞提举司一时无法获得造钞的主要原料。因此，直到第二年开春后,才解决了"钞料"问题,正式发行大明宝钞。此后,据《大明会典》卷三十一《钞法》记载,明政府规定:"宝钞提举司每岁于三月内与工印造,十月内住工。"这一段时间,正是春末夏初剥取了桑皮之后。

《明季北略》卷十九《捣钱造钞》云:崇祯时,"工部查二祖(明太祖、明成祖)时典故,造钞工料,纸六皮四。皮者,桦皮也。产于辽东"。即此可知,洪武、永乐年间所造大明宝钞,尚有桦皮作为重要原料。在洪武七年以前,辽东一带战事频仍,纳哈出及其他少数民族部落骚扰不断。而要从这片不宁静的地区采办大批桦皮,并且千里迢迢运到当时的京城南京,当非一时三刻可就。这也是当时"钞料"不备,以至屡造未成的一个方面。洪武八年之后,明政府对辽东控制逐渐稳固,并在同年十月设立了辽东都指挥使司,客观上有利于"钞料"桦皮的采办。

此外,作为"钞料"一部分的普通纸浆不足,也影响到了大明宝钞的及时印造。

明人陆容在其笔记《菽园杂记》卷十二中说:"闻之故老云:洪武年间,国子监生课簿仿书按月送礼部。仿书发光禄寺包面,课簿送法司背面起稿。惜费如此。"从中固然反映了明政府在用纸方面的节俭。但也透露了明初普通纸浆的缺乏而导致社会用纸的紧张。大明宝钞屡造未成,与此极有关系。直至后来,明政府以太学生课簿"捣而制之",解决了印造大明宝钞的又一"钞料"来源问题,才最终造成了大明宝钞。这一点,《明书》卷八十一《钞法》条中亦有反映:"工部造钞屡不就,太祖一夕梦神,告以当以秀才心肝为之。既寤,未得其计,因语孝慈皇后曰:'神岂杀士子为耶?'后曰:'不然,士子苦心程业,其文课即心肝也。'太祖喜曰:'得之矣。'明日取太学生课簿捣而制之,遂成。"傅氏以神灵附会自不足道。但此中也说明:大明宝钞迟迟未能面世,缘于"钞料"缺乏之故。

明初,工部因无法即时筹办妥当印造大明宝钞的"钞料",包括桑皮、桦皮等原料,遂致成"屡造不就"的局面。

原载《安徽金融研究》1989 年增刊

"诗、书、画三绝"的文征明

文征明(1470—1559年),初名璧,更字征仲,别号衡山,学者称"衡山先生"。明代苏州府长洲人。他与祝允明、唐寅、徐祯卿齐名,号称"吴中四君子"。[①] 其时,四子各擅绝艺:祝允明工书法,唐寅善绘画,徐祯卿精诗文,而文氏则兼有其长,被后世誉为"诗、书、画三绝"。这位具有传奇色彩的明代文坛宗师,人生的真实经历也是颇多坎坷的。

优裕的家境　一流的师长

据文嘉《先君行略》及王世贞《文先生征明传》记载,文氏的远祖姬姓,裔出西伯。自汉朝成都太守文翁开始,成为蜀中著姓。后唐庄宗时(923—926年),轻车都尉文时从成都迁徙到庐陵。文时传11世至宋朝宣教文宝,文宝又迁居到了衡山,文征明就是衡山这一支的后裔。后来,文征明之所以号衡山,便是由于祖先曾为衡山人的缘故。从文征明的祖父文洪开始,吴中文氏开始振兴。文洪的儿子文林与文森,继承乃父事业,读书应考,结果是"青出于蓝而胜于蓝"。

文征明的家境,与"吴中四才子"中的其余几位相比,算得上是"丰饶"之

[①] 张廷玉等:《明史》卷286《文苑传》,中华书局1974年版。

家了。文征明从小受到了良好的正统教育。他的成才以及一生的性格特征,都与其家庭教养有着密切的关系。在文征明3岁时,其父文林就考中了进士,第二年秋出任永嘉县知县。不过,文征明的天赋则比不上祝允明和唐寅。后二位在幼年时即以"聪慧绝伦"出名,而据王世贞撰《文先生征明传》说:"先生生而外稚,八九岁语犹不甚了了,或疑其不慧。"但文林看中的是后天的调教。就在文征明"稍长"后,文林就四处给儿子延请名师。经过多年的苦学,文征明终于克服了先天不足,出落成一代才子。

据史籍记载,在文征明的求学生涯中,有三位老师对他的影响最大。

第一位是吴宽。吴宽,字厚博,苏州府长洲人。成化八年(1472年)会试、廷试皆第一,授修撰。历任吏部右侍郎、礼部尚书等职。吴宽的文章,时人特别推崇,称之"诗文有典则"。成化十四年(1478年)吴宽丁忧回到了长洲。文征明的父亲与吴宽是"同年进士",交谊深厚,于是文林即令9岁的文征明拜在吴宽的门下。吴宽将自己平生钻研的古文心法悉数传给了文征明,并在公卿间到处为之延誉。文征明不仅在诗文方面继承了乃师吴宽的衣钵,而且在行为处世方面深得吴宽的遗风。《明史》卷一八四《吴宽传》说:"宽行履高洁,不为激矫,而自守以正。"文征明一生的处世交往,也是清操自守。

第二位是李应祯。弘治元年(1488年),文林由山东博平知县调任南京太仆寺寺丞,19岁的文征明随父到南京,得以拜见当时以书法闻名天下的南京太仆寺少卿李应祯。据说,李应祯"博学好古",才学冠绝一时,但性格刚介,极少有对人称许的时候。不过,他唯独对文征明十分器重;文征明亦执弟子礼,时时请益。李应祯将他毕生揣摩的心得和笔法,全部传授给了文征明。后来,文征明以"诗、书、画三绝"饮誉文坛,其中"书"就是李应祯打的根基。

第三位是沈周。沈周,字启南,苏州府长洲人,一生隐居不仕。据行家评点,沈周的画为"明世第一"。弘治二年(1489年),20岁的文征明在"双蛾僧舍"拜见了63岁的沈周,开始跟随沈周学画。耳濡目染,文征明的绘画技巧提高极快,很快到达了当世一流画家的水平。

吴宽、李应祯、沈周于诗文、书、画各有所长,是当时一流的顶尖高手。文征明师从三位名师,再加上深沉的悟性,终于尽取其长,形成了"诗、书、画三绝"的特色。《四友斋丛说》作者何良俊说:"余至姑苏,在衡山斋中坐,清谈尽日,见衡山常称我家吴先生、我家李先生、我家沈先生,盖即匏庵、范庵、石田。其平生所师事者,此三人也。"可见吴宽、李应祯、沈周三人对文征明的影响之大。

落榜的考生 失意的"待诏"

尽管文征明在诗文、书、画方面有超群的才华,但明朝科举取士要求写八股时文,阐释《四书五经》,所以文征明的特长在科举场上无用武之地。弘治八年(1495 年),26 岁的文征明以府学生员的身份参加乙卯科乡试,结果名落孙山。这次科举考试失利,对文征明是一次沉重的打击。他虽感到懊丧,但当时并没有失去对科举考试的信心。弘治十一年(1498 年),文征明又一次赶考,却再一次落榜。这次失利,较上一次的打击更甚。文林当时刚到温州任知府不久,得知文征明参加科举考试失利的消息后,立即写信安慰儿子。文林的信对文征明是一种鼓励和安慰,令儿子继续有勇气和信心在科场上拼搏下去。从弘治八年(1495 年)到嘉靖元年(1522 年),文征明连续 10 次参加乡试,其"勇气"与"信心"良可嘉叹。然而,科场 30 年,从乌发到白头,失望总是紧跟在希望之后,最终他还是没有取得"举人"的资格。文征明屡试不第的原因,是他不肯放弃自己的个性以迎合时尚,结果自然不被当时的社会所认同。在屡试屡败的情形下,文征明还是"益肆力为古文词"。因此,他虽然在科场上不能扬眉吐气,而在当时的文人圈中则是名气如雷贯耳。

嘉靖二年(1523 年),54 岁的文征明因江苏巡抚李充嗣的推荐,以"岁贡"的身份晋京,开始了他一生中仅有的 4 年仕宦生涯。

当年二月二十四日,文征明打点行装,雇船走水路北上。四月十九日,文征明到达北京,寄寓在至交王绳武处。翌日,便到礼部投文,预备参加闰四月初的岁贡生考试。闰四月初二日,在岁贡生考试的前两天,嘉靖皇帝优旨授文征明翰林待诏一职。

据文嘉《先君行略》说,文征明到翰林院就职后,翰林院中大部分官员都"推服"文氏。按照明朝翰林院的惯例,翰林院中诸公座次,以入翰林院时间之先后而定。文征明在当时入翰林院最晚,因此按惯例当在下座。然而翰林院诸公敬佩文征明之才,又因文氏年岁居长,因而共推其上座。

其后二年,文征明奉旨预修《武宗实录》,侍讲经筵,也经常能得到皇帝的嘉奖和赏赐,仕途风平浪静。当时,任用和提拔官员,十分讲究其"出身",即有没有科举功名。像文征明这种以"岁贡"身份入仕的人,很难受到重用。因此,时间一长,文征明对在京做官渐觉乏味,有了辞官归家的念头。这时,有二位内阁重臣存心要拉文征明一把,一位是张璁,一位是杨一清,他们都是文林的至交。但文征明不愿意靠拉关系而作为晋身之阶。据《明史》卷二八七《文征明传》记载,杨一清曾与张璁商量,准备升迁文征明的官职,然而文征明却提出了辞官归家的请求。嘉靖三年(1526年),京城中发生了轰动一时的"大礼仪"事件,令文征明去意更决。

明世宗原是兴献王朱祐杬的长子,16岁时正式袭封王号。正德十六年(1521年)三月十四日,年仅31岁的明武宗因荒淫无度而早早告别了尘世,死后没有留下子嗣。在内阁首辅杨廷和的提议下,明世宗以藩王的身份入继大统,成为明朝第13代皇帝。其后,在如何对待明世宗生身父母问题上,世宗与众大臣发生了激烈的争执。嘉靖三年七月,明世宗在翰林学士张璁、桂萼的支持下,正式宣布称生身父母为"皇考恭穆献皇帝"和"圣母章圣皇太后"。七月十五日,早朝之后,200余名高级京官聚集在顺门,齐声大哭,要明世宗收回成命,在"皇考恭穆献皇帝"和"圣母章圣皇太后"前加上"本生"二字,以示区别于明武宗的尊号。明世宗大怒,当场下令逮捕134人,另外86人"待罪"。二天以后,锦衣卫请示处理在押百官的办法。明世宗下令四品以上官员俱"夺俸",五品以下官员俱"杖之"。结果,编修王相等180余人各杖有差,其中17人因受杖过重,先后死亡。这就是当时震惊朝野的"大礼仪"事件。

"大礼仪"事件发生时,文征明正供职于翰林院。本来,文征明每天必去早朝,从不间断。在六七月间,他不小心跌伤了左臂,请假月余,因此七月十五日百官聚哭于顺门的行动,他没有参加,结果也就免了挨一顿板子。不过,作为这次事件的亲眼目睹者,文征明的内心受到了极大的打击。他感叹道:"吾束发为文,期有所树立,竟不得一第,今亦何能强颜久居此耶?况无所事事,而日食大官,吾心真不安也!"强颜承欢,并不是文征明的天性。倘若倔强为官,就要挨板子,甚至丢了性命,这官做久了又有什么意思?因此,从"大礼仪"事件之后,文征明更坚决地提出了辞职的请求。不久,他便辞官南下,结束了在北方的4年官宦生活。

"洁行"的处世　率真的个性

在"吴中四才子"中,祝允明与唐寅都以近女色而出名,而文征明则绝然相反。就女色而言,文征明与祝允明、唐寅有若薰莸不同器。不过,文征明的为人处世,同祝氏等却有相似之处。

首先,文征明最严于义利之弊,从不妄收钱财。弘治十三年(1449年),文林在温州知府任上有疾。消息传到吴中文府,文征明即携医赶赴温州。六月九日,他抵达温州,而文林已于前三日去世了。温州府各属县赠银千两送文林柩行,征明辞曰:"父亲任知府,未贪取一毫,今不幸病故,可谓一生正大光明。我若接受赠银,对不起死去的父亲。父亲堂堂正正去了,我作为儿子岂能不堂堂正正活吗?"坚决不接受温州府僚及县大夫的馈赠。温州人怀念已故知府文林的功绩,感于其子文征明严以律己的行为,特构筑"却金亭",以示敬佩文氏父子的高风亮节。嘉靖六年(1527年),58岁的文征明辞官回到苏州后,在这座美丽的江南城市一直生活到寿终正寝。据文嘉《先君行略》说:文征明"居家三十年,凡抚按诸公馈遗,悉却不受……家无余资,而于故人子弟及贫亲戚赒之尤厚"。文征明乐善好施,于"钱财"二字看得极轻,同祝允明等人并无二致。

其次,文征明立身行事高洁不媚,与人交往坦荡明白。这一点同"吴中四才子"中的其他人又是完全相同的。《明史》卷二八七《文征明传》记载:"四方乞诗文书画者,接踵于道,而富贵人不易得片楮。尤不肯与王府及中人,曰:'此法所禁也。'"周王、徽王诸藩王曾以宝玩赠文征明,文氏不启封而还,绝不肯同皇室贵族有丝毫往还。与文征明私交甚笃的何良俊在《四友斋丛说》卷十五中也记叙道:"衡山先生于辞受界限极严,人但见其有里巷小人持饼饵一箸来索书者,欣然纳之,遂以为可浼。尝闻唐王曾以黄金数笏,遣一承奉赍捧来苏,求衡山作画,先生坚拒不纳,竟不见其使,书不肯启封。以承奉逡巡数日而去。"不因权贵而献媚揖拜,不因财货而匍伏以求,由此可见文征明人品的高洁。

第三,文氏个性率真,为人洒脱,虽不同于祝氏等人的玩世自放,但其中颇有异曲同工之妙。兹举两例为证:其一,文征明的诗文书画在当时极为珍贵,时人"虽尺牍亦辄藏之为荣",甚至海外如日本诸国"亦知宝公之迹"。后来有一些门人士子冒文征明之名,赝作甚多。而文征明知道后,仅仅是哈哈一笑,从不禁止。甚至有些门下士画了赝品后,还请文征明在其上题款。文氏毫无难色,随手书之。其二,文征明精于书画,尤长于鉴别,吴中收藏书画之家经常请他鉴定。有时碰到赝品,文征明亦必说:"这是真迹。"一些知晓内情者不解,问文征明何缘故。文氏称:"凡买书画者,必有余之家。此人贫而卖物,或待以此举火,若因我一言而不成,必举家受困矣。我欲取一时之名,而使人举家受困,我何忍焉?"处世不求虚名,可谓率真脱俗矣。

嘉靖三十八年(1559年)二月二十日,90高龄的文征明为御史严杰母亲书写墓志,结果文未竟而置笔端坐去世,神态极为安详。翌年十月二十五日,家人葬文征明于花泾桥。他的诗文经后人整理,有《甫田集》《文太史诗》《文待诏题跋》等多种流传。同时还有一批珍贵的书画作品流传后世。

原载《文史知识》1997年第8期

"玩世自放"的才子祝允明

祝允明(1460—1526年),字希哲,明朝苏州府长洲人。他与唐寅、文征明、徐祯卿并称"吴中四才子",在当时就是一位家喻户晓的传奇人物。不过,祝氏的一生,并非如人们想象的那般浪漫。撩开其"玩世自放"的面纱,是一张饱经风霜的真面孔。

身世与家境

祝氏的氏族渊源,如今已无从考证。明人以及后人有关祝允明的传记资料中,大多不见记载。唯有陆粲《祝京兆墓志铭》篇首以模棱两可的口吻称,一说其先出古太祝,以官氏为姓;一说其先为黄帝之后,封于祝,以国氏为姓。这种附会传说,自然不足为据。祝氏祖上有比较确切记载者,是七世祖碧山。据说,碧山在明初由松江到苏州任官,后死于任上,有一子留在苏州,遂繁衍为苏州祝氏一族。碧山之后,苏州祝氏家族中,一直没有出现过值得夸耀的显宦大官。直到祝允明祖父颢时,苏州祝氏才有了振兴的机会,进入了"名门"的行列。

据《明史》记载,祝颢于正统四年(1439年)考中进士,曾为给事中,一直升到了山西布政司右参政的高位。他不仅为官有声誉,而且人品也为时人所称道。一次宫中内侍传出圣旨,称皇上将召试能文者4人。祝颢前去应试,一入掖门,知召试能文者是为了教宫中小太监读书识字,于是不试而出。祝颢这种高洁的性格,对祝允明影响很大。祝允明长大以后,无论是官场应酬,还是社会交际,都明显地有乃祖的影子。

祝颢生子瓛,瓛便是祝允明的父亲。按常理说,以祝颢当时的地位和家境,祝允明的父亲应该走一条"读书入仕""光宗耀祖"的道路。然而,祝瓛一生没有取得功名。这在当时看来,不能不说是一大遗憾,以至于《明史》为祝允明立传,只言其祖父祝颢,而于其父亲祝瓛只字不提。祝瓛与功名无缘的原因,或许同他短寿有关。据祝允明《先妣陈氏夫人墓志》记载,祝瓛死于成化十九年(1483年),其时"不及中寿"。那一年祝允明24岁,正埋头攻读,品尝"十年寒窗苦"的滋味。在祝瓛短暂的一生中,有过二位妻子:原配徐氏,是大学士、特进武功伯天全翁之女;继室陈氏,是江西安福县县丞陈绅之女。祝允明为原配徐氏所生,继室陈氏在成化十五年(1479年)30岁时才嫁到祝家,时祝允明已20岁。

祝允明的家庭,在当时算得上是官宦人家。由于祝允明的父亲祝瓛功名未就,且在祝允明24岁时便已去世,因此,在学业方面,祝瓛对祝允明没有大的帮助和影响。反而是隔代的内外二祖参政祝颢与大学士徐天全于祝允明有诱导之功。祝颢和徐天全号称"当代魁儒",平时祝允明"耳濡目染,不离典训"。祝允明最终能成为名扬四海的一代才子,同这种儒风醇厚的家庭背景不无关系。

学业与功名

祝允明一生下来,右手就微有畸形,长出枝指。因此,后来他就自号枝山,又号枝指生。不过,右手的崎形并不影响到智力的发育。据说,祝允明5岁能书写径尺大字,读书一目数行下,且"过目成诵",记忆力惊人。9岁时就能作诗,并且常有惊人之语。年岁稍长,即博览群书,"稗官杂家幽邈鬼琐之言,皆入记览",奠定了相当深厚的文学功底。

根据有关资料记载,祝允明成名较早,尤其是在吴中一带,很早就"名声大噪"了。祝允明出名的原因,并不是因为他有文名享誉天下的内外二祖,而是他本人实实在在写得一手漂亮的文章。文征明《甫田集》卷二十三《题希哲手稿》说:"右应天倅祝君希哲手稿一轴,诗赋杂文共 63 首,皆癸卯甲辰岁作。于时君年甫二十有四。同时有都君元敬者,与君并以古文名吴中,其年相若,声名亦略相上下。而祝君尤古邃奇奥,为时所重。"据此,我们知道:(1)祝允明在 24 岁以前(成化十九年,1483 年)就名闻吴中,为时所重。(2)祝允明出名的原因是由于他擅长"古邃奇奥"的古文。据《吴郡二科志》说,当时南北二都学者都称祝氏为"天下士"。这是对有才之士的最高评价。

按常人的想法,以祝允明的才华和名声,考试中第应该是易如反掌。然而,据多种史料记载,祝允明直到弘治五年(1492 年)才举于乡,那一年他已经是 33 岁的"老童生"了。这几乎有点不可思议。我们推测主要原因有二:其一,祝氏擅长古文,于八股文的写作比较生涩,而后者又恰恰是明朝科举取士的规定文体。这样,就妨碍了祝氏在考试中才华的展露。其二,祝氏极有灵气,聪明过人,然而性格的放荡不羁,令我们怀疑他始终没有用心于科举考试。这或许是祝允明屡试不第的最重要因素。

祝氏不拘礼法、玩世自放的处世态度,一直到老没有改变。有许多材料可以证明,祝允明在成年以后到乡试中举的相当长的一段求学生涯中,就已经养成了不修行检的习惯。这同祝氏的家庭教养似乎是格格不入的,然而一切又都是事实。《吴郡二科志》说他当时生活中有三大嗜好:一酒、二色、三赌。同时代吴中著名学者王世贞在其《艺苑卮言》中还说,祝氏经常同唱戏的优伶往来,饮酒作乐。一些意气相投的公子哥儿,簇拥在祝允明周围,郊游、豪饮、狎妓、作诗、唱曲,过着放荡自在的生活。甚至醉倒在妓馆中,这在祝允明的生活中也是常事。当时科举考试所选中的士子,大多是循规蹈矩地生活、读书、应考者。而祝允明以如此生活态度和读书方法来对待人生大事,一而再、再而三地失利,也是情理之中的事了。

弘治二年(1489 年)祝允明 30 岁。按古人的说法,30 岁是人一生中的"而立"之龄。但祝允明依然是名声虽大,"立业"不成。直到弘治五年(1492

年),祝允明终于时来运转,被"伯乐"王文恪公(鏊)相中,举于乡。

王鏊,字济之,苏州府吴县人。是当世一流的学者。王鏊曾数典乡试,取士的原则是"尚经术"。同时他特别欣赏有"博学宏词"之能的"异材",主张"通经学古"的文风。因此,祝允明在弘治壬子科中举,既不是王鏊一时心血来潮乱点"鸳鸯谱",也不是祝允明侥幸投机混上"龙虎榜",而是由于祝氏的文章与才华,同王鏊一贯的取士主张十分契合的缘故。这对"座主"与"门生"双方来说,都是水到渠成,相当自然的事。

其实,在壬子科乡试之前,王鏊不仅十分熟悉祝允明的名字,而且对祝氏的文章与风格,也已有了相当的了解。尽管当时科举考试的试卷一律都是"糊名"的,但作为主考官的王鏊在评阅壬子科乡试试卷时,还是一眼就认出了祝允明的那一份卷子。《祝京兆允明墓志铭》记载:"故相王文恪公(鏊)主试事,手其卷不置曰:'必祝某也。'既而果得先生。文恪益自喜,曰:'吾不谬知人。'"能够从"糊名"的试卷中,一眼就分辨出祝允明的卷子,王鏊当然可谓"知人"了。而以祝允明的才华,被主考官看中,也在情理之中。

壬子科乡试,祝允明遇着一位"知己",终于在人生的历程中,跨上了一个新的台阶。按照明朝科举制度规定,"乡试"中式者称"举人",有资格参加由礼部主持的"会试"。祝允明乡试中举后,自然循着这条路走下去,以求取得"进士"身份。因而他接连参加了几次会试。然而,好运总是与祝氏无缘。有关祝允明的传记资料中,都留下了"连试礼部不第"六个字的记录。我们可以想见,这对一个读书人来说,打击有多么沉重!中年以后,祝允明玩世自放的性格愈益发展,科场屡试不第或许是重要原因之一。在"吴中四才子"中,虽然祝允明是第一个获取科举功名的人,但他一直没能把这部戏演到高潮。

仕途与游历

祝允明连试礼部不第,始终没有取得进士的资格。它影响到了祝氏的仕宦生涯。明朝任用官员,一般是依据科举功名的高下而定官职的大小。

祝允明在会试中的接连失利，其实已经注定了他在官场上难以取得高位。在"久之不第"后，祝允明有过一次做京官的机会。据陆粲《祝京兆允明墓志铭》记载："当道奇其才，会修史，将名荐之，弗果。"当时，祝允明的才名早已传遍京城，所以有大臣欣赏并举荐他入史馆修史。"史官"是既悠闲又有荣誉的京官，可惜祝允明的官运不佳，最后此事不了了之。

祝允明在《自京师南赴岭表仲冬在道中》一诗的"自注"中坦露过自己的心扉："弱壮求仕，夙愿令长。"说明他成年以后一直有出仕的愿望。遗憾的是命运坎坷，仕途无望，以致祝氏在相当长的时间内总是郁郁寡欢，不能得志。40岁时，祝允明有《和陶渊明饮酒二十首》，就是反映了当时的心境。举一首为例：

> 四十不拟老，老状日已至。
> 饮量复减昔，三饮已复醉。
> 诗来亦信口，甲乙懒排次。
> 遐览天地间，何物如我贵。
> 所恨每自丧，长失本然味。

（《怀星堂集》卷三）

诗中将郁郁与无奈的心态，倾吐得淋漓尽致。正德二年（1507年），祝允明已经47岁了，可是依然无法了却"夙愿"。《怀星堂集》中收有《丁卯年生日序》，祝氏在文中感叹"盖四七矣，人生实难"。直到过了"知天命"的年纪，明廷才正式任命祝允明出为广东惠州府兴宁县知县。有关祝允明的传记资料中，都缺乏祝氏出仕兴宁县的具体时间。我们在《怀星堂集》卷四读到一首《五十服官政效白公》诗，其中有"吾年五十五，始受一县寄"句，据此我们知道祝氏出仕兴宁是55岁，时为正德八年（1513年）。诗中还流露出了却心愿后的满足感。祝氏另有《自京师南赴岭表在道中》诗，也是表达了"拜宠北阙下，寄命南峤外"的愉悦心情。从此，祝氏开始了他的地方官生涯。

兴宁县地介岭海，明朝中叶，那里的经济、文化的发展相对来说比较落后。百姓强悍好斗，崇尚迷信，其文明开化程度比不上中原以及江南。祝允

明到兴宁县任上后的事迹,陆氏《祝京兆允明墓志铭》以及《明史·祝允明传》都有记载。其中尤以《墓志铭》所记为详:

"(兴宁)地介岭海,民尚哗讦,惑于禨祥。先生示之礼,简进秀异,授以经学,亲为讲解,遂一变其俗。群盗窜处山谷,时出焚敚,为设方略,一旦捕得三十余辈,邑以无警。……"

从中我们可以知道,祝允明治理兴宁,采取的方针是文武并举。首先,用中原文明和儒家文化移易当地"尚哗讦""惑禨祥"的风俗。具体措施有二:一是对普通百姓"示之礼",令其懂得文明的礼仪。二是亲自讲解,传授儒家经典,培养一批具有较高儒家文化水准的"秀异"者。通过祝允明的努力,终于"一变其俗",该县的民风大变。其次,用武装镇压的方式打击当地的"强盗"。据《兴宁县志》记载,该县地处海疆,境内有崇山峻岭,历史上就是"多盗"之地。祝允明出任县令之初,"群盗"经常隐匿山谷、出入城乡,焚掠抢劫。于是祝氏设计一次就捕获强盗30余名。此事震动当地,以后就再也没有大的"盗警"了。

祝允明在兴宁县令任上,表现了相当出色的治理能力。其政绩传到朝廷,不久就有了升迁他做应天通判的调令。不过,此时祝允明年近花甲,对做官已经不感兴趣。时隔不久,他以"年老体病"为由,上书乞归。明廷批准了祝允明的请求,从此祝氏就退出了官场,优游于各地,纵情享受人生晚年的乐趣。

祝允明一生的游历相当广阔。尽管有关祝允明的传记资料中并没有多少关于祝氏游踪的文字,但是我们从其他旁证材料中发现,祝允明一生几乎游遍了从南到北大半个中国的名山大川和繁华都市。

祝允明的游历路线主要有三条:

第一条是从苏州到南京的长江中下游一线。这条路线,是祝允明游历最早、也是游历次数最多的路线。祝氏出生在苏州,南京则是当时江南乡试的地点。因为参加乡试,祝氏在这条路上曾经往返多次,并且在沿途城镇和著名景区停留,观赏风景,拜会朋友。祝氏文集《怀星堂集》中收有不少在这一线游历后留下的诗文,如《一江赋》《吴趋》《溧水官舍》《泛舟登郡西诸山作》等。

第二条游历路线是沿运河从苏州到北京的路线。祝氏在弘治五年考中举人后,20余年中连续到北京参加由礼部主持的三年一度的会试。从苏州到北京,走水路十分便捷。运河两岸风光秀丽,商业都市星罗棋布,附近亦不乏名山胜水。祝氏感怀咏景,在《怀星堂集》中留下了不少佳作。

第三条游历路线是从北京到广东的千里之行。踏上这条游历路线,是正德八年(1513年)祝允明55岁以后才开始的。是年祝允明在北京领命出任广东惠州府兴宁县知县,于是他从北京开始了到岭南的长途之旅。我们估计祝氏上路的时间,最早是当年的深秋。因为祝氏《自京师南赴岭表仲冬在道中》一诗表明,"仲冬"季节,祝允明正在"南赴岭表"的路上。诗中有"霜履将蹈冰,虚舸循寒濑"句,说明他离开北方时已是相当的寒冷。祝允明从岭南北上的时间,不会早于正德十三年(1518年)。因为他的《望韩》一诗,所述的是"戊寅之岁(正德十三年)四月十九日在潮州独往谒文公庙"的事。在广东任职的五六年间,惠州附近的一些古迹名胜,祝氏在政事之余,曾游历殆遍,也留下了许多诗文。

为人与处世

"玩世自放"是祝允明为人与处世的特色。祝氏玩世自放的名声,在当时同他的才名一样家喻户晓。史籍中记载祝氏玩世自放的"事例"也特别多,不仅时人津津乐道,而且后人传说不已。人们为什么要将祝允明的为人与处世归结为"玩世自放"四字呢?这是因为祝氏在日常行事方面与常人有不同之处。

其一,祝氏一生视金钱如粪土,从不计算个人生活。弘治五年祝允明参加江南乡试中举,尽管后来屡试礼部不第,但其才名已传遍海内。尤其是祝氏的书法作品,人人都视为珍宝。一些富商巨贾、豪门大族为求得祝氏的一纸真迹,纷纷千里寻来,欲以重金结交祝允明。然而祝氏视金钱如粪土,往往以生病为借口，拒绝接见来使。祝氏家庭的经济状况，原本也算得上小康。但祝允明从来不过问家业，任由僮仆管理。同时，祝氏尤喜收藏古法书名籍，出售者抓住他的这一癖好，故意抬高价格，结果祝氏不惜变卖家产购入。因此，时间一长，祝允明的一点家产就被折腾尽了。有时来了朋友，喝酒缺钱，祝允明就将收藏的古书字画出卖一二，卖出的价格往往不及当初购入价的十分之一。据王世贞《艺苑卮言》说，祝允明曾有一件黑貂裘衣服，十分漂亮。祝氏一时手边缺钱用，就将衣服出卖了。有人问祝氏："青女至矣，何故市之？"在冬天来临的时候，竟然贱价卖掉贵重御寒衣服，确实令人不解。祝允明答："昨苍头言，始识。不市而忘，敝之箧，何益？"任何贵重的东西，在祝氏的眼中，都是平平常常一物件而已。所以对常人来说，就要大惊小怪了。祝允明从广东告归后，因朋友赠送以及官俸积累，共有千金。从回到苏州之日起，祝氏无日不设酒宴，招呼从前一起狎游的朋友，终日豪饮赋诗作乐，仅仅二年，祝允明囊中千金就一扫而空。平时祝氏有所收入，立即就成为召客欢聚的酒资。祝允明的晚年，生活相当贫困，经常靠举债度日。每当祝氏走出家门，立即就有讨债者蜂拥而上，挡住去路，扯紧衣服，不叫祝氏脱身。苏州城里的市民经常可以看到这样一幅街景：前头是一介落拓不羁的老者匆匆奔走，后面是一群要债索钱的富人紧追不舍，闹闹哄哄、叽叽喳喳，招摇过市。这等街头风景，确是饶有趣味。若是换了常人，终日被债主缠绕，生活必然是愁眉苦脸，哀叹连天。而祝允明对这种事不仅习以为常，而且愈发沾沾自喜。祝氏如此生活习性，旁人称之为"玩世"，倒也不算过分。

其二，祝氏一生从未离开过酒、色、赌，世俗的礼法束缚不了这位才华横溢的名士。据《艺苑卮言》卷六记载，祝允明在青年时代就养成了嗜酒、好色、赌博、唱曲的习惯，而且这一习惯到老不曾改变。祝氏有二年内因喝酒而花去千金的记录。囊中羞涩时，则贱价出售以巨资购来的珍贵书画作品。嗜酒到这个份上，人们自然不会以常人来看他了。尤其是祝氏的眠花宿娼，更令世人刮目相看。一般来说，除非有特殊关系，普通人很难以金钱求到祝允明的书法作品。特别是豪门贵族、富商巨贾,即使千金亦难换祝氏一纸真迹。然而有一种情况例外,当祝允明在妓馆寻欢作乐喝醉之后,索要其作品居然十分容易。因此,一些仰慕祝允明书法的有钱人,常常买通妓女,通过她们得到祝氏的墨宝。据说,这种方法屡试不爽。就连官修的《明史》在为祝允明立传时也说:"求文及书者踵至,多贿妓掩得之。"由此可见祝氏好色之一斑。史称祝允明"玩世自放",这是重要的一个方面。

其三,祝氏一生逍遥自在,从不巴结权贵和富人。他在《读书笔记》中曾写道:

"犬见人衣貌不扬则吠之,称整则亦稍戢,盖彼惟知外美之可贵也。人之知宜辩于犬矣,乃亦唯富贵之敬,贫贱之忽,而不计其贤否何如,是真犬耳!"

这里,祝氏将嫌贫爱富者骂作"真犬",认为人生在世,不应趋炎附势,拜倒在金钱的脚下。在这一处世原则下,祝氏一生尽管交友甚广,但从不低眉攀附权贵和富人。有些豪富之家,仰慕祝允明的才名和书法,不惜以重金结纳,而祝氏总是依自己的处世原则,决定去取。直到今天,吴中一带还到处传说着祝氏冷落权贵和戏弄富人的故事。这等傲骨铮铮的立身行事,当时普通人很难理解,因此目之为"玩世不恭"。其实,祝氏有自己的为人处世准则。

祝允明的为人与处世,不同当时世俗的要求,所以在历史上留下了"玩世自放"的名声。不过性情率真的玩世自放,比起那些道貌岸然的伪君子满口仁义道德、一肚子男盗女娼,实在要可爱得多。

嘉靖五年(1526年)冬十二月二十七日,一代名士祝允明在苏州去世,终年67岁。祝氏一生,在书法领域中取得极高成就。其书法作品,历来受到文人骚客的百般推崇。陆粲《祝京兆允明墓志铭》说,祝氏"性善书,出入魏晋诸家,晚益奇纵,或购得之,辄藏去为荣",将他的书法成就归功于天赋。《明史》卷二百八十六《祝允明传》中也称之"尤工书法,名动海内",是当时一流的书法名家。据《吴郡二科志》记载,弘治戊午(1498年)太仓建州成,巡抚彭礼说："不可无书,然书所以垂后,必得祝允明!"可见祝氏书法在时人心目中的地位。顾璘在《国宝新编》中特别推崇祝允明"书学精工,自急就以逮虞赵,上下数千年变体罔不得其结构,若羲献真行,怀素狂草,尤臻妙笔。本朝书品,不知合置谁左"。言下之意就是祝氏书法应评当朝第一。从明朝中叶以后,叙述中国书法的历史,便不能少了祝允明的大名。书法之外,祝氏的诗文在明代文坛上也占有重要的位置。

  失意的仕途、逍遥的生活、率真的个性、杰出的成就,这就是祝允明的人生。

原载《中国典籍与文化》1995 年第 1 期

论明季"黔案"

黔案是崇祯十六年(1643年)发生于徽州地区的一起重大兵民相斗事件。这次事件牵涉到十数位地方军政要员,相斗双方一直讼至崇祯皇帝,历时二年方告结束。它不仅是晚明官民关系恶化的典型事例,而且反映了当时的军政矛盾、兵匪同类、乡兵义勇等诸多社会问题。

一

史籍有关黔案的记载不多见。清初徽州著名学者赵吉士称:"余髫年目击(黔案),不能平者数十载,欲叙之无所核也。"[①]仅仅几十年的时间,黔案已渐湮没无闻了。这也正是长期以来无人论及明季这一重大事件的主要原因之一。

与黔案同时代的新安学者程不匮,手抄的《黔兵事》二册为同郡汪紫沧所得。该抄本收录有关黔案的官员奏疏、衙门申详、士人信札以及徽府士民公揭等原始材料数十件,大致反映了黔案的基本情况,填补了史籍记载黔案的空白。汪紫沧系赵吉士的门生,他将《黔兵事》二册进呈乃师,赵氏因而得

---

① 赵吉士:《寄园寄所寄》卷11《泛叶寄·黔兵始末·赵吉士案》,康熙三十五年刻本。(以下凡引自《寄园寄所寄》者,均注篇名,不注书名)

以实现"欲叙之"的宿愿。在编录《寄园寄所寄》时,赵吉士薙其繁芜,将《黔兵事》删改为《黔兵始末》,入《寄园寄所寄·泛叶寄》中。因此,其后《黔兵事》虽佚,但其中绝大部分资料被保存在《寄园寄所寄》中,为我们研究黔案提供了方便。

黔案的经过并不复杂:崇祯十六年三月,凤阳总督马士英(瑶草)招募的一支黔兵,由江西乐平县入徽州境内,被徽州士民误为"贼寇"而围剿,结果黔兵被歼几尽。为什么一支官军,在大明江山的腹地会遭此厄运呢?最初,凤阳总督马士英及其标下监纪官李章玉、参将包玉等以受害者身份,申告徽州士民剿杀黔兵意在抢夺黔兵600余匹战马。从黔案发生前后的情形来看,凤阳总督马士英等人的这一说法是难以成立的。第一,黔兵在入徽州地界之前,于江西乐平县因军纪败坏、剽掠淫杀之故,遭到乐平县乡民的赶杀。据《乐平县申详》和《乐平县复详》称,黔兵在乐平县已经损失大半。这一点连马士英本人后来也不得不承认。① 因此,即或黔兵确实拥有马600余匹,而经乐平一役,入徽者已是所剩无几,岂能谈得上徽州士民因觊觎马匹而大动干戈?第二,事件发生后,巡按监察御史郑昆贞奉旨会同凤阳总督马士英,委派安庆府推官来集之,往徽州一带细察兵马下落。"细察"的结果是"马匹无几"。② 这二点说明,徽州士民图谋黔兵马匹之说不符合实际情形。

既然凤督一方诉状并非实情,那么引发这场大规模兵民之争的真正原因是什么呢?我们认为,一是由于地方高层人物判断失误,二是黔兵军纪败坏,三是同徽州地方"御贼"的指导思想有关。

一、地方高层人物在黔兵入徽之前作出了错误的判断。《寄园寄所寄》卷十一《泛叶寄·黔兵始末》节录了两条材料:

  其一曰:"徽宁兵备张(讳文辉,时驻旌德)牌云:自黔抵凤,应从大江直下,即日道梗,亦应由皖达凤。若婺源原非通衢,万里跋

---

① 《马督复徽州众乡绅书》。
② 《郑按院复疏》。

涉,何故舍平夷而投险道?且后开婺源、休宁至徽州、芜湖暂缴,而绩(溪)、旌(德)、泾、南(陵)等县又何故竟未开载?既云往凤阳征剿,而芜湖又暂缴,又何为?情属叵测,仰县官吏,即便鼓励乡勇,协力堵截,毋令乘虚入内,自取他祸。"

其二曰:"按院郑(讳昆贞)牌云:黔兵到芜,在初一日,陆路来者,由江北去。此伙全是土寇假兵,仰速集乡勇,扼要堵剿,毋致流毒。"

这二条材料表明,身为地方高层决策人物的徽宁兵备张文辉和巡按监察御史郑昆贞都对这支黔兵的真实身份发生怀疑,一个认为"情属叵测",一个认为"此伙全是土寇假兵",并在未最终查实的情况下,先后草率发出了"鼓励乡勇,协力堵截""速集乡勇,扼要堵剿"的命令。这里应当指出,张文辉与郑昆贞如此小心翼翼、疑神疑鬼,也是事出有因的。当时有几个比较著名的例子是:起义者假赴试而破庐州、冒军官而破襄阳、称官差而破无为。这些事例在各地广为流传,地方官员不得不格外谨慎,以防重蹈覆辙。张文辉和郑昆贞所辖境内,此前不久亦曾有"土冠"称勤王兵,入池州、宁国等县,欲图南京的事情发生。当时应天巡抚郑宣令各地方官领兵扎营要路,拒防堵剿,才阻止了事态的进一步发展。① 但这次郑昆贞和张文辉仅凭怀疑而草率行文,下令堵截,作出了错误的决策。金声在《备陈守御疏》中提到,徽州合郡有司、士大夫相率百姓出御,是因为曾"奉当路严檄"。② 地方高层人物的这一判断失误,是黔案发生的重要原因之一。

二、黔兵军纪败坏是触发黔案的一根导火线。巡按监察御史郑昆贞曾上《为黔兵假道淫掠乡民奋斗致伤汇报始末情形仰祈圣鉴事》一疏,认为引发双方"奋斗"的原因是"黔兵假道"徽州时"淫掠乡民"所致。巡抚都察右佥都御史郑瑄亦有《为黔兵焚掠乡民乡勇愤斗树敌据报情由谨先上闻仍俟察

---

① 《节录巡抚檄》。
② 《备陈守御疏》。

明再行奏夺事》疏,与郑昆贞持有相同的观点。从有关史料上分析,入徽黔兵军纪败坏乃是实情。《遗闻》记载:三月二十五日,兵到祁门,祁门县令赵文光"令于城外祠堂安歇,而来兵强居民房,民已忿怒。停二宿,渐肆掳夺。二十八日,到塔儿头,杀伤居民杨冬等数十人。黔、休乡勇各在界把守,互惊曰:'贼也,急击勿失。'遂奋力前与敌……"①这里反映了正是由于黔兵掳掠杀人,从而最终激发了这场兵民之斗。事后徽州士民在公揭中也都纷纷罗列了黔兵在徽的暴行。联系黔兵在湘阴县、乐平县肆意淫掠的所作所为,徽州士民所控当非虚词。即使是作为"黔兵之主"的凤阳总督马士英,也不敢为这支新募的黔兵军纪打包票,而只是提出,若"果淫掠",则应交司法部门处置。②

三、徽州乡民"御贼"所持的指导思想,也是黔案发生的重要因素之一。这一指导思想是:在一时无法确定究竟是兵是贼的情况下,与其"与贼入而后有悔,毋宁御之而后有悔"。③ 它是由原任庶吉士、当时因父丧在家守孝的徽州乡绅金声提出的。入徽黔兵的身份,是兵还是"贼",徽州官民当时无法确认。从其人员来看,入祁门者"人马百九十余,其中有僧衲妇人及土音楚语者",④行迹颇为可疑。从其行为来看,"强居民房""渐肆掳掠""杀伤居民",亦与当时所称的"土寇"相似。但也有迹象表明这是一支"兵"。第一,黔兵入徽州前,徽州婺源县已经接到凤督都院游击将军姜(美)、刘(昭珽)、谢(上用)、李(华玉)牌,称督黔兵将过婺源、休宁等地。⑤ 三月二十四日,祁门县又接浮梁县来牌,得悉黔兵已到该县,即将入徽。⑥ 因此,黔兵之入徽州,于徽州官民而言,决不是突然之事。第二,黔兵一入徽州,即自亮名号,祁门县令赵文光亲自安排住宿,"令于城外祠堂安歇"。这说明,于徽州士民

---

① 《遗闻》。
② 《马督复徽州众乡绅书》。
③ 《史大司与金正希书》。
④ 《遗闻》。
⑤ 《节录黔兵来牌》。
⑥ 《节录浮梁县来牌》。

而言,入徽黔兵决非无"兵"的可能性。而且,事实上官民也曾将他们作为"兵"来看待。在或"兵"或"贼"两者皆有可能的情况下,上述"与其后悔让贼入,不如后悔打错人"的指导思想就产生了重要影响。徽州士民群起响应,毫无顾虑地穷追猛打,酿成一场震惊朝野的争斗。

总之,黔案的发生,并非仅仅是一方的责任。酿成这场震惊朝野的冲突,兵民双方都有可究之处。

黔案发生后,引起了明朝中央政府的高度重视。崇祯皇帝和兵部等衙门多次下谕和颁文,要求严查事端。从黔案的调查处理过程来看,呈现了两个特点:

第一,民严兵宽。就黔案的发生原因而言,徽州官民失察误杀,黔兵淫掠激变,双方都有责任。从冲突结果来说,兵民互有伤亡,所谓"青燐白骨之中,半是黔鬼,半是土魂"。① 然而,对黔案的查处结果,则是民严兵宽。明廷的最后处理意见大致包含了六项内容:(1)吴翔凤(推官,署休宁县事)、赵文光(祁门知县)、朱世平(黟县知县)、金翰林(声,原任庶吉士)由抚按提解到京究问;(2)张文辉(徽宁兵备,时驻旌德)、唐良懿(知府)从重议处;(3)调查下手兵丁,枭示;(4)黔兵损失的马匹器械各项照数追还,不许隐匿;(5)被杀黔兵尸体,地方官具棺收敛,设坛致祭;(6)抚慰已到各兵。从这六项内容来看,对徽州官民的处罚是极其严厉的。当时称"徽属六县,见在五无印官"。而对黔兵之过,非但无只字提及,竟还抚恤安慰。这种明显的偏颇,反映了明季"重兵轻民"的社会风气,并进一步助长了当时的"骄兵悍将"现象。

第二,先严后宽。黔案发生伊始,明廷根据凤阳总督马士英的奏疏,认为"黔兵八百,赴调过祁,官绅无端诱杀,好生惨毒,深可痛恨",②因此查处务求严厉。嗣后,徽州各地方官员纷纷上疏抗辩,士民公揭以示愤怒。六月二十四日,兵部密疏,提出了"务期不激不纵,兵民两安"的办案基本方针。这一基本方针防止了兵民双方矛盾的进一步激化。因此,虽然就兵民双方来

---

① 《郑按院复疏》。
② 《初奉严旨》。

说,最后查处结果是民严兵宽;而从黔案查处经过来看,则又体现了先严后宽的特点。这与巡按监察御史郑昆贞和巡抚都察院右佥都御史郑瑄上疏辩论、为徽州士民说话有关。如郑昆贞在一疏中称,"解提各官,职各保其无故意诱杀之情",并且深切指出,"当民情汹沸之日,境内旱荒之年,皇上不可不为重郡安危计也!"① 由于地方各级官员的努力,在执行前述六项处理意见时,都不同程度打了折扣。其中徽宁兵备张文辉、知府唐良懿姑准开复,推官吴翔凤降二级用,先前的"从重论处",实则上变成了"从宽结案"。② 同年十一月初十日,崇祯又令"速与起用"黔案的主要当事人之一金声。③

查处黔案的上述二个特点,反映了明季崇祯等人的矛盾心理。一方面,当时边事危急,境内起义不断,朝廷"重兵轻民",不敢得罪"骄兵悍将",欲借之以巩固政权。另一方面,地方官及乡兵义勇在巩固地方政权、维持社会治安方面起着重要作用。如何才能在查处黔案中处理好这二层关系,既不得罪以握有重兵的凤阳总督马士英为首的兵方,又不致打击地方的"御贼"积极性呢? 崇祯等人颇费心思。最后结果是"民严兵宽"以向"骄兵悍将"妥协,"先严后宽"以慰士民人心。

二

虽然黔案只是一起发生于局部地区的恶性兵民相斗事件,但它反映了明季的诸多社会问题。

一、文武不合。崇祯一朝文官和武官的摩擦屡见不鲜,但史籍所载,大多是朝廷中高层文官和武官的讦争。黔案则为我们提供了地方文武不合的典型材料。

马士英时为兵部右侍郎兼右佥都御史,总督庐、凤等处军务,是明季江南的武官领袖。郑昆贞则是巡按监察御史,郑瑄是巡抚都察院右佥都御史,

---

① 《郑按院复疏》。
② 《巡按来牌》。
③ 张廷玉等:《明史》卷277《金声传》,中华书局1974年版。

为该地区的文官代表。黔案最初是兵民之争,发展到后来实则成为马士英为首的江南武官和二郑为代表的江南文官之斗。双方所争的焦点有二:(1)黔案的起因。马士英据本部领兵官李章玉、包玉等所告,认为黔案的发生是由于徽州士民"无端诱杀",因此罪在地方。郑昆贞和郑瑄则据下属报告,认为黔案之起乃是"黔兵焚掠"所致,故而徽州士民抵御情有可原。(2)黔案的处理。马士英提出了追缴马匹、惩办凶手、追究失察地方官的要求。二郑则认为,黔兵马匹并未入徽,因此只能"量赔马价";地方官并无"故意诱杀之情",应从宽处理。双方撕破面子,针锋相对,各揭其短。从表面上来看,文武双方一为"军吏",一为"地方",督抚之"护兵",地方官之"护民",[1]本是职所使然。其实,在这种论争的背后,隐藏着明末地方文武官员之间以及兵民之间累积已久的矛盾。由于这一矛盾的存在,这场论争具有二个明显特点:其一,论争经常越出黔案本身,却变成对对方的声讨。譬如郑昆贞在《复徽州乡绅书》中指出:"今之用兵者,正为兵之杀民,与贼无异,且有甚焉。故有贼之地,民宁从贼;无贼之地,民亦仇兵。何则?贼容有不杀民之时,而兵则决无不苦民之事也。"这里,郑氏已不只是就黔案而论黔案了,而是发泄着长期以来形成的对武官及其所领之兵的愤慨和不满。其二,论争格外激烈,无法通过调解、妥协而解决。案发后,当时社会名流如钱谦益等都曾出面,希望通过调停解决文武之间的争端。钱氏有《答凤督马瑶草书》《上应抚郑公书》《回金正希馆丈书》,分别给黔案的双方主要当事人,希望最后达成"平凤督之气、服黔人之心、解徽人之祸"的目的。[2] 但积累已久的矛盾使得一切斡旋、调解均告失败,其结果是以文官一方多人或贬、或斥、或免而告终。这一结果又进一步加深了文武官员和兵民之间的矛盾。地方文武不和导致的严重恶果,一是促使晚明竞争愈趋激烈,二则削弱了明廷的力量和地方应付事变的能力。

二、兵匪同类。围绕黔案所展示的材料表明,兵匪同类是晚明的一大社

---

[1] 《郑按台复徽州乡绅书》。
[2] 钱谦益:《牧斋初学集》卷80《上应抚郑公书》,续修四库全书本。

会问题。据前文所述,黔兵入徽州之前,已有诸多迹象表明这是一支"官军"。因此在一般情况下,徽州士兵误黔兵为"贼"、为"匪"的可能性是不大的。但为什么实际情形并非如此呢?其中关键在于黔兵军纪败坏,形同"匪类",因而引起误会。其实,黔兵并非在徽州一地如此,其中在乐平、弋阳均有恶作。《乐平县申详》称黔兵在乐平好吃好喝之后,"夫则另索夫价,马则另讨折乾,又要恤马银两每匹三两,更诱本地无赖充数随行……至大吉张姓,系鄱阳地方,离乐五十余里,愈恣掳掠,宰猪烹鸡,缚夫奸妇,百姓愤极,聚众格逐。(黔兵)前途难去,只得又来高桥,以至吴口街,将复往德兴,更擅杀在田农夫。凡经过之地,无物不抢,经宿之家,有妇皆奸。吴姓人等遂认为流贼,奋勇相逐"。① 且看如此军纪,与真正的"土匪"又有何异?何怪乎黔兵所至,"乐平亦杀,弋阳亦杀,而祁门(所杀)更多"!② 明季兵匪同类的现象也并非黔兵一支如此,它几乎是带有普遍性的社会问题。郑昆贞在《复疏》中痛切指出:"自兵兴以来,客兵经过,毒害生灵,不知多少。左兵之至江左,男妇被杀掳不下二万。繁昌小邑,妇女之守节投溺者八百余人,职所建醮以度之。"③当时的有识之士指出:"今天下所最厌苦者,惟贼与兵。"④把"兵"同统治阶级所深恶痛恨的"贼"相提并论,可见兵之声誉在当时人的心目中已是一败涂地。值得注意的是,这句话还是出自当时明朝南枢要员史大司马(可法)之口。他在《与金正希书》中又说:兵所杀"非贼"(老百姓)的现象,已经是"久矣"的问题了。为什么明季会出现如此严重的兵匪同类现象呢?原因显然不是单一的。从黔案始末来看,明廷的重武轻文政策以及将领的姑息纵容则是其中重要的因素。这种现象的存在,一方面使地方百姓灾难更为深重,加深加剧了兵民之间的矛盾;另一方面也使治安更为恶化,社会处于更为动荡不安的状态中。

---

① 《乐平县申详》。
② 《马督复徽州众乡绅书》。
③ 《郑按院复疏》。
④ 《史大司马复徽州众乡绅书》。

三、乡勇组织严密。通过黔案,我们可以发现乡兵义勇的普遍建立是晚明社会的一个重要现象。这种现象在南方,尤其是南方一些宗族聚居的山区尤为显著。钱谦益在《答凤督马瑶草书》中说:"楚豫之间,豪民大族多结寨棚以自固,蕲、黄、真、确、光、息之间所在不乏。"①乱世之中,组织乡兵义勇御"贼"自固,维护地方治安,本是先朝就有的现象。而明季的乡兵义勇在人数、组织、战斗力等方面有其新的特色:(1)明季乡兵义勇人数多,各地乡勇动辄数千甚至上万。黔将刘诏斑等称,黔兵三月二十二日到到乐平县,"二十四日进发饶州,因错念头,改道德兴,不料行至吴口街,冤遭彼处乡兵,疑为流贼,纠众数千,四围赶杀"。② 其实,不止是吴口街能"纠众数千",乐平县在申详黔案时称:"婺源、德兴、休宁、祁门四县临界,各村闻风,各遣传牌不绝,每云统率乡兵千余前来会剿。"郑昆贞在疏中提到,"黔兵自三月二十二日至二十四日驰突于饶州、德兴之间,杀在田农夫十三人,奸一女子立死,放火焚居,无物不掠,乡兵尾而围之城下至万人"。③ 徽州地区"土风高坚,土气猛犷,忠义感激,遗风尚在",④又多为大族聚居地区,故乡兵义勇组织更多。这一点最清楚的莫过于地方长官郑昆贞了。他说:"徽之乡镇,各立义社,共保境宇。"⑤如此众多的乡兵义勇,几乎每村每镇都有,这在历史上是罕有其匹的。(2)组织非常严密。我们从反映黔案的材料中分析,乡兵义勇的组成主要有三部分人:闲居家乡的离职官员、当地乡坤、一般民众。其中第一人类曾历官在外,见多识广,且在地方上有一定的声望,因此在乡兵义勇组织中往往起着领导作用。譬如黔案的主要当事人金声,休宁人,原任翰林院庶吉士,加授山东道监察御史,因丁父忧在家,见"乡郡多盗",遂"团练义勇,为捍御"。⑥ 金声所领乡兵"子弟千五百人,扼诸岭隘,休人赖以无恐。其器械

---

① 钱谦益:《牧斋初学集》卷80《答凤督马瑶草书》,续修四库全书本。
② 《乐平县复详》。
③ 《郑按院复疏》。
④ 钱谦益:《牧斋初学集》卷80《回金正希馆丈书》,续修四库全书本。
⑤ 《郑按院复疏》。
⑥ 张廷玉等:《明史》卷277《金声传》,中华书局1974年版。

衣装,视他队鲜明,故金翰林乡兵之名,藉甚道路"。① 在与黔兵发生的冲突中,"金翰林乡兵"是一支主要力量。第二类人虽然是少数,但他们发挥了组织乡兵义勇的作用。金声在《备陈守御疏》中曾说:徽州合郡有司、士大夫"相率百姓"出御黔兵,②说明的正是第二类人的这种作用。而且在经费方面,第二类人是主要的出资者。第三类人是乡兵义勇的主体,平时负责警戒把守,战时则冲锋陷阵。据已有的材料表明,乡兵义勇的活动经费来源,一是大族族田的收入,二是乡坤富民的捐助。黔案有关材料则透露,其经费来源还有第三途径,即地方政府的资助。郑昆贞曾说,金声乡兵千五百人,是"本宦捐资"募得的。③ 这支"器械衣装,视他队鲜明"的千五百人乡兵,所需经费当非个人财力所能支撑。因此,所谓"本宦捐资",捐的当是公款而非私蓄。各地乡兵义勇之间,"各遣传牌",互有联系,一日内能聚齐成千上万人,其组织之严密可见一斑。(3)战斗力强。黔兵素称"犷悍",④据马士英说,入徽黔兵中还有"万夫敌"包万春、范成等人。⑤ 这样一支彪悍的黔兵,居然败在了乡兵手中,后者的战斗力之强是毋庸置疑的。入徽黔兵人数之多寡,已无法考实。据徽州乡民报告,有一百九十余人。这支一百九十余人的黔兵在徽州乡兵义勇的围攻下,最后落得了"尽死乃至"的结局。⑥ 据马士英所称,在乐平、祁门、休宁等地,总共有800余黔兵为乡兵围歼殆尽。我们从这些数字中可以看出,明季官军的战斗力已经下降,而各地的乡兵义勇等地方武装战斗力则开始上升。这种情况的出现,给明季社会政治、军事等各个方面带来了巨大影响。在明朝官军与农民军交锋屡战屡败形势下,明廷多次将整练乡勇作为重要措施加以提倡、实施。如崇祯十六年十月,崇祯谕吏

---

① 《郑按院复疏》。
② 《备陈守御疏》。
③ 《郑按院复疏》。
④ 《郑按院复疏》。
⑤ 《马督与阮园海书》。
⑥ 《遗闻》。

部、都察院,提出了"鼓励乡勇,坚壁清野,参治倡逃,有功优叙"的政策。① 由于上有所倡,各地响应,致使明季的乡兵义勇形成了一支重要的军事力量,在晚明社会中产生了重大影响。

原载《学术界》1993 年第 3 期

(本文与张健合作)

---

① 《崇祯长编》卷1《痛史》第 9 种,商务印书馆印本。

论多尔衮—多铎联盟与顺治初年政局

崇德八年(1643年)清太宗皇太极去世后,清统治集团内部出现了一系列政治斗争事件。这些政治斗争事件,与多尔衮—多铎联盟有着密切的关系。本文具体考察多尔衮—多铎联盟的建立及其在政治斗争中的作用,旨在说明顺治初年政局变化的关键所在。不当之处,请方家教正。

一、多尔衮—多铎联盟的建立

在清太祖努尔哈赤十六子中,多尔衮与多铎最初只是血缘较近。① 天聪三年(1629年)以后,两人有过共同出征的经历。但这些都不是政治性关系。多尔衮与多铎政治上的结盟,是在崇德八年八月诸王议立嗣君的斗争过程中。

崇德八年八月初九,因清太宗患脑溢血猝然去世,引发了一场"诸王兄弟,相争为乱,窥伺神器"②的议立嗣君之争。其中最有力的竞争者,是睿亲王多尔衮和皇太极长子肃亲王豪格。多铎从斗争开始,就站在多尔衮一边。他与英亲王阿济格"跪劝睿王(多尔衮)当即大位",③并且同两黄旗部分大臣

---

① 蒋良骐:《东华录》卷1"继立太妃乌喇纳喇氏(名阿巴亥)生子三:长阿济格、次多尔衮、次多铎"。多尔衮与多铎系同父同母兄弟。
② 《清世祖实录》卷10。
③ 《清世祖实录》卷63。

暗通声气,积极策划,成为拥立多尔衮派的中坚人物。这场议立嗣君的斗争,是多尔衮与多铎政治结合的开始。从此以后,形成了两人之间政治上互为奥援、荣衰与共的关系。它标志着多尔衮—多铎联盟的正式确立。

为什么会在皇太极去世后,出现多尔衮—多铎的政治联盟呢?其中有多方面的原因。首先,是当时政治斗争的需要。皇太极去世后,究竟谁成为新君,关系着包括多尔衮、多铎及豪格在内诸亲王大臣今后的政治前途。多尔衮与多铎所辖两白旗诸王,与拥立豪格的两黄旗将领,如图尔格等"素有衅隙"。[①] 当时,两白旗都认为,豪格若立,则"我等俱无生理"。[②] 但有实力问鼎皇位的豪格,不仅自己是正蓝旗主旗贝勒,同时又得到了皇太极所遗正黄、镶黄二旗的支持。因而他的势力非多尔衮或多铎单独的力量所能匹敌。为了达到阻立豪格为君这一共同政治目的,需要联合多尔衮与多铎双方的力量。

其次,皇太极去世后,出现多尔衮—多铎联盟,也有历史的原因。从多尔衮方面来说,他在努尔哈赤时代就初露锋芒,领有全旗。皇太极时期,多尔衮经年统兵征战,在收察哈尔、降朝鲜及与明作战中屡建功勋,是当时诸王中的佼佼者。尽管皇太极自称:"朕爱尔(指多尔衮)过于群子弟",[③]但事实上皇太极与多尔衮之间仍然存在着尖锐的矛盾。崇德年间,皇太极曾以多尔衮在围锦州之战中,擅自"移营就牧"为由,降多尔衮为郡王,罚银万,夺二牛录,予多尔衮的实力与地位以重大打击。皇太极去世后,原先由皇太极亲领的两黄旗誓立其长子豪格,而两白旗则拥立多尔衮,进一步加深了多尔衮与皇太极集团之间的矛盾。就多铎来看,他短暂一生的三十六年先后经历了努尔哈赤、皇太极、顺治三代。努尔哈赤时代,多铎虽年幼,但因是中宫嫡出,地位尊宠。迨努尔哈赤去世,13 岁的多铎即领有整旗,成为满洲八旗正白旗的主旗贝勒。但在皇太极时期,多铎却备受压制。崇德三年(1638

---

① 《清世祖实录》卷 38。
② 《清世祖实录》卷 22。
③ 赵尔巽等:《清史稿》卷 218《多尔衮传》,中华书局 1977 年版。

年)曾因所部在中后所遭明军祖大寿部伏击,有"伤九人,亡马三十余匹"的败绩,被皇太极夺其所辖正白旗牛录的三分之一,多铎本人亦由和硕亲王降为多罗贝勒。从皇太极斥责多铎的诏文来看,多年的宿怨,已积下了很深的矛盾。① 虽然在崇德六年(1641年)的明清松锦战役中,多铎因功晋升为多罗豫郡王,但仍然不能改变在政治上不得志的命运。多铎在皇太极时代的际遇,说明多铎与皇太极之间也有深刻的矛盾。相同的境遇,造成了多尔衮与多铎共同的利害关系。这是多尔衮—多铎联盟建立的基础。

第三,多尔衮—多铎联盟的建立,其内部也存在着连接的纽带,这就是血缘的关系、实力的相互依托和内政外交思想的一致。

从血缘的角度,我们可以注意到,策划多尔衮继承大统最活跃的两个人物多铎、阿济格,与多尔衮是同父同母兄弟。比起其他同父异母兄弟,他们的关系更进一层。虽然,血缘关系并不等同政治关系,但在一个强调血统的社会环境中,血缘往往是政治关系的粘合剂。

多尔衮、多铎又都具备相当实力为对方所依托。多尔衮与多铎都是清太宗努尔哈赤中宫嫡出之子,他们与太宗皇太极又是同辈兄弟,因而在满洲贵族集团内部享有崇高的地位。两人在努尔哈赤时期就领有全旗,所领镶白旗和正白旗还是满洲八旗中实力最强的旗分之一。因此,在满洲贵族集团中,多尔衮与多铎又是有实力、有影响的人物。地位、实力和影响的相互补充、利用,为多尔衮—多铎联盟的建立提供了必要条件。

在内政外交方面,多尔衮与多铎也有比较一致的主张。天聪七年(1633年)皇太极曾诏问诸王贝勒征明及征察哈尔、朝鲜何者为先。多铎认为,"攻山海关与攻燕京,等攻耳。臣以为宜直入关,庶厌士卒望,亦久远计也",②主张征明在先,并以掠夺为主。多尔衮也认为"征明"宜在先,"乘春时整练士卒,待我耕种既毕,彼谷将熟,入边直逼燕京,截其援兵,残毁屯堡诸物,因粮

---

① 《清太宗实录》卷46。
② 赵尔巽等:《清史稿》卷218《多铎传》,中华书局1977年版。

于敌,为久驻计,可安待其毙也"。① 两人的对外策略十分吻合。当时,掌握军事、行政和组织生产大权的八旗诸王,大多"专事俘获",②而忽视农牧。针对这一现象,多铎在崇德年间曾上疏,"请暂息军兴,辍工作,务农业,以足民用",③提出了兼顾攻战与农牧的主张。多尔衮在这一问题上与多铎有相同的见解。在崇德年间清军围困明锦州城的空隙,多尔衮还令每旗一将校率每牛录甲士五人"归牧"。④ 可见,不管内政或外交,多尔衮与多铎的基本思想是一致的。这也是连结多尔衮—多铎联盟的主要纽带之一。

总之,皇太极去世后出现多尔衮—多铎的政治性联盟,并不是偶然的。它既是适应当时政治斗争需要的产物,同时又是历史的产物。从多尔衮—多铎联盟的建立过程来看,二者的接近以多铎先取主动。但联盟建立之后,则以多尔衮为重心。其中原因,一是由于多尔衮年长于多铎,经验丰富,政治上也更为成熟。二是当时多尔衮在满洲贵族集团中的地位和影响高于多铎。福临即帝位后,多尔衮位居摄政王之尊,多尔衮—多铎联盟参与的政治斗争,主要围绕多尔衮专权的目的进行,因而更显示了联盟以多尔衮为重心的特点。

二、多尔衮—多铎联盟对顺治初年政局的影响

多尔衮—多铎联盟建立后,在顺治初年清朝统治集团内部的政治斗争中发挥了巨大的作用。从崇德八年(1643年)皇太极去世,至顺治四年(1647年)济尔哈朗"不得预政"止,这一阶段是清朝统治集团由斗争分化而至相对稳定的过渡时期。其中以顺治元年(1644年)为界,前期主要是多尔衮—多铎联盟与豪格集团的冲突,后期则是多尔衮—多铎联盟与济尔哈朗之间的斗争。多尔衮—多铎联盟在这两次重大政治斗争中的决定性胜利,最终奠定了顺治年间多尔衮"代天摄政,虽赏罚等于朝廷"⑤的政治局面。

---

① 《碑传集》卷1《睿亲王多尔衮传》。
② 赵尔巽等:《清史稿》卷3《太宗本纪》,中华书局1977年版。
③ 赵尔巽等:《清史稿》卷3《太宗本纪》,中华书局1977年版。
④ 赵尔巽等:《清史稿》卷218《多尔衮传》,中华书局1977年版。
⑤ 《清世祖实录》卷16。

1. 打击豪格集团。豪格是满洲八旗正蓝旗的主旗贝勒,具有较强的实力。而且,作为皇太极的长子,豪格在皇太极时代参与了当时清对明、朝鲜、察哈尔的重大军事行动,屡建战功,在清诸王中也是一个很有地位和影响的人物。皇太极去世后,豪格积极活动,与图尔格、索尼、图赖、巩阿岱、鳌拜、谭泰、塔瞻等人"私相计议",争得两黄旗的拥戴,谋取君位,并在其周围形成了一个政治性的集团。与两黄旗将领素存蒂芥的多尔衮—多铎联盟,提出了立多尔衮为君的主张,与豪格集团相抗衡。由此导致了多尔衮—多铎联盟与豪格集团的第一次交锋,其焦点是君位之争。结果双方妥协,由皇太极第九子六岁的福临即帝位。

从表面上来看,多尔衮—多铎联盟与豪格集团第一回合的君位之争,双方打成了平手。两黄旗倾向于豪格的诸王坚持立"皇子",否定了多尔衮—多铎联盟拥立多尔衮的主张;而多尔衮、多铎两白旗的合力阻拦,又使豪格的竞争归于失败。然而,因福临仅六岁,实际上没有理邦治国的能力,在议定新君时就规定暂由多尔衮和郑亲王济尔哈朗"左右辅政",[①]所以清廷的实际决策大权还是掌握到多尔衮手中,而豪格则未能享有。因此多尔衮—多铎联盟与豪格集团第一回合交锋的结果,事实上是前者占了上风,并且为多尔衮—多铎联盟最终击败豪格集团奠定了基础。

议立嗣君之争后,多尔衮以摄政王之尊"专掌"大小国事。[②] 由礼部议定的摄政王居内及出猎行军仪礼,更将多尔衮推上了一人之下、万人之上的尊荣地位。多铎则在多尔衮扶掖下,一改皇太极时代不得志的境遇,开始参与最高决策。多尔衮—多铎联盟在清统治集团中的影响和作用越来越大。而豪格集团内部却出现分裂,为多尔衮—多铎联盟彻底击垮豪格集团提供了有利的时机。顺治元年四月,豪格心腹固山额真何洛会反戈一击,举报豪格"语侵睿亲王多尔衮",[③]多尔衮乘机以"悖妄罪"削豪格亲王爵,废为庶人,其

---

① 《沈阳状启》癸未年八月二十六日,《清初史料丛刊》第十一种,1983年。
② 《沈阳状启》癸未年八月二十六日,《清初史料丛刊》第十一种,1983年。
③ 赵尔巽等:《清史稿》卷219《豪格传》,中华书局1977年版。

党俄莫克图等皆论死。面对多尔衮—多铎联盟所构成了强大政治力量,豪格集团束手无策,被一网打尽。这次事件后,豪格集团不复存在,豪格本人也无力与多尔衮—多铎联盟再相抗衡。同年十月,在清廷定鼎北京、大封诸王时,因"念豪格从定中原有功,仍复原封"。① 但豪格在清廷政治生活中的影响与地位已丧失殆尽。作为双方斗争的尾声,顺治五年(1648年)二月,因豪格徇隐部将冒功及擢用罪人杨善弟吉赛,多尔衮系豪格于狱。《清史稿》编者认为其原因是多尔衮与豪格"有夙隙"。② 这一看法是有客观依据的。就多尔衮—多铎联盟与豪格集团从皇太极去世就开始的政治斗争过程来看,这次事件是双方长期激烈斗争的最终结果。

2. 排挤济尔哈朗。济尔哈朗是清太祖努尔哈赤的亲侄儿,在长期的征战中"委任特重,出则总军,入则留守",③在满族兴起史上是一个非常活跃的人物。皇太极改元崇德后,济尔哈朗晋封为和硕郑亲王,成为清统治集团中的重要一员。据《清实录》记载,豪格在与两黄旗大臣私议自立为君后,尚需征求济尔哈朗的意见,④可见济尔哈朗在清统治集团中具有举足轻重的影响。皇太极时代,济尔哈朗的地位已不下于多尔衮。崇德元年(1636年)四月,皇太极叙功大封诸王时,济尔哈朗的排名甚至还在多尔衮之前。⑤ 福临即位,济尔哈朗又成为与多尔衮不分上下的辅政王。济尔哈朗对多尔衮、多铎权力与地位的威胁,是导致双方冲突的根本原因。此外,在议立嗣君之争中,济尔哈朗的态度明显倾向于豪格,⑥又为多尔衮—多铎联盟排挤济尔哈朗埋下了伏笔。

多尔衮—多铎联盟的第一步行动是削弱济尔哈朗的权力。它完成于顺治四年(1647年)。顺治元年元月,在多尔衮—多铎联盟的进逼下,济尔哈朗

---

① 赵尔巽等:《清史稿》卷219《豪格传》,中华书局1977年版。
② 赵尔巽等:《清史稿》卷219《豪格传》,中华书局1977年版。
③ 张廷玉等:《大清国史宗室列传》卷1。
④ 《清世祖实录》卷37。
⑤ 赵尔巽等:《清史稿》卷3《太宗本纪》,中华书局1977年版。
⑥ 《清世祖实录》卷37。

被迫谕各部院长官,"凡白事先启睿亲王"。① 它使原来二摄政王并列的局面,变成多尔衮为大,而济尔哈朗居其次。顺治四年二月,多尔衮更进一步不令"郑亲王预政",②剥夺了济尔哈朗的决策权力。顺治元年至顺治四年约三年多的时间里,多尔衮—多铎联盟完成了排挤济尔哈朗的第一步行动,蚕食了济尔哈朗作为辅政大臣的大部分权力。与此同时交叉进行的第二步行动是以多铎取代济尔哈朗。顺治二年(1645年)十月,多铎由和硕豫亲王加封为"和硕德豫亲王",地位声望更隆。顺治四年十月,在剥夺了济尔哈朗摄政权力的基础上,多尔衮又加封多铎为"辅政叔德豫亲王"。通过这次加封,多铎实际上取代了济尔哈朗的地位,彻底将济尔哈朗挤出了清统治集团的中枢核心。至此,多尔衮、多铎互为奥援,发挥其联盟的作用,已完全取得了排挤济尔哈朗的胜利。顺治五年(1648年)三月,多尔衮—多铎联盟又对济尔哈朗的势力进行了最后的清除。因贝子屯齐、尚善等告发,济尔哈朗由亲王降为多罗郡王。莽加、博傅尔岱、鳌拜、索尼等一批要员也"降革有差"。③虽然不久又复济尔哈朗和硕郑亲王爵,但他对政局的影响已是微乎其微了。

豪格集团被一网打尽和济尔哈朗被排挤出清统治集团核心,是顺治初年政坛上两件有重大影响的政治事件。它标志着皇太极去世后,清统治集团内部的权力斗争告一段落。与此同时,随着豪格遭贬和济尔哈朗失势,多尔衮集中了一切权力,形成"独占威权"的政治局面,并使清统治集团处于相对稳定的状态。顺治初年政局的这一重大转折,实际上是多尔衮—多铎联盟在此期间政治斗争中取得最终胜利的结果。从权力斗争到权力集中,多尔衮—多铎联盟自始至终发挥了重要作用,成为顺治初年政局变化的根本原因所在。

三、关于多铎"不深与摄政王亲党"的问题

清史界认为,虽然多尔衮一直处心积虑地笼络多铎,但多铎"始终不深

---

① 赵尔巽等:《清史稿》卷4《世祖本纪一》,中华书局1977年版。
② 《清世祖实录》卷53。
③ 赵尔巽等:《清史稿》卷4《世祖本纪一》,中华书局1977年版。

与摄政王亲党"。① 也就是说,两人不存在政治性的联盟。这一观点主要依据的是两件事:一,崇德八年(1643年)十月,多铎谋夺大学士范文程妻事发,被夺十五牛录;二,顺治元年(1644年)三月,多铎与昔日政敌豪格同外出放鹰,日久始归,两人同被论罪。

这两件事在《清实录》中均有明确记载。不过,应当说明的是,崇德八年十月距议立嗣君仅有两个月,多尔衮—多铎联盟的政敌仍在清统治集团中据有较大的势力。尤其是作为辅政王之一的济尔哈朗名列多尔衮之前,仍掌握着清廷最高领导权。因此,不能简单地将多铎在崇德八年十月的被罚,看作多尔衮与多铎之间的矛盾。相反,在多铎屡有过失时,多尔衮经常采取优容的态度,以保证自己的政治盟友免遭处罚。《清史稿·多尔衮传》称:"(多尔衮)视豫亲王厚,每宽假之"。② 事实确是如此。再以第二件事来说,部臣多以多铎与豪格出外放鹰,日久始归,多铎又猎于山林禁地,决定"罚豪格以应得之罪,多铎倍其罚"。③ 这时已经位居济尔哈朗之上的多尔衮,不仅免多铎之罪,而且责问济尔哈朗曾否规定其出外时间。结果,反而对参议处罚多铎的部臣予以罚银处理。因此,仅仅从上述两件事来说明多尔衮与多铎之间不存在亲党关系,理由是不充分的。

诚然,多尔衮—多铎联盟建立后,随着局势的发展,多尔衮与多铎之间也曾出现过裂痕和摩擦。在顺治二年(1645年)十二月,因多铎与昔日政敌豪格接触密切,多尔衮甚至不惜公开了当年多铎阻立豪格为汗、规劝多尔衮继位的事实。但此举用意明显是为了阻止多铎与政敌豪格的接近,以巩固已经建立起来的联盟。因此,当诸王贝勒大臣"以豫王妄对,于理不协,欲议罪"时,多尔衮还是令"免之",④不肯对盟友加以伤害。其他摩擦也时有发生,譬如顺治元年二月,以多铎"失朝",罚牛一。又多铎未经奉旨"擅领部

---

① 清史编委会编:《清代人物传稿》上编第1卷《多铎》,中华书局1984年版。
② 赵尔巽等:《清史稿》卷218《多尔衮传》,中华书局1977年版。
③ 《清世祖实录》卷3。
④ 《清世祖实录》卷22。

员,按籍集视八旗女子",被罚银五百两。① 然而,这些摩擦并未造成联盟的崩溃,更不能因之而抹去联盟客观存在的事实。如上文所述,在打击豪格集团、排挤济尔哈朗等问题上,我们可以明确发现联盟的存在及其作用。济尔哈朗在多尔衮死后,状告多尔衮谋逆时称:"多尔衮独占威权,不令济尔哈朗预政,遂以母弟多铎为'辅政叔王',背誓肆行,妄自尊大……"②也明确将多尔衮与多铎圈为一党,多铎并因此而降为多罗郡王。③ 多铎与多尔衮之间一荣俱荣、一损俱损的亲党关系,导致了多铎的政治命运与多尔衮的政治命运紧密相连。

总之,从表面的摩擦和裂痕来否认顺治初年的政坛上存在着多尔衮—多铎政治性联盟,是有失偏颇的。就当时政治斗争的大局来看,不仅实际上存在着多尔衮—多铎联盟,而且这一联盟对顺治初年的政局有着举足轻重的影响。

原载《故宫博物院院刊》1994 年第 2 期

---

① 《清世祖实录》卷 3。
② 《清史列传》卷 2《多尔衮传》,中华书局 1987 年版。
③ 《清世祖实录》卷 63。

多铎简论

⋄⋄⋄⋄⋄⋄⋄⋄⋄⋄⋄⋄⋄⋄⋄⋄⋄⋄⋄⋄⋄⋄⋄⋄⋄⋄⋄⋄

爱新觉罗·多铎是清太祖努尔哈赤第十五子,满洲正白旗主旗贝勒。皇太极时代,因与皇太极不和并卷入满洲贵族内部权力斗争的旋涡,政治上并不得意。皇太极去世后,多铎与多尔衮因血缘、实力相互依托以及内政外交思想基本一致而结成政治联盟,取得了顺治初年权力斗争的胜利。清军入关后,多尔衮制定了先平西安、后定东南的统一全国的战略方案。该方案包含三个阶段的部署,特点是虚中有实、真假并存,多铎是实际执行人。攻克南京,多铎采取建立新的统治秩序、肃清江南弘光政权的残余势力、收拢江南汉族士民人心、血腥的武力镇压等四方面措施,将平定江南由单纯的军事行动转为长久的政治统治。这些措施包含了积极和消极的两个方面。

一、皇太极时代

清太祖努尔哈赤以其政治远见,曾以推荐和选拔方式任命官员,并强调重才德而非藉血统。① 但这仅就任用一般后金官员而言。事实上,自努尔哈赤创立军政合一、兵民一体的八旗制度后,掌握后金军事、行政和组织生产大权的八旗旗主,除正黄、镶黄二旗由努尔哈赤亲领外,其余六旗悉付诸儿孙。多铎正是借其"天潢贵胄"的血统,被封为贝勒,领有八旗中正黄、镶黄

---

① 《满文老档》太祖 4,万历四十三年十一月条。

二旗所属的十五"牛录"。按照后金之制,努尔哈赤之子均称"台吉"(后称"阿哥"),成年后可晋升为贝勒。爵位不同,权势大异。但并非所有的"台吉"均能以年岁晋封为贝勒,此中与努尔哈赤之亲疏大有关系。清太祖努尔哈赤共生十六子,多铎排名十五,但这只是按年龄长幼之序排列。若论嫡亲,多铎在太祖诸子中名列前茅。《东华录》卷一谓:"继立太妃乌喇纳喇氏(名阿巴亥)生子三:长阿济格、次多尔衮、次多铎。"①乌喇纳喇氏由太妃扶正,是努尔哈赤第三位中宫娘娘。因此,多铎与胞兄阿济格、多尔衮同属嫡出。

嫡庶有别,贵贱亲疏亦自不同。侧妃伊尔根觉罗氏生子阿巴泰、庶妃之子阿代、汤古代塔拜、巴布泰、巴布海等人,虽年长于多铎,但终因嫡庶有别,不及多铎尊宠。巴布泰、巴布海等七人则始终称"台吉",而未能晋为贝勒。即使以后成为清太宗的皇太极,因是妃子叶赫纳喇氏之子,所以,当时他的地位比之多铎,亦犹有不逮。

比较努尔哈赤诸子的嫡庶与亲疏可知,多铎不久就由"台吉"晋为贝勒,并领有努尔哈赤亲隶之二黄旗中十五牛录,受父皇亲庇,乃是由于其中宫嫡出之故。

后金天命十一年(1626年)八月,清太祖努尔哈赤因患毒疽,不治去世。多铎时年13岁。努尔哈赤去世,予多铎影响极为深远。一方面,失去了努尔哈赤的眷爱和庇护,从此卷入诸王之间的权力之争,对尚且年幼且无政治斗争经验的多铎来说,无疑潜伏着致命的危险。但与此同时,多铎以幼子之故全部继承了努尔哈赤所遗之15牛录,开始领有整旗。皇太极继位后,两黄旗与两白旗互换旗纛,多铎遂成为正白旗的主旗贝勒。正白旗在满洲八旗中属于实力最强的旗分之一。多铎因此具备了与诸王抗衡的实力。此后,多铎便在此优劣组合而成的矛盾环境中求生存、求发展。

从天聪二年(1628年)始至天聪八年(1634年),多铎经年随征在外,屡

---

① 蒋良骐:《东华录》卷1。

立战功,积累了丰富的实战经验。天聪九年(1635年)五月,为配合九贝勒多尔衮招抚蒙古林丹汗之子额哲,牵制关外明军,22岁的多铎奉诏挂帅,在大凌河击溃明朝大将祖大寿部,并分道追击明溃兵至锦州和松山。师还国中,皇太极率诸贝勒在盛京五里外郊迎,盛赞多铎初次独挡一面,"能制胜,是可嘉也"。① 第二年,皇太极改元崇德,建国号大清,叙兄弟子侄功,多铎被封为和硕豫亲王。

大凌河之捷,显示了多铎的指挥才华。但太早显露锋芒,易遭摧折。皇太极的盛典隆恩,于多铎而言,并非皆福。正当多铎参议国是、地位日隆之际,危险也正一步步向他逼近。

崇德三年(1638年)九月,皇太极遣奉命大将军睿亲王多尔衮、克勒郡王岳讬二路掠明,而以和硕郑亲王济尔哈朗、和硕豫亲王多铎在宁锦一带往来策应,牵制关外明军。十一月,多铎部攻克大兴堡后,奉诏与郑亲王济尔哈朗会师。途经中后所时,遭到明大将祖大寿部伏击,多铎部伤9人、亡马30余匹。败绩传至盛京,第二年五月,皇太极召清室王公大臣聚崇政殿,共议多铎之罪。审议结果,夺多铎正白旗牛录的三分之一(满洲十牛录、蒙古四牛录、汉军二牛录)平分给阿济格和多尔衮,并降和硕亲王为多罗贝勒。

中后所败绩以及随之而来的处罚,予多铎重大打击。表面上来看,中后所遭遇战中不战而走,致清军有"伤九人、亡马三十余匹"的败绩乃是多铎黜降贝勒,并被剥夺三分一实力的起因。然而,处分如此严厉,究其实质,既是皇太极与多铎长期不和,矛盾激化的总爆发,也是满洲贵族内部权力斗争的结果。

多铎年少性顽,成年后又狂放不拘。他与皇太极虽是同父异母兄弟,但皇太极较多铎年长12岁。性格和年龄的差异,使俩人渐生隔阂。事实表明,至少从天聪六年(1632年)多铎随军远征察哈尔蒙古时起,多铎与皇太极之间已明显不和。② 兼之平时多铎渐染汉俗、时与皇太极意见相左等原因,

---

① 赵尔巽等:《清史稿》卷218《多铎传》,中华书局1977年版。
② 《清太宗实录》卷46。

两人之间的矛盾越来越大。从皇太极斥责多铎的诏文中可见,两人积怨多年。① 中后所败绩,只不过是皇太极惩戒多铎的借口而已。

皇太极即位之初,八旗主旗贝勒权势熏天。时人指出:"贝勒事事掣肘,(皇太极)虽有一汗之虚名,实无异整黄旗一贝勒也。"②面对如此情形,皇太极积极寻机削除异己,谋求汗位独尊。可以说,作为八旗之中实力最强旗分之一的正白旗主旗贝勒多铎,此时已身不由己成为皇太极的黜削对象。不过,在天聪年间蓄意与皇太极相抗衡的是领有正蓝旗的二贝勒阿敏,领有正红、镶红二旗的三贝勒代善及领有镶蓝旗的大贝勒莽古尔泰。他们资历深、实力强,即使在皇太极继承汗位后,三人依然与皇太极"按月分值,国中一切机务,俱令值月贝勒掌理",③实际上分享了大汗的权力。因此,皇太极矛头所指,首先是阿敏、代善和莽古尔泰三人。至于多铎,因未构成对皇太极汗位及权力的直接威胁,所以在天聪年间能够暂保无虞。

自改元崇德以后,形势发生了变化。皇太极通过天聪四年(1630年)幽禁二贝勒阿敏、天聪五年(1631年)革去大贝勒莽古尔泰衔、天聪九年(1635年)罪罚三贝勒代善,从而一举控制了八旗中的正黄、镶黄、正蓝三旗之后,具备了诸贝勒无可匹敌的权力和实力。多铎与之积怨多年,并在连年征战中屡有上佳表现,如若任多铎与正白旗羽毛丰满,将会予皇太极留下隐患。正是在这种背景下,多铎在中后所败绩后,遭到了极其严厉的处分。而就皇太极来说,则是又一次成功地削弱了八旗旗主的实力,皇权得到进一步的巩固。

终皇太极之世,多铎一直未受重用。虽然,在崇德六年(1641年)明清松锦战役中,多铎率部取得高桥伏击战的胜利,从根本上扭转了松锦战役的局势,并围松山长达6个月,最后破之,生获明朝总督洪承畴及巡抚邱民仰,但

---

① 《清太宗实录》卷5。
② 潘喆、孙方明、李鸿彬编:《清入关前史料选辑》第二辑《天聪朝臣工奏议》卷上《胡贡明五进狂瞽奏》,中国人民大学出版社1989年版。
③ 《清太宗实录》卷5。

论功封赏时,只是由多罗贝勒升为多罗豫郡王,一直未曾恢复到黜降以前的地位。

二、多尔衮—多铎联盟①

多铎一生的转机,是在皇太极去世之后。崇德八年(1643年)八月初九日,皇太极猝然去世。皇太极生前并未指定皇位继承人,因此,在他死后,"诸王兄弟,相争为乱,窥伺神器"②。其中,最为有力的竞争者,是睿亲王多尔衮和皇太极长子肃亲王豪格。

豪格时为正蓝旗旗主,并得到两黄旗的拥戴。多铎在皇太极手中备受压制,明白豪格若立,则两白旗"俱无生理"。③ 因此,他审时度势,与英王阿济格"跪劝睿王(多尔衮)当即大位",④并且同两黄旗部分大臣暗通声气,积极策划,成为拥立多尔衮派的中坚人物,开始走上了与多尔衮的联盟之路。多尔衮虽有自立之意,但感到势单力薄,在权衡利弊后,提议立皇太极第九子六岁的福临为帝,由他和郑亲王济尔哈朗左右辅政,福临"年长之后,当即归政"。⑤ 建议得到各方认可,八月廿六日,福临在沈阳继帝位,明年改元顺治。

经历了议立嗣君事件,多尔衮将多铎视为股肱,委以重任。两人之间的联盟正式形成。多尔衮—多铎联盟的出现,除了在议立嗣君过程中,共同对付政敌豪格的需要外,其内部也存在着连结的纽带。

首先是多尔衮与多铎为同胞兄弟,为努儿哈赤第三位中宫娘娘乌喇纳喇氏所生。其次,多铎乃满洲八旗中正白旗的主旗贝勒。正白旗的实力,较之其余诸旗,毫不逊色。多尔衮欲同努儿哈赤其他子孙相抗衡,并且凌驾其上,单靠本身的力量将难以为之。因此,多尔衮自然愿意与多铎结盟,形成

---

① 该部分后扩充为《论多尔衮—多铎联盟与顺治初年政局》一文,发表于《故宫博物院院刊》1994年第2期。
② 《清世祖实录》卷10。
③ 《清世祖实录》卷22。
④ 《清世祖实录》卷63。
⑤ 《沈阳状启》癸未年八月二十六日,《清初史料丛刊》第十一种,1983年。

一股其他旗主贝勒无法匹敌的力量。第三,多尔衮与多铎的对外战略思想也基本一致。天聪七年(1633年),皇太极诏问诸王贝勒征明及征察哈尔、朝鲜何者为先,多铎答称:"夫攻山海关与攻燕京,等攻耳。臣以为宜直入关,庶餍士卒望,亦久远计也。"①主张"征明"在先,并以掠夺为主。多尔衮也认为"征明"宜在先,"乘春时整练士卒,待我耕种既毕,彼谷将熟,入边直逼燕京,截其援兵,残毁屯堡诸物,因粮于敌,为久驻计,可安待其毙也"。② 两人的战略策略十分吻合。

建立在血亲关系之上,有着共同利益和目标的多尔衮—多铎联盟的出现,不仅影响了多尔衮、多铎在清皇室中的地位与作用,进而在满洲贵族内部的政治生活中也产生了重大影响。

福临即位不久,多尔衮与济尔哈朗即称摄政王,主断国家政务。③ 多尔衮—多铎联盟建立后,多尔衮以之为后盾,集多铎正白旗及自领镶白旗二旗实力,排挤济尔哈朗之镶蓝旗。顺治元年(1644年)正月之后,济尔哈朗被迫谕诸大臣,凡事先启禀多尔衮。至此,济尔哈朗已退居多尔衮之下。多尔衮掌握朝中大权,"由是专政"。④ 顺治元年(1644年)四月,多尔衮又借口豪格图谋不轨,将豪格集团一网打尽。依靠多尔衮—多铎联盟而清除了政敌之后的多尔衮,其地位与声望,已到了足以震主的地步。

而就多铎来说,自与多尔衮联合阻立豪格为君之后,彻底改变了在皇太极时代受窘的境况。顺治元年(1644年)十月,顺治帝福临在北京行定鼎登基大典,晋封多铎为亲王,多铎一跃而为满洲皇室集团中炙手可热的人物。顺治四年(1647年)二月,多尔衮"不令郑亲王预政"。⑤ 同年十月,多铎晋封为辅政叔德豫亲王,实际上取代了济尔哈朗的地位。不久,多尔衮罢郑亲王济尔哈朗共听政务。顺治五年(1648年)三月,多尔衮罗织济尔哈朗十条罪

---

① 赵尔巽等:《清史稿》卷218《多铎传》,中华书局1977年版。
② 《碑传集》卷1《睿亲王多尔衮传》。
③ 《清世祖实录》卷2。
④ 赵尔巽等:《清史稿》卷218《多尔衮传》,中华书局1977年版。
⑤ 《清世祖实录》卷53。

状,将他贬为多罗郡王。至此,多尔衮—多铎联盟在顺治初年的权力斗争中,取得了完全的胜利。

诚然,在多尔衮—多铎联盟建立之后,随着局势的发展,多尔衮与多铎之间的关系也曾出现过裂痕。譬如:崇德八年(1643年)十月,多铎谋夺大学士范文程妻事发,被夺十五牛录。顺治元年(1644年)多铎与昔日政敌豪格同出外放鹰,日久始归,两人同被论罪。为阻止多铎与豪格的接近,巩固已经建立起来的联盟,多尔衮甚至向诸王大臣公开了当年多铎串联两黄旗部分大臣、阻立豪格为汗、跪劝多尔衮继位的事实。但这些磨擦未造成联盟的崩溃。在大局方面,如打击豪格集团、排挤济尔哈朗等,我们可以明白发现联盟的存在及其作用。济尔哈朗在多尔衮死后,状告多尔衮谋逆时称:"多尔衮独占威权,不令济尔哈朗预政,遂以母弟多铎为'辅政叔王',背誓肆行,妄自尊大……"①明确将多尔衮、多铎圈为一党,多铎并因此而降为多罗郡王。② 有学者认为多铎"始终不深与摄政王亲党",③似欠妥当。

三、西剿义军

顺治元年(1644年)十月初一日,顺治帝福临在北京行定鼎大典,并开始了统一全国的战争。当时,有名有位、并有实力与清廷抗衡争短长者,有两大力量,即西安的李自成大顺政权及南京的弘光政权。

在清廷统治集团内部,始终将李自成大顺政权视为头号对手。清廷入关之先,大学士范文程曾上书多尔衮,认为:"明之劲敌,惟我国与流寇耳。如秦失其鹿,楚汉逐之,是我非与明朝争,实与流寇争也。"④崇祯帝自缢于煤山,明朝277年世系断脉,已是"秦失其鹿"的局面。在清廷看来,逐鹿中原最主要的敌手,现在已是李自成农民军。与之交战的胜败,乃是战局的关键。因此,顺治元年六月十八日,顺天巡按柳寅东上启清廷:"今日事急,莫

---

① 《清史列传》卷2《多尔衮传》,中华书局1987年版。
② 《清世祖实录》卷63。
③ 清史编委会编:《清代人物传稿》上编第1卷《多铎》,中华书局1984年版。
④ 《清世祖实录》卷4。

急于西贼",并提出"欲图西贼,必须调蒙古以入三边,举大兵以收晋豫,使贼腹背受敌。又须先计扼蜀汉之路,次第定东南之局"的战略建议,得到摄政王多尔衮的首肯。① 多尔衮据此制定了一套虚实兼有、真假并存的战略方案,多铎成为这套方案的实际执行人。

这套战略方案意在先平西安,后定东南,包含了三个阶段的部署:

第一阶段:顺治元年十月十九日,明派英亲王阿济格率3万余骑经山西往攻陕北,征讨大顺军。同时,十月二十五日,暗遣豫亲王多铎部2万余人渡黄河南下。所谓"暗遣",即将多铎军南下的真实意图隐蔽起来,迷惑大顺军,悄悄地完成"举大兵以攻晋豫,使贼腹背受敌"的战略部署。

为达到这一战略目的,多铎出兵先一日,清廷檄江南文武官员军民人等,历数南明弘光政权"拥兵扰民"等罪,宣称清军"恭承天命,爰整六师,问罪征讨",②摆出一副多铎军渡黄河南下征讨江南的架势,以此混淆李自成大顺军视听,掩护多铎完成对西安大顺政权的战略合围。

多铎军虚张声势达到的另一个效果是,大顺军领导人错误地判断了战略形势,将防御重点放在陕北,以迎击英亲王阿济格一路清军。《豫变纪略》称:"是时,贼在西安,所谨备者北边耳。"③李自成将大顺军人马源源不断从西安北调,并亲临陕北,准备与阿济格部决战。④ 忽视河南防务,中了清廷悄悄合围之计。

第二阶段:多铎出兵前后,大顺军3万余人渡黄河,进攻河南怀庆府(今河南沁阳),击杀清怀庆总兵金玉及清兵1700人,同时攻克了济源、孟县两城。⑤ 十二月十三日,清宣大总督吴慈昌向北京告急。此时,多铎已指挥大军进入河南,与进攻山陕的阿济格部形成钳形攻势。清廷即令多铎往救怀庆,将南下的真实意图明朗公开。随后,多铎大军入怀庆,从豫北渡河,直赴

---

① 《清世祖实录》卷5。
② 《清世祖实录》卷10。
③ 郑廉:《豫变纪略》卷7,浙江古籍出版社1984年版。
④ (康熙)《白水县志》卷1。
⑤ 《清世祖实录》卷17。

潼关。十二月十五日,在陕州(今河南陕县)灵宝城外击败大顺军张有灵部,于二十二日进抵潼关二十里外立营。大顺军豫西尽失。多铎部由河南向陕西的快速推进,乃是第一阶段隐蔽战术的成功,出乎大顺政权最高领导人意料,以致李自成、刘宗敏在西安与延安之间的洛川滞留了整整十天,进退不决。① 由于大顺军主力集中在陕北,因此,多铎军"抵潼关,关中卒无几人"。② 李自成在洛川闻潼关告急,带刘宗敏部驰援。十二月二十九日潼关战役开始。翌年正月十二日,以逸待劳的多铎大军攻克潼关,并立即掩兵向西安推进。当时英亲王阿济格一路也正迅速向南推进,已形成两路清军会师西安的局面。李自成知西安不可守,乃于十三日携大顺军将士及家属约13万人,撤出西安,南走湖广。十八日,多铎大军攻占西安,取得了追剿大顺政权的重大胜利。

第三阶段:多铎军攻占西安后,原先出兵"征江南"的虚招,立即变为实招。多铎由西安返抵河南后,"得平定江南之谕,即于三月初日率师南征",③而将追剿李自成大顺政权余部事宜交与英亲王阿济格。至此,按照柳寅东建议的"先平西安,后定江南"的战略思想而制定的战略方案,已全部付诸实施,并取得了第一期的效果。这套分成三个阶段实施的战略方案的特点是虚中有实,假中含真。即作为执行这套战略方案核心的多铎大军,出兵之初所渲染的征江南弘光政权,其实是虚招、假着。目的是诱使李自成等大顺军最高领导人作出错误的战略部署,从而使之在战争中处于不利和被动的位置。其次,给弘光政权造成压力,也有遏制其在清军与大顺军交战过程中北上复明的意图。而当各个击破的目的初步实现时,出兵之初的虚招假着,立即变为真招实着。多铎在执行这套方案过程中,乃是关键人物。

四、平定江南

顺治二年(1645年)二月十四日,多铎奉诏督军回师东征,进抵河南。

---

① (嘉庆)《洛川县志》卷上。
② 郑廉:《豫变纪略》卷7,浙江古籍出版社1984年版。
③ 蒋良骐:《东华录》卷5。

在追剿李自成大顺政权的过程中,因为当时清廷、大顺政权、弘光政权三方关系和力量对比十分微妙,所以,多铎大军以"奇、巧"为制胜之略,前后仅用三月有余的时间,基本上摧垮了大顺政权及其武装力量。而在局势明朗化之后,多铎大军征讨弘光政权,平定江南,则采用了稳扎稳打,逐步由中原向南方推进的战术。

三月,多铎指挥清军攻陷河南重镇归德。随之,以归德为据点,遣八旗军横扫河南大半地区,"诸州县悉降"。① 为了将军事占领变为长期的政治统治,多铎在占领地设置官吏,健全管理机构,安集流亡百姓,恢复正常的秩序,以便清廷的长治久安。同时,疏请清廷"速铸给印信,以防诈伪"。② 顺治帝诏奖多铎"方收关陕,旋定中原,剿寇安民,勋庸茂著",给予多铎的战绩以极高评价。

牢固建立了河南基地后,四月,多铎在归德兵分二路,继续向南推进,先后攻占淮安、泗州及扬州等地。五月初八日夜,清军趁大雾弥江,渡过长江,直逼南京。弘光朝内人心惶惶,头面人物一哄而散。五月十六日,多铎率军进入南京。

作为南征主帅,多铎意识到平定江南,并不仅局限于军事的占领。真正的目的,是要建立清廷在江南的长久统治。因此,在南征过程中,多铎采取了一系列的措施,以确保清朝在江南的统治。

首先,建立新的统治秩序。多铎率军进入南京不久,即承制改南京为江南省,应天府为江宁府,并任命江宁、安庆巡抚以下官373人,疏报朝廷批准。③ 对一些资深的南明降官,如钱谦益、赵之龙、王铎等人任为显职。显示了清廷的宽大为怀,以博取故明官绅的好感,进一步拉拢了汉族地主阶级的上层人物。新成立的江南省及下辖诸府、县,实则是满汉贵族地主阶级的联合统治机构。

---

① 赵尔巽等:《清史稿》卷218《多铎传》,中华书局1977年版。
② 《清史列传》第2卷《多铎传》,中华书局1987年版。
③ 蒋良骐:《东华录》卷5。

为稳定新的统治秩序,多铎同时以南京为中心,在江南各重镇要道派驻八旗重兵,①以便对江南实行有效的控制。

其次,肃清江南弘光政权的残余势力。清军兵临南京城下时,弘光帝在宦官的簇拥下,弃南京逃奔安徽太平府(今当涂)明靖国公黄得功军营中,而阉党马士英则护卫太后东走浙江杭州,"议奉潞王朱常淓拒战"。② 五月,多铎遣贝勒尼堪、贝子屯齐等在芜湖俘获弘光帝。第二年押送北京处死。六月,多铎又遣贝勒博洛率军占领杭州和绍兴,俘获潞王朱常淓和淮王朱常清,肃清浙东浙西二路的弘光残余势力。南明一帝二王及其武装力量的剿灭,进一步巩固了清廷在江南的统治。

第三,收拾江南汉族士民人心。清军一入南京,即以摄政王多尔衮、定国大将军豫亲王多铎令旨遍挂通衢,斥责弘光帝朱由崧僭称帝号,终日沉湎酒色,昏聩无能。弘光朝内文臣弄权、武将专横,百姓生活于水深火热之中。宣称清军之平定江南,乃是"奉天伐罪,救民水火",③为清军出兵江南冠以堂皇之名,以消除江南百姓的亡国之恨。又告示南京百姓,"剃头一事,本国相沿成俗。今大兵所到,剃武不剃文,剃兵不剃民,尔等毋得不遵法度,自行剃之"。尽量避免伤害南方汉人的民族感情。对南明旧臣自行剃发易服和趋清营朝贺求职者,多铎一概不见,并斥其无耻,以表示清廷尊重汉人的民族气节。④

同时,多铎下令在扬州立史可法祠,表彰史可法的忠节。又拜谒明孝陵,并遵摄政王多尔衮旨意,"洪武陵设太监四名,守陵兵四十名,给地祭祀"。⑤ 礼遇"明太子",待若上宾。⑥ 凡此种种,有利于博得江南士民的好感,有利于新秩序的尽快建立并进一步巩固。

---

① 西亭凌雪:《南天痕》卷17。
② 《清史列传》卷2《多尔衮传》,中华书局1987年版。
③ 佚名:《江南闻见录》,《明季稗史初编》卷19。
④ 佚名:《江南闻见录》,《明季稗史初编》卷19。
⑤ 《清史列传》卷2《多尔衮传》,中华书局1987年版。
⑥ 徐鼒:《小腆纪年附考》卷10,中华书局1957年版。

第四,血腥的武力镇压。清朝以少数民族入主中原,激起了江南百姓强烈的反清情绪,"客贾僧道,咸来助师"。① 多铎一方面采取种种"软化"政策,消磨人们的反抗意识,同时,对各地先后出现的抗清斗争,实行了残酷的血腥的武力镇压。史籍所载"扬州十日""江阴城守""嘉定三屠"等都是典型事例。其余如昆山、无锡、苏州、宜兴、常熟、松江、吴江、崇明、嘉善、湖州等地,也都遭到了清军不同程度的"屠城",百姓死伤不计其数。多铎以软硬二手,建立起清朝在江南的统治。

在多铎所采取的上述四个方面措施中,建立新的统治秩序有利于结束战争动乱,恢复国内和平。收拢江南士民人心,则有利于消除民族隔阂和民族矛盾,对统一的多民族国家的建立具有积极意义。而血腥残酷的武力镇压、强迫剃发易服等,带有明显的民族仇视心理,则是消极反动的。

从整体来看,这些措施政策已将"平定江南"由单纯的军事行动,转为长久的政治统治。作为主帅,多铎具有卓越的军事指挥才能。而作为当时江南地区最高军政长官,多铎又具有不俗的治理能力。

乾隆四十三年(1778年)正月,乾隆皇帝对多铎一生有过这样的评价:"豫亲王多铎从睿亲王入关,肃清京辇,即率师西平流寇,南定江浙,实为开国诸王战功之最。"将多铎推为清初开国战功第一人。因多铎功绩"超迈等伦",乾隆四十三年(1778年)八月入祀盛京贤王祠。在清军入关及随之而来的统一战争中,多铎先后剿灭了李自成大顺政权与南明弘光政权,为清朝统一全国立下了汗马功劳。在明清之际的历史上,他的作用与影响不应忽视。

原载《社会科学辑刊》1992年第3期

---

① 西亭凌雪:《南天痕》卷17。

训诂名物，实事求是

——皖派朴学宗师戴震

安徽省黄山市屯溪隆阜乡，旧属徽州休宁。18世纪上半叶，在商业繁荣、文风昌盛的隆阜，降生了一个中国历史上的文化巨匠——戴震。戴氏倡导以"求是"为治经宗旨，讥薄宋代以后的学者讲求义理乃是凿空之言。他侧重于音韵、天文、地理、名物、典章制度的训诂和考证，开了皖派朴学风气之先，使传统的学术方法为之一变。戴震广涉哲学、伦理、天算、地理、文学、语言等学问，成就巨大，被人誉为"前清学者第一人，其考证学集一代大成，其哲学发二千年所未发"。

家贫志坚　学问初成

雍正二年（1724年）年初，戴震出生于安徽徽州休宁隆阜村西三门里。据说，戴震出生时，冬日里突然雷声大作，其父因此为他起名"震"。戴姓虽是隆阜戴、吴、程、曹四大姓之首，但戴震这一支祖上几辈都是以农或贩为生，堪称贫寒。戴震父亲戴弁在三门里主修过家族支谱，被称作半个秀才。但因年轻时曾随戴震祖父戴宁仁两次入江西贩布，受大族宗长房欺压，得不到祠堂学米资助，终于未能完成学业、取得功名。有关传记资料记载，戴震小时候开智较晚，性格内向，10岁以前一直不会讲话。因家境贫寒，请不起家庭教师，10岁才入塾读书。入塾之后的戴震，一方面极为用功，每天背诵

"数千言不肯休";另一方面也爱思考,常常问一些连塾师都无法回答的问题。有一次,塾师讲授到《大学章句》的一章内容,戴震问塾师:"此何以知为孔子之言而曾子述之?又何以知为曾子之意而门人记之?"塾师回答:"这是朱文公(熹)说的。"戴震又问:"朱文公何时人?"塾师答:"宋朝人。"戴震继续问:"孔子、曾子何时人?"塾师又答:"周朝人。"戴震接着问:"周朝与宋朝相隔多少年?"塾师说:"大概有二千年。"最后,戴震问:"既然如此,朱文公又如何知道二千年前的事?"塾师张口结舌,无以回答,只是感叹了一句:"这不是平常的小孩!"近代著名学者梁启超评论说:这段故事可以代表"清学派时代精神之全部",就是无论何人之言,哪怕是圣哲父师之言,"决不肯漫然置信,必求其所以然之故"。梁氏感慨说:"戴震小小年纪有此本能,足以表明他具有开宗立派的潜质。"

在塾中读书的戴震,不肯像其他学童那样,按照塾师的要求背经典传注、做科举文章,而是"每一字必求其意"。起初塾师以经传或经注的解释给戴震作答,但戴震往往意犹未尽,非要究根问底,结果塾师不胜其烦,就把汉许慎的《说文解字》一书传授给他。戴震"大好其书,学之三年,尽得其节目"。接着,戴震又读了《尔雅》《方言》以及汉儒的笺注,终于融会贯通,"一字之义,必贯群经",读通了《十三经注疏》。此时,戴震年方十六七岁。

戴震潜心各种学问,而于科举考试的"帖括之学"则并无兴趣。18岁那年,戴震辍学随父去江西南丰贩布,后又去福建邵武教授学童,经历了3年半儒半商的游历生活。乾隆七年(1742年),20岁的戴震自邵武返回家乡休宁,结识了家乡著名学者程恂(字中允)。程老先生对戴震非常欣赏,称他是"载道器也",劝其学作参加科举考试必须的八股时文,并预言戴震在科场中必能出人头地。为尽快提高时文的写作水平,戴震父亲戴弁携子前往江宁,让戴震拜师于同族硕儒、"时文大家"戴瀚门下。戴瀚系雍正年间进士,饱读诗书,当时正客居江宁,以教授时文度日。见到同族晚辈,戴瀚大为欣赏,称赞其"当世无此人也"。戴震在戴瀚家中住了月余,因戴瀚认为自己并无多少学问可传授给戴震,所以在江宁的日子里,戴震练习时文甚少,而多数时候只是与戴瀚诸子"围棋谈说"。

从江宁返回后,戴震又时常到徽州最大的书院紫阳书院听学,结识了当时紫阳书院掌教、淳安人方朴山。方氏看过戴震的文章后,也是非常佩服,认为自己都比不上。当时紫阳书院经常邀请本郡的饱学之士到书院怀古堂讲学,戴震正是在其时其地认识了著名学者江永。江永字慎修,婺源江湾人。治经数十年,于"三礼"尤为精通,著有《周礼疑义举要》《礼经纲目》等4部书。同时他又精通"推步、钟律、音声、文字之学",著《律吕阐微》《春秋地理考实》《历辨》《四声切韵表》《推步法解》等书。戴震服膺江永学问,"一见倾心",遂拜入江氏门下,而江永亦十分欣赏戴震,两人虽相差43岁,却相得甚欢。当时歙县有富商汪梧凤,构筑"不疏园",重金购置书籍,邀请好学之士来此讲论经义,研讨学术,并免费提供食宿和其他生活设施。江永与戴震应邀入住,相处的数年之中,教学相长,甚为融洽。其时,在"不疏园"中同师事江永的还有郑牧、汪肇龙、程瑶田、方矩、金榜等人,这些人后来都成为皖派经学的中坚。因此,"不疏园"也被人称为皖派经学的大本营。在名师江永、方朴山的指点下,戴震学业精进,乾隆九年(1744年)22岁时写成了第一部著述《筹算》。该书重点讲乘法、除法和开平方,是乾隆年间基础数学的最重要著作之一。此后,戴震著述不断问世,23岁成《六书论》三卷,24岁写《考工记图注》,25岁著《转语》二十章,27岁有《尔雅文字考》十卷,30岁著《屈原赋注》《音义》,31岁又有《诗补传》。这些著作传到浙江等地,震撼学界,戴震因之声名远播。

在学问精进的同时,戴震科场的际遇并不如意。直到29岁时,才考中秀才。此后,戴震一直无意于科举考试,集中精力著书立说,"家屡空而励志愈专"。

初登京师　名重士林

乾隆十九年(1754年),32岁的戴震为躲避族中豪强的迫害,远走北京。穿着破旧长袍初到京城,戴震举目无亲,只得临时居住在徽州商人的歙县会馆中。此时的戴震,乃是一介落魄穷书生,生活异常艰辛,经常是吃了上顿没下顿。因其性格耿直,不合流俗,被人目为"狂生"。

戴震境遇稍微好转,是在拜会嘉定人钱大昕之后。钱氏精通经史百家,擅长考证,尤精金石,也是后来乾嘉学派的重要学者之一。戴震入京之时,27岁的钱大昕刚考中进士,官拜翰林院庶吉士,住在北京的寓横街。戴震带了自己的书稿前往钱大昕寓所拜访这位新科进士,结果两人一见如故,相谈竟日,大有相见恨晚之慨。在钱大昕眼中,戴震虽无功名,但堪称"天下奇才"。于是,钱氏有意在京师的著名学者中推荐戴震。先是礼部侍郎秦蕙田在钱大昕陪同下,到歙县会馆拜会戴震,随后掌管修史的翰林纪昀、内阁中书王昶,以及王鸣盛、朱筠等在京城有地位的学术名流,纷纷屈驾前往歙县会馆,与戴震讨论学术,交流心得。他们"叩其学、听其言、观其书",无不对戴震"击节叹赏"。一时戴震名重士林,海内"无不知有东原(戴震字)先生"。

礼部侍郎秦蕙田在会见戴震时,专门与戴震讨论了天文历算的相关问题。其时秦蕙田正在编纂《五礼通考》,于是邀请戴震住到府邸中,与王昶一起编撰《五礼通考》之"时享类"。此项工作历时5个月顺利完成。乾隆二十年(1755年),戴震又寄居到纪昀家中,一边做家庭教师,一边钻研学问。纪昀对戴震异常赏识,尤其是见了戴震所著的《考工记图》书稿后,叹为奇书,不仅出资刊刻,且亲自作序,给予极高评价。在纪府中,戴震在学术上取得了多项成果,包括写成了《周礼太史正岁年解》《周髀北极·玑四游解》等著述,同时还写有《与姚孝廉姬传书》《与方希原书》等阐述其学术思想和治学方法的重要文章。乾隆二十一年(1756年),应礼部尚书王安国的邀请,戴震客居王府,做其子王念孙的家庭老师。念孙在戴震的教诲下,学业精进,后来不仅高中进士,仕途显达,且成为与戴震学风一脉相承的扬州学派的大师。著有《读书杂志》《广雅疏证》《河源纪略》等。特别是《广雅疏证》一书,援引经传,旁采众说,既是王念孙畅述其音韵、文字、训诂之学术的集大成之作,也是清人研究古代训诂的代表性著作。后来王念孙之子王引之又秉承家学,成为戴震的再传弟子,著《经义述闻》三十二卷、《经传释词》十卷,对清代文字、音韵、训诂之学有突出贡献。

旅居京城的二年,是戴震人生中的关键时期。在此二年中,戴震与当时学界名流纵论学术,切磋学问,培育私谊,学术视野较前更加开阔,学问成就也更上境界。同时,学界对戴震的学问也有了进一步的了解,"海内皆知有戴先生矣"。

科场屡挫　治学益精

乾隆二十二年(1757年),戴震离开京城南下,在商业繁华、人文荟萃的淮左名都扬州停留。当时,德州人卢见曾(字澹园,号雅雨)任淮盐都转运使一职,他爱好风雅,招纳贤士,在扬州极力倡导文化事业,一时四方名士云集,高朋满座。卢氏与戴震至交纪昀还是亲家,所以当声名远播的戴震南下扬州,自然成了卢见曾雅雨堂的座上宾。在扬州盐运使司署中,卢见曾把戴震介绍给了一代经学大师惠栋。惠栋字定宇,号松崖,江苏吴中人,乃乾嘉考据学派中吴派的开山宗师。据戴震回忆,当时60岁的惠栋握着35岁的戴震手说:"我的亡友沈冠云曾对我说,休宁有个戴某,我们'结识'已经很久了。冠云其实是读过了你的书。"戴震既为不能与读过自己书的沈冠云见上一面而遗憾,又为能与一代大师惠栋见面而庆幸。此次戴、惠见面,被许多研究者视为影响戴震学术生涯的一件大事。此后,戴震对程朱理学和"宋学"的态度发生了微妙的变化,他开始与惠栋一样,认为程朱破坏了儒家经学传统,后在《题惠定宇先生授经图》一文中更明确表示了对宋儒的批判。不过,分别作为乾嘉考据学派中皖派与吴派的开山宗师,戴震与惠栋两人在治经方法上还是有所区别的。戴震开创的皖派朴学不拘泥于一家之言,主张从事考据必须有"不以人蔽己,不以己自蔽"的求实精神和严谨态度。具体的考据方法应当是"由声音文字以求训诂,由训诂以寻义理,实事求是,不偏主一家"。而惠栋之吴派则"信家法而尚古训",非常迷信汉朝人的说法。故而,从治经的成就来看,皖派要高于吴派。

见识惠栋的当年,戴震曾随卢见曾到镇江游览,并著有《金山志》一册。

同年秋,戴震往京城,冬日复返扬州,仍在卢见曾署中做幕僚。转眼之间,二年的光阴很快过去了,戴震在卢见曾署中一边做学问,一边准备参加科举考试。乾隆二十四年(1759年),37岁的戴震赴京参加顺天府的乡试,希望能取得一个"举人"的功名。结果令人不解的是,名满天下的才子居然名落孙山了。段玉裁在《戴东原先生年谱》中透露其原因是,当时的考官曾暗示戴震做自己的门生,而戴震生性耿直,不肯趋炎附势,拒绝了考官的"好意"。考官大为恼火,以戴震文章"不知避忌"为由,将其黜落。郁郁寡欢的戴震回到扬州,从事教书工作。在扬期间,戴震继续进行学术研究,并在歙县富商汪梧凤的资助下,刊刻了《屈原赋注》十二卷。乾隆二十七年(1762年),一代名师江永去世,身为及门弟子的戴震写下了《江慎修先生事略状》;一方面是祭奠先师,另一方面也是在评点江永的学术中,彰现自己的学术理念。这一年,戴震参加了江南的乡试,终于中举,有了迟来的"功名",并获得了参加考进士的"会试"资格。

然而,对于戴震来说,科场似乎是永远的失意地。从乾隆二十八年(1763年)开始,戴震先后5次到北京参加会试,均未能金榜题名。岁月催老的是一个人的容貌,但并没有磨灭戴震对学术的执着之志和对真理的追求之愿。期间,在科场失意的同时,戴震学术思想更臻成熟。乾隆二十八年,会试落第后,戴震暂住北京新安会馆,给汪元亮、胡士震、段玉裁等讲学。后南下扬州,以讲学和学术研究为主,撰写了关于音韵学、水经注等方面的文章。乾隆三十一年(1766年),戴震的重要哲学著作三卷本的《原善》基本完成。据戴震得意门生段玉裁说,此书当是戴震花费10年时间逐步完善的,当年首篇写就时,戴震"乐不可言,吃饭亦别有甘味"。可见此书实为戴震的得意之作。《原善》阐述了经学要义和天人之道,主要反映了戴震的政治伦理思想。学者评论说:该书"虽未点名批判程朱理学,但却是戴震公开地亮出与程朱立异的思想旗帜、系统阐述与程朱理学根本对立的思想观点的第一部著作"。乾隆三十三年(1768年),戴震应直隶总督方恪敏的邀请,前往河北保定纂修《直隶河渠志》,后因方氏去世而未完成该志的编撰。乾隆三十四年(1769年),己丑科会试不第后,戴震应山西布政使朱珪邀请,前往太原,客居朱珪署中,做了朱氏的幕僚。随同戴震前往的段玉裁,则主讲寿阳书院。不久,汾州太守孙和相欲修《汾州府志》,又邀请戴震前去主持修志。乾隆三十五年(1770年)志修成后,戴震到京城准备参加会试。次年会试再次失利,戴震返回山西,主修《汾阳县志》。乾隆三十七年(1772年),戴震参加壬辰会试依然无功而返。尽管科场无果,但几年的修志实践,令戴震在清代的方志学方面,取得了极大的成就和很高的学术地位。他认为,方志的作用主要在于"知民之所苦,及旱潦之不常,以达其情"。就是说,要把"利民"作为修志的宗旨。因此,在戴震看来,方志应该详地理,内容上则当侧重于沿革、疆域和山川。他非常重视志书的体例,反对志书结构"漫无序次",主次不明。在戴震主修的《汾州府志》和《汾阳县志》中,鲜明体现了他的方志学观点。尤其是《汾州府志》一书,体例完备,叙述简要,考证详实,历来被推为"修志楷式",是方志中的精品。

需要特别指出的是,戴震在这个时期一方面是学术上精益求精,成就斐然;另一方面,在哲学问题的探讨上,也是达到了前所未有的高度。戴震在山西时,忽有十几天称病不出,后来他自己对人说,事实上并不是真病,而是在做"发狂打破宋儒家中《太极图》"之事。段玉裁认为,当时戴震其实就在写一部惊世骇俗的哲学著作《孟子字义疏证》之初稿。

任职馆臣　名垂青史

乾隆三十八年(1773年),应翰林侍读学士朱筠之请,乾隆皇帝决定开设《四库全书》馆,网罗一批才学之士,对中国古代的文献进行集中整理、校勘。时为翰林学士的纪昀被任命为总纂官,全面负责编书事宜。在物色纂修官时,纪昀想到了才学一流而际遇不佳的知交戴震,于是与刑部尚书裴曰修一起,找了文华殿大学士、军机大臣于敏中,希望由于氏出面,向乾隆皇帝推荐戴震出任纂修官。乾隆皇帝看重戴震的才学,同意特召戴震入《四库全书》馆。将如此荣誉与责任双重的一职委以一个举人,此事被时人看作从未有过的"旷典"。当时的戴震,尚在浙江金华书院讲学,接到聘任通知后,即回休宁老家,携父母妻子于中秋时节赶到北京履职。

戴震在《四库全书》馆担任纂修官前后将近4年。期间,他主要负责天文、地理、算学以及语言文字学等方面书籍的辑佚、校勘和纂修工作。段玉裁说:"(戴震)所校官书,皆天文、算法、地理、水经、小学、方言诸书,皆必精心推覈。"梁启超认定"四库全书天算类提要全出其手",此言不虚;而其实经部类的提要也大多出自戴震之手。戴震校订《水经注》和从《永乐大典》中辑校《九章算术》,曾2次被乾隆皇帝赋诗褒奖。在中国古代文献的整理和校勘方面,戴震"其功甚伟"。

乾隆四十年(1775年),新一科的会试开始了。10余年来,已在会试考场上5次失利的戴震第6次参加考试。是年,戴震53岁,早已是名闻天下的一流学者。然而,令所有人讶异的是,戴震还是没有通过会试。这次连乾隆皇帝也看不过去了,特旨让戴震与那些通过会试的"贡士"们一起参加殿试。最后,"赐同进士出身,授翰林院庶吉士",总算了却了戴震在科场上的大半辈子遗憾。

戴震在任《四库全书》馆臣期间,除了整理、辑校古籍之外,也一直在探讨当时被称作"义理之学"的哲学问题。经过长期的思考和写作,乾隆四十一年(1776年),一部在当时备受争议的著作——《孟子字义疏证》问世了。人们大多钦佩戴震在考据学上的成就,而其实戴震最感兴趣的是"闻道"。戴震曾表白自己17岁时就"有志闻道",在《沈学士文集·序》中又说:"凡学始乎离词,中乎辨言,终乎闻道。"这就是说,学问的最终目的,乃是"闻道"。在"闻道"思想的指导下,戴震一生著有多部专谈性、命、义、理的书,如《原善》《孟子私淑录》《读易系辞论性》《读孟子论性》等。《孟子字义疏证》则在《原善》《孟子私淑录》等著作基础上,阐述了三大核心主旨:一是全面否定程朱理学,二是强调闻道,三是力证"天理"与"人欲"的统一。戴震通过解释《孟子》中的"理""天道""性""才""道""仁义礼智""诚"等重要哲学范畴,阐发了自己的唯物主义哲学思想。他反对程朱理学"理在气先""理"为"生物之本"的唯心主义自然观,认为宇宙的本体和动因都是"气",万物由"气"之分化而成。在人性论上,戴震否定朱子之学中"天地之性"与"气质之性"的差别,认为人性只有智愚之别,而无善恶之分。在认识论上,戴震认为物质是感觉的来源,感觉是物质引起的结果。而在道德论和理欲观方面,戴震否定了朱子之学中"存天理,灭人欲"的理欲相斥观,认为应该就人之情欲而求理,倘若人人得到各如其分的物质欲望的满足,就是"天理"。应当允许人们"遂欲""达情"。戴震还在书中尖锐地指出,程朱理学所谓的"理",不过是尊者、贵者、长者用以欺骗和镇压卑者、贱者、幼者的工具,人如果死于法还有人同情,而死于宋儒所说的"理",则无人可怜。这种"以理杀人"其实比"以法杀人"更为残酷。戴震把《孟子字义疏证》视为"生平论述最大者",梁启超也曾评价该书为"三百年间最有价值之奇书"。不过,由于书中全盘否定程朱理学,与当时正统观念格格不入,因此遭到不少程朱理学卫道士的抨击。就连故交纪昀看后,也将书扔在一边,骂称:"是诽清静洁身之士而长流污之行!"其时,戴震不断与反对者辩论,写了多篇关于此书的辩驳文章,更进一步丰富了其内涵。

在辑校古籍、激辩义理中,戴震在北京又度过了2年的时间。乾隆四十二年(1777年),心力交瘁的戴震决定返回南方,离开京城这个是非之地。5月,因患"足疾",久医不治,终于撒手尘寰,终年仅55岁。

戴震是18世纪最伟大的思想家和学问家。他的哲学思想,随着历史的发展,愈来愈受到人们的重视和高度评价。他的学术成就,深刻影响了清代考据学,正是在他倡导下,乾隆、嘉庆时期经师辈出,考据学成为时代潮流。

原载《魅力安徽》,合肥工业大学出版社 2009 年版

始拥慈禧、继办洋务的奕䜣

文武兼修的亲王

奕䜣是道光帝的第六子,出生于道光十二年(1832年)。他的母亲博尔济吉特氏,出身于官宦之家,选入皇宫后,获宠受封为静皇贵妃,共生三子,奕䜣居末。

在有清一朝十帝中,道光帝号为神武,以好武精骑著称。奕䜣深受乃父影响,从小在书房习武练功,颇得道光皇帝的钟爱。在道光帝的九个儿子中,奕䜣天赋最高,聪慧机敏,曾与皇四兄奕詝共创枪法二十八势,刀法十八势。道光皇帝看了他表演后,大为赞赏,命名枪法为"棣华协力",刀法称"宝锷宣威",并赐奕䜣白虹刀一柄佩带,以示鼓励。道光帝诸子中,长子奕纬、次子奕纲和三子奕继都在奕䜣出世前夭折,道光帝曾有意立奕䜣为皇太子,但皇四子奕詝居长,按传统观念当立,举棋不定的道光帝决定召奕䜣与奕詝入对,以便定储。奕䜣与奕詝分别请教各自的师傅,在道光帝垂询时将如何答对。奕䜣师傅卓秉恬说:应当知无不言,言无不尽。而奕詝的师傅杜受田明白,若陈议时政,奕詝智识远不如奕䜣,因此他授机奕詝,如果道光帝自言老病,将不久于人世,就一句话也不要说,只伏地流泪,以表孝心。两人入见道光帝各自按师傅所教行事,结果道光帝大悦奕詝所为,称其仁孝,立为皇储。道光三十年正月十四日,已是沉疴不起的道光帝召见定郡王载铨、御前大臣怡亲王载垣、郑亲王端华、科尔沁王僧格林沁、内务府大臣步军统领尚书文庆等十人,宣布了立皇四子奕詝为皇太子的决定。道光帝知奕䜣才智不弱,嘱咐奕䜣要尽力辅助奕詝,同时也要奕詝厚待奕䜣。道光帝去世后,皇太子奕詝即位,是为清文宗,改年号咸丰。十九岁的奕䜣受封为恭亲王,恩遇超过其他诸王。

咸丰二年(1852年),奕䜣受命在内廷行走。第二年九月,太平天国北伐军兵逼京都。清廷命奕䜣署领侍卫内大臣,负责办理巡防,仍佩道光帝所赐白虹刀。十月,咸丰帝破格任命二十二岁的奕䜣为军机大臣上行走,开了清代亲王入值军机的先例。咸丰四年以后,恭亲王奕䜣地位扶摇直上,迭授都统和宗人府宗令。咸丰五年七月,奕䜣生母静皇贵妃死,因其封号之事,奕䜣与咸丰帝之间出现了裂痕,俩人关系逐渐疏远,并由此导致奕䜣在仕途上第一次受挫。

咸丰帝奕詝的生母孝全皇后,在奕詝刚满十岁时就过早去世了。奕詝由奕䜣生母静皇贵妃抚养长大。在奕詝登基后的第五年,静皇贵妃去世。奕䜣以生母对当今皇上有养育之恩,屡次请求咸丰帝追封静皇贵妃为皇太后。虽然咸丰帝最后允准了奕䜣的请求,但又切责奕䜣为母争封,礼仪疏略,罢免了奕䜣军机大臣、宗令、都统等要职,命仍在内廷行走,上书房读书。赋闲二年后,奕䜣与咸丰帝关系稍有改善。咸丰七年五月,清廷恢复奕䜣都统一职;咸丰九年,咸丰帝再授奕䜣内务府大臣的职务。然而,阴影依然存在。甚至到第二次鸦片战争爆发以后,奕䜣还是被摒于清廷决策机构之外,不能与闻机要。

办理抚局的钦差

咸丰六年,英国与法国分别以"亚罗号事件"和"马神甫事件"挑起了第二次鸦片战争。咸丰八年元月,英法联军攻占广州。五月又沿海北上,攻克大沽炮台,随后溯白河而上,直逼天津。清廷命奕䜣岳父大学士桂良及吏部尚书花纱纳为钦差大臣,赴津与英法联军谈判。不久,又增补曾参与签订《南京条约》的耆英赴津参加和议。

此时奕䜣虽已复职,但仍处于清廷最高决策机构之外,只能通过上奏条陈,表示自己的看法。耆英赴津一事透露后,奕䜣立即上奏咸丰帝,认为耆英办理夷务,非委曲顺从,即含糊答应,担心和谈结果将是敷衍了局。他主张在英法联军的淫威下,不能一味示弱。六月底,天津和谈传出消息,在英法联军的步步紧逼下,桂良、花纱纳等将代表清廷接受英国和法国提出的全部通商、传教、赔款等条件。立刻北京舆论哗然,廷臣纷纷上奏反对。奕䜣是反对签约的主要人物之一。

六月二十三日,奕䜣上奏咸丰帝,指出列强贪得无厌,决不能迁就他们的要求。尤其是内江通商,导致列强势力渗入内地,将给清廷留下大患。奕䜣提出以武力抵抗英法联军的进逼。利用天津的乡勇,调吉林、黑龙江及蒙古马队,增援僧格林沁部,同时发动广东百姓攻打广州及香港,牵制英法联军。这时,奕䜣成为在京抵抗派官员的中坚人物。

咸丰帝及其左右要员,虽然对列强的侵略深恶痛绝,但统观全局,南方洪秀全领导的太平天国仍然是清廷的主要对手。为此,尽管奕䜣和御史尹耕云等人极力主战,咸丰帝与最亲近的三位巡防大臣绵愉、载垣、端华还是同意桂良、花纱纳等在中英、中法《天津条约》上签字。

咸丰八年,中英、中法双方代表在北京交换条约的批准书。英、法、美三国公使到大沽时,清廷要求他们不带武装进京。英法代表蛮横拒绝,炮轰大沽炮台,并派陆战队强行登陆。清将僧格林沁率众还击,予英军重大创伤。英法以此为借口,在咸丰十年春,组成联军开赴中国。八月,攻陷北塘、大沽、天津。九月二十一日,清将僧格林沁部在通州以西的八里桥,与英法联军激战。尽管清军奋不顾身,但在英法联军洋枪洋炮阻击下,终于败北。二十二日,咸丰帝率载垣、肃顺等一班近臣,仓惶出走承德。临行降旨命奕䜣为钦差便宜行事全权大臣,出驻长辛店办理抚局。咸丰帝向奕䜣表示,希望抚局早成,以便及早回銮。

受命于危难之际的奕䜣,深知在大兵压境的情形下,主持抚局并非易事。面对清军节节败退的局面,奕䜣在二十一日照会英使额尔金和法使葛罗,声称已受命担任钦差全权大臣,准备派人前往面议和局。二十七日再次照会英法公使,表示准备接受桂良等议定的《续增条约》草约。此后,奕䜣又一再重申这项许诺,希望借此与英法达成和议,阻止英法联军向北京推进。

老于外交手腕的奕䜣,一面向英法联军妥协,表示愿意接受对方提出的全部条款,一面又积极备守,在十月初上奏咸丰帝,认为议和的立足点是守,若守不住,和局也不能成功。为此,他建议加强北京城防,改派尚能积极主战的光禄寺卿胜保为统兵大臣,统带陆续调集的各省援兵,作战守准备。

奕䜣又将通州谈判破裂后被俘的英国使节巴夏礼等扣为人质。十月六日,英法联军进犯北京西郊圆明园,肆意抢劫。留守王大臣义道等人未经奕䜣同意,擅自将巴夏礼等放还,希望以此让英法联军罢兵换约。但正如奕䜣先前所料,释放巴夏礼非但不能使英法联军罢兵,反而会增其枭悍之心。十月十日,英法联军司令部照会北京留守大臣,提出十三日派兵进驻北京安定门的无理要求。奕䜣先后数次复函义道,反对轻易开门纳敌。但义道等人求和心切,力主迁就英法联军的要求,并于十三日午时,准时打开安定门。英法联军不伤一兵一卒便控制了北京城。

英法联军进驻北京时,奕䜣正在芦沟桥。十三日,义道等致函奕䜣,敦促奕䜣即日进城,与英法联军换约。同时,咸丰帝也派人传旨,令奕䜣在万难之中,尽早入城。奕䜣遂于十四日自芦沟桥移驻西便门外天宁寺,次日,复函英法公使,同意恢复谈判。

十月二十四、二十五日,中英、中法《北京条约》在礼部大堂签订。《北京条约》除了全部接受在天津提出的条款之外,又增加了割让九龙司、赔款1670万两白银等新内容。十月底,奕䜣从外城移驻德胜门内瑞应寺,上奏在承德避暑山庄的咸丰帝,以英法联军两度焚掠圆明园而未能加以保护及原议条约非但未能删减,反而增添了赔款等项内容之故,引咎自请议处。同时声称,签订《北京条约》只是迫于时势,而非出于自愿。咸丰帝下谕,以奕䜣在万难之中办理抚局,实属不易,免究其罪。十一月上旬,英法联军退出北京,第二次鸦片战争结束。

辛酉政变的主谋

咸丰十年十月十日,奕䜣与桂良、文祥等以《北京条约》签订后外国使节常驻北京、外交事务日益繁多为由,联名奏请咸丰帝,设立总理各国事务衙门,专办同外国交涉事务。咸丰十一年二月初一日,总理衙门启用关防,在东堂子胡同旧钱局公所正式办公。奕䜣和桂良、文祥任总理事务大臣。此后,清廷无形中出现了两个政治中心。一是以咸丰帝为首,由肃顺、载垣、端华等在承德避暑山庄随驾的一班近臣组成,掌握着清廷的最高权力。一是以奕䜣为首,由在京的王公大臣组成。他们凭借总理衙门这一机构,最初掌握清朝外交大权,以后又逐渐经管通商、关税等事务,把持了清廷的财税大权。两个集团对内一致主张全力围剿太平天国,但在对外政策上,却存在严重分歧。承德肃顺集团盲目自大,不愿轻易与列强合作。而北京奕䜣集团则因长期与列强来往,逐渐向列强靠拢,主张与列强议和,借师助剿,共同镇压太平天国。双方在咸丰帝是否回銮北京及借师助剿等问题上,明争暗斗,矛盾越来越尖锐。

此时,在承德避暑山庄咸丰帝的后宫,还潜伏着另一股以皇贵妃叶赫那拉氏为首的政治势力。叶赫那拉氏,原封为兰贵人,后生皇子载淳,倍受咸丰帝宠爱,受封为懿贵妃。她工于心计,有很大的政治野心,常代咸丰帝批阅各省奏章,从中了解内外局势,并借以干预国家大事,与咸丰帝随驾近臣载垣、肃顺等人组成的政治集团有很大的矛盾。

咸丰十一年七月十七日,久病不治的咸丰帝病死于承德,临终前留下遗言:立六岁的皇子载淳为大阿哥,继承皇位。怡亲王载垣、郑亲王端华、户部尚书大学士肃顺等八人为赞襄政务王大臣。掌握外交大权的北京集团首脑奕䜣被排斥在赞襄政务大臣之外。这就加深了奕䜣集团与肃顺集团的不和。同时,肃顺等八大臣为压抑后宫叶赫那拉氏势力,故意抬举不懂朝政、性格温和的咸丰皇后钮祜禄氏,对两宫分别看待,又处处限制太后听政权力,从而激化了叶赫那拉氏与八大臣的矛盾。

八大臣在咸丰帝驾崩的当天,借皇帝的谕令,禁止奕䜣等人赴承德奔丧。七月三十日,奕䜣不顾禁令,以叩谒梓宫为由,从北京专程赶往承德避暑山庄。时值咸丰帝殷奠礼,奕䜣在灵前伏地大哭,声彻殿陛。祭奠完毕,已晋封为慈禧皇太后的叶赫那拉氏传旨召见奕䜣。在反对赞襄政务八大臣的共同利益基础上,以奕䜣为首的北京集团与以慈禧为首的后宫势力联合起来,密谋从八大臣手中夺取最高领导权。慈禧与奕䜣密谈良久,最后商定了皇帝回銮及发动政变的计划。奕䜣先行回北京作政变的准备。

咸丰十一年九月二十三日,慈禧太后携带六岁皇帝载淳,由承德起驾回京,肃顺护送咸丰帝灵柩也同日上路返京。当太后一行抵达京郊石槽村,已先期返京的恭亲王奕䜣远迎四十里,向慈禧太后密陈政变的准备及接受机宜。九月二十九日,两宫皇太后及同治小皇帝回到北京,慈禧立即召见在京王公大臣,以皇太后及皇帝的令谕,连续颁布四项决定:(一)两宫皇太后亲理大政,并另择近支亲王辅政;(二)赞襄政务大臣载垣、端华、肃顺立即解任,景寿、穆荫、匡源、杜翰、焦祐瀛退出军机处,由恭亲王奕䜣会同大学士、六部及科、道等官员共议八人之罪;(三)派奕䜣传旨,将载垣、端华、肃顺革爵拿问;(四)派睿亲王仁寿、醇郡王奕谭往密云将肃顺等拿回。次日凌晨,慈禧与奕䜣采取突然行动,逮捕了载垣和端华。同时,肃顺护送咸丰帝灵柩行至京郊密云,进入亲奕䜣的胜保部队控制范围,奕谭即率兵将肃顺等人逮捕,押解进京。

十月初一日,慈禧太后任命奕䜣为议政王,改组军机处。四日,在奕䜣主持下,内阁大学士通过了太后垂帘听政的决定。五日,慈禧太后以幼帝载淳的名义,发布上谕,赐载垣、端华自尽,将肃顺斩首,其余五名赞襄政务大臣,或革职,或流放。与之有牵连的官员、太监也都受到不同程度的惩处。不久,奕䜣与慈禧太后为载淳举行登基大典,废除八大臣所拟定的"祺祥"年号,改明年为"同治"元年,表示皇太后与皇帝共同治理天下。这一事件,史称"祺祥政变"。因咸丰十一年为辛酉年,故亦称"辛酉政变"。奕䜣作为主谋,参与了政变的策划及发动的全过程。肃顺集团被一网打尽,奕䜣起到了关键作用。因此,这次宫廷政变后,奕䜣被任命为军机大臣、宗人府宗令和总管内务府大臣,兼领神机营,并享受亲王双俸。在此后的5年间,内外大权集于一身的奕䜣,以其议政王的崇高地位,达到了一生政治生涯的顶峰。

洋务运动的主帅

同治和光绪年间(1862—1908年),奕䜣从巩固大清王朝的基础出发,与一些封建官僚发动了一次避免清王朝倾覆的自救运动,史称"洋务运动"。

第二次鸦片战争中,奕䜣奉命督办和局,亲眼目睹了英法联军挟其武力,焚掠抢劫以及要挟清政府的种种狂悖行为。尤其在中英《北京条约》签订的仪式上,英国公使额尔金态度极为傲慢和放肆,严重伤害了"抚局"主持人奕䜣的自尊心。这同时,清廷与太平天国在江浙一带战事方炽,奕䜣看到清军毫无斗志,一闻炮声,立刻惊溃,不仅无力抵御外侮,也难以镇压国内民众的反抗。咸丰十年十二月,奕䜣在上咸丰帝的奏折中,率先提出了"自强"的口号,并认为自强的关键,在于练兵。"自强""练兵"口号的提出,标志着奕䜣"洋务"思想的初步形成。后来,奕䜣又在前人基础上系统地提出治国之道在于自强,自强以练兵为先,练兵又以制器为先,同时强调自强的主要目的是御侮和示威。自强、练兵、制器及御侮完整结合在一起,标志着奕䜣洋务思想的正式形成。以后,洋务运动以其为总方针,从同治四年(1865年)开始,大规模兴建近代军事工业。至光绪十三年(1887年)以奕䜣为首的洋务派先后建立了近代军事工业20余家,分布12个省区,共用经费770多万两白银。

在这场洋务运动中,奕䜣不仅为之提出了自强御侮的总方针,推动着洋务运动的开展,而且为洋务运动各项活动制定了具体方针。

首先是练兵。奕䜣提出聘用洋人为教官,只是教习火器的使用和演练阵势,洋人无将帅之权。中国之兵必须由中国之将统帅。因此,他拒绝了英国总兵斯得佛力在上海请自募兵定饷的要求,以及英国提督何伯提出的陈兵六千的建议。奕䜣坚持参训士卒必须由清政府从八旗或绿营兵士中选拔,员额及兵饷由清廷决定。

其次是创办新式海军。咸丰十一年清政府决定向英国购买船炮,组建舰队。奕䜣立即与英使赫德商量,雇请少数外国人教练枪炮和驾驶轮船。同时,奏请尽速饬令曾国藩为船队配备中国水手和将士。奕䜣议定了《轮船章程五条》,将船队的指挥权控制在清政府手中。阿思本率舰抵达中国后,再次提出由自己担任舰队总司令,遭到了奕䜣的断然拒绝。奕䜣奏请解散了阿思本舰队。同治十三年,日本侵略台湾。清政府因海防松弛,被迫让奕䜣主持与日本签订《北京专约》和《会议凭单》,赔偿日本50万两白银。在处理这次中日争端中,奕䜣大受刺激。在《北京专约》签订后数日,奕䜣即在江苏巡抚丁日昌的《海洋水师章程》六条的基础上,提议设立北洋、东洋和南洋三支海军,加强清朝的海防力量,以抵御外侮。同治十三年九月末,奕䜣以总理衙门的名义,发布以筹建训练新式海军为主要内容的六点具体建议。以后筹建新式海军工作正式展开,先后建立了北洋、福建、南洋等三支水师。光绪十四年,以李鸿章为主要经办人的北洋水师建成,拥有军舰25艘,官兵4000余人,是当时远东规模最大的舰队之一。其中向英法两国购买的铁甲舰二艘、巡洋舰七艘可出洋巡逻,其余船只,多系左宗棠经营的福州船政局所造。三支舰队都基本遵循奕䜣在建军初期提出的"一切调动事宜,悉由中国主持"的方针,舰队指挥权控制在清政府手中。在奕䜣积极倡导下建立的新式海军,为后来我国的海防建设打下了基础,并培养一批近代海军人才。

第三是设厂制械。奕䜣提出,学习制械的人员,一定要挑选心灵手敏的官兵,向洋人学习一段时间后,争取自为制作。奕䜣创办军事工业的立足点,是将来中国人能自己制造,打破洋人居奇独占的局面。

第四是兴学育人。奕䜣提出学习制造与学习西方科学结合起来,认为前者乃权宜之策,后者则是长远之谋。他提出了不以师法洋人为耻,并超而上之的兴学育人指导方针。通过艰苦努力,将设置于同治元年以培养翻译人才为主要目标的同文馆,改造发展成为包含天文、算学、化学、物理、医学、公法等多门学科的综合性人才培养基地,具备了近代学校的规模。作为近代教育的倡导者,奕䜣多次奏请各省将军及督抚在各地开办新式学堂,培养一批专门人才,促进了洋务运动中军用、民用工业的发展。

奕䜣在洋务运动中提出的各项活动的方针,体现了"权不外借"的宗旨。虽然在各项活动中聘用洋人教习,但并不一味依赖,而是努力发展自成体系的军用和民用工业。

为给洋务运动提供一个较为安定的和平环境,力争20年内不发生战事,奕䜣作为主持清政府外交事务的最高官员,实行了一条"外敦信睦、隐示羁縻"的外交方针。

这一外交方针,首先是忠实执行清政府同列强之间已签订的各种不平等条约。一方面,满足条约所规定的列强的种种既得利益,以免列强滋事生扰,挑起两国间的争端。同时,依托条约坚决拒绝列强超出条约的肆意要求。如在同治七年中英修约谈判中,奕䜣以条约未载为由,拒绝了英方提出的在中国修铁路、内地设官、洋盐进口、海口修厘、开挖煤窑等无理要求。在不得已的情况下,隐忍含容,委曲求全。

这条外交方针,为洋务运动的开展赢得了较为安定和平的外部环境,但以妥协退让换来的中外和好,也削弱、钝化了奕䜣率先提出的洋务运动"自强"的总方针锋芒。

总理各国事务衙门,通过一系列的外交活动,从19世纪60年代起,先后与英、法、俄、美、德、丹、荷、比、意及奥匈帝国等,建立了外交关系或商务往来。光绪二年,因处理马嘉理事件,奕䜣派出了我国第一位驻外使节郭嵩焘,常驻伦敦。光绪四年,郭嵩焘又兼任驻法公使,建立了驻法公使馆。郭嵩焘提出在各国主要通商口岸设立领事馆的建议,得到了奕䜣及其主持下的总理衙门的支持。光绪四年,我国第一个领事馆在新加坡设立。随后,美国旧金山、日本横滨和神户等华侨聚居地,也先后设立了领事馆。奕䜣主持总理各国事务衙门30年,使我国开始正式成为国际社会中的一员,奕䜣本人则可称当之无愧的近代外交事业的开拓者。

奕䜣身居要职,地位显赫,积极倡导练兵、制器、育人等一系列洋务运动,成为洋务运动中举足轻重的关键人物。

甲申政潮的谪臣

光绪十年,法国侵占柬埔寨,并进而向越南的北圻进兵,直接构成对中国的威胁。主持总理衙门的工作、实际是清政府首脑的奕䜣面对清王室日渐衰微,在"外敦信睦、隐示羁縻"的外交思想指导下,主张避战求和,向法妥协。洋务派另一头面人物、握有重兵实权的北洋大臣李鸿章,也与奕䜣同声唱和,主张不轻易言战。这一主张得到军机处和总理衙门的大多数要员及两江总督、南洋大臣曾国藩和闽浙总督何璟等地方重臣的支持。以醇亲王奕譞为首的亲贵顽固集团,则主张与法交战,并得到了左宗棠、张树声、李鸿藻、曾纪泽等人的响应。舆论于主战派有利,而实际大权则控制在奕䜣、李鸿章等主和派手中。双方相持不下,清廷陷入战和不定、进退两难的境地。

光绪九年十一月十五日,法军向越南北方驻有清军和黑旗军的山西城进攻,战争开始。战争初期,清军作战接连失利。第二年三月,正当清廷主战主和争论不休之际,法军开始向北圻进攻,攻陷芥驿、扶良、北宁、郎甲、太原等地。云南巡抚唐炯和广西巡抚徐延旭指挥的两路大军同时溃败,法军兵临国门。败绩传至北京,朝野舆论大哗,要求向法宣战,惩办败将。清廷即以潘鼎新出任广西巡抚,主持越地战事。四月七日,左庶子盛昱上奏,就边事败坏一事,要求严议军机大臣的过失,将矛头指向军机大臣李鸿藻。慈禧接到盛昱奏折后,即召醇亲王奕譞进宫密谋。次日临朝,慈禧召领军机章京一人入见,授谕旨一道出来宣示早朝大臣。该谕旨严斥奕䜣委蛇保荣,委靡因循,罢免奕䜣军机大臣等一切职务,撤销双俸,令居家养病。军机处其余四员大臣宝鋆、李鸿藻、景廉、翁同龢或降或撤,被全班休致。代替这些人重组军机处的是礼亲王世铎,户部尚书额勒和布、阎敬铭,刑部尚书张之万,工部左侍郎孙毓汶。从此,奕䜣闲居长达10年。掌握清朝内政大权几近30

年的奕䜣集团一夕之间被慈禧击溃,是称"甲申政潮"。奕䜣从政治的顶峰,跌入了波谷。

引发甲申政潮的是中法战争,盛昱奏折矛头所向,乃是军机大臣李鸿藻,而结果处置最重的却是首席军机大臣奕䜣。此中原委,应从奕䜣与慈禧的矛盾上把握。辛酉政变后,慈禧以太后身份"垂帘听政",而奕䜣则以议政王身份"辅政",集内外大权于一身。正当中年的奕䜣领首席军机大臣、宗人府宗令、总管内务府大臣、管理神机营等职衔,对慈禧的权力构成了威胁。同治四年三月,慈禧以奕䜣信任亲戚、内廷召对时有不检为由,罢免奕䜣议政王及一切职任。但此举遭到了大多数王公及督抚的反对。惇亲王奕誴、醇亲王奕譞及通政使王拯、御史孙翼谋、内阁学士殷兆镛、左副都御史潘祖荫、内阁侍读学士王维珍、给事中广诚等连请留用。慈禧只得恢复奕䜣的一切职务,管理总理各国事务衙门,仅革去"议政王"称号。此后,慈禧步步进逼,先后将内阁学士李鸿藻、景廉等人派入军机处,牵制首席军机大臣奕䜣的权力。1875年1月,同治帝驾崩,慈禧立奕譞子载湉为帝,将奕譞从奕䜣阵营中分化出去,使之完全对立。此时奕䜣处处受制,已无力与慈禧抗衡,并因谏复圆明园之事,与慈禧、光绪帝关系极僵。光绪九年,慈禧派奕譞"会商越南事宜",公然插手军机处及总理衙门事务,显露了慈禧以奕譞取代奕䜣的先兆。一年后,慈禧便寻机罢斥奕䜣,引发了甲申变局。

光绪二十年,中日甲午战争爆发,帝党、后党为和战相争不下。闲居10年的奕䜣作为帝后党之间的缓冲人物,再次被起用。光绪二十年八月二十九日,慈禧发布懿旨,任用奕䜣重新主持总理事务衙门,并总理海军事务,办理军务大权。十月初五日,光绪帝也颁下诏书,恢复奕䜣军机大臣之职,令奕䜣督办军务,各路统兵大臣均归他调度。处于帝后两党夹缝中的奕䜣再度出山,年已花甲。10年的淡泊生涯,使其失去了往日的进取意识,转而万事只求息事宁人。奕䜣请赫德出面斡旋,自己召见英、法、俄、美、德五国公使,提出调停的要求,但各国公使态度冷漠。在清军一败再败的窘境下,不得不由李鸿章出面,与日本签订了丧权辱国的《马关条约》。

面对晚清被列强瓜分的狂潮,奕䜣从维护大清朝统治的立场出发,一再为中国主权完整殚思竭虑。沙俄修建西伯利亚铁路,将借道我国东北境内,直达海参崴。奕䜣为此主张,不惜举借外债,由中国自行修筑铁路,以免路权落入列强手中。但李鸿章奉慈禧太后旨意,与沙俄签订《中俄密约》,规定东清铁路为沙俄所有,奕䜣的希望落空了。光绪二十三年,德国公使海靖提出租借胶州湾的要求,奕䜣以严词拒绝,并催促向英国等订购的快艇和鱼雷艇及早来华,准备将这些舰艇布防胶州湾,阻止德国的租借要求。但德国派军舰于十一月十三日先一步强占胶州湾,奕䜣的计划再次失败。

正当奕䜣为维护清朝主权孤苦努力时,资产阶级的上层代表人物康有为、梁启超等人提出了改良维新,以维护民族独立的主张。光绪二十四年,在光绪皇帝的支持下,康梁发动了以改良立宪为主要内容的戊戌运动。奕䜣从地主阶级贵族的立场出发,对康梁等人的立宪主张极力反对,与慈禧太后等顽固派站到了同一阵营中。同年四月,在戊戌维新运动激烈爆发的前夕,这位满清亲王、辛酉政变的主谋、洋务运动的先驱、近代外交和教育的开拓者因病去世,终年 67 岁。奕䜣一生的活动在中国近代史上留下了重要的一页。

原载《皇子传》,河南人民出版社 1991 年版
(本文与张燕华合作)

张海鹏与安徽地方文化史研究

张海鹏教授(1931—2000年),安徽枞阳人。生前曾任中国史学会理事、中国明史学会副会长、中国商业史学会副会长、朱元璋研究会会长、安徽省史学会会长、安徽省炎黄文化研究会副会长、安徽师范大学校长等职,是我国著名的明清史研究专家,也是徽学研究的奠基人和开拓者之一。他的学术视野开阔,涉猎广泛,在中国史研究的诸多领域中,均有令人称道的学术建树,[①]其中特别是对安徽地方文化史的研究,成果显著,影响深远。本文着重对张海鹏先生在安徽地方文化史方面的研究作一述评,目的既希望从此侧面彰显其学术成就,同时也期冀后学者从张海鹏先生的治学之道中得到有益的启发。

切入点:关于安徽历史人物的研究

张海鹏先生对安徽地方文化史的研究,最早可以追溯到20世纪60年代;而其研究的切入点,则是关于安徽历史人物的研究。何以将人物研究作为切入点,摆在历史研究的首要位置上?这与先生的治史之道有密切关系。

---

① 余同元:《醍醐海阔·德性山高——张海鹏教授与明清史研究》,(日)《明代史研究》2001年第31期。

他曾在《秦桧传序》中说:"史家褒贬善恶,主要是对人而不是对事。即使是写事,也离不开人。不论什么体裁的史书,其记事、记言、记行,实际上都是记人物的活动事迹。人类的历史,本是由人们各种活动'编织'起来的。"① 换句话说,在张先生看来,研究人物,实际上是历史研究的重心。他数十年的学术研究工作,正是循此思路展开的。

1961年,张先生发表了第一篇关于安徽历史人物的研究文章,题为《左光斗的水利事业》。② 左氏系安徽枞阳人,明天启年间,曾官至都察院左佥都御史,为官清廉正直,与"清直敢言负重望"的给事中杨涟并称为"杨、左"。③ 因左光斗在晚明政坛上的重要影响,故以往论者多从政治角度评价其作为。此文篇幅不长,但独辟蹊径,对左氏在水利方面的贡献作了论述,认为"左光斗提出的'三因'、'十四议',绝大部分都有新的创见,而且也大多符合于水利科学的基本原理。他所提出的具体做法,大大丰富了我国历史上的治水工程的经验"。文中还特别表彰了左光斗的"勇于打破常规的精神"。④ 笔者虽然对张先生选择左光斗为其安徽历史人物研究的第一个对象的原因,不得而知;但"乡土观念"应是其中重要的因素之一。作为一个学者,对家乡故土的情感,往往是其研究桑梓历史文化的重要动因。20世纪80年代以后,他对安徽历史文化研究愈发情深,其重要原因之一,仍是基于强烈的故乡情结。只不过随着阅历的积累和认识的深化,此"乡土"之观念已由当年的枞阳而放大为安徽。有必要说明的是,写作《左光斗的水利事业》这篇关于枞阳"先贤"的文章时,张海鹏先生30岁,正处于学术研究的起步阶段。关于安徽历史人物的研究,可以说是张海鹏学术研究生涯的起点之一。

论左氏一文发表后,张海鹏关于安徽历史人物研究的论文不断见诸报刊。特别是20世纪80年代初发表的系列论文,反映了他在此方面研究的

---

① 韩酉山:《秦桧传》,上海古籍出版社1999年版。
② 张海鹏:《左光斗的水利事业》,《合肥师范学院学报》1961年第1期。
③ 张廷玉等:《明史》卷244,中华书局1984年版。
④ 张海鹏:《左光斗的水利事业》,《合肥师范学院学报》1961年第1期。

独到匠心和鲜明特色。

其一,避"热"趋"冷",擅长发掘人物,通过对一些历史上并没有留下浓墨重彩的人物的研究,阐微而见宏。比如,80年代初,关于明太祖朱元璋以及明初历史的研究,颇为学术界重视,相关的论述屡见于报刊,由此朱元璋成为明史学者最关注的"焦点"历史人物之一。朱元璋是濠州(今安徽凤阳)人,因此自然也受到以明史研究见长且长期关注安徽历史人物研究的张海鹏的重视。与其他学者不同的是,张海鹏先生关于朱元璋以及明初历史的研究,并不停留在朱元璋本人身上,而是发掘出了相对"冷门"的人物马皇后。1981年,他发表了《马皇后评述》一文,提出"我们应当研究马皇后,因为研究她,有助于正确评价朱元璋,也有助于全面了解明代开国前后的一段历史,从中找出规律性的东西"。① 这一看法是有道理的。该文在《明太祖实录》《明史纪事本末》《明史》本传及有关明代野史、杂记中广泛收罗史料,从"起自寒微,忧勤相济""家之良妻,犹国之良相""身处富贵,不忘布衣""夫妻相保易,君臣相保难"等方面论述了马皇后之"贤",并将马皇后与其他相同情况的帝后作比较,认为"她是以一个良妻的身份,在许多方面起到了良相的作用。她协助朱元璋从打天下到坐江山,在客观上是符合历史发展要求的,而她的德行也足以成为封建时代同类人物的楷模"。② 该文有三点值得我们注意:一是通过马皇后的研究,使我们从另一个侧面了解了朱元璋及明朝立国前后的历史;二是拓展了安徽历史人物的研究范围,使我们全面认识了这位出生于宿州(今安徽宿县)的明朝开国帝后的事迹;三是在安徽妇女史的研究方面,它属于较早的作品。避"热"趋"冷",擅长发掘人物,并由此切入学术界讨论的前沿问题,这是张海鹏先生关于安徽历史人物研究的特色之一。

其二,"文""史"兼长,善于以史家的眼光研究"以文名世"的历史人物,发现和总结历史人物的多面性特征,揭示历史人物的丰富内涵。由于人的

---

① 张海鹏:《马皇后评述》,《安徽师范大学学报》1981年第1期。
② 张海鹏:《马皇后评述》,《安徽师范大学学报》1981年第1期。

活动环境具有复杂性,大多数人的经历亦非一成不变,因此许多历史人物往往兼具多面性特征。以清代著名的桐城派文人为例,他们中的不少人一方面大倡理学,尊崇程朱,希望"有补政教"以保大清国祚之不坠;另一方面,对清王朝"若即若离",心灵深处还有根深蒂固的所谓的"华夷之辨"观念。以往学界对桐城派及其人物的研究,多从文学之角度考察;间或分析人物的政治性,也较为笼统。桐城派的诸多巨子,都是张先生的"乡先贤",这一在清代安徽文坛上出现的影响深远的散文流派及其人物,很早就进入了他的研究视野。凭借从小由私塾积累起来的文史功底,张海鹏以史家的眼光考察这些以文名世的人物,其视角及结论,颇具新意。这方面代表性的文章是1983年发表于《艺谭》上的《简论姚鼐的文学主张及其思想倾向》一文。① 文中张海鹏在引用了马其昶《桐城耆旧传》关于姚鼐的一段评价后提出,"要研究桐城派,就要研究姚姬传(鼐)",并认为他继承和发展了"仁圣贤人"的学术思想,取得了巨大的成就,从而把桐城派的文学理论,推向了一个高峰。有鉴于此,他首先对姚鼐在文学理论及其实践方面的师承与发展作了论述,特别肯定了他的义理、词章、考证三者结合起来的文学主张的合理性。在此基础上,进而结合历史实际,对其"文以载道"作了深入考察,并通过将姚氏与桐城派方苞等其他人物的比较,指出姚鼐既希望以程朱理学维护清王朝的统治,又对清廷采取若即若离态度的思想倾向。这种以史为本位的研究文人的方法,有助于发掘历史人物的多面性特征,从而揭示历史人物的丰富内涵。张先生对安徽文化名人的此类研究,成为其历史人物研究的又一显著特色。

其三,以"小"见"大",注重通过历史人物研究揭示重要的文化现象和重大的历史事件。反映该特色比较有代表性的文章是《朱升和〈朱枫林集〉评议》②及《论朱升的从政和退隐》③二文。朱升(1299—1370年),字允升,号枫

---

① 张海鹏:《简论姚鼐的文学主张及其思想倾向》,《艺谭》1983年第1期。
② 张海鹏、刘尚恒:《朱升和〈朱枫林集〉评议》,《中国古代史论丛》1982年第2辑。
③ 张海鹏、刘尚恒:《论朱升的从政和退隐》,《安徽史学》1984年第4期。

林,安徽休宁人(后徙居歙县)。因曾向朱元璋上"高筑墙,广积粮,缓称王"三策,见重于朱元璋,遂"备顾问于内庭,参密命于翰苑",成为明朝初年的"开国勋臣"之一。① 不过,与明史上的其他人物相比,朱升之名声并不显著,而20世纪80年代以前学术界对他也鲜有文章论及。张先生是较早注意到朱升这一历史人物且对其作系统研究的学者之一。他的研究,并不只是停留在朱升单个人物的层面上,而是通过对朱升的考察,旨在反映元末明初间徽州儒士的政治思想,反映朱元璋在建国前后对待知识分子的不同态度和不同政策等一系列重要历史问题和历史事件。特别值得一提的是,正是通过朱升的研究,张海鹏先生发掘出了"新安理学"这一重要的文化现象。在《朱升和〈朱枫林集〉评议》一文中,他首次从地方理学流派来考察新安理学,提出新安理学"在宋元明时期是一个学派",并对朱升作为明初新安理学承先启后人物作了评价。笔者十数年来将新安理学研究作为自己的主要研究方向之一,先后发表了《新安理学源流考》②《论元末明初新安理学家朱升与郑玉》③《论新安理学家赵汸》④等10余篇相关专题论文,正是受到了先生对朱升研究的启发。这种以小见大、启迪后学的人物研究方式,亦是他关于安徽历史人物研究的重要特色之一。

张海鹏对安徽历史人物的研究,既是他关于安徽历史文化研究的重要内容之一,也是其深入开展安徽其他历史文化现象研究的重要基石。不过,我们也很遗憾地看到,张海鹏先生原先计划的关于安徽历史人物群体的整体性研究和代表性人物的评传性考述尚未开展;而此项研究将会使其关于安徽历史人物的研究达到一个全新的境界。然天不假年,哲人遽尔仙逝,惜乎!

---

① 朱升:《朱枫林集》卷1,黄山书社1992年版。
② 周晓光:《新安理学源流考》,《中国文化研究》1997年第2期。
③ 周晓光:《论元末明初新安理学家朱升与郑玉》,《中国哲学史》1994年第2期。
④ 周晓光:《论新安理学家赵汸》,《孔子研究》2000年第2期。

由点而面:关于徽州历史文化的研究

如果说,关于安徽历史人物的研究,是张先生研究安徽历史文化的切入点的话;那么,20世纪80年代开始,他逐步将研究的"点"扩大到"面"。在这一"由点而面"的学术研究侧重的转变过程中,张海鹏以其敏锐的学术眼光和独到的学术见识,选择了徽州(旧称新安,今安徽黄山市。历史上辖歙县、休宁、祁门、黟县、婺源、绩溪六县)作为"面"的主要考察对象。

在安徽的诸多文化区域中,何以选择徽州呢?笔者以为,其中最主要的因素之一则是基于他对徽州文化独特的丰富内涵所反映出来的重要的学术研究价值的认识和重视。早在1985年,张先生就在其主编的《明清徽商资料选编》一书的"前言"中指出:"近几十年来,国内外学者在致力研究徽州社会史的过程中,形成了一门具有地域特色的徽州学。它既说明徽州社会史值得研究,也反映对徽州社会史的研究已取得了一定的成果。徽州学的内容,除要研究徽州的政治沿革、自然环境、语言、风俗习惯、土地制度、佃仆制度、宗族制度、历史人物、阶级斗争等等课题外,还有诸如'新安学派''新安画派''新安医派'这些大的研究领域,更有待于学者们的纵横驰骋。"①这里,张先生不仅在国内学术界中较早提出了"徽州学"的概念,并且指出了其内容的丰富性。他是率先主张将徽州区域作为系统研究对象的学者之一。其后,在多篇文章中,张先生一再阐述了徽州文化独特的丰富内涵及其学术研究价值。比如,在《徽商与徽州文化》一文中,他认为:"'徽州文化',内容丰富多彩。举凡徽州的习俗、徽州的礼教、徽州的语言、徽州的教育,均属文化这个范畴,自不待言。另外,在'徽州文化'中,还有不少是独具风格的,诸如:新安学派、新安医派、新安画派、徽州建筑、徽州园林、徽州砖雕、徽州木刻、徽州盆景;还有徽墨、徽砚、徽剧、徽班乃至徽菜等等。"②在《徽学漫议》一文中,他强调指出:"徽学中的'派'犹如皎洁的晨星,从研究的角度来看,它

---

① 张海鹏、王廷元主编:《明清徽商资料选编》,黄山书社1985年版。
② 张海鹏:《徽商与徽州文化》,《中国典籍与文化》1993年第4期。

涉及哲学、历史学、社会学、经济学、语言学、艺术学、教育学、谱牒学、建筑学、医药学、民俗学以及一些交叉学科。无论是为了弘扬传统文化,还是为了开发地方文化资源,其学术价值和应用价值都是难以估量的。"①正是基于以上的认识,张先生将徽州作为其安徽历史文化研究"由点而面"的首选区域。

面对丰富璀璨的徽州文化、浩如烟海的徽州文书资料和其他史料、国内外已有的研究成果以及涉及众多学科的研究课题,如何发挥自身优势,显现自己特色,开展徽州历史文化的研究呢?张海鹏经过深思熟虑,首先选择了徽州商帮这一研究课题。1998年,他在《徽商研究十五年》一文中,谈到了当初何以选择徽商研究的三个主要原因:一是徽商的活动,不仅仅是经济行为,同时也是一种文化现象,无论从明清经济史、文化史的角度,还是从徽州区域经济文化的角度,研究徽商都具有重要的学术价值;二是总结徽商的经营之道,清理徽商在从事商业活动中留下来的文化遗产,对现阶段我国社会主义市场经济的发展和完善都具有非常有益的借鉴意义;三是"学术竞争的需要,是出于民族自尊使然"。② 这三个原因,既反映了一些客观的因素,也体现了张海鹏高明的学术见识。此外,笔者认为,还有一个他自己没有明说的具体原因,这就是在张先生看来,在整个徽州文化中,徽商起到了重要的"酵母"作用,研究徽商是研究徽州文化的关键所在。③

自80年代初始,至辞世的近20年中,张先生一直将徽商研究作为主要的学术研究方向之一,且作出了卓越的贡献。从学术角度评析,主要体现在二个方面:

其一,收集并整理了大量的徽商资料。

张先生的徽商研究工作,是从收集、整理资料开始的。它反映了一个学

---

① 张海鹏:《徽学漫议》,《光明日报》2000年3月24日史学版。
② 张海鹏:《徽商研究十五年》,《安徽师范大学校庆70周年论文集》,安徽人民出版社1998年版。
③ 张海鹏:《徽商与徽州文化》,《中国典籍与文化》1993年第4期。

者严谨的学术态度和扎实的研究方法。由于明清徽商从业人数众多,经营行业广泛,"足迹几遍禹内",故关于徽商的资料也是散见于各地甚至海外,收集殊为不易。他与安徽师范大学历史系明清史研究室(后改称徽商研究中心,今徽学研究所)同仁克服困难,利用教学之余,"冒寒暑,舍昼夜,到有关图书馆、博物馆、科研单位以及徽州各地,访求珍藏,广搜博采",从230余种史籍、方志、谱牒、笔记、小说、文集、契约、文书、碑刻、档案中,摘录了百余万字资料,经爬梳剔取,鉴别分类,整理出国内第一部徽商资料集——《明清徽商资料选编》。① 该书1985年由黄山书社出版,计40万字,披露了大量未曾公布的徽商及徽学资料。其中从近百种徽州各姓家谱、族谱中发掘出来的资料,尤显珍贵,它展示了徽州谱牒在徽商及徽学研究中广泛的应用前景。《明清徽商资料选编》出版后,好评如潮,先后获得安徽省第一届社会科学优秀成果一等奖、全国古籍优秀图书二等奖。此后,学术界发表的徽商研究著述及论文,几乎无书不引其中的资料。笔者与徽学界不少研究者深有同感:80年代中期以后大陆学界出现"徽商研究热",此书功不可没。

《明清徽商资料选编》问世后,张先生一直没有停止收集和整理徽商研究资料的工作。他和他的课题组成员在有关出版机构的大力支持下,曾计划出版一部资料更为详实的100万字的《明清徽商资料集成》。为此,他生前不顾年事已高,数次率课题组有关成员北上合肥、济南、北京,东行南京、扬州、杭州,南下徽州各县乃至山村僻壤,搜求徽商资料及徽州文书。收集、整理和发表的有关资料,大多是比较罕见且具有较高学术研究价值的第一手材料。比如,关于徽州胡开文墨业的资料、休宁商人汪氏的分家资料等。② 一度引起徽学界轰动的徽州歙县芳坑江氏茶商家族文书资料的披露,也与张先生有直接的联系。10年前,他获悉歙县芳坑清代江氏茶商后裔保存了一批家族文书资料,遂委托徽商研究中心王廷元教授与笔者二人前往调研。我们辗转找到了江氏茶商的后裔,经多方努力,了解了该批文书的大致情

---

① 张海鹏、王廷元主编:《明清徽商资料选编》,黄山书社1985年版。
② 张海鹏、王廷元主编:《徽商研究》,安徽人民出版社1995年版。

况,返校后向张先生及徽商研究中心成员作了通报。他不顾眼疾和腿疾的不便,在王廷元教授和笔者的陪同下,爬山涉水,夜宿农家,亲去其处查阅。后他又与王廷元教授商议,在《徽商研究》一书中对江氏茶商资料作了首次披露。这批资料的公开发布,为学术界研究清代徽州茶商的活动,提供了重要的依据。张海鹏在徽商资料的收集和整理方面的工作,是其徽商研究的主要成就之一。

其二,提出了一系列重要的学术观点。

在徽商资料收集、整理工作进行过程中,张先生对徽商的研究工作也同步开展。其间,他提出了一系列重要的学术观点,其中有不少看法已经成为研究者的共识。比如,1984年,他与唐力行先生合作,在《中国史研究》上发表了《论徽商"贾而好儒"的特色》一文,第一次提出了徽商"贾而好儒"的特色,并就这一徽商有别于明清其他商帮的特点作了详细的论述,此后该观点成为徽学的一条"定理"。又如,1985年他在《明清徽商资料选编》的"前言"中首次提出,徽州文化的诸种现象"往往又与徽商有密切的关系,在某种意义上说,徽商是其酵母"。[①] 该观点在其《徽商与徽州文化》及《徽学漫议》等文中得到了进一步的阐述。如今,徽学研究者对徽商在徽州文化中的重要基础地位已无异议。在诸多现已成为徽学研究者共识的观点中,有不少是张海鹏先生首先提出尔后被普遍接受的。此外,张海鹏先生还就徽商中的一些具体问题,提出了自己独到的看法。比如,在《徽商进入两淮的几个阶段》一文中,他认为徽商进入两淮的时间当在明代之前,而在明清两朝,徽商联袂到两淮大约有两次,一是在明代中叶,二是在清康乾之际。[②] 该文对徽商进入两淮的时间作了客观、科学的分析,较之以往的其他看法,更具可信性。在《徽商在两淮盐业经营中的优势》一文中,张先生全面考察了徽商的地缘优势、文化优势、政治优势和宗族优势,展示了明清徽商与两淮盐业经

---

① 张海鹏、王廷元主编:《明清徽商资料选编》,黄山书社1985年版。
② 张海鹏:《徽商进入两淮的几个阶段》,《货殖》1996年第2辑。

营之间的关系。①而在《论徽商经营文化》一文中,全面展示了徽商经营文化的基本内容,具体评析了徽商儒商风度和徽骆驼精神、经营观念和道德观念、社交文化和店堂文化,认为"徽州商帮在三百余年驰骋商场、追逐利润过程中,由于他们的文化知识和思想素质的底蕴较为深厚,因之,这一商人群体,在商业经营中文化品位也比较高"。②类此观点的提出,拓展和深化了徽商研究。

总观张先生的徽商研究,有一个重要特点,这就是研究并不只是局限于徽州商帮本身,而是始终将其置于徽州文化的环境中作"互动式"考察:一方面他提出了徽商是徽州文化的"酵母",关注徽商对徽州文化的影响;另一方面他也注重徽州文化对徽商的巨大作用力,认为徽商的形成、发展、兴盛"得益徽州区域社会的小环境"。这种"互动式"考察,将徽商研究与徽州区域文化的研究紧密地结合在了一起。

在徽商研究进行的同时,张先生关于徽州历史文化其他问题的研究也逐步展开。特别值得一提的是他对徽学学科的构建所作出的杰出贡献。

回顾国内外徽州历史文化研究的学术史,虽然对徽学(或称徽州学)具体问题的探讨,很早就已经开始了;但将其作为一门学科正式提出,则始于20世纪80年代。其后,学术界对徽学之名称、定义、性质、内容等涉及学科是否成立的一系列根本问题展开了热烈的讨论,形成了不同的看法。张先生一直非常关注徽学的学科构建问题,曾在多种场合阐述过自己的观点。笔者数度聆听,折服于张先生的真知灼见,遂建议其成文发表,以惠学界。2000年3月,张海鹏在《光明日报》上发表了《徽学漫议》一文,比较全面地提出了对徽学有关问题的看法。其中涉及的根本性问题有三:一是关于徽学的定义问题。他认为:"徽学即徽州学,或曰徽州文化。它是在原徽州(府)下属六县所出现的既有普遍性又有典型性并且具有一定学术含量的各种文化现象的整合。它根植于本土,伸展于各地,即是由'小徽州'和'大徽州'文

---

① 张海鹏:《徽商在两淮盐业经营中的优势》,《明史研究》1995年第5辑。
② 张海鹏:《论徽商经营文化》,《安徽师范大学学报》1999年第3期。

化融合形成的内容丰富、品位较高的一座文化宝藏。"这一定义,在诸家之说中,可谓独树一帜。二是关于徽学的主要内容问题。张先生提出,"作为地域文化的徽学,其主要内容有:新安理学、新安医学、新安文献、新安画派、新安宗族、新安商人(徽州在晋代为新安郡,后人常沿用这一郡名),以及徽州书院、方言、礼俗、戏剧、民居、谱牒、土地制度、佃仆制度、契约文书以及徽派朴学、版画、篆刻、建筑、盆景,乃至徽墨、徽砚、徽笔、徽纸……等。这些以'新安'或'徽'为标志的文化'特产',反映了当日的徽州是商成帮、学成派,并由此而构筑了'徽学'这座地域文化大厦"。这一对徽学主要内容的概括,是相当全面的;而"商成帮、学成派"之说,更是极有见地。三是关于徽州文化的成因问题。张先生认为,徽州之所以形成斑斓驳杂的地域文化,"考其缘由,主要有以下两点:第一、中原文化是徽学形成的'基因';第二、徽州商帮是'徽学'发展的'催化剂'"。① 此文不仅是"成一家之言",具原创性;且得徽学之真,有科学性。从文章学的角度来看,该文才、情并茂,学、识兼备,颇有清代桐城派散文之遗风。

张海鹏关于徽州历史文化的研究,在学术界产生了重大的影响,也奠定了他在该领域中的学术地位。已故中国社会科学院徽学研究中心主任周绍泉先生曾评价张海鹏先生"采文华章,徽商研究独步海内外"。张海鹏去世后,中国明史学会在唁电中也充分肯定其"开创徽学研究领域,具奠基之功"。这是对张先生在徽州历史文化研究方面学术贡献和学术地位的客观评价。

集大成:《安徽文化史》的问世

从20世纪90年代开始,在对徽州区域文化深入研究的同时,张先生逐步将研究的视野拓宽到了安徽历史文化的整体研究方面。

张先生曾多次谈到,亘古以来,生息繁衍在安徽这块土地上的人们,曾

---

① 张海鹏:《徽学漫议》,《光明日报》2000年3月24日史学版。

创造了丰富璀璨、瓜瓞绵延且颇具地域特色的物质文化、制度文化和精神文化。其涉及面之广、延续时间之长、对中国文化影响之深远,在中国的区域文化中,可谓首屈一指。就涉及面而言,它既涵盖了哲学、史学、文学、医学、音乐、绘画、书法、伦理、道德、教育、方言、社会习俗、宗教信仰等精神方面的内容,也包括了诸如农业、手工业、商业、科技、建筑、交通乃至饮食、服饰等等外显或内隐的行为特征和现象。从延续时间来看,目前亚洲发现的最早的古人类活动遗址在安徽,安徽的先民曾创造了相对发达的史前文化,尔后这一文化传承的脉络从未中断过。就安徽文化对中国文化的影响来说,无论是物质文化方面,还是制度文化或精神文化方面,安徽都曾出现影响中国乃至世界的一流成就和一流学者。因此,他认为,安徽是一个"文化大省",作为安徽的学者,有责任充分发掘、深入研究、系统整理和全面介绍安徽的历史文化,为塑造安徽的正面形象、促进安徽经济和社会的全面发展尽义务。他还和笔者讨论过安徽文化的基本特征,并在诸多方面形成了共识。我们认为,由于安徽独特的地理环境的影响,安徽历史文化有其特点:一是延续性。所谓延续性,是指安徽文化历史悠久,自进入文明社会以后,就处于不断发展、不断完善的过程中,其间从未中断过。二是交融性。所谓交融性,是指安徽文化处在中国南北文化的交流、冲突和融合地带,中国文化由南而北或由北而南的过渡,安徽文化起到了桥梁的作用。安徽文化作为交融性文化的重要特征是,它既有中国北方文化的因子,同时又有中国南方文化的诸多特色。这种融中国南北文化于一体的交融性特征,在中国的其他区域文化中是罕有的。三是多样性。安徽文化的多样性,主要表现为其文化风貌具有明显的地域差异。四是安徽文化有一个早起而中伏、中伏而极盛的发展进程。上述观点,笔者后来在《安徽文化史·导言》中作了较为详细的阐述。[①]

1995年,在原商业部部长、特区办主任胡平同志的倡导下,在中共安徽

---

① 《安徽文化史》编纂工作委员会:《安徽文化史》,南京大学出版社2000年版。

省委、省人大和省政府主要领导同志的关心及有关部门和地市的大力支持下,一部规模宏大的《安徽文化史》开始编纂了。张先生出任第一主编,并与臧宏、郭因、张秉伦等先生一起,组建了由16人组成的《安徽文化史》编委会。

在张先生和其他三位主编的主持下,编委会开展了卓有成效的工作。首先是确定了编撰体例。该书主要从史的角度揭示安徽境内自古以来所产生的诸种文化现象,探索其发生、发展的规律。所涉及的地域范围,原则上以现今安徽辖境为限,而论述的历史文化,则主要是皖籍人士在安徽历史上创造的历史文化遗产。对非皖籍人士在安徽创造的历史文化遗产以及皖籍人士在外省创造的历史文化遗产,给予适当兼顾。时限上,该书上起先秦时期的安徽史前文化,下迄民国时期的安徽近现代文化。有关编撰体例的确定,勾勒出《安徽文化史》的基本特性。其次是拟订了写作大纲。这部大型学术性区域文化通史,共分为9编56章215节;各编分别论述学术思想、哲学、宗教、文学、艺术、科技、教育、史学、新闻出版等内容。该大纲反映了《安徽文化史》的大致风貌。第三是进行了具体分工。张先生除全面统筹之外,还具体负责历史和教育等部分的编写组织工作。上述三方面工作,张海鹏均亲历亲为,特别是关于编撰体例和写作大纲的厘定,用力更勤。在随后的5年时间里,张海鹏殚思极虑,为《安徽文化史》的顺利编撰和出版倾注了大量的心血。他先后组织了5次不同规模的编撰工作会议,并多次到合肥、南京、黄山、安庆、淮北、凤阳等地调研,与作者讨论写作的具体问题。在初稿汇总后,张先生还2次组织人员修改和删定。经省内外近百名专家、学者的努力,2000年12月,一部200万字的《安徽文化史》终于由南京大学出版社出版了。虽然张先生因病于当年的9月5日与世长辞,最终未能见到该书的出版,但可以告慰先生的是,凝聚他晚年所有心血的《安徽文化史》出版后,获得了学术界及社会各界的高度评价。编纂工作委员会在合肥稻香楼宾馆举行了隆重的首发式,省内外10多家报刊派记者前来采访并报道消息;学者们在各类报刊上,发表了10余篇书评,对国内第一部区域文化通史作了充分肯定;在安徽省第五届社会科学优秀成果评奖中,该书又荣获一等奖。

《安徽文化史》是一部集大成之作。它汇集了近百位专家、学者的智慧和成果,反映了20世纪安徽学术界关于安徽历史文化研究的最高水平。对张先生来说,这部书也是其一生研究安徽历史文化,才、学、识、德的集中体现之作。

从总的来看,张海鹏的安徽地方文化史研究,具有明显的阶段性特征。他以安徽历史人物研究为切入点,然后"由点而面",选择徽州为深入研究安徽历史文化的重点区域,最后进一步拓展研究视野,对安徽历史上自古以来所产生的诸种文化现象作综合考察,探索其发生、发展的规律,主编出版了集大成的煌煌巨作《安徽文化史》。介绍和总结他的学术生涯和治学之道,不仅是为了纪念一位学术前辈,肯定其学术贡献和地位;也是为了有裨后学者在前人的基础上,进一步加深和拓展相关领域的研究。

谨以此文纪念张海鹏先生逝世3周年。

原载《安徽师范大学学报》2003年第5期

《安徽文化史》导言

亘古以来,生息繁衍在安徽这块土地上的人们,曾创造了丰富璀璨、瓜瓞绵延且颇具地域特色的物质文化、制度文化和精神文化,我们统名之为"安徽文化"。安徽文化涉及面之广、延续时间之长、对中国文化影响之深远,在中国的区域文化中,可谓首屈一指。就涉及面而言,它既涵盖了哲学、史学、文学、医学、音乐、绘画、书法、伦理、道德、教育、方言、社会习俗、宗教信仰等精神方面的内容,也包括了诸如农业、手工业、商业、科技、建筑、交通乃至饮食、服饰等等外显或内隐的行为特征和现象。从延续时间来看,目前亚洲发现的最早的古人类活动遗址在安徽,安徽的先民曾创造了相对发达的史前文化,尔后这一文化传承的脉络从未中断过。就安徽文化对中国文化的影响来说,无论是物质文化方面,还是制度文化或精神文化方面,安徽都曾出现影响中国乃至世界的一流成就和一流学者。从史的角度揭示安徽境内自古以来所产生的上述诸种文化现象,探索其发生发展的规律,是这部大型学术性区域文化通史的编撰主旨。

任何文化及其特质的形成和发展,都依托着一定的地理环境,包括自然地理环境和人文地理环境。中华民族数千年来所创造的绵延不绝的灿烂历史文化,得益于东亚大陆这块幅员辽阔的土地,得益于其广阔的回旋天地、适宜的气候和丰富的自然资源。由于东亚大陆地理环境的多样性,在中国文化的发展长河中不仅有大陆文化中的两大文化——农耕文化、游牧文化，而且农耕文化中还先后出现了多种独具特色的区域文化，如齐鲁文化、巴蜀文化、楚文化、吴越文化、三晋文化、秦陇文化等。安徽的地理环境得天独厚，它位于中国的东南部，居华东腹地，长江、淮河、新安江横贯境内，北部地势坦荡辽阔，为淮北大平原的一部分；中部地处江淮之间，丘陵、台地和镶嵌其间的河谷平原错落有致，物华地灵；南部长江两岸和巢湖周围河网密布，地势低平，土地肥沃，属于长江中下游平原，再往南则是山峦起伏、风光绮丽的皖南山区。安徽文化就是在这一区域独特的地理环境中逐步形成与发展的。其文化的多样性、过渡性等一系列的特征，无不受到了安徽所处的地理环境的影响。

安徽文化有它的延续性。

所谓延续性，是指安徽文化历史悠久，自进入文明社会以后，就处于不断发展、不断完善的过程中，期间从未中断过。

安徽境内很早就有人类生存。据最新的考古发掘表明，约在200～240万年前，在现繁昌县境内的孙村一带就有古人类活动。这是已知的亚洲最早的古人类活动遗址。20世纪以来考古发现的和县猿人、巢县早期智人、下草湾晚期智人以及水阳江的旧石器文化遗存和定远侯家寨、潜山薛家岗、宿松黄鳝咀等新石器文化遗存，充分说明安徽具有丰富的史前文化，是中华文明的发祥地之一。进入文明社会后，安徽境内文化成就高潮迭起，期间虽有过曲折，但数千年间层层相因，传承不绝。当然，这种延续性，是由文化发展的不同阶段所构成的。安徽文化在进入文明社会以后的发展进程，主要有8个阶段：第一阶段是夏商周时期。该时期古皖文化与中原文化发生激烈碰撞和全方位交流，开启了安徽文化进入文明社会后的最初篇章。第二阶段是秦汉时期。该时期是中国大一统时期，安徽地处南北要冲，其文化在大一统的局面下，呈现出许多新气象，涌现了一大批杰出人物，在学术思想、尊儒兴学诸方面成就尤为突出。第三阶段是魏晋南北朝时期。这一时期安徽地区发生了第二次南北文化大碰撞，以山越为代表的土著文化和中原汉文化进一步融合,安徽文化在哲学、教育、文学、艺术、科技等领域中都有重大的贡献。第四阶段是隋唐五代时期。该时期中国文化进入了隆盛时代,由于江淮地区离唐代经济、政治、文化中心的距离较远等原因,安徽文化并非同样全面隆盛,但也随之发展到了一个崭新的阶段。在文学、艺术、茶文化、科技等方面,有一定的进步。佛教文化还相当繁荣。各方面也涌现出了一批文化精英。其成就,对以后的安徽文化产生了积极的影响。第五阶段是宋辽夏金元时期。该时期的安徽文化在第三次的南北文化碰撞中,进一步吸纳北方汉文化和蒙元文化,发展到了精致和成熟的阶段。第六阶段是明清时期。该时期中国封建社会进入了晚期,中国文化已发展到总结的阶段。安徽文化在这一大趋势下,哲学家中出现了吴廷翰、方以智、戴震等一批对传统哲学进行批判总结的大师;史学方面出现了对传统史学进行整理和转向的趋势。此外,在方志、印刷出版、教育、宗教、文学、艺术、科技等领域中,也取得了一系列总结性和开创性的成果。第七阶段是清朝后期。这一时期中国即将步入近代社会,文化的发展处于新旧交替时期。此期的安徽文化中,一方面传统的血脉仍在延续,经学研究方面出现了皖派经学,桐城文派的后继者们仍在维护和实践着该派已有的古典散文的理论,传统科技继续缓慢发展;另一方面,新的文化因子开始生成,经世思潮在安徽大地上涌动,诗词创作逐步由古典走向现代,西方科技得到传播。晚清的安徽文化具有鲜明的新旧交替的时代特征。第八阶段是民国时期。该时期是中国社会的转型期,安徽文化出现了从相对封闭的古典形态到接受现代文明的艰难转变。此期的安徽文化在哲学、教育、文学、艺术、科技等领域中流派纷呈,古今中西交融碰撞,有如一幅色彩斑斓的画卷。此后,安徽文化面临新的环境,又有新的发展方向和途径。纵观安徽文化的发展历史,环环相扣,阶段相接,由此构成了一条从未中断的文化链。

安徽文化有它的交融性。

所谓交融性,是指安徽文化处在中国南北文化的交流、冲突和融合地带,对于中国文化由南而北或由北而南的过渡,安徽文化起到了桥梁的作用。安徽文化作为交融性文化的重要特征是,它既有中国北方文化的因子,同时又有中国南方文化的诸多特色。

由于安徽所处地理位置的缘故,安徽文化从来就不是一种单一的封闭性文化,在其形成和发展过程中一直受到周边文化,尤其是北方和南方二大文化系统的交互影响。以安徽文化滥觞期的新石器时代文化为例,目前在江淮地区以龙山型遗址发现较多,出土的陶器以灰陶、黑陶为主,纹饰主要有篮纹、绳纹、划纹、按窝纹、附加堆纹等,并普遍使用快轮制陶。石制生产工具则多为扁平单孔的铲、锛、镰、刀等,制作方法简单,外观粗糙。这些都是龙山文化的基本特征。而龙山文化是新石器时代黄河流域中下游最具代表性的文化,它在安徽境内被大量发现,说明了安徽新石器时代文化受到来自北方文化的深刻影响。同时,安徽发现的龙山型文化,并不是黄河中下游龙山文化的简单移植。有证据表明,就文化面貌来说,同为龙山型文化,北部沿淮与南部及沿江一带有明显的区别。这种差异,与南部和沿江地区更多地受南方原始文化影响有关。这里可以看出,安徽作为南北文化的过渡地带,其史前新石器时代的文化就体现了南北文化交融性的风貌。进入文明社会后,中国文化南北分野的地域特征越来越明显,并在中国文化史上出现过三次较大规模的南北文化的碰撞和融合。第一次是夏商周时期中原文化与古皖文化的碰撞,第二次是魏晋南北朝时期中原文化与山越文化的碰撞,第三次是宋辽夏金元时期中原文化、蒙元文化与南方汉文化的碰撞。这三次南北文化交会碰撞的"锋面"都在安徽境内,由此导致的结果是安徽文化在其数千年的发展史上,深深地烙上了南北文化交互影响的印记。以第一次夏商周碰撞时期的安徽文化为例,目前发掘出的被命名为"大城墩类型"的巢湖水系区的夏文化,从其遗物特点分析,既有河南二里头文化的因素,又有南方湖熟青铜文化的因素;被称为"斗鸡台类型"的淮河水系区夏文化,除二里头文化的因素外,还有明显的本地原有文化因素并受山东岳石文化的影响。安徽的商文化,在南北文化的碰撞和交融下,前期包含了商文化、岳石文化、南方文化和当地文化等多种因素;后期则是中原商文化占据主导地位，而南方文化的因素也得到了进一步的强化。以后，经过中国北方文化和南方文化在安徽境内的第二次、第三次碰撞和融合，安徽文化中更多地融入了北方文化和南方文化的因素，鲜明地凸现了南北文化交融性的特征。

安徽文化有它的多样性。

安徽文化的多样性，主要表现为其文化风貌具有明显的地域差异。淮河以北地区是以小麦、粟、稷、棉花、大豆为主要作物的旱地农业区，在历史上长期受中原文化的直接影响，其经济结构、生活习俗、民情风尚等都包含了较多的北方文化因素。江淮之间是我国旱地农业区与水田农业区的过渡地带，农作物小麦、水稻兼种，还普遍种植油菜、棉花、麻类等经济作物，在经济结构方面与淮北地区有较大的差异。该地区在历史上一直是北方文化和南方文化碰撞与交融的主要地带，文化风貌兼有南北特征。沿江平原与皖南山区是典型的水田农业区，具有悠久的水稻种植历史，皖南山区还是林、茶等经济作物的重要产地，农业经济结构很早就出现了南方特色。其文化的主要风貌也更多地包含了南方文化的因素。安徽文化出现上述地域差异，是多种因素综合影响的结果。我们认为，有二个因素至关重要：首先，它与安徽的自然地理环境与人文地理环境有关，正是由于地理环境的多样性，为安徽文化的多样性发展提供了条件，并发挥了直接的影响。其次，安徽文化多样性的出现，与历史上中国南北文化在安徽境内的不断碰撞和融合有密切的关系。安徽文化的地域差异中所表现出来的南北文化在不同地区的不同影响力，正说明了这一点。

在地域差异的基础上，安徽文化中出现了诸多比较成熟的区域文化，如淮河文化、皖中文化、徽州文化等。这些区域文化都具有非常丰富的内涵，有相当长的发生、发展历史，也有鲜明的个性特征。比如徽州文化，它的风格独特，包含了新安理学、皖派经学、徽商、新安医学、新安画派、徽州宗族、徽州典籍、徽州建筑、徽州园林、徽州砖雕、徽州木雕、徽派盆景、徽墨、徽砚、徽剧和徽菜等内容，具有近千年的发展历史，曾在中国历史上产生了重大的影响。目前，学术界已形成一门以徽州文化为研究对象的新学科——"徽州学"。诸多成熟的区域文化的出现，进一步表明了安徽文化的多样性。

安徽文化有一个早起而中伏、中伏而极盛的发展进程。

在中国文化史上，安徽是文化发生最早的地区之一。哲学、宗教、艺术、科技、文学等文化现象，在安徽境内很早就已经出现。但是，安徽文化的成熟，相对于其自身的发生时间来看，则比较迟缓。因此，安徽文化的发展进程，表现出了早起而中伏、中伏而极盛的现象。以佛教文化为例，约在东汉后期，佛教就已在淮北地区开始流传，它说明安徽在中国佛教的传播史上，属于较早的地区之一。但东汉以后的数百年间，安徽的佛教文化始终处于较缓慢的发展时期。直到唐代禅宗二祖慧可和三祖僧璨到岳西司空山、潜山天柱山等地弘扬禅宗佛法，才推动了安徽佛教文化的发展，此后天柱山、九华山、黄山等名山先后建起了一些著名的寺庙。唐开元年间，韩国僧人金乔觉航海来华，在九华山传教，开始创立九华山地藏菩萨道场，对佛教在安徽的传播作出了重要的贡献。以后，历经宋元明清四朝近千年的发展，安徽佛教文化发展臻于成熟，尤其是九华山佛教，在海内外产生了巨大的影响。纵观安徽佛教文化，其发生、发展以至成熟，前后历1500多年，称得上是"早生晚熟"。再如科技，在原始社会时期，安徽的科技就有了萌芽，这在中国文化史上可谓"早发"。但如同安徽文化中的佛教等其他文化现象一样，安徽的科技发展也是非常缓慢。尽管在夏商周、秦汉、魏晋南北朝、隋唐五代等历史时期中，安徽科技曾取得一些成就，但总体而言，除《管子》和《淮南子》而外，它在中国科技史上的地位还不算十分突出。直到宋辽金元时期，安徽科技才得到长足发展，在天文历算、光学、医学、农学、动植物学以及人体解剖、圩田建造、纺织、矿冶、制器、文房四宝制作技术、印刷术的发展、霹雳炮和突火枪的发明等方面，安徽学者都作出了重要的贡献。明清时期，尤其是明代以后，中国传统科学比较西方科技发展而言，已处于落伍的状态，而安徽科技在这一时期仍呈现空前繁荣景象。科技成果遍及天文、数学、物理学、生物学、医学、兽医学以及农田水利、机械制作、冶金、建筑、印刷、织染等众多领域,许多科技成果处于全国领先地位。安徽传统科技发展的成熟,可以说直到明清时期才最终出现。从总体来看,安徽的各种主要文化内涵,都是在宋代以后才发展到成熟阶段,普遍存在着"晚熟"的现象。

安徽文化的发展始终具有一种"通变"精神。

所谓"通变",即司马迁说的"通古今之变"。这是如何处理古与今关系,以求更好地积累文化、发展传统的问题。中国人是善于积累文化的,在积累文化过程中,形成了一个善于"通变"的传统。安徽人在这一传统的形成中,贡献最大,"通变"精神最突出。大体来说,"通变"包括"批判、会通、创新"等环节。安徽文化,特别是它的灵魂哲学,在这三个环节上都有突出的表现。如哲学家老子、庄子、桓谭、嵇康、宗杲、朱熹、方以智、戴震等,都有胆识兼备的批判精神、兼容并包的会通精神和超越前人的创新精神。正是这种"通变"精神,才使安徽文化具有延续性、交融性、多样性和早生晚熟等特点。这也就是说,突出的"通变"精神,是安徽文化史的根本特点,也是安徽文化具有强大生命力的内部根据之所在。

延续性、交融性、多样性、早生晚熟以及突出的"通变"精神充分表明,安徽文化是一个颇有个性特征的文化系统。这一文化系统在中国文化发展史上占有重要的地位。它拥有一批在中国历史上属于第一流的哲学家、文学家、史学家、艺术家和科学家,如老子、庄子、管仲、华佗、张陵、曹操、曹植、曹丕、嵇康、王蕃、戴逵、桓谭、陈翥、梅尧臣、李公麟、吕本中、宗杲、朱熹、方回、汪道昆、吴廷翰、德清、渐江、方以智、钱澄之、梅文鼎、方苞、吴敬梓、戴震、姚鼐、张廷玉、邓石如、方东树、俞正燮、郑复光、王茂荫、黄宾虹等;它拥有中国文化史上诸多杰出成就,如原始法学的创立、大禹治水、道家学派的形成、农家学派的出现、中国最早的大型灌溉工程——芍陂的兴修、红光验尸、人体解剖、活字印法、突火枪的发明、《王祯农书》与《农桑辑要》等农书的编撰、人痘接种术的发明、理学的集大成、和会朱陆思想的提出、十二平均律的发明、徽商文化的形成、凤阳花鼓的流传、兼收儒释道思想而颇具新意的民间学派——太谷学派的兴起、皖派经学的产生、新安画派的形成、桐城文派的创立、黄梅戏的形成、新文化运动的发轫等等。安徽文化是中国文化的重要组成部分,它的形成和发展,在一定程度上影响了整个中国文化的发展进程。

安徽文化有着辉煌的历史。千百年来,生活在这块土地上的人们曾创造了令世人注目的文化成就,研究它,认识它,总结它,并从中吸收丰富的营养,将有助于我们在新的时代,创造安徽文化的辉煌的今天和更加灿烂的明天!

《安徽文化史》,南京大学出版社 2000 年版

(导言由本人执笔)

《徽州方志研究》序

地方志之修纂,乃中国优秀文化传统。关于其始,学界众说纷纭,或谓导源于《周官》《尚书》,或称滥觞于《禹贡》《山海经》,或指发轫于先秦诸侯国史,不一而足。但其源远流长,则是学界共同叹誉之见。在方志发展的数千年历史中,其数量之巨、种类之多、体例之备、价值之高,成为中国文化史上的奇观;同时,方志又是记录一地山川、经济、文化、社会实态与变迁的重要载体,故而关于方志的研究,历来成为人们关注的热点。

徽州之有志,始于南朝梁新安太守萧几所撰的《新安山水记》。自唐宋以降,徽州人文鹊起,学者辈出,号称"自井邑田野以至远山深谷,莫不有学、有师、有书史之藏"(明赵汸《商山书院学田记》),被视为"东南邹鲁""文献之邦"。而在徽州文献中,方志是其重要的组成部分。千余年来,徽州成为我国历史上修志发达地区之一。徽州方志既有地区性、综合性、资料性等方志共性,也有连续性、理论化等个性特点。20世纪80年代以来,以徽州历史文化为研究对象的"徽学"兴起,学者开始注重对徽州旧志的研究与利用,但虽有尝试,而无深入。迄今为止,尚无一部系统、深入研究徽州旧志的作品问世。这既与徽州方志的历史地位不相称,亦成为学界期待填补的徽学研究之空白领域。

日前,得悉刘道胜博士洋洋16万余言的新作《徽州方志研究》即将付梓,有幸先睹,甚感快焉。这部作品,于道胜博士而言,实为"旧题"。2000年,作者在安徽师范大学攻读硕士学位期间,因受安徽师范大学徽学学术团队的影响,即以《徽州旧志研究》为题,出色完成了硕士学位论文的写作。如今旧题而新作,既见作者经年之积累愈发厚实,又显研究更加深透入里。

本书的突出亮点之一,是作者在撰写的体例上颇费心思,力求创新。全书分上下两编,上编《徽州方志叙略》,讨论徽州方志的编纂源流、徽州方志的编纂特点、徽州方志的编纂理论、徽州方志的资料价值以及正统化的学术活动和地方性的知识积累诸学术问题,提纲挈领,宏观上考察徽州方志的概貌和基本学术问题。下编《徽州方志著录》,分别有徽州佚志辑录、徽州府县乡镇志提要、徽州专志著录、各种方志丛书收录徽州方志一览、弘治《徽州府志》卷11《词翰一》艺文目录一览等项,广搜博采,展示了徽州方志的具体风貌和资料价值。这种体例,与近年巴兆祥先生《中国地方志流播日本研究》(上海人民出版社2008年2月版)一书,有异曲同工之妙。而本书之所以将徽州佚志辑录等名为"下编"而非"附录",反映了作者写作本书学术性与资料性并重的意图。下编徽州佚志辑录、徽州府县乡镇志提要、徽州专志著录等,是作者花费近十年时间,涉猎百余种典籍,通过扎实的考订功夫,精心编撰而成,因此具有很高的学术与资料价值。其嘉惠学界,功不可没。

本书的另一亮点是作者做了诸多原创性的工作,并提出了一系列独到的看法。比如,作者考察了徽州方志的编撰源流,首次梳理了徽州方志从南朝地记到隋唐图经,以及宋元明清时期的发展线索,勾勒出徽州方志的全景式演变轮廓;作者注意到了徽州方志的编纂特点,在掌握大量基本史料的基础上,提炼出"发凡起例,富有创意""取材广博,考证精洽""私撰成风,种类繁多"三大特点;作者还率先总结了徽州方志的编撰理论,在方志的起源、编撰要求及功能等方面展开详实的论述。此外,作者还首次从七个方面论述了徽州方志的资料价值,尤其是在"盛世修志:正统化的学术活动"和"因时续修:地方性的知识积累"二部分,阐述了多年来有关方志编撰问题的独到看法。作者在学术研究中的问题意识、原创性追求以及独立思考,都较鲜明地体现在这部作品中。

此外,本书反映的作者扎实严谨的治学态度与方法,也是值得称道的。当下学术界,急功近利之风盛行,青年学者中能以十年之力磨一剑者,越来越少。作者淡定人生,一心向学,为写作本书,其经眼所及徽州志书,几乎囊括了现存该区域的各种传统方志。所用每条史料,均直接引自原始文献,且反复校核。由此,本书篇幅虽不大,但仍有厚重之感。

当然,因各种原因,本书也有两个遗憾:一是流传海外的徽州方志,如流播日本的嘉靖《徽州府志》、万历《休宁县志》等,作者未能在相关辑要和提要中反映。二是与其他区域方志的比较研究,暂付阙如。这是作者今后可以进一步关注的课题。

业师邹逸麟先生曾说:"历史学是一门需要长期积累的学科,才智固然重要,而勤奋则是不可或缺的。"(《明清时期杭嘉湖市镇史研究序》,载陈学文《明清时期杭嘉湖市镇史研究》,群言出版社1993年9月版)道胜博士近年来在徽学界崭露头角,有《明清徽州宗族文书研究》等著述问世,成为徽学研究的中坚力量,正是应了邹先生才智与勤奋之言。值此新作即将付梓之际,写以上文字,谨表祝贺,并希望道胜博士今后在学术道路上,藉其才、学、识、德、勤,取得更大成就。

是为序。

原载刘道胜著《徽州方志研究》,黄山书社 2010 年版

评《徽州文书》的整理与出版

期盼已久的《徽州文书》第一辑 10 卷 2005 年 1 月终于与读者见面了。主编刘伯山先生自 20 世纪 80 年代中期以来,一直以满腔的热情全身心投入徽州文化的研究与宣传,并着力于徽州文书的收集和整理,在徽学界声名远播。以他名字命名的安徽大学徽学研究中心"伯山书屋"收藏了丰富的徽州文书,徽学界久闻其名而因种种原因不得其详。此次《徽州文书》首次影印展示了"伯山书屋"收藏的部分文书,同时也公布了祁门县博物馆收藏的部分徽州文书精品,令徽学研究者欣喜不已。这批文书的整理和出版,无疑是学术界的一件盛事。

一、《徽州文书》第一辑 10 卷公布了徽州黟县和祁门的珍贵文书 4995 件,如此大规模以影印的方式集中整理和公布徽州文书,在学术界和出版界是空前的盛事。

20 世纪 50 年代中期,徽州文书被大规模发现并获得确认,其数量之多、研究价值之大,曾被誉为是 20 世纪继甲骨文、汉晋简帛、敦煌文书、明清档案发现之后中国历史文化上的第五大发现。(叶显恩:《徽州文化全书总序》,安徽人民出版社 2005 年版。)近年来,徽州文书的发现进入新的高潮,据专家最新估计,其文书的数量当在 35 万件左右。① 但在徽州文书大规模发现的同时,徽州文书的整理和公布则相对滞后。此前,虽然学界有过种种努力,也出版过相关著述,其中影响较大的有傅衣凌《明清徽州庄仆文约辑存》(《文物参考资料》1960 年第 3 期)、中国社会科学院历史研究所等《明清徽州社会经济资料丛编》第一、二集(中国社会科学出版社 1988 年、1990 年版)、中国社会科学院历史研究所《徽州千年契约文书》(花山文艺出版社 1991 年版)、王振忠《徽州社会文化史探微——新发现的 16—20 世纪民间档案文书研究》(上海社会科学院出版社 2002 年版)等。但迄今为止的整理和发布,与大量徽州文书的存世状况是不相适应的。它严重影响了徽州文书研究价值的利用,制约了徽学的进一步发展。《徽州文书》继《徽州千年契约文书》之后,加大了以影印方式大规模集中整理和公布徽州文书的步伐,此举是出版界的盛事、学术界的幸事。我们相信,随着《徽州文书》以后诸辑的出版,徽州文书的整理和公布将进入新的阶段。它将进一步展示徽州文书的研究价值,对推进徽学研究起到不可估量的作用。

二、《徽州文书》整理和公布的资料,内容丰富,归户性强,且均为首次面世,具有很高的学术研究价值,弥足珍贵。

"徽州文书是历史上的徽州人在其具体的社会生产、生活与交往过程中为各自切身利益形成的原始凭据、字据、记录,它是徽州社会、文化发展以及生产、劳动、社会交往、风俗习惯、宗教信仰等状况的最真实、具体的反映"。(刘伯山主编:《徽州文书·前言》)它具有真实性、原始性、唯一性等特点。这是一般文献资料所不具备的。对于徽州文书的研究价值,学术界给予了高度肯定。已故著名徽学专家周绍泉指出,徽州文书研究"将给宋代以后的中国古代史特别是明清史带来革命性的变化"。美国学者约瑟夫·麦克德谟特称"徽州文书是研究中国封建后期社会史和经济史不可或缺的关键资料"。而日本学者臼井佐知子则说"对于研究中国封建社会末期政治、经济、

---

① 随着近年来徽州文书的不断被大规模发现,专家估计存世的明清和民国徽州文书总数当在百万件以上。

文化和探讨其发展规律方面,徽州文书具有很大价值,起着任何东西无法替代的作用"。这些学者的看法,目前已是国内学界的共识。《徽州文书》公布的这批文书,再次印证了学术界对徽州文书研究价值的认识。影印公布的4995件文书,从形式上看有买卖租典契约、合同公约、收借条、分书遗嘱、账单账册等等,种类繁多;就时间跨度而言,上起明前期,下迄民国后期,历时500余年;而所关乎的内容,举凡宗族事务、土地买卖、遗产分割、贸易往来、公益事业等等,均有涉焉。中国传统社会后期民间政治、经济、文化等方方面面的活动,其中都有不同程度的实态反映。这批内容丰富的文书,对研究明清徽州社会,从而透析明清社会、经济、文化等方面的风貌,有着"任何东西无法替代"的价值。尤其值得注意的是,第一辑收录的文书,非常注重"归户性"。所谓"归户",是指分散的、零碎的契约文书,经考证可复归原属的同一户。经历漫漫时光,数度尘埃浸湮,尚能保持"归户"特性之文书,极其难得。而《徽州文书》公布的近5000件文书,大多是归户文书。如《祁门十七都环砂程氏文书》1380多份(部),最早的一份是明代宣德四年(1429年)的,最迟的一份是民国二十年(1931年),总跨度达502年。《黟县一都榆村邱氏文书》300多份,最早的一份是明天启四年文书,最迟的文书延至民国后期,也跨越了300年的时间。如此长时段且丰富的文书依然保持"归户性",足见其珍贵。从研究的角度来说,归户的文书"历时性上,它们存在一定的连续;共时性上,它们存在一定的关联,从而构成了一个整体,并且正是这种整体性的存在才更为体现了其真实性,反映的是多维空间的历史实态"(刘伯山主编:《徽州文书·前言》)。归户文书不仅是一个家庭、一个家族变迁发展历史的真实记录与写照,系统性强,极具个案研究的价值;同时它也全面展示了历史进程中诸种影响因素之间的关联,为人们客观认识历史提供了样本。

《徽州文书》公布的这批文书之所以珍贵,还在于文书收集过程的艰辛与传奇。如安徽大学徽学研究中心"伯山书屋"藏《黟县一都榆村邱氏文书》300多件,系编辑者1998年至2000年在黄山市分三次从不同的人手上获得,若非收集者的关注和执着,若非机缘巧合,我们今日断难看到合璧后的榆村邱氏文书公布于世。从《徽州文书》中收录的部分徽州文书《寻获记》可见,每件文书从民间被再发现,凝聚了收集者的心血,也都充满着传奇色彩。

三、《徽州文书》的编辑体例别具一格,在资料整理方面颇多创新之处。

首先,在公布的归户文书正文前,分别撰写了16篇《寻获记》,即《黟县一都榆村邱氏文书寻获记》《黟县二都四图胡氏文书寻获记》《黟县二都查村江氏文书寻获记》《黟县四都汪氏文书寻获记》《黟县五都四图程氏文书寻获记》《黟县八都三图查氏文书寻获记》《黟县八都四图金氏文书寻获记》《黟县八都燕川吴氏文书寻获记》《黟县十都丰登江氏文书寻获记》《黟县十都三图余氏文书寻获记》《祁门八都邱氏文书寻获记》《祁门十二都一图胡氏文书寻获记》《祁门十七都环砂程氏文书寻获记》《祁门二十一都一图陈氏文书寻获记》《祁门二十二都红紫金氏文书一寻获记》《祁门二十二都红紫金氏文书二寻获记》。《寻获记》由该归户文书的收集者亲自撰写,介绍了文书收集的地点、来源、过程以及涉及的相关人与事。这对研究者了解和利用该文书,帮助巨大。其次,归户文书有确定的归户地点,在正文编排前附归户地点地名图。这种编排方式,极大地方便了研究者对该文书的利用。第三,本辑文书主要从安徽大学徽学研究中心"伯山书屋"和祁门县博物馆收藏的徽州文书中精选而来,前者提供的是黟县文书,后者提供的是祁门文书。在编辑体例上,编辑者在黟县文书正文之前,对安徽大学徽学研究中心"伯山书屋"藏徽州文书作了简介,在祁门文书正文之前,对祁门县博物馆藏徽州文书作了介绍,研究者从中得以了解二处徽州文书收藏情况的大概。此举方便了研究者对徽州文书的进一步利用,也体现了整理者的良苦用心。上述三方面的创新,反映了《徽州文书》在编撰体例方面的独到之处。

《徽州文书》第一辑的整理和出版,对学术界而言,是一件功德无量的大事。它必将有力推动徽学研究的深入,推进徽州文书的整理工作。当然,35万件存世徽州文书也表明,今后徽州文书的整理工作依然任重道远。我们殷切期盼《徽州文书》后续几辑尽快面世,为徽州文化及中国区域文化研究奠定更加坚实的基础。

原载《安徽史学》2006年第5期

中国古代文化史的多媒体计算机辅助教学

中国古代文化史是高校中国古代史课程体系中一门重要的主干课程。长期以来,在许多高校中,该课程一直是历史系学生的一门专业必修课。近年,随着素质教育意识的增强,中国古代文化史在高校课程结构中,占有越来越重要的地位。无论是文科还是理科,在专科生、本科生和研究生的各层次教学中,开设该课程的必要性和迫切性日益突出。但是,正如传统史学课程面临的问题一样,在中国古代文化史的教学中也普遍存在着教学手段单一、教材老化、观点陈旧、学生厌学等一系列的问题。这些问题的存在,严重制约了该课程的发展及其在素质教育中应有作用的发挥。因此,探讨中国古代文化史的教学改革,已成为一个现实而又重要的课题。

我们认为,中国古代文化史的教学改革可以从多种途径实施,其中实行多媒体计算机辅助教学,不失为一条行之有效的重要途径。

传统的计算机辅助教学是由教师、计算机和学生三方面构成的以人机对话形式出现的自动教学系统,简称 CAI。多媒体计算机辅助教学则在此基础上,充分采用日益成熟的多媒体技术,将文本、图形、动画、声音等多种媒体信息集成在一起,设计出包含知识讲解、举例说明、媒体演示、提问诊断和反馈评价等教学基本内容的多媒体教学软件,全面提升计算机辅助教学的功能,达到最佳的教学效果。这种代表当前国内外现代教育技术发展方向的教学方法,对解决中国古代文化史教学中存在的一系列问题,全面提高教学水平和教学质量,有着革命性的意义。

首先,基于中国古代文化史的课程特点,多媒体计算机辅助教学在该课程的教学中具有其他教学手段无法比拟的优势。中国古代文化史是一门介绍中国古代诸种文化现象,探讨其发生发展规律的学科。它具有三大突出的特点:一是时间跨度大,从史前文明起源算起,距今已有百万年的发展历史;即使从步入文明社会来看,至今也有5000多年的历程。二是涉及的内容非常繁杂,包括制度文化、物质文化和精神文化三大文化种类的成百上千种文化现象。三是研究和讲述的内容都是过去历史上出现的文化现象,具有不可重复性。由于这三个特点,所以中国古代文化史的教学难度较大,传统的"口传笔录"的教学手段,很难在有限的课时内达到教学目的。目前存在于该课程教学中的诸多问题,归根结底大多与教学内容的三个特点相关。多媒体计算机辅助教学的优势在于它突破了时间和空间的限制,可以根据不同的教学对象,对教学内容进行高度的归纳和方便的剪裁,简练而不失透彻清晰。同时,利用计算机的仿真技术,还可以模拟出现过的文化现象,如远古的陶器制作、造纸术、泥活字印刷等等。这些优势是其他教学手段和方法无法做到的,也是解决中国文化史课程讲不全、讲不透、讲不深这一教学难题的有效途径。

其次,多媒体计算机辅助教学对激发学生学习中国古代文化史的兴趣和提高注意力有着独到的作用。兴趣是非智力因素,它在教学过程中的巨大作用已被人们充分认识。因此,在中国古代文化史的教学过程中,如何激发学生的兴趣和提高学生的注意力,就成为该课程教学成功与否的关键。多媒体计算机辅助教学所具有的生动、形象和直观的画面,鲜明、艳丽和流动的色彩,以及恰当的画外音和高保真的音响效果等等,都在学生大脑皮层的一定部位引起兴奋,使注意力得到集中,从而最大限度地调动他们学习的兴趣。学生兴趣的提高和注意力的集中,有助于取得较好的课堂教学效果,避免采用传统教学方式教学时所出现的一系列问题。

再次,多媒体计算机辅助教学对提高课堂教学效率,巩固和检测学生所学知识有突出的效果。在传统教学方式下,受中国古代文化史课程体系和课程内容的限制,课堂教学效率低下是所有任课教师面临的难题。有限的课时与庞杂的教学内容之间的矛盾,口传笔录的教学方法对它束手无策。多媒体计算机辅助教学将教学内容高度浓缩,尤其是节省了教师的口述和板书时间,减轻了学生的笔记负担,从而大大提高了课堂的教学效率。同时,教学软件中所设计的知识讲解、举例说明、媒体演示、提问诊断和反馈评价等环节,对巩固和检测学生所学的知识,更直接和有效。教师在此基础上,可以清楚了解教学的效果,从而对教学进度作相应的调整。

最后,多媒体计算机辅助教学在扩大学生的中国文化史的知识面方面,也有重要的作用。如何在有限的时间里向学生传授更多的中国文化史知识,这是每一个任课教师必须考虑的一个问题。但在传统方式下,要完成课程内容的传授,教师已是勉为其难;如要做到进一步扩大学生的知识面,教师常感到力不从心。多媒体计算机辅助教学一方面提高了课堂教学效率,让教师可以在有限的课堂教学时间里尽可能多地传授知识;同时教学软件所包容的知识可以大大突破课堂教学内容,让有兴趣的学生课后自己演示,最终达到扩大知识面的目的。

以上所列,是计算机辅助教学对中国文化史教学的主要效用。随着该方法在教学实践中被进一步广泛运用,它的作用将会越来越显著。那么,在中国古代文化史的教学中,运用计算机辅助教学应注意哪些问题呢?根据研究和实践,从教师的角度出发,我们认为应当注意以下几点:

1. 借助多媒体计算机辅助教学,教师不应放弃课堂教学中的主导地位。有些教师认为,采用了教学软件后,教师在课堂教学中可以省时省心省力,点击几下鼠标,按照软件的提示,照"本"宣科就算完成课堂教学任务了。我们认为,无论是何种教学方式,教师的课堂教学中的主导地位是不可动摇的。这种主导地位应体现在以下几方面:一是教师要把握和深入课堂教学的内容,不能成为教学软件内容的简单复述者;二是教师要把握和了解学生心理,把学生的心理活动引入教学软件所表现的历史场景和氛围,使计算机辅助教学的长处得到充分的发挥;三是教师要全面控制课堂教学的进程,根据课堂现场情况,随时作出缓急调整;四是教师应始终明确教学的目的,要引导学生由知识向能力的转换。如若教师放弃课堂教学中的主导地位,将会大大削弱多媒体计算机辅助教学作用。

2. 教学与研究的有机结合,在采用计算机辅助教学的方法时,仍需要重点强调。过去,我们一直强调教师在教学的同时,要结合专业开展研究工作,这样才能"教"与"研"相长。现在,有许多教学软件充分考虑到了教师的需求,尽可能提供了教学中相关问题的资料和现成答案。那么,在此情形下,教师是否还需要结合教学开展科研工作?我们认为,在采用多媒体计算机辅助教学之后,教师的研究工作仍需要加强。对于一名高校教师,创新的意识和独立的识见是必备的基本素质。无论教学软件为教师提供了多么完备的资料和观点,它也不应该取代教师的独立思考。

3. 教师必须提高自身的素质,掌握更多更新的计算机方面的知识。随着多媒体计算机辅助教学的推广和日益普遍,中国文化史方面的教学软件也日渐增多。对这些现成的软件,我们可以利用和借鉴。同时我们认为,授课教师还应当自己动手,借鉴他人的经验和方法,制作适合自己以及自己的教学对象的多媒体软件。即使不是独立完成,至少应介入软件的制作中。这对充分发挥计算机辅助教学的优势,提高教学质量,达到教学目的是十分重要的。

原载《安徽师范大学学报》2001年第4期

后 记

自1986年在《社会科学家》创刊号上发表第一篇学术论文至今,已过去了30年。期间,有部分论文因发表时间较长,学界朋友查找已颇为不便;同时,在徽州文化研究和明清史研究等方面,经多年思考和探究后,我也想对过往的工作和研究作一阶段性梳理,以益今后在学术研究之路上的再进。因此,前几年就萌生了选编一部个人学术文集的念头。但由于种种原因,这一想法一直未能付诸实施。

2012年7月,我从服务了20多年的安徽师范大学调至安徽大学历史系,负责安徽大学徽文化传承与创新中心的工作。同年底被任命为历史系主任。任职伊始,我从安徽大学历史学科发展和推动徽学研究的目的出发,与安徽大学出版社合作,启动了《安徽大学历史学文库》和《安徽大学徽文化传承与创新丛书》的编撰工作。其中《安徽大学历史学文库》征稿的类型之一,是安徽大学教师的史学个人文集。经申报、评审等程序,《徽学与明清史探微——周晓光学术文集》被列入文库出版。于是我正式开始了文集的选编工作,也了却了多年前出版一部个人自选学术文集的愿望。

选编工作主要从以下几个方面展开:一是整理篇目。迄今为止,我发表了70余篇文章,散见于专业学术期刊和一些报刊。根据文集的选录原则,我从中选择了41篇文章,大致按照徽学、明清史以及其他三大类编排,整理成目前的篇目结构和顺序。二是校对文字。原刊的论文,有诸多文字、标点符号的讹误和缺漏,这次重新录入,文字校对工作是一项重要内容。三是核对引文。在选编过程中,尽可能找到资料原始出处,重新核对引文。对原刊论文中出现的引文和标点错误,一一修改。四是规范注释。由于时间跨度大,论文发表期刊的标准和格式要求不一,所以选编的论文原先注释等格式差异很大。选编工作的主要内容之一就是统一格式和注释,目前全书已基本达到一致。

文集收录的论文截止2012年底。2013年以来,因主持了国家社科基金重大招标项目《千年徽州家谱与社会变迁》,我的学术兴趣和方向集中在徽州家谱以及徽州社会研究,此类成果将在后一部学术文集中集中展示。特此予以说明。

值此书出版之际,衷心感谢安徽大学、安徽师范大学师友和同事们长期以来的关心和帮助;感谢安徽大学出版社的鼎力相助和责任编辑李晴的辛勤付出;感谢我的研究生们在文稿编录过程中所做的大量工作;更要感谢我的家人多年来的默默奉献与守望相助。人具有自然和社会双重属性,一个人的前行,总是离不开社会环境。我深深感激的是,在我的生命里,在我前行的路上,环境给予我的,动力远远大于阻力。于是,漫漫学术之路,还将一直无悔走下去。

是为记。

周晓光
2017 年 8 月于合肥磬苑寓所